YINGKE® 盈科

盈科全国业务指导委员会系列丛书

民营建筑施工企业
刑事合规审查及刑事风险防控

盈科律师事务所／编
沈长荣　王东晖　林镥海　郦煜超／主编
李　浩／执行主编

法律出版社 LAW PRESS · CHINA
北京

图书在版编目(CIP)数据

民营建筑施工企业刑事合规审查及刑事风险防控 / 沈长荣等主编 ; 盈科律师事务所编. -- 北京 : 法律出版社, 2022
ISBN 978-7-5197-5850-9

Ⅰ. ①民… Ⅱ. ①沈… ②盈… Ⅲ. ①民营企业－建筑施工企业－工程施工－刑事犯罪－风险管理－研究－中国 Ⅳ. ①D924.399.4②D922.297.4

中国版本图书馆 CIP 数据核字(2021)第 169206 号

民营建筑施工企业刑事合规审查及刑事风险防控
MINYING JIANZHU SHIGONG QIYE XINGSHI HEGUI SHENCHA JI XINGSHI FENGXIAN FANGKONG

沈长荣 等 主编
盈科律师事务所 编

策划编辑 林　蕊
责任编辑 林　蕊
装帧设计 汪奇峰

出版发行 法律出版社
编辑统筹 司法实务出版分社
责任校对 王　丰　李景美
责任印制 胡晓雅
经　　销 新华书店

开本 710 毫米×1000 毫米　1/16
印张 25.25　　**字数** 410 千
版本 2022 年 6 月第 1 版
印次 2022 年 6 月第 1 次印刷
印刷 固安华明印业有限公司

地址:北京市丰台区莲花池西里 7 号(100073)
网址:www.lawpress.com.cn
投稿邮箱:info@lawpress.com.cn
举报盗版邮箱:jbwq@lawpress.com.cn

销售电话:010-83938349
客服电话:010-83938350
咨询电话:010-63939796

书号:ISBN 978-7-5197-5850-9
定价:96.00 元

凡购买本社图书,如有印装错误,我社负责退换。电话:010-83938349

盈科全国业务指导委员会系列丛书编委会

总 主 编　李　华

出版统筹　郭　琪　丁　萌　张思媛　张静彤

本书撰写人员名单

主　　编：沈长荣　王东晖　林镥海　郦煜超

执行主编：李　浩

副 主 编：宣立新　林　阳　倪雅芳　王明芝　应旭升　邹高铃

主执笔人（按姓氏笔画排序）：

丁迪飞　马　烨　王　偲　王　震　王东晖　王明芝　王雪薇
戈凤婷　叶士坚　朱　吉　朱　亮　朱艳芬　许华娣　李　浩
吴圣斌　邹高铃　应旭升　沈长荣　迟于超　张　云　张仕军
张培锋　张锋平　张佳明奇　陆雷　陈　蕾　陈根忠　林　阳
林镥海　竺　斌　金建国　郦煜超　俞卫根　洪玉霞　宣立新
桂留芬　夏华娟　倪大刀　倪友大　倪雅芳　徐涟红　高达海
堵尊琪　龚贺胜　章　波　章　毅　雷　声　潘锦进　魏存仪

序　言

“十四五”时期是我国全面建成小康社会、实现第一个百年奋斗目标之后，乘势而上开启全面建设社会主义现代化国家新征程、向第二个百年奋斗目标进军的第一个五年。当前，国民经济持续平稳发展，虽然高新产业呈现强劲势头，但是传统的建筑业仍然是我国国民经济的支柱产业之一，对上下游产业以及周边产业都具有强大的辐射和带动效应，对城市化进程也起到了十分重要的作用。民营建筑企业占我国建筑企业总数量的90%以上，因此甚至可以说，民营建筑企业能否健康、高质量发展又直接关乎整个建筑业的命运。

不可否认的是，当前的建筑市场中，仍时常有一些阻碍建筑业健康发展的违法犯罪行为。例如，由于项目经理制度的异化畸变，挂靠、违法转分包等建筑业顽疾的存在使得建筑行业同时也是诸多经济犯罪（如行贿罪，职务侵占罪，伪造公司、企业、事业单位、人民团体印章罪，拒不支付劳动报酬罪等）的高发领域。同时，由于建筑领域具有较强的特殊性，法律关系异常复杂，加之涉及建筑领域刑民交叉案件的相关法律规范缺失，使建筑领域内诸多刑事犯罪呈现侦查难、立案难、定罪难的困境，司法实践中大家对这一问题的观点莫衷一是，法律人对发生在建筑领域的部分罪名的罪与非罪、此罪与彼罪的理解分歧较大。

2017年12月25日，浙江省高级人民法院、浙江省人民检察院、浙江省公安厅正式联合出台《关于办理建筑施工企业从业人员犯罪案件若干法律适用问题的会议纪要》（以下简称《会议纪要》）。《会议纪要》针对建筑领域司法实践中高发且争议较大的职务侵占罪，挪用资金罪，虚假诉讼罪，伪造公司、企业、事业单位、人民团体印章罪，拒不支付劳动报酬罪，行贿罪，对单位行贿罪等难点罪名进行了梳理明确，为公检法机关的侦查、公诉、审理等工作提供了相关准则，在全省范围内形成了统一适用的司法指导意见，大幅降低了浙江地区建筑领域刑事犯罪率，还大大助推了民营建筑施工企业自身管理机制的改革和完善。

浙江是建筑业大省，多年来在建筑领域的司法实践经验也走在全国前沿，2017年《会议纪要》的出台取得了良好效果，实有借鉴意义。但囿于其法律效力层级低、适用范围窄等诸多现实问题，浙江以外的多数省市仍然处于分歧较大的状态。只有将“浙江经验”在全国范围内推广，产生从更高效力层级自上而下的统一认识，才能更加有效地解决建筑领域刑事犯罪的难题。

习近平法治思想的重要观点之一是“法律的生命在于实施”。本书便是秉持这一理念，以此为契机，从功能主义角度出发，将建筑领域内可能发生的刑事犯罪按发生频率从高到低依次分为“红灯罪名”“ 橙灯罪名”“黄灯罪名”三类，分别给予理论解读与重点难点剖析，使民营建筑企业能对建筑领域内的刑事风险有更全面的了解，并可以做到“防患于未然”，以强有力的法律武器维护自身合法权益，促进企业的健康发展，创造更好的经济效益和社会效益。

“法律的生命在于经验。”本书的编者们多年来一直奋战在建筑领域司法实践的第一线，参与过多次调研，并配合制定了前述《会议纪要》，有着丰富的法律实务经验。在本书中，作者首先从真实案例着手，用深入浅出的语言解读真实案例中涉及的刑事罪名。在罪名解读时，先通过以案释法的方式，通过案例将深奥的刑事法律知识形象的展现出来，让不具备专业法律知识的读者也能看得懂。其次，再以现行刑事法律规范为基础，由浅入深地进行理论剖析，使读者知其然，更知其所以然，帮助具备一定专业法律知识的读者进一步开拓思路。可谓，“专业有益，业余警醒”。最后，从理论回归到实务操作，从“对建筑施工企业的建议”和“对项目经理的建议”两个方面提出可行的实务操作建议，让本书更接地气。

本书的定位是专业书，是工具书，是故事书，由浅入深，有深度，有广度，从刑民交叉的视角，打出建设工程法律服务领域民事和刑事的“组合拳”。本书实务

目　录

第一章　民营建筑施工企业刑事犯罪的防控现状

第一节　民营建筑施工企业刑事犯罪的现状及原因

一、建筑领域刑事犯罪案件多发且争议较大

建筑业是我国国民经济的支柱产业,就在建筑行业飞速发展的同时,由于建筑行业整体仍呈现出较强的不规范性,建筑领域的刑事犯罪案件法律关系复杂,建筑领域法律体系不完善,尤其是涉及建筑领域刑民交叉的相关法律规范缺失,导致建筑领域的刑事犯罪日益多发且争议较大。

(一)建筑行业整体呈现出不规范性

1. 项目经理制度异化、畸变

虽然我国建筑市场有严格的市场准入制度,但是,建筑实践又与市场准入制度呈现相互脱离的问题。

我国自 1984 年开始实施以企业资质管理为核心的建筑市场准入制度。1984 年原城乡环境保护建设部颁发了《建筑企业营业管理条例》,该条例规定各等级企业必须按规定范围营业,不得越级承担任务。在 1984 年资质管理的基础上,相关部门分别于 1989 年、1995 年和 2001 年又对建筑业企业资质等级和管理规定进行了三次调整。直至今日,我国仍然在实行建筑业企业资质等级管理制度,设立了严格的建筑市场准入制度。但是随着市场经济的逐步推开,越来越多的具有施工能力的主体进入建筑市场,但是这些有施工能力的主体很多没有施工资质,而只是由个人组成的施工队,这些施工队由于无法取得相应的资质而无法承包工程,只能通

过转包、违法分包、挂靠等方式来规避我国的资质管理制度。建筑施工实践同市场准入要求之间就产生了矛盾。

与此同时,改革开放以来,随着建筑业和基本建设管理体制改革的不断深化,我国工程建设领域通过学习、推广"鲁布革"工程管理经验,逐步探索和建立起了一套具有中国特色的基本建设管理制度,即项目经理制度。

1995 年,原建设部发布了《建筑施工企业项目经理资质管理办法》,规定项目经理,是指受企业法定代表人委托对工程项目施工过程全面负责的项目管理者,是建筑施工企业法定代表人在工程项目上的代表人。这一制度的设立对传统的劳动管理方式进行了突破,是劳动隶属关系和平等经济合作关系并存的一种新型管理方式。项目经理制度在形成初期对我国建筑业的发展有重要意义,它变革了工程建筑施工的生产方式,推动了企业的简政放权,便于拓展业务进而使企业规模迅速发展壮大。但是,随着我国建筑行业的持续发展,资质管理制度的进一步完善,企业进入建筑业的门槛被持续抬高,项目经理制度也逐渐异化。建筑施工企业(尤其是民营建筑施工企业)为了规避法律、行政法规关于资质的规定,或者是为了解决融资难的问题,多采用变通的方式承接工程,转包工程、违法分包工程、借用资质承包工程的现象非常突出。建筑实践中项目经理的含义不仅仅是狭义上法律所规定的施工企业在工程项目上的代理人,其外延被进一步扩张。除了法律规定的项目经理的含义,实践中有另外两类人员也被认为是项目经理。一类项目经理是建筑施工企业以外的人员,未与建筑施工企业建立劳动合同关系,但对外以建筑施工企业名义承接工程进行业务活动,建筑施工企业任命其为该工程的项目经理,该项目经理与建筑施工企业签订挂靠经营性质的内部承包合同,此为"挂靠的项目经理";另一类项目经理是指承接违法分包或者转包工程的实际施工人。

这两类项目经理的产生源自严苛的企业资质分级管理制度以及我国建筑领域发展的不成熟,在我国的城乡建设中活跃着大量的由个人组成的施工队,这些施工队由于无法取得相应的资质而无法承包工程,只能依靠具有资质的企业进行挂靠,被挂靠企业也乐于从中收取"管理费",增加企业收入。同时,由于工程项目的建设过程中需要大量的资金,而建筑施工企业难以提供如此大量的现金流,通过项目经理承包制度可以让项目经理带垫资,有效地解决资金难题。另外,拥有资质的企业也乐于将所承揽的项目分包或转包给此类施工队,以此达到降低成本、赚取更多利润的目的。

上述这些原因导致项目经理制度已经产生异化畸变,也为建筑领域刑事犯罪的滋生提供了温床。同时,也正是由于项目经理身份的特殊性,导致在对项目经理实施的不法侵害行为的性质认定时存在诸多争议。

2. 挂靠、违法转分包现象导致犯罪滋生

挂靠和违法转分包现象已经成为建筑行业根深蒂固的弊病,不仅影响了整个行业的健康发展,也增加了建筑领域刑事犯罪案件的数量以及复杂性。挂靠的项目经理以及违法转分包的项目经理实际操盘工程建设的全过程,而建筑施工企业仅仅出借名义,是名义上的施工人,在工程施工以及结算过程中项目经理可以以施工企业的名义对外进行交易或者进行工程结算。在各种巨额金钱往来中,难免出现项目经理经不住诱惑的情况,犯罪现象就较易发生。

同时,由于工程建设的资金需求量较大,持续时间较长,发包方的资金往往难以及时到位,因此在项目建设过程中,项目经理进行垫资的现象十分普遍。项目经理在工程施工过程中进行垫资后,就会产生后续项目资金都应归其所属的错误认知。基于此种错误认知,项目经理较易做出侵占、挪用项目资金的行为;有的项目经理和材料商串通,进行虚假诉讼,诈骗建筑施工企业钱财;有的项目经理伪造建筑施工企业印章非法获取利益,各种犯罪行为,不一而足。

(二)建筑领域刑事犯罪案件法律关系复杂

建筑行业涉及主体众多,法律关系异常复杂,一个普通的建设项目,可能涉及的法律主体有建设单位、勘察单位、设计单位、施工总承包单位、专业分包单位、监理单位、项目管理单位、审价单位、材料商等。涉及的法律关系也是多层次、多维度的,除了合法的承发包关系、项目经理内部承包制,还有转包、违法分包、挂靠等情况也非常多见。尤其是建筑领域项目经理承包制的设立,与传统的劳动关系有一定的冲突。项目经理也是形态多样,实践中,项目经理既包括建筑施工企业依法设立的企业内部承包人员,也包括挂靠、非法转包等情形下的项目实际负责人。

二、刑事制裁力度不大

(一)侦查机关搜集证据难

由于建筑领域犯罪大多是经济犯罪案件,查明资金款项是调查取证中的重头戏。而在建筑实践中,建筑工程项目大多为垫资建设,待工程竣工后才进行结算,特别是项目经理垫资行为的大量存在,使工程资金的法律性质更加扑朔迷离。同时,由于建筑施工企业、项目部财务管理制度不规范,资金管理、印章管理、财务审计等方面较为混乱,在立案环节对案件关键证据的收集与审查判断,存在现实困难,不利于防范和打击该类犯罪行为。具体来说,存在以下几个方面的问题:

(1)在资金管理方面,项目经理与材料供应商、设备租赁商用现金结算不入账,与发包建设单位违规直接进行工程款结算等情况时有发生,建筑施工企业财务资料不完整,无法真实反映财务状况。

(2)在印章管理方面,私刻、伪造、偷盖项目部章、公章、合同专用章等情形十分常见。由于印章本身防伪性低,在发生伪造印章行为时,印章真伪鉴定存在困难。

(3)在财务审计方面,一方面,由于项目部账目不齐,审计部门常常无法对建设工程进行准确审计,只能根据建设方拨付的工程款、工程的预算额和实际的工程量、项目部已经支付的款项等来判定工程是否亏损,但亏损的结果与项目经理的违法犯罪之间并不存在必然联系,实践中审计结论也无法单独作为定罪依据。另一方面,即便审计可以顺利进行,也需要花费大量的时间和精力。取证难度大、时间长,造成部分案件久拖不决,个别案件甚至因为时间跨度太久,无法获取关键性证据,最终被决定存疑不起诉。

(二)立法与司法方面呈现的问题

尽管我国早已出台了《建筑法》《招标投标法》等法律法规,但建筑领域现行法规体系仍存在不够配套、不够细致等问题。各地方、各部门又根据相关法规分别制定了一些部门规章,而各地方的规章制度往往尺度不一,缺乏协调统一性。此外,由于法律规定不完善,特别是刑事法域与民事法域的裁判思维存在差异,部分司法人员对于构罪要件的理解过于机械,导致实践中司法机关对建筑领域刑事犯罪中的罪与非罪、此罪与彼罪存在不同认识,缺少针对建筑领域刑事犯罪的责任追究机制和有效制裁手段，对犯罪分子的刑事威慑力不够。

并且，当前法律在适用于建设工程领域时有了一些接地气的特殊规定，例如，建设工程的优先受偿权的规定，建设工程合同无效以后仍参照合同约定结算工程价款的规定，转包、违法分包情况下追索工程款可以突破合同相对性的规定等。这些特殊规定也进一步增加了建筑领域刑事犯罪认定的复杂性。

正是由于建筑领域具有上述特殊性，刑法在建筑领域适用时产生诸多疑难问题。例如，我国《刑法》规定职务侵占罪，是指公司、企业或者其他单位的人员，利用职务上的便利，将本单位的财物非法占为己有，数额较大的行为。根据罪刑法定原则，构成职务侵占罪要具备几个要件：第一，要求实施犯罪行为的主体是公司、企业或者其他单位的人员，即人是公司的员工；第二，要求被非法占有的财物必须是本单位的财物，即钱是公司的钱。但是具体到建筑施工领域，作为企业员工的项目经理（合法的项目经理），毫无疑问可以成为职务侵占罪、挪用资金罪等职务类犯罪的构罪主体；而挂靠、非法转包等情形下的项目经理（非法的项目经理），从本质上讲，根本同建筑施工企业不存在劳动关系，其能否成为职务侵占罪、挪用资金罪等职务类犯罪的实施主体，在实践中则存在较大争议。并且，由于多数情况下投入工程项目的资金都是挂靠的项目经理自行垫付的，这部分资金是否能够视为“本单位的财物”也是个问题。

由于上述原因，建筑领域的刑事犯罪，尤其是建筑领域的职务类犯罪呈现明显的立案难、公诉难、定罪难的特点。刑事制裁的无力，导致建筑领域的刑事犯罪问题屡禁不止，甚至愈演愈烈。

三、区域成功经验亟须推广

目前国内关于建筑领域刑事犯罪问题的研究几乎处于空白状态，只有 2017 年 12 月 25 日浙江省高级人民法院、浙江省人民检察院、浙江省公安厅联合发布的《关于办理建筑施工企业从业人员犯罪案件若干法律适用问题的会议纪要》（以下简称《会议纪要》）对建筑施工企业刑事犯罪部分问题进行了系统的解答。正是在这样的大背景下，本书对相关问题进行了专门研究，一方面希望能够将“浙江经验”在全国推广开来，为民营建筑企业进行刑事合规审查提供参考，为建筑领域刑事犯罪问题的解决提供新思路；另一方面希望能够警示民营建筑企业项目经理合法经营，尤其是在“一带一路”“走出去”的大环境下，为民营建筑企业如何做好刑事合规审查和刑事风险防控提供参考与建议。

第二节　浙江省《会议纪要》的出台以及对刑事犯罪防控的作用

一、《会议纪要》制定背景

建筑行业是浙江省的传统产业，多年来保持高速稳定的发展。建筑行业的发展增加了政府财政收入，转移了城乡富余的劳动力，统筹了城乡发展，拉动了关联产业。建筑行业的发展离不开法律的保障，建筑领域的经济犯罪严重阻碍了建筑业的可持续发展。在此种背景下，浙江省公检法机关多年来密切关注建筑领域的刑事经济犯罪，以期预防和打击建筑领域的刑事犯罪。

绍兴“柯桥经验”就比较有代表性，早在 2013 年，绍兴市柯桥区公安分局经济犯罪侦查大队积极响应建筑施工企业呼声，成立了由 1 名副大队长负责，3 名民警（2015 年又增加 2 名）参与的预防和打击建筑领域犯罪侦查中队。中队成立以后，迅速就近年来柯桥区建筑领域出现的一系列经济纠纷和犯罪问题进行了专题调研，先后多次提请政法委牵头召集公检法分管领导和职能科室负责人专题研究探讨当前柯桥区预防和打击建筑领域违法犯罪工作，大家对如何充分发挥柯桥区政法部门预防和打击建筑领域违法犯罪的作用，形成预防打击合力，进行了会商协调，还对预防和打击建筑领域违法犯罪过程中遇到的具体执法实务进行了深入探讨，明确了相关执行依据。

中队成立以后，至 2020 年 1 月，共受理案件 85 起，采取强制措施 66 人（其中涉案项目经理就有 15 人），截至 2021 年 5 月成文时，法院已经作出有罪判决 52 人，检察院作出相对不起诉决定 4 人，正在起诉 4 人，在办 6 人，累计挽回经济损失 15，630 万元。

在严厉打击违法犯罪的同时，中队还通过电视、报纸、网站等新闻媒体大力宣传，先后在《人民公安报》、《中华建筑报》、《平安时报》、《法治日报》、新浪网、绍兴电视台、《绍兴晚报》、《天天商报》、《柯桥日报》等发表文章或者进行专题报道，为打击建筑领域犯罪营造了良好的氛围。

柯桥区公安分局还多次主动上门走访有关建筑企业，采取专题座谈、以案说法等方式，帮助企业从人、财、物、印章等几个方面健全规章制度，协助企业提高预防项目经理违法犯罪的能力，真正为建筑企业发展保驾护航。

经过6年多的持续高压打击，现在柯桥区的建筑企业普遍反映项目经理违法犯罪的高发态势已经得到有效遏制，企业的经营环境有了明显改善。

但是，司法尺度和裁判标准一天不统一，建筑领域刑事犯罪案件立案难、公诉难、定罪难的困境就不会改变。

二、《会议纪要》制定过程

“建筑领域项目经理能否构成职务侵占罪”一直是建筑施工企业和建筑业协会比较关注的问题，早在2012年就由浙江省人民检察院研究室牵头进行过专题调研。2014年，由中华全国律师协会刑事专业委员会、建设工程与房地产专业委员会，中国人民大学刑事法律科学研究中心主办，浙江省律师协会、浙江省建筑行业协会承办的“建筑领域经济型犯罪实务理论研讨会”，对该问题进行了进一步研究，其后研究成果以人大代表议案的形式被正式提出。

为加强建筑领域职务类犯罪案件的审判工作，统一司法尺度和裁判标准，充分发挥刑事审判职能，推动建立健全预防建筑领域职务类犯罪有效机制，浙江省高级人民法院于2015年4月成立了课题组，对建筑领域职务犯罪有关问题开展专题调研。课题组先后赴绍兴、台州、杭州、金华等地以及中天建设集团等单位，通过召开座谈会、走访有关行政机关和建筑施工企业、发放问卷调查、收集典型案例等方式，掌握了全省建筑领域职务犯罪案件的基本情况和存在的问题，并进行了分析、研究，形成调研报告。为进一步转化调查成果，加强建筑领域职务犯罪和经济犯罪的审判工作，浙江省高级人民法院将调研中收集到的有关问题进一步梳理汇总，并征求相关部门意见；2015年12月29日浙江省高级人民法院刑事审判第二庭出台了《关于审理建筑领域职务犯罪和经济犯罪案件若干问题的解答》（以下简称《解答》）。《解答》主要解决了以下几个问题：（1）项目经理犯罪的管辖问题；（2）项目经理犯罪的主体身份问题；（3）施工项目资金所有权归属的认定问题；（4）建筑领域伪造印章犯罪的定性处罚问题；（5）建筑领域项目经理拒不支付劳动报酬行为的定性问题;(6)项目经理虚假诉讼行为的定性处罚问题。

2017年1月,浙江省十二届人大五次会议,绍兴李旺荣代表提出“由公、检、法联合出台规范文件,依法打击建筑领域职务犯罪”的建议,由省政法委主办,省公、检、法会办。根据浙江省政法委的文件《关于会办省十二届人大五次会议、省政协十一届五次会议有关建议提案的通知》,浙江省高级人民法院刑事审判第二庭认真落实《关于公检法联合出台规范文件,依法打击建筑领域职务犯罪的建议》,并提出“根据省政法委的指示精神,浙江省高级人民法院在原先《解答》的工作基础上形成了《关于办理建筑领域职务犯罪和经济犯罪案件适用法律若干问题的会议纪要(征求意见稿)》,拟提请省公、检、法三家单位研讨,并联合出台规范性文件”的会办意见。2017年12月25日,浙江省高级人民法院、浙江省人民检察院、浙江省公安厅正式联合出台《会议纪要》。

三、《会议纪要》的内容〔1〕

因《会议纪要》主要涉及职务侵占罪,挪用资金罪,虚假诉讼罪,伪造公司、企业、事业单位、人民团体印章罪,拒不支付劳动报酬罪,行贿罪,对单位行贿罪等罪名,本书将《会议纪要》的内容通过以案释法的方式在第二章“红灯罪名”中逐一解读。

四、浙江经验亟须推广

《会议纪要》对实践中争议较大的问题进行了统一,为执法机关、司法机关办理建筑领域刑事犯罪的案件管辖、犯罪主体、项目资金归属、伪造印章处理、拒不支付劳动报酬行为的定性、虚假诉讼、刑民交叉和行贿认定等方面均提供了办案和处理的相关准则。公、检、法三机关对建筑领域刑事犯罪问题认识不统一是当前该类案件管辖难、立案难、认定难的重要原因。《会议纪要》的出台在浙江省全省范围内形成了统一适用的司法指导意见。

《会议纪要》实施以后,刑事制裁无力的现象得到了有效控制,省内建筑领域刑

〔1〕 详见本书附录一 浙江省高级人民法院、浙江省人民检察院、浙江省公安厅《关于办理建筑施工企业从业人员犯罪案件若干法律适用问题的会议纪要》(浙高法〔2017〕228号)。

事犯罪率大幅降低。《会议纪要》同时也推动了建筑企业自身管理机制改革。企业逐步减少和严控“一脚踢”挂靠性质的经营方式,与公司项目负责人签订规范的内部承包责任合同,并切实履行对项目经理的监管职责。同时,绍兴市柯桥区公安分局经济犯罪侦查大队成立建筑领域犯罪侦查中队的这种做法也得到了浙江省内各司法机关的高度认可。

但是令人遗憾的是,《会议纪要》的效力层级太低,适用范围过窄,浙江省以外的省市仍然处于分歧较大的状态。因此,亟须将“浙江经验”在全国范围内推广。只有从更高效力层级自上而下地统一认识,才能更加有效地解决建筑领域刑事犯罪的难题。

同时,出于行文便利的考虑,笔者将《会议纪要》涉及的建筑领域最高发、争议最大的罪名称为“红灯罪名”;将《会议纪要》未涉及但建筑领域多发且有一定争议的罪名称为“橙灯罪名”;将建筑领域多发的其他罪名称为“黄灯罪名”进行分类解析。

第二章　建筑施工领域“红灯罪名”的解读及刑事风险防控

第一节　职务侵占罪

一、案例解析

案例一

【基本案情】

2003年9月12日，某建筑集团设立了某建筑集团西安分公司，聘用竺某为该分公司的负责人，竺某拥有经手、管理分公司工程款的职权（2010年之前，某建筑集团与竺某口头约定，竺某按收到工程款的2%上交管理费；2010年1月1日，某建筑集团与竺某签订书面承包协议。某建筑集团西安分公司于2008年开始为竺某缴纳养老保险、发放工资）。2004年9月19日，某建筑集团西安分公司承接建设西安广某房地产开发公司（后更名为“普合实业公司”）开发的“广某大厦”工程。

2011年12月26日，因业主普合实业公司拖欠工程款，经仲裁调解，业主普合实业公司与某建筑集团就尚欠1810万元工程款达成和解协议，业主普合实业公司将广某大厦13套房屋及13个车位折抵工程款给某建筑集团。

2012年3月13日，竺某利用其收取工程款的职权，私自将本归属于某建筑集团的11套房产及11个车位（价值共计10,429,764元）网签到其个人控制的陕西某建筑投资公司名下，非法获利1000余万元。经审计确认，某建筑集团西安分公司在竺某处的应收款达到2000多万元。

2015年1月19日、8月20日，涉案3套房产因竺某控制的陕西某建筑投资公司与他人存在借款纠纷被法院依法查封而案发，最终竺某被警方抓捕归案。

【争议焦点】

竺某是否构成职务侵占罪（竺某的主体身份是否符合《刑法》关于职务侵占罪的规定；其侵占的11套房产及车位是公司财产还是个人财产）。

【各方观点】

公诉机关认为：（1）案发时竺某由某建筑公司缴纳社保，并从某建筑公司领取工资，其受聘负责经营某建筑公司西安分公司，并代表公司进行工程承接、合同签订等行为，竺某拥有经手、管理分公司工程款的职权。（2）被竺某侵占的资产系普合实业公司支付某建筑集团的工程款，应属于某建筑集团。因此，竺某构成职务侵占罪。

辩护人认为：（1）竺某自负盈亏，其与某建筑公司系平等的挂靠合同关系，竺某不是某建筑集团的员工。（2）并且其侵占的资产也不是某建筑集团的资金，应属于项目经理个人财产。因此，竺某的行为不符合《刑法》关于职务侵占罪的规定，竺某不能构成职务侵占罪。

【法院判决】

法院认定，竺某构成职务侵占罪，判处有期徒刑10年6个月，剥夺政治权利1年，并处没收财产人民币10万元。

理由是，竺某是某建筑集团西安分公司的负责人，案发时由该分公司缴纳社保、从公司领取工资，拥有经手、管理分公司工程款的职权，属于某建筑集团员工。就资金而言，竺某侵占的资产是基于和解协议以折抵工程款的形式抵给某建筑集团的，且经过审计，竺某欠付某建筑集团西安分公司2000余万元。

【案例点评】

本案中，竺某实施的行为是，将本归属于某建筑集团的11套房产及11个车位网签到其个人控制的陕西某建筑投资公司名下，并非法获利1000余万元。就竺某的行为是否构成《刑法》第271条规定的职务侵占罪而言，需要重点分析两个法定要件是否满足：第一，竺某是否为某建筑集团的员工；第二，被侵占的资产是否为某建筑集团的资产。

就第一个问题而言，尽管竺某是某建筑集团西安分公司的负责人，但某建筑集团西安分公司仅仅系某建筑集团依法设立的分公司，依照《公司法》第14条的规定，某建筑集团西安分公司不具有独立的法人地位，其只是某建筑集团的分支机构，要受到某建筑集团的领导并受其规章制度的约束。竺某同样要受到某建筑集团规章制度的约束，在赋予的职权范围内为或者不为一定行为。竺某系基于某建筑集团授权拥有经手、管理分公司工程款的职权的。某建筑集团西安分公司也为竺某缴纳养老保险，发放工资，该事实足以证明竺某是某建筑集团员工（至少竺某与严格意义上的公司员工无异）。

就第二个问题而言，普合实业公司将涉案11套房产及11个车位以折抵工程款的形式抵给某建筑集团，竺某也是以回收工程款的名义从普合实业公司获取了上述房产和车位。竺某因履行职务代表某建筑集团向普合实业公司收取房产及车位，虽然涉案房产尚未进行不动产产权变更登记，但已办理网签并实际交付，某建筑集团实际上占有了涉案房产及车位。并且，经审计确认，竺某欠付某建筑集团巨额资金，已经远远超出其垫付资金的范围。因此，竺某构成职务侵占罪。

案例二

【基本案情】

2014年4月21日，沈某与新世纪发展集团有限公司（以下简称新世纪公司）签订内部承包经营合同，成为公司第二十二事业部项目经理。同年6月20日，绍兴嵊州信源市场开发有限公司（以下简称信源公司）将信源国际商业城三期工程项目承包给新世纪公司施工，新世纪公司指派沈某为驻工地负责人。

施工期间，沈某利用自己的职务便利，在该工程未经结算前，分别于2014年12月17日和2015年1月8日，向业主方信源公司出具了虚假《代付款申请函》和《委托付款情况说明》，并伪造新世纪公司印章（影印），将信源公司应支付给新世纪公司的工程款人民币392.8万元占为己有。经杭州某司法鉴定所鉴定，沈某向信源公司出具的《代付款申请函》和《委托付款情况说明》两份材料上的公司印章系伪造的印章。2017年7月8日，沈某被公安机关抓获归案。

【争议焦点】

沈某是否构成职务侵占罪（沈某的主体身份是否符合《刑法》关于职务侵占罪的规定）。

【各方观点】

公诉机关认为:(1)沈某具有职务侵占罪的主体资格。沈某与新世纪公司签订内部承包经营合同,成为公司第二十二事业部项目经理,公司缴纳社保;同年6月20日,受新世纪公司的指派负责项目,具备职务侵占罪的主体资格。(2)沈某利用职务便利通过伪造新世纪公司的印章,并将假章盖在《代付款申请函》《委托付款情况说明》上的方式,骗取业主单位信源公司的信任,骗取了本该支付给新世纪公司的工程款392.8万元。因此,沈某构成职务侵占罪。

辩护人认为:(1)在主体资格上,沈某与新世纪公司属挂靠关系,非公司员工,故不是职务侵占罪构罪主体。(2)沈某所承包工程与新世纪公司独立运作,无人事、财务、管理关系,从新世纪公司支取的392.8万元为沈某本人所有,不符合职务侵占罪的构成要件。(3)沈某按公司规程办事,无伪造公章行为。综上所述,沈某的行为不构成职务侵占罪。

【法院判决】

法院认定,沈某构成职务侵占罪,判处有期徒刑6年,并处没收个人财产人民币2万元;责令被告人沈某退回违法所得人民币392.8万元,返还给被害单位新世纪公司。

理由是,《内部承包合同》明确沈某为公司内部承包人,新世纪公司与信源公司签订的《施工合同》明确载明沈某为承包方新世纪公司的委托代理人,并作为工地代表,全权负责工地各项事宜,因此,可确定沈某代表新世纪公司实施职务行为,符合职务侵占罪的犯罪主体。沈某与新世纪公司之间的挂靠关系,不影响沈某犯罪主体的认定。

【案例点评】

本案中,沈某利用职务之便,在工程结算前,将工程款人民币392.8万元占为己有。就竺某的行为是否构成职务侵占罪而言,需要重点分析的问题为:沈某是否具备职务侵占罪的主体资格。

根据《会议纪要》第2条的规定,对于项目经理、承包人与建筑施工企业签订劳动合同或内部承包合同,并负责管理工程项目或分公司的,相关成员可以成为职务侵占、挪用资金等职务类犯罪的主体。经查,2014年4月21日,沈某与新世纪公司签订内部承包经营合同,成为公司第二十二事业部经理,公司缴纳社保;同年6月

20日，信源公司将工程承包给新世纪公司施工，承包方指派沈某为驻工地项目经理。因此，沈某与公司签订内部承包合同等事实符合《会议纪要》的相关规定，其具备职务侵占罪的主体资格。

二、罪名解读

【罪名解析】

《刑法》第271条第1款 【职务侵占罪】公司、企业或者其他单位的工作人员，利用职务上的便利，将本单位财物非法占为己有，数额较大的，处三年以下有期徒刑或者拘役，并处罚金；数额巨大的，处三年以上十年以下有期徒刑，并处罚金；数额特别巨大的，处十年以上有期徒刑或者无期徒刑，并处罚金。

根据上述规定可知，职务侵占罪，是指公司、企业或者其他单位的人员，利用职务上的便利，将本单位财物非法占为己有，数额较大的行为。

职务侵占罪是企业负责人、公司高管最容易触犯的罪名之一，建设工程领域因其产业链长、参与主体复杂、建筑市场管理不规范等原因，职务侵占罪多发。尤其是对于涉嫌犯罪的民营建工企业的项目经理，职务侵占罪的占比较大。因此，为准确理解职务侵占罪，应当注意以下几个方面：

（一）如何理解“公司、企业或者其他单位的人员”

根据《刑法》第271条第1款，职务侵占罪的实施主体必须是公司、企业或者其他单位的人员，非公司、企业或者其他单位的人员，不能单独构成职务侵占罪，但可以与公司、企业或者其他单位的人员通过内外勾结的方式构成职务侵占罪的共同犯罪。根据《刑法》第271条第2款，职务侵占罪只能由不具有国家工作人员身份的公司、企业或者其他单位的工作人员构成，国家工作人员实施该行为的，可能构成贪污罪等其他罪名。关于职务侵占罪的犯罪主体，“公司、企业或者其他单位的人员”包括依法签订劳动合同确立劳动关系和虽未签订劳动合同，但是存在事实劳动关系的人员，即包括合同工和临时工。但是，对于仅以提供劳务获取报酬而没有确立劳动关系的从业人员，不是公司、企业或者其他单位的工作人员，不构成本罪的犯罪主体。

由于建筑领域具有特殊性，本罪在建筑领域适用时遇到了一定的难题。根据《刑法》的规定，要成立职务侵占罪必须满足两个条件：第一，职务侵占罪的实施主体要求是公司的人员，即行为人是公司的人；第二，被非法占有的财物必须是本单位的财物，即犯罪对象是公司的财物。但是我国建筑施工领域的现状是，内部承包、转包、分包、挂靠等多种关系错综复杂，且普遍存在；施工企业与实际施工人之间不签订劳动合同、不缴纳社保、同一个项目经理同时以不同公司名义对外承接工程的情况也非常多见。项目经理等人与施工企业之间的关系往往难以在现有法律规定的框架下界定清楚。即使是签订了劳动合同、合法内部承包的情形，项目经理同施工企业之间也签订有内部承包合同，项目经理独立核算、自负盈亏，这和传统意义上的职工又有不同。在这种情况下，项目经理同施工企业之间到底是平等主体间的合同关系还是劳动合同关系，直接决定了项目经理能否成为职务侵占罪的犯罪主体。

正是出于上述原因，司法机关在处理涉及建筑领域项目经理的犯罪时意见分歧非常大，进而造成了立案难、公诉难、定罪难的局面。但是涉及项目经理的犯罪问题愈演愈烈，又不能放任这种情况不管。我们该如何在现有《刑法》规定的框架下处理这个问题呢？

2017 年 12 月 25 日，浙江省高级人民法院、浙江省人民检察院、浙江省公安厅联合出台了《会议纪要》。笔者认为，《会议纪要》对如何解决上述问题提供了很好的范本，建议在全国范围内加以推广。《会议纪要》第 2 条对建筑领域职务犯罪的主体认定问题进行了明确：对于项目经理承包人与建筑施工企业签订劳动合同或内部承包合同，并负责管理工程项目或分公司的，相关成员可以成为职务侵占、挪用资金等职务类犯罪的主体。对于项目经理、承包人与建筑施工企业既不存在劳动关系，又无内部承包合同、任命书等文件足以证明其已获建筑施工企业明确授权，擅自以建筑施工企业的名义从事活动的，相关成员不宜成为针对该企业的职务侵占、挪用资金等职务类犯罪的主体。构成其他犯罪的，应依法追究刑事责任。

笔者认为，《会议纪要》的规定是在现有《刑法》规定的框架下结合施工领域的实际情况进行的科学解读。从罪名的设立初衷来看，职务侵占罪之所以要求行为人必须是公司人员，是因为职务侵占罪所侵害的客体是职务的廉洁性，也就是说

《刑法》保护的是职务的廉洁性，只要项目经理的这种行为也侵害了职务的廉洁性，那么其就可能成立职务侵占罪。因此，职务侵占罪的立法原意在于保护“职权”的廉洁性而非人身的隶属或者管理关系。换句话说，只要项目经理也具有公司赋予的这种职权，那么其就可以成为职务侵占罪的犯罪主体。学界也有这种观点：“对本罪行为主体的认定，不能采取身份说，只要行为人事实上在从事公司、企业或者其他单位的员工所从事的事务，原则上就应认定为本罪的行为主体。”[1]可以将这种观点称为“事务说”。所以，对于建筑领域的项目经理能否构成职务侵占罪的问题，不能一概而论，应将项目经理分为授权型项目经理和非授权型项目经理。如果项目经理、承包人与建筑施工企业签订了劳动合同或者内部承包合同，并且负责管理工程项目或者分公司，其实际上已经取得了同公司员工一样的职权，当其实施了侵害职务廉洁性的犯罪行为时，其可以成为职务侵占罪的犯罪主体。[2] 如果项目经理、承包人与施工企业既不存在劳动关系，又无内部承包合同、任命书等文件足以证明施工企业明确授权，很难讲其侵害行为损害了“职务的廉洁性”，所以，项目经理不宜成为针对该企业的职务侵占罪、挪用资金犯罪的犯罪主体。

（二）如何理解“利用职务上的便利”

成立职务侵占罪要求行为人必须利用职务上的便利来实施侵占本单位财物的行为，否则不构成职务侵占罪，但有可能构成盗窃罪、诈骗罪等其他犯罪。那么，我们该如何理解本罪要求的“利用职务上的便利”呢？

所谓利用职务上的便利，是指利用职权以及与职务相关的便利条件。职权，是指本人职务、岗位范围内的权力。与职务相关的便利条件，是指虽然不是直接利用职务或岗位上的权限，但却利用了本人的职权或地位所形成的便利条件，或通过其他人员利用职务或地位上的便利条件。对于那种不是利用职务上的便利条件，而只是利用工作上的便利如熟悉环境、容易混入现场、易于接近目标等，即使取得了

---

〔1〕 张明楷：《刑法学》（第5版），法律出版社2016年版，第1020页。

〔2〕 在（2018）京0114刑初469号刑事判决书中，法院认为被告人程某某以授权方式获取恒生恒业公司职员身份，对外行使项目经理职务，负责承包合同签订、现场施工管理、与甲方代表接洽工程进度和质量、从甲方公司领取工程结算款等工作，应认定其在涉案工程中具有恒生恒业公司人员的主体身份，符合职务侵占罪的构成要件。

财物，也不构成本罪，构成犯罪的，应当以他罪如盗窃罪论处。[1]

首先，笔者认为，“职务”的外延包括主管、管理、经手单位财物等情形。详言之，“主管”，是指行为人虽不具体管理、经手单位财物，但对单位财物的调拨、安排、使用具有决定权。“管理”，是指行为人对单位财物直接负有保管、处理、使用的职责，即对单位财物具有一定的处置权。“经手”，是指行为人虽不负有管理、处置单位财物的职责，但因工作需要，单位财物一度由其经手，行为人对单位财物具有临时的实际控制权。

其次，从比较法的视角来分析，对于侵占类犯罪，其他国家或地区刑法设立了由脱离占有物侵占罪、委托物侵占罪、业务侵占罪组成的犯罪群。通过对比不难发现，我国《刑法》第 270 条第 2 款、第 270 条第 1 款、第 271 条、第 382 条第 1 款，分别对应规定了脱离占有物侵占罪、委托物侵占罪、业务侵占罪以及公务侵占罪。而职务侵占罪对应的就是域外刑法中的“业务侵占罪”，是指基于“业务”而持有或者基于职务主管、控制、支配本单位财物占为己有，侧重的也是“职权”而公司员工的“身份”。

基于上述分析，司法机关在认定建筑领域项目经理的危害行为能否构成职务侵占罪时，不能生搬硬套劳动法相关规定，仅仅以项目经理与施工企业之间不存在劳动合同，就排除其构成职务侵占罪可能性，这显然是对《刑法》条文的误读，应该准确把握职务侵占罪的核心要求——行为人是否“利用了职务上的便利”。当然，成为公司内部员工是存在“职务上便利”的一种途径，但不是唯一途径。除签订劳动合同外，还可以通过授权等方式获取“职务上的便利”。项目经理负责制作为一种新型的经营模式，项目经理接受施工企业法定代表人授权，对外代表建筑施工企业，指挥工程项目的生产经营活动，调配并管理进入工程的人力、资金、物资、机械设备等生产要素，其行为当然具备“职务性”。

对于“授权型项目经理”而言，其与建筑施工企业签订的内部承包协议中已经明确约定了权利义务。对外，其以建筑施工企业名义发生民事法律关系，造成的后果由建筑施工企业承担；对内，其在授权范围内接受建筑施工企业的管理。这种授

[1] 参见张军主编：《刑法（分则）及配套规定新释新解》（第 9 版），人民法院出版社 2016 年版，第 1231～1232 页。

权型项目经理虽然并未与建筑施工企业签订劳动合同,但是已经与建筑施工企业内部员工无差别。其行为都是在行使建筑施工企业赋予的职权,当然具有职务性,这一点毋庸置疑。《建筑施工企业项目经理资质管理办法》第二章也专门规定了项目经理的职责,无论基于法定代表人授权,还是基于法律规定,项目经理都应该恪守职责,不能有违背其职权的举动。如果项目经理实施了侵占、挪用行为,那么,其既损害了建筑施工企业的财产所有权,也违背了其职务的廉洁性的要求。这与设立职务侵占罪、挪用资金罪的立法原意相一致,是《刑法》第 271 条、第 272 条规定的应有含义,理应按照职务侵占罪、挪用资金罪定罪处罚。

与之相对应的就是"非授权型项目经理",此类型的项目经理之所以不能成为职务侵占罪、挪用资金罪的犯罪主体,主要是因为其并没有得到建筑施工企业的书面授权,对外没有使材料商、租赁商相信其行为是职务行为的表象。他们的行为不能理解为职权性的行为,不可能侵害职务的廉洁性,也就不可能成为职务侵占罪、挪用资金罪的犯罪主体。

此外,还需要注意的是,《刑法》第 271 条在规定职务侵占罪时,虽然仅规定了"侵占"这一种财产剥夺方式,但是,根据刑法理论的通说与司法实践中的普遍做法,公司、企业或者其他单位的人员,如果利用职务上的便利,将本单位的财物窃取、骗取,也会被认定为职务侵占罪。因此,在判断职务侵占罪的行为方式时,建筑施工企业不仅要意识到"侵占",还要意识到"窃取""骗取"等。

(三)如何理解"将本单位财物非法占为己有"

职务侵占罪侵害的对象必须是行为人所在单位的财产。在项目经理实施的职务侵占行为中,尤其是项目经理与建筑施工企业签订的合同属于"清水包"性质的承包合同时,项目经理将施工项目资金、工程中的材料、实物占为己有的行为是否构成职务侵占罪?当前司法实务界对此也存在较大的争议。浙江省公、检、法三机关出台的《会议纪要》第 3 条"关于施工项目资金所有权归属及相关行为的定性问题"对此做了规定:"依法准确认定施工项目资金等财物所有权归属,是审查认定职务犯罪和经济犯罪的前提和基础。在项目经理内部承包责任制下,对施工项目资金所有权的归属,可根据在案的事实证据情况按下列原则处理:(1)建筑施工企业与项目经理、承包人对资金归属和使用等问题有明确约定的,从约定。(2)对于项目经理、承包人垫付范围内的施工项目资金,垫付并不改变其财产所有权的归属,即应确定施工项目资金的所有权仍归属于项目经理、承包人。但在认定项目经理、承包人垫付工程款时,应当由项目经理、承包人提供明确规范的资金往来财务凭证,并向建筑企业与项目经理、承包人核实确认。在此情形下,项目经理、承包人'侵占''挪用'施工项目资金未超出其垫付数额的,一般不宜以职务侵占、挪用资金等犯罪定罪处罚。(3)对于项目经理、承包人垫付范围外的施工项目资金,工程没有完工的,应当以工程结算节点为界。结算以前或者无法进行结算的,施工项目资金的所有权归属于建筑施工企业,结算以后施工项目资金的所有权归属于项目经理、承包人。"

概言之,《会议纪要》规定的资金所有权归属的确定方式如图 2-1 所示:

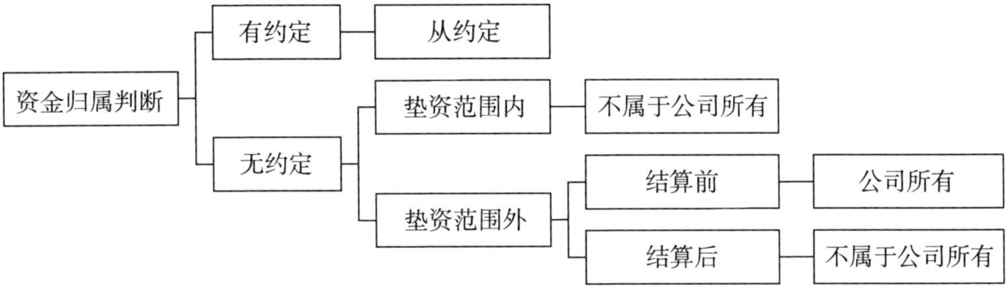

图 2-1 《会议纪要》规定的资金所有权归属的确定方式

根据《会议纪要》第 3 条的规定:建筑施工企业与项目经理、承包人对资金归属和使用等问题有明确约定的,从约定。

根据《会议纪要》确立的规则,针对如何确定资金所有权,首先要看有无约定。在民事领域,"意思自治"是帝王法则,确定资金所有权时首先从"是否有权利处分的意思表示"入手,这也符合处理民事问题的基本思路;笔者认为这是非常合理的。从《会议纪要》的表述来看,此条应理解为,如果施工企业同项目经理、承包人对施工项目资金的所有权归属及使用权有明确约定,按照约定来处理,约定归属于哪一方,就归属于哪一方。

但是,笔者认为此条规定还可以更加详尽。尤其是对于没约定资金归属,只是明确限定项目经理不得将垫资款挪作他用的情况。例如,施工企业和项目经理约定,"对于项目经理垫资部分,应专款专用,只能用于此项目建设,不得挪作他用"

(这恰恰也是最常见的情况),在这种情况下,如果项目经理将垫资款挪作他用如何处理,是否可以认为该垫资款也属于"本单位财物"?

同民事法律不同,"罪刑法定"是刑法的基本原则,刑法严禁类推适用。从文义解释为先的角度来看,"本单位财物"仅应指本单位享有所有权的财物,而如果只是享有使用权的话,除非刑法有特别规定,否则不能认为是刑法意义上的"本单位财物"。

所以,从这个角度来看,《会议纪要》第3条关于资金使用问题的规定又与项目经理能否构成职务侵占罪并无太大关系。如果此条能够明确规定:施工企业同项目经理明确约定,施工项目资金专款专用情况下,项目经理挪用垫付资金的,应认定为《刑法》第271条第1款所规定的"将本单位财物非法占为己有",将更利于解决项目经理职务类犯罪问题。但是,如此规定有可能被认定为已经超出了"解释法律"的范畴。所以,笔者认为,还是由最高立法机关或司法机关出台相应的解释来明确此问题为妥。

《会议纪要》第3条第2项规定:对于项目经理、承包人垫付范围内的施工项目资金,垫付并不改变其财产所有权的归属,即应确定施工项目资金的所有权仍归属于项目经理、承包人。但在认定项目经理、承包人垫付工程款时,应当由项目经理、承包人提供明确规范的资金往来财务凭证,并向建筑企业与项目经理、承包人核实确认。在此情形下,项目经理、承包人"侵占""挪用"施工项目资金未超出其垫付数额的,一般不宜以职务侵占、挪用资金等犯罪定罪处罚。

从此条规定可以看出,对于没有约定资金所有权的情况,项目经理挪用其垫付范围内资金的,不能认定为"将本单位财物非法占为己有"。但是此处的举证责任在项目经理一方,即项目经理负有证明自己垫付资金范围的责任,否则即推定为挪用的是施工企业的资金。

笔者认为,此项规定有两点值得商榷:第一,通过《会议纪要》的方式将举证责任置于项目经理一方是否违背刑法"无罪推定"的原则;第二,因为工程建设中资金往来比较复杂,实际操作时如何区分"垫付范围内"还是"垫付范围外"。我们在实践中经常遇到这样的问题:在《会议纪要》出台之前,公安机关在立案时往往要求施工企业先进行审计,证明项目经理挪用的资金确实已经超出了其垫付的资金,而且还要求施工企业证明项目经理挪用的资金用作本项目以外的其他用途。《会议纪要》出台以后，公安机关如何把控此类案件的刑事立案标准？是否施工企业还必须先进行审计？还是只要施工企业有初步证据就应先予刑事立案，然后由项目经理证明其挪用的是垫付资金？这些问题仍需要进一步明确。

《会议纪要》第3条第3项规定：对于项目经理、承包人垫付范围外的施工项目资金，工程没有完工的，应当以工程结算节点为界。结算以前或者无法进行结算的，施工项目资金的所有权归属于建筑施工企业，结算以后施工项目资金的所有权归属于项目经理、承包人。

按笔者理解，此项的本意应该是：在没有明确约定的情况下，应当以工程结算为节点，结算之前的非垫付资金应归属施工企业所有，结算之后的非垫付资金归属于项目经理所有。无法结算的情况下，项目经理不得挪用，否则应认定为《刑法》第271条第1款所规定的“将本单位财物非法占为己有”。

但本项表述略显不严谨。如果“没有完工”，应当以工程结算节点为界；那么，如果工程“已经完工”，是以完工为界吗？还是也要以“结算”为界？本项规定对此没有明确规定。另外，《会议纪要》并没有明确“工程结算”是指工程总结算还是内部结算。实际上工程建设中有两种“结算”，一种是施工企业同建设方之间的总结算，另一种是施工企业同项目经理之间的内部结算。

笔者认为，《会议纪要》中的“结算”应该指施工企业同项目经理之间的内部结算。首先，就主体而言，《会议纪要》的主体范围就限定在施工企业和项目经理这两方主体之间，与建设单位并没有关系。从这个层面来理解的话，这里的结算就应该是内部结算。其次，就条文设置的初衷而言，施工项目资金具有工程专用的特殊属性，其所有者应同在建工程的所有权人为同一主体。而施工企业是在建工程所有权的原始取得者，因此在施工企业同项目经理结算之前，资金所有权应归属于施工企业而非项目经理。而经过内部结算，扣除管理费、税费之后的盈利部分作为“奖励”让渡给项目经理，此时项目经理才取得该部分资金的所有权。这种做法充分调动了生产要素的积极性、提高了生产效率，这也符合项目经理制度设立的初衷。同时，通常情况下，施工企业同建设单位的结算在前，施工企业同项目经理的结算在后，而且后者的结算要以前者的结算为依据。选择内部结算作为区分资金所有权的时间节点，也有利于最大限度地保护施工企业的利益，这同《会议纪要》的初衷一致。因此，建议《会议纪要》将“结算”明确为施工企业同项目经理之间的“内部结算”。

《会议纪要》之所以会如此规定，是因为实践中主要有以下几种观点：

(1)观点一：施工项目资金所有权归属于建筑企业。

持此观点者认为：首先，无论项目经理同施工企业之间是哪种内部关系，对外而言，工程项目的施工方都是建筑施工企业，最终同发包人或者材料商等公司进行结算的主体也是建筑施工企业，发包人支付预付款或者材料商供应材料的对象都是建筑施工企业。因此，施工项目资金所有权应属于建筑施工企业。

其次，《建筑施工企业项目经理资质管理办法》第8条规定：“项目经理在承担工程项目施工的管理过程中，应当按照建筑施工企业与建设单位签订的工程承包合同，与本企业法定代表人签订项目承包合同，并在企业法定代表人授权范围内，行使以下管理权力：……(三)指挥工程项目建设的生产经营活动，调配并管理进入工程项目的人力、资金、物资、机械设备等生产要素……”本条规定的暗含之意就在于，施工项目资金的所有权属于建筑施工企业，而不是项目经理。因为，从法条表述可以明确看出，项目经理只有在企业法定代表人明确授权的情况下，才可以“调配并管理”进入工程的资金，如果此时施工项目资金所有权已经属于项目经理，那么，使用自己所有的资金为何还需要其他人的明确授权呢？这显然是一种悖论。因此，资金所有权归属于建筑施工企业，这是法律的暗含之意。

(2)观点二：施工项目资金所有权归属于项目经理。

持该观点者认为：在项目经理承包制下，项目经理同建筑施工企业之间是平等的合作关系，双方签订了内部承包协议，由项目经理自主管理工程施工的全过程，自负盈亏，只需按照事先的约定向建筑施工企业交纳管理费即可，不管日后的项目成本是高是低，企业取得的利润额是固定不变的。由成本节约形成的利润归项目经理支配，由成本超支产生的亏损由项目经理负担。这种承包关系确定以后，项目经理与建筑企业之间的关系也就不再是原来意义上的劳动雇佣关系，而是以承包合同关系为基础建立的发包人与承包人之间的签约承包关系。在这种情况下，项目经理是工程项目的实际施工人，因此，工程项目资金当然归属于项目经理而非建筑施工企业。

(3)观点三：结算前归属于建筑施工企业，结算后归属于项目经理。

持该观点者认为：应该以工程结算为节点，结算前施工项目资金的所有权归属于建筑施工企业，结算后施工项目资金的所有权归属于项目经理。理由是，建筑施工企业同挂靠的项目经理之间是一种签约承包关系。在工程结算之前，由于工程造价尚处于变动的不确定状态，建筑施工企业与项目经理之间的对价无法确定，施工企业同发包人之间的对价也无法确定，在这种情况下施工项目资金所有权仍属于建筑施工企业。工程结算时，施工项目资金的支出已经成为一种确定状态，工程结算实际上是建筑施工企业与项目经理之间对资金所有权转移的合意，施工项目资金自结算结束之日起归项目经理所有。

上述三种观点各有利弊，第一种观点没有抓住“施工项目”资金的本质；第二种观点没有理顺建筑施工企业与项目经理之间的关系；第三种观点虽然有一定的合理性，但是忽略了建筑实践中的一些实际情况，需要进一步修正。

笔者认为，应该以施工项目资金本质上是否为垫付为标准，分两种情况处理：(1)对于项目经理垫付范围内的施工项目资金，工程项目资金的所有权应认定为属于项目经理；(2)对于项目经理垫付范围外的施工项目资金，应以工程内部结算为节点，结算以前或者无法进行结算的，施工项目资金的所有权归属于建筑施工企业；结算以后施工项目资金的所有权归属于项目经理。但是，如果建筑施工企业和项目经理之间有对工程项目资金的所有权归属、资金使用范围等进行明确约定，应按照双方约定来确定所有权归属和资金使用范围。

之所以要进行这样的修正，是因为观点三忽略了一种实际情况。实践中，在项目经理内部承包责任制下，项目经理垫资的现象非常多见。之所以会出现这种情况，有其深层次原因：一方面，在工程建设领域的大环境下，发包人预付工程款的项目极少，绝大多数的工程项目需要施工企业垫资，而施工企业的现金流不足以维系其要承接的工程项目，只能依靠项目经理垫资才能解决资金难题；另一方面，施工企业与项目经理对于项目经理负责制的曲解也导致这种情况的出现。项目经理负责制创设的本意是希望通过内部承包的管理方式，激励工程项目的管理者，激励其提高工程建设的效率，保证工程建设的质量。施工企业仍是施工项目的实际施工者和负责人，“内部承包”仅仅是一种管理手段而已。但是，实际上，“内部承包”已然发展成了“外部承包”，项目经理负责制已经成为规避国家资质管理的手段。有些施工企业将其承包的工程项目转包给项目经理进行实际施工，或者工程本身就是项目经理承接的，施工企业只是出卖资质的一方，此时，双方的意图都很明显，施工企业就是为了收取管理费,项目经理就是为了借用施工企业的资质承接工程。在这种情况下,项目经理与施工企业之间不是隶属关系,而是平等的合作关系。既然是合作关系,项目经理也理所当然地认为自己垫资属于为自己承包经营的工程进行的必要“投资”,“垫资”是其本分。正是这种曲解使内部承包的项目经理负责制屡屡产生异化,甚至畸形发展,导致工程领域项目经理垫资的情况普遍存在。

但是,无论是什么原因导致的项目经理垫资,只要在没有其他明确约定的情况下,项目经理垫付资金的所有权并不会发生变化,仍然归属于项目经理。有观点认为,实践中施工企业往往会与项目经理签订借款合同,项目经理垫付的资金属于施工企业向项目经理的借款。但是,这种说法与建筑实践并不相符。实际上,在项目经理承包施工项目后,施工企业并非真的没有资金可以划拨给项目部,所谓的借款只是双方为了避免被认定为垫资所走的形式上的手续。实际情况是施工企业认为项目经理自负盈亏,工程资金属于其进行的必要投资,本应由其自行负担,施工企业属于“不为也,而非不能也”。项目经理自身也认为为自己的工程垫付资金是天经地义的事情,此时的借款合同仅为掩盖垫资的一种手段而已,并没有借款的真实意思表示。无数的司法实践印证,项目经理在实际“侵占”“挪用”自己垫付的资金时,也都认为自己是在合理处分自己的资金。

从《刑法》的规定来看,职务侵占罪惩罚的是一种“公款私用”的行为,而项目经理先行垫付资金的行为属于“私款公用”,资金并不会因为“私款公用”而变成“公款”,其本质仍然是“私款”。从主观层面来看,项目经理在侵占这部分资金时也一直认为自己在使用自己的资金;换句话说,项目经理实际上并不存在非法占有目的。所以,在没有其他约定的情况下,将项目经理垫付的资金认定为项目经理自己的资金是符合刑事立法意图的。而且,将项目经理垫付的资金认定为项目经理自有资金,实际上是一种出罪的情形。从刑法的功能来看,如此认定有利于从根本上遏制“垫资”行为的发生,遏制建筑领域这种畸形情况的出现,有利于建筑业的健康、长远发展。

观点三还忽略了一种实际情况:项目经理不一定会配合结算。因为结算必须以项目经理配合为前提,而项目经理配合结算也通常是在没有亏损或者亏损较小的情况下。如果存在巨额亏损,项目经理基本上不会配合结算,甚至为了获得非法利益,恶意代理或者代表建筑施工企业对外签订材料供应或者借款合同,怂恿他人对建筑施工企业提起虚假诉讼。因此,必须考虑项目经理不配合结算的情况。

对于非项目经理垫付的资金部分,之所以要以结算点进行划分,有以下几个方面的原因:

(1)从施工项目资金的性质来分析,施工项目资金,本质上是指建筑施工企业将使用方式和使用范围严格限制在本施工项目工程上的专项资金。其核心特点是“专款专用”,即只能用于本施工项目建设的支出。由这个核心特点我们不难推导出一个结论:只有在工程结算之前,才存在“施工项目资金”,结算以后,不能再称为“施工项目资金”。理由很简单,结算以后的资金已经不再是用于工程建设的资金了,其不符合施工项目资金的最本质特征。

那么,在结算之前,施工项目资金的所有权归属于谁?答案当然是建筑施工企业。根据我国《施工项目资金管理办法》第5条的规定,“项目经理部是项目资金管理的直接责任单位,负责项目工程款回收与项目资金收支计划的编制。(一)项目经理是项目工程款回收第一责任人,领导和管理项目资金工作,对项目资金回收、合理使用负责……”在工程建设过程中,建筑施工企业为了集中管理、统一使用、提高效率的需要,会由项目经理垫资或者施工企业将施工项目资金划至工程项目部名下,由项目经理作为第一负责人对该笔资金的使用负责,这也是项目经理负责制的核心内容。虽然从形式上看,施工项目资金在项目经理的支配和控制之下,但是这种使用和控制是基于建筑施工企业的意思而进行的,项目经理只是资金使用的辅助者而非决策者,施工资金所有权仍应归属施工企业而非项目经理。从施工项目资金的使用目的上看,该笔资金只能用于本工程建设时的合理支出,而项目经理不能用于其他支出,这与所有权“占有、使用、收益、处分”的内容是相违背的。项目经理只能根据施工企业的要求,对项目资金进行一定范围内的合理使用;从使用方式上看,虽然购买材料、支付人工工资等行为由项目经理所为,但是,这些行为均以施工企业的名义进行,而不是以项目经理自己的名义,且由此产生的不利后果也全部由施工企业来承担,这也说明占有、使用该笔施工项目资金的实际上是施工企业而非项目经理,项目经理只是扮演了占有辅助人的角色。

因此,在结算之前,施工项目资金的所有权归属于建筑施工企业,而非项目经理。而在结算以后,剩余资金的性质应该如何认定?笔者认为,剩余资金实际上是施工企业对项目经理支付的报酬，其所有权当然属于项目经理，这是落实项目经理负责制的主要内容。之所以要设立项目经理负责制，主要是为了优化配置生产要素、提高建设工程的效率和建筑质量、降低项目成本。通过将结算后的剩余资金作为报酬支付给项目经理的方式，一方面，可以鼓励项目经理通过科学地管理和技术创新的方式，在保证工程质量的前提下，尽量节约工程的成本；另一方面，可以使建筑施工企业与项目经理之间良性互动，促进建筑市场的健康发展。

(2)从项目经理与建筑施工企业的关系来分析，有观点提出，在建筑施工企业将施工项目资金划至项目经理名下后，项目经理就实际占有了该笔资金，因为货币属于民法上的特殊种类物，采用“占有即所有”的原则，项目经理对其占有的施工项目资金拥有所有权。

上述观点看似颇有道理，但实际上却是错误的，因为其混淆了“占有”与“占有辅助”之间的界限，施工企业是施工项目资金的占有人，项目经理只是占有辅助人。“占有”是指对物事实上形成的控制和支配状态。要形成“占有”，既有“体素”的要求，也有“心素”的要求。施工项目资金在项目部账户下，由项目经理作为第一负责人进行管理使用，虽然具有了“体素”的要求，但是，项目经理内心很清楚，其对施工项目资金的控制，是受建筑施工企业的指示而为的临时控制，这不符合占有“心素”的要求。而“占有辅助”，是指基于特定的从属关系，受他人指示而为事实上的支配并排除他人干涉的法律之力，项目经理的行为正是占有辅助行为。因此，施工项目资金的所有权并不会基于“占有辅助”而转移至项目经理手里。

还有观点认为：此类案件涉案资金往往系发包方支付的预付款、工程进度款，以及项目经理先行交付的保证金、垫资款，建筑施工企业并没有资金支持。项目经理只是挂靠在建筑施工企业，以建筑施工企业名义承包建筑工程，项目经理才是相关工程的实际承包人，在工程中有大量的垫资，相关款项是项目经理自己的资金，不存在挪用、侵占的情形。

这种观点是失之偏颇的，发包方支付的工程预付款、工程进度款以及其他工程保证金、垫资款等工程资金，一般由项目经理与建筑施工企业明确约定为专项专用资金，由建筑施工企业统一管理并监督使用，项目经理不得转移或挪用，项目经理已经对自己的民事权利进行了处置,项目经理只有在工程项目管理的必要范围内享有建筑施工企业所规定的支配权;工程承包期内项目经理利用职务便利挪用、侵占上述资金的,应当构成挪用资金罪、职务侵占罪。

另外,“意思自治原则”是民事法律领域的“帝王法则”,民事主体有权利自由处置自己的民事权利。在建筑实践中也较多地存在这样一种情况,工程建设资金虽然是项目经理先行垫付的,但是建筑施工企业同项目经理之间对工程项目资金的所有权归属、资金使用范围等进行明确约定。例如,双方明确约定工程资金的所有权归属于建筑施工企业或者明确约定工程在某个时间节点前工程项目资金限定为某个工程专款专用。笔者认为,这种情况应当视为双方对民事权利的自由处置,如果项目经理侵占该工程项目资金(即使是项目经理垫付的资金),也应认定其侵占了建筑施工企业的工程资金,应当构成职务侵占罪。

(四)如何确定职务侵占罪的管辖

根据《刑事诉讼法》第25条之规定,刑事案件由犯罪地的人民法院管辖。如果由被告人居住地的人民法院审判更为适宜,可以由被告人居住地的人民法院管辖。这是《刑事诉讼法》对刑事案件管辖的一般性规定。根据最高人民法院《关于适用〈中华人民共和国刑事诉讼法〉的解释》第2条、第3条的规定,犯罪地包括犯罪行为地和犯罪结果地。针对或者主要利用计算机网络实施的犯罪,犯罪地包括用于实施犯罪行为的网络服务使用的服务器所在地,网络服务提供者所在地,被侵害的信息网络系统及其管理者所在地,犯罪过程中被告人、被害人使用的信息网络系统所在地,以及被害人被侵害时所在地和被害人财产遭受损失地等。被告人的户籍地为其居住地,经常居住地与户籍地不一致的,经常居住地为其居住地。经常居住地为被告人被追诉前已连续居住一年以上的地方,但住院就医的除外。被告单位登记的住所地为其居住地。主要营业地或者主要办事机构所在地与登记的住所地不一致的,主要营业地或者主要办事机构所在地为其居住地。总而言之,刑事案件由犯罪地(包括犯罪行为地和犯罪结果地)人民法院或者被告人居住地人民法院管辖。

但是,在建设工程领域的司法实践中,建筑施工企业分支机构数量众多、分布分散,建筑施工企业住所地、施工项目所在地、被告人户籍所在地、被告人经常居住地、犯罪行为地、犯罪结果地往往不在同一地区,导致建筑领域以项目经理作为职务侵占罪主体的犯罪案件往往产生管辖方面的争议，个别情况下甚至出现公安机关推诿扯皮，都不立案的情况。对此争议，笔者认为可采取以下方案解决。

1. 项目经理的居住地（户籍地或经常居住地）同建筑施工企业住所地或施工项目所在地一致的，依据《刑事诉讼法》对刑事案件一般管辖的规定，建筑施工企业住所地或施工项目所在地人民法院有管辖权。

2. 项目经理的居住地（户籍地或经常居住地）同建筑施工企业住所地或施工项目所在地均不一致，但项目经理侵占的建筑企业的资金是由建筑施工企业汇到项目所在地的，以建筑施工企业住所地或施工项目所在地作为犯罪结果地，当地法院具有管辖权。

3. 关于项目经理的居住地（户籍地或经常居住地）、施工项目所在地均不在建筑施工企业住所地的，建筑施工企业住所地法院是否具有管辖权，实务界争议较大。对于这种情形，笔者倾向于认为当地司法机关也有管辖权，理由是，没有法人资格的分支机构本质上是建筑施工企业内部的一个机构，相应的法律后果由建筑施工企业承担，项目经理在分支机构实施的犯罪就是在建筑施工企业内部实施的犯罪，因此，建筑施工企业住所地法院也应该有管辖权。

【此罪与彼罪】

项目经理实施的侵害行为除涉嫌职务侵占罪外，还可能构成其他罪名，如诈骗罪、贪污罪和侵占罪等，应结合主观罪过、行为方式、被挂靠主体等因素综合判断行为性质。

1. 挂靠方并无与被挂靠的工程建设企业联营之意，挂靠的项目经理以非法占有为目的，采用欺骗手段骗取工程款或者供工程建设所用的原材料等财物，数额较大的，应按诈骗罪定罪处罚。

2. 挂靠方有与被挂靠的工程建设企业联营之意，并有承揽工程的实际行动，挂靠的项目经理利用职务之便，非法占有工程款或者供工程建设所用的原材料等财物，数额较大，并将债务转嫁给工程建设企业的，应按职务侵占罪定罪处罚。但是，如果被转嫁而承担债务的是国有工程建设企业，则应以贪污罪论处。

3. 挂靠的项目经理利用职务上的便利，非法占有工程款、农民工工资、材料款物、施工设施等财物，数额较大，只是给挂靠方造成财产损失，并不会将损失转嫁给被挂靠的工程建设企业的：若挂靠方是在工商部门登记注册的工程建设企业或公司,对行为人应按职务侵占罪定罪处罚;若挂靠方是临时结伙从事工程建设工作,或虽长期结伙从事这类工作,但并未在工商部门登记注册,不属于工程建设企业或公司的,则应根据行为人非法占有财物的不同方式,分别认定为盗窃罪、诈骗罪或侵占罪。

【追诉标准】

职务侵占罪犯罪数额6万元以上即可入罪;职务侵占罪犯罪数额100万元以上的属于法定的加重情节。具体而言:

(1)犯罪数额较大:6万元以上不满100万元的,处3年以下有期徒刑或者拘役,并处罚金。

(2)犯罪数额巨大:100万元以上的,处3年以上10年以下有期徒刑,并处罚金。

(3)犯罪数额特别巨大:处10年以上有期徒刑或无期徒刑,并处罚金。

相关法律依据:

根据2016年4月18日最高人民法院、最高人民检察院发布的《关于办理贪污贿赂刑事案件适用法律若干问题的解释》第11条第1款之规定,《刑法》第271条规定的职务侵占罪中的"数额较大""数额巨大"的数额起点,按照该解释关于受贿罪、贪污罪相对应的数额标准规定的2倍、5倍执行。即6万元以上为职务侵占罪中的"数额较大",100万元以上为职务侵占罪中的"数额巨大"。[1]

三、实务操作

【对建筑施工企业的建议】

第一,建筑施工企业应建立完善的企业内控及刑事反舞弊制度。主要包括以下几项工作:

1. 健全用工制度,与员工签订正规的劳动合同,并明确员工的职务范围。职务侵占一旦发生,建筑施工企业报案时,需要提供劳动合同,以证明与职务侵占行为人之间存在劳动关系。如果建筑施工企业不能证明劳动关系的存在,实践中,公安

〔1〕 2021年3月1日实施的《刑法修正案(十一)》对职务侵占罪进行了修正,并增加了一档法定刑,故"数额特别巨大的"未在此司法解释中进行直接规定。——编者注

机关可能会认定项目经理与施工企业之间只是平等的民事关系。这样的话,项目经理实施的职务侵占行为会被认定为同施工企业之间的民事纠纷,从而导致案件不会进入刑事诉讼程序。

2. 加强法治培训,可以采用案例警示教育、法律法规学习等多种形式,增加企业员工(尤其是项目经理)对于职务侵占罪的认识,提高企业员工的守法意识,做到警钟长鸣。

3. 健全项目经理的管理制度,签订好劳动合同、内部承包合同、授权委托书等材料,在内部承包合同中明确约定投入项目的资金归属于施工企业,在内部结算之前专款专用,不得挪用。在劳动合同、授权书或者岗位职责说明中明晰职权范围,做到权责明晰,便于追责。

4. 健全内部管理机制,强化施工项目的财务监督制度,定期核查项目资金使用情况,及时发现和处理违规账目、防止刑事案件发生。

5. 完善内部授权制度,建立内部授权体系,授权项目与授权范围清晰,以防相关经营管理人员超越职权从事违法犯罪行为。

6. 及时核对账目,进而掌握财务情况,迅速了解是否存在职务侵占的苗头,防止信息掌握在少数业务员手中,导致公司管理失控。核对账目可以聘请专业的注册会计师进行,以提高核实的效率与准确性。

第二,建筑施工企业应成立监察小组,专门负责施工企业中常见刑事风险的应对工作,形成规范化的刑事案件举报流程。例如,当施工企业在项目施工过程中发现遭受行为人职务侵占行为侵害时,可以重点收集相关证据后向司法机关报案,协助司法机关第一时间查处项目经理或承包人实施的职务侵占行为。举报项目经理或承包人实施的职务侵占罪可以重点收集如下材料:

1. 举报信。举报信应紧扣职务侵占罪的构成要件,对项目经理实施职务侵占行为的过程进行详细描述,并将相应证据作为附件予以列示。

2. 项目经理主体身份信息。具体包括项目经理的身份证号码、联系方式、住址等信息,以便公安机关进行调查。

3. 劳动合同、内部承包协议、工资发放记录、社保缴纳记录等。这些文件用于证明项目经理同施工企业之间存在劳动关系或者授权关系,项目经理具有相关职权,符合职务侵占罪的主体要件。

4. 专项财务审计。建设施工企业可以先行委托会计师事务所出具审计报告，作为初步证据。

5. 资金往来明细。具体包括资金的数额、去向等。

6. 业主、监理以及现场施工人员的证人证言。

7. 必要的时候可以进行印章真伪或笔迹鉴定。

8. 建筑施工企业所遭受实际损害的相关证据。

【对项目经理的建议】

1. 建设工程实务中，项目经理挪用工程款、材料款、农民工工资的行为时有发生，项目经理应当洁身自好、信守承诺，不可抱有侥幸心理。

2. 项目经理应明晰自身职责所在，划定自身职权范围，在职权范围内工作，对“高价进、低价出”（其中差价往往就是职务侵占的金额）之类的行业潜规则提高警惕，切莫监守自盗。

3. 凡是对项目资金所有权进行了约定的，或者超出垫付范围且尚未进行内部结算的款项，项目经理万万不可侵占，特别是在项目已经亏损的状态下。

4. 项目经理应当加强法律学习，遵纪守法，不触碰刑事犯罪的红线。

第二节　挪用资金罪

一、案例解析

【基本案情】

2009 年 5 月，赵某担任浙江某建设集团有限公司唐山分公司经理，同年 8 月与浙江某建设集团有限公司签订《河北省分公司经济责任协议》，主要负责河北省市场区域各工程项目的具体组织经营和施工。2010 年，赵某在河北省石家庄市联系中标“祥云国际Ⅰ期”项目，2010 年 6 月其兼任浙江某建设集团有限公司石家庄办事处负责人，后浙江某建设集团有限公司与石家庄某房地产开发集团有限公司签订“祥云国际”工程相关施工合同，项目经理孙某某、王某某、应某分别承建该工程，并与浙江某建设集团有限公司签订“祥云国际Ⅰ期”工程Ⅱ标段、Ⅲ标段、Ⅳ标段的《项目工程经济责任合同》。2010 年 6 月至 11 月，项目经理孙某某、王某某、应某分别交纳相应保证金至浙江某建设集团有限公司唐山分公司账户以及为“祥云国际Ⅰ期”项目专门设立的石家庄办事处账户。2011年8月24日，赵某未经浙江某建设集团有限公司唐山分公司同意，擅自将属于“祥云国际Ⅰ期”项目资金中的人民币200万元借给由张某等人合股成立的某祥公司，资金从浙江某建设集团有限公司石家庄办事处账户汇入某祥公司账户中，张某即将该200万元转入某祥公司另一股东冒某账户。2011年9月22日，某祥公司归还人民币100万元，汇入浙江某建设集团有限公司石家庄办事处的账户中，同时支付赵某个人利息人民币5万元，汇入赵某指定的个人账户中，剩余款项至案发时一直没有归还。

【争议焦点】

赵某是否构成挪用资金罪（赵某的身份是否符合我国《刑法》关于挪用资金罪的规定，被赵某挪用的资金是否是浙江某建设集团有限公司的资金）。

【各方观点】

公诉机关认为：(1)赵某系浙江某建设集团有限公司的工作人员，具备挪用资金罪的主体要件。(2)从浙江某建设集团有限公司石家庄办事处汇入某祥公司账户的人民币200万元，是被告人赵某擅自决定挪用“祥云国际Ⅰ期”项目资金借给某祥公司使用的，浙江某建设集团有限公司石家庄办事处账户是为“祥云国际Ⅰ期”项目专门设立的账户，该账户中存入的资金为该工程中的保证金及工程款，必须专款专用，赵某如若动用该账户资金用于与该工程无关的事项，应当经过浙江某建设集团有限公司的同意。

辩护人认为：(1)赵某不是浙江某建设集团有限公司的员工，其与浙江某建设集团有限公司之间是一种承包关系，其浙江某建设集团有限公司唐山分公司经理、石家庄办事处负责人的身份，只是浙江某建设集团有限公司为在河北省开发工程项目而临时任命的，与任命赵某为嘉兴分公司经理性质相同，故赵某不具备挪用资金罪的主体要件。(2)该账户中存入的资金并非“祥云国际Ⅰ期”项目专用保证金及工程款，另有其他工程的工程款等资金转入，根据赵某与浙江某建设集团有限公司的经济责任协议及浙江某建设集团有限公司董事长的授权委托，赵某对该账户的资金享有支配权。

【法院判决】

法院认为，赵某构成挪用资金罪，判处有期徒刑1年2个月。

理由是:赵某的履职职务系浙江某建设集团有限公司任命的,其向浙江某建设集团有限公司行使职责,应视为浙江某建设集团有限公司工作人员。因此,赵某符合挪用资金罪的主体要件。涉案200万元为工程款资金,赵某无权用于与公司业务无关的地方。赵某未经浙江某建设集团有限公司同意,私自越权将200万元借给某祥公司的张某使用。

【案例点评】

本案中,第一个争议焦点是赵某能否被认定为浙江某建设集团有限公司工作人员。法院认为,《河北省分公司经济责任协议》、承诺书、相关任命文件等在案证据可以证实赵某于2009年5月3日被任命为浙江某建设集团有限公司唐山分公司经理,2010年后兼任石家庄办事处负责人。其主要职责是以浙江某建设集团有限公司的名义在河北省范围内开展工程投标、承揽建设工程等,以及在承接项目后,代表浙江某建设集团有限公司监管工程的实施,按协议规定的不同形式分享工程建设的利润和管理费用以及奖励等事项。赵某作为河北省市场区域经济责任人与浙江某建设集团有限公司签有上述经济责任协议,相关的履职职务系浙江某建设集团有限公司任命的,其应当向浙江某建设集团有限公司行使职责,并以浙江某建设集团有限公司名义开展工作,实施对工程的监督管理。且在案证据亦表明浙江某建设集团有限公司唐山分公司、石家庄办事处均非独立的法人机构,而是浙江某建设集团有限公司的分支机构。赵某和浙江某建设集团有限公司虽在经济利益分享上有明确的约定,但该约定不影响赵某必须遵守浙江某建设集团有限公司的制度,对外行使浙江某建设集团有限公司授权职责的规定事项。综上所述,赵某在任职期间履行浙江某建设集团有限公司分公司经理职责,应视为公司工作人员,符合挪用资金罪的主体要件。

关于涉案200万元的性质问题。法院认为,首先,赵某与浙江某建设集团有限公司签订的《河北省分公司经济责任协议》明确约定,项目资金应当专款专用,不得挪作他用。其次,赵某担任浙江某建设集团有限公司唐山分公司、石家庄办事处负责人,必须遵守《浙江某建设集团有限公司项目资金管理规定》的要求,不能代表集团公司向外界融资,分公司经理在承接项目时资金必须做到专款专用。另外,在案证据可以证明,孙某某、王某、应某所交付的保证金、工程款也汇入浙江某建设集团有限公司唐山分公司账户或石家庄办事处账户,该账户为“祥云国际Ⅰ期”项目专门设立的账户，该账户中存入的资金为该工程中的保证金及工程款，必须专款专用。证人李某的证言证实，石家庄办事处账户内的资金为工程上的工程款和保证金，保证金是不能动用的，工程款只能用于与公司相关业务上的用途。2011 年 8 月，赵某要其替他汇一笔款，资金为 200 万元，汇到某祥公司的账户里，当时赵某和其讲这笔资金是借给张某用的。此外，赵某在侦查阶段的供述也证实，从石家庄办事处划入某祥公司的 200 万元，是因为张某在辽宁锦州成立的某祥公司缺资金，遂向其借款 200 万元，其让石家庄办事处财务人员从办事处账户中划入某祥公司给张某。这笔 200 万元的资金是其私下借给某祥公司的，其没有权利支配这笔 200 万元的资金，工程款也只能用于办事处的工程上，不能用于与公司无关的业务上。

另外，某祥公司将 5 万元利息支付给赵某也是一个关键点，某祥公司向赵某支付利息，一方面可以证明赵某划入某祥公司账户的 200 万元系借款，而不是其所辩称的其他工程保证金。另一方面可以证明，这 200 万元是以赵某个人的名义出借的，而不是浙江某建设集团有限公司的行为。

二、罪名解读

【罪名解析】

《刑法》第 272 条第 1 款　【挪用资金罪】公司、企业或者其他单位的工作人员，利用职务上的便利，挪用本单位资金归个人使用或者借贷给他人，数额较大、超过三个月未还的，或者虽未超过三个月，但数额较大、进行营利活动的，或者进行非法活动的，处三年以下有期徒刑或者拘役；挪用本单位资金数额巨大的，处三年以上七年以下有期徒刑；数额特别巨大的，处七年以上有期徒刑。

挪用资金罪，是指公司、企业或者其他单位的工作人员，利用职务上的便利，挪用本单位资金归个人使用或者借贷给他人，数额较大、超过 3 个月未还的，或者虽未超过 3 个月，但数额较大、进行营利活动的，或者进行非法活动的行为。

挪用资金罪是企业负责人、公司高管最容易触犯的罪名之一，建设工程领域因产业链长、参与主体复杂、建筑市场管理不规范等原因，挪用资金罪多发。尤其是对于涉嫌犯罪的民营建工企业的项目经理，挪用资金罪的占比较大。因此，为准确

理解挪用资金罪,应当注意以下几个方面:

(一)挪用资金罪的主体要件

根据《刑法》的规定,本罪的主体为特殊主体,即公司、企业或者其他单位的工作人员,具体包括三种不同身份的自然人:一是股份有限公司、有限责任公司的董事、监事。二是上述公司的工作人员,即除了公司董事、监事之外的经理、部门负责人和其他一般员工。上述的公司董事、监事必须不具有国家工作人员身份。三是上述公司以外的企业或者其他单位的职工,包括集体性质的企业、私营企业、外商独资企业的职工。另外,在国有公司、企业,中外合资、中外合作股份制公司、企业中不具有国家工作人员身份的所有其他职工以及受国家机关、国有公司、企业、事业单位、人民团体委托,管理、经营国有资产的非国家工作人员也可以成为本罪主体。具有国家工作人员身份的人,不能成为本罪主体,只能成为挪用公款罪的主体。根据最高人民法院《关于对受委托管理、经营国有财产人员挪用国有资金行为如何定罪问题的批复》的规定,对于受国家机关、国有公司、企业、事业单位、人民团体委托,管理、经营国有资产的非国家工作人员,利用职务上的便利,挪用国有资金归个人使用构成犯罪的,应当依照《刑法》第 272 条第 1 款的规定定罪处罚。具体到建筑施工企业,大多数工程建设企业对内部承包责任制下的工程项目缺乏有效的监督管理和制约机制,“自负盈亏、独立核算”的项目经理往往将工程建设款项挪作他用或者挥霍工程款项,这样一来,项目经理能否成为挪用资金罪的犯罪主体,就值得考虑。笔者认为,在建筑施工领域适用挪用资金罪时,认定“公司、企业或者其他单位的工作人员”“利用职务上的便利”“本单位资金”时与职务侵占罪相同,在本章第　节已经详细论述,此不赘述。因此,项目经理实施挪用工程款项行为的,在主体认定上应当肯定其符合挪用资金罪的主体要件。

(二)挪用资金罪的行为方式

挪用资金罪的行为内容是,利用职务上的便利,挪用本单位资金归个人使用或者借贷给他人。其中,“归个人使用”有三种情况:(1)将本单位资金供本人、亲友或者其他自然人使用的;(2)以个人名义将本单位资金供其他单位使用的;(3)个人决定以单位名义将本单位资金供其他单位使用,牟取个人利益的。根据 2000 年

7 月 20 日最高人民法院发布的《关于如何理解刑法第二百七十二条规定的“挪用本单位资金归个人使用或者借贷给他人”问题的批复》,公司、企业或者其他单位的非国家工作人员,利用职务上的便利,挪用本单位资金归本人或者其他自然人使用,或者挪用人以个人名义将所挪用的资金借给其他自然人和单位,构成犯罪的,应当依照《刑法》第 272 条第 1 款的规定(挪用资金罪)定罪处罚。根据 2004 年 9 月 8 日全国人大常委会法制工作委员会发布的《关于挪用资金罪有关问题的答复》,《刑法》第 272 条规定的挪用资金罪中的“归个人使用”与《刑法》第 384 条规定的挪用公款罪中的“归个人使用”的含义基本相同。1997 年修改《刑法》时,进一步明确了“借贷给他人”属于挪用资金罪的一种表现形式。

挪用资金罪的具体行为内容也有三种,分别是:(1)挪用单位资金用于营利活动与非法活动以外的活动的,如用于消费、娱乐活动等,必须数额较大,并且超过 3 个月未还;(2)挪用单位资金用于营利活动的,只要求数额较大,不要求超过 3 个月未归还;(3)挪用单位资金用于非法活动的,不问挪用资金的数额和时间,均认定为挪用资金罪。非法活动包括犯罪活动与一般违法活动,从实践来看,主要是用于赌博、走私、行贿、嫖娼等。[1]

(三)挪用资金罪的主观要件

本罪在主观要件方面,要求行为人具有故意,不要求非法占有目的,否则可能涉嫌职务侵占罪。

(四)挪用资金罪的管辖

根据《刑事诉讼法》第 25 条之规定,挪用资金罪可以由被告人居住地、挪用资金行为发生地或者挪用资金结果发生地即建筑企业所在地人民法院管辖。需要注意的是,如果施工项目所在地与建筑施工企业住所地不一致,但被挪用的资金是由建筑施工企业汇到项目地的,该建筑施工企业住所地可视为犯罪结果发生地,当地人民法院有管辖权。

---

〔1〕 参见张明楷:《刑法学》(第 5 版),法律出版社 2016 年版,第 1024 页。

【罪与非罪】

挪用本单位资金的行为，有一般的违法违纪行为和犯罪行为之分，区分二者的界限，主要可以从两个方面分析：

第一，挪用资金的数额。犯罪数额是衡量社会危害性的一个重要指标。对于挪用资金罪中“数额较大、超过三个月未还的”“虽未超过三个月，但数额较大、进行营利活动的”这两种情形来说，“数额较大”是构成犯罪的必备要件。对于挪用资金罪中“进行非法活动的”这种情况，虽然《刑法》未作数额上要求，但是，认定犯罪时也不得不考虑数额，社会危害性不大的，不应作为犯罪，只可以作为一般的违法违纪行为进行处理。

第二，挪用资金的时间。挪用时间是衡量社会危害性的另一个重要指标。对于“数额较大、超过三个月未还的”这种情况，“超过三个月未还”是成立挪用资金罪的必备要件。对于“虽未超过三个月，但数额较大、进行营利活动的”“进行非法活动的”两种情况，虽然《刑法》没有时间上的要求，但是，挪用时间极为短暂，造成的社会危害性不大的，可以作为《刑法》第 13 条规定的“情节显著轻微危害不大”的情况，不认为是犯罪，作为一般的违法违纪行为进行处理。[1]

【此罪与彼罪】

在实务操作中，挪用资金罪最易与《刑法》第 271 条规定的职务侵占罪混淆，建筑施工企业应注意把握两者之间的区别。挪用资金罪与职务侵占罪都要求行为人是“公司、企业或者其他单位的人员”，都要求行为人利用职务便利，并且都以公司的资金为犯罪对象。二者的主要区别在于犯罪目的不同。换句话说，挪用资金罪只要求行为人具有挪用的目的，不要求行为人具有非法占有资金的目的，行为人主观上打算以后归还被挪用的资金；而职务侵占罪则以行为人具有非法占有目的为构成要件。若行为人挪用资金之后，出于其他原因主观上不再愿意归还被挪用的资金，则其行为转化为职务侵占罪。[2]

---

〔1〕 参见张军主编：《刑法（分则）及配套规定新释新解》（第 9 版），人民法院出版社 2016 年版，第 1240 页。

〔2〕 2003 年 11 月 13 日最高人民法院发布的《全国法院审理经济犯罪案件工作座谈会纪要》关于挪用公款罪第 8 项规定了挪用公款转化为贪污的认定，可以参照适用于挪用资金向职务侵占转化。

【追诉标准】

公司、企业或者其他单位的工作人员，利用职务上的便利，挪用资金数额较大、超过 3 个月未还的，即可构成挪用资金罪。

根据最高人民法院、最高人民检察院《关于办理贪污贿赂刑事案件适用法律若干问题的解释》第 11 条第 2 款，《刑法》第 272 条规定的挪用资金罪中的“数额较大”“数额巨大”“进行非法活动”情形的数额起点，按照该解释关于挪用公款罪“数额较大”“数额巨大”“进行非法活动”的数额标准规定的 2 倍执行。具体而言，行为人挪用资金数额在 10 万元以上，属于数额较大；400 万元以上，属于数额巨大。行为人挪用资金“进行非法活动”，要求挪用数额在 6 万元以上；挪用数额在 200 万元以上的，属于数额巨大。行为人挪用资金“数额较大不退还”，是指挪用数额在 200 万元以上，如果挪用资金进行非法活动“数额较大不退还”，数额是 100 万以上。[1]

【量刑范围】

经《刑法修正案（十一）》对挪用资金罪的修正，构成挪用资金罪的，其量刑幅度如下：

1. 行为人挪用资金数额较大、超过 3 个月未还的，或者虽未超过 3 个月，但数额较大、进行营利活动的，或者进行非法活动的，处 3 年以下有期徒刑或者拘役。

2. 行为人挪用本单位资金数额巨大的，处 3 年以上 7 年以下有期徒刑。

3. 行为人挪用本单位资金数额特别巨大的，处 7 年以上有期徒刑。

根据《刑法修正案（十一）》对本罪的修正，对比新旧刑法条文，在量刑方面的变化体现在：在挪用资金“数额巨大”级档基础上，增加了“数额特别巨大”级档；在量刑幅度上，对于“数额巨大”级档的最高刑从 10 年有期徒刑调低至 7 年有期徒刑，增加的“数额特别巨大”级档的量刑幅度为“7 年以上有期徒刑”。这意味着，在犯挪用资金罪单一罪名的情况下，最高量刑可至 15 年有期徒刑；在数罪并罚的情况下，最高量刑可至 25 年有期徒刑。

虽然《刑法修正案（十一）》在挪用资金罪的罪状中增加了“数额特别巨大”级档，并且将量刑幅度升至有期徒刑的最高级，但本着“宽严相济”的原则，《刑法修

〔1〕 2021 年 3 月 1 日实施的《刑法修正案（十一）》对挪用资金罪进行了修正，并增加了一档法定刑，故“数额特别巨大的”未在此司法解释中进行直接规定。——编者注

正案(十一)》第272条第3款规定,“有第一款行为,在提起公诉前将挪用的资金退还的,可以从轻或者减轻处罚。其中,犯罪较轻的,可以减轻或者免除处罚”。这是明确将“退还”作为法定从轻、减轻和免除情节。

三、实务操作

【对建筑施工企业的建议】

1. 建筑施工企业应当完善企业的财务管理制度,做到项目资金的专款专用,把好开支审批关,对于大额资金的支出完善审批、通报制度。建筑施工企业的财务管理制度不仅要具有长远性、有效性,还要针对挪用资金罪出现的新情况、新问题,不断加以充实与完善。

2. 建立健全用人机制,公司、建筑施工企业或者其他单位应从维护双方当事人的合法权益出发,建立和完善合理的用人机制,严格劳动用工手续,明确各岗位人员的身份、职责和职权,对接触资金的人员不定期进行轮岗、对调,及时清查资金账户,以防私自越权行为的发生。

3. 建筑施工企业应落实印鉴、支票分人保管制度,开通银行账户资金出入短信通知业务,对账户资金的出入进行实时监控。

4. 建筑施工企业要树立良好的法治观念,完善本企业的内部控制制度,组织相关人员和财务人员参加法律培训,加强对员工的法治教育,引述相关报道和案例以起到警示作用,尤其是要使其对于数额较大的入罪标准有明晰的认知。

5. 建筑施工企业应加强对财务人员的培训工作,一方面,提高财务人员的业务素质,避免资金被挪用;另一方面,提高财务人员的法律素质,使其熟练掌握与本职工作相关的政策、法律,不断更新知识。在发生挪用资金的犯罪过程中避免为虎作伥,使财务人员勇于揭发挪用资金犯罪,以有效防止单位资金流失。

6. 建筑施工企业应加强对本企业内部挪用资金犯罪的预防与打击,一旦发现员工涉案,应积极采取相关措施,包括向公安机关报案、提供相关线索,避免损失进一步扩大。

【对项目经理的建议】

1. 项目经理应当增强守法意识,强化法治观念,以身作则,主动识别简单、常见的挪用资金行为,坚决不触碰挪用资金罪的红线。

2. 项目经理应当严格遵守企业规章制度，公私分明，在经手与管理单位资金时，应按照单位财务规定及时将资金转入规定账户，而不是私自挪用单位资金。

3. 项目经理应当健全对本项目下属工作人员的考核机制，重点关注重要岗位上工作人员的异常行为。若发现有挪用资金嫌疑的人，应及时果断将其调离，并做好后续检查工作。

第三节　虚假诉讼罪

一、案例解析

【基本案情】

2011 年至 2015 年 4 月，刘某甲组织民工参加了江苏某特种公司和上海某新技术公司等单位承接的南京高等职业技术学校、宁海中学一期、马台街小学、仙林小学、中航展示中心等单位的加固改造工程。其间，刘某甲和马某、刘某乙（另案处理）等人对接结算工程款。

2016 年年初，刘某乙、马某为多要工程款，以江苏某特种公司、上海某新技术公司尚未结清刘某甲班组工程款为借口，伙同史某（另案处理）共同伪造了《建设工程施工专业内部承包协议》《刘某甲加固工程用工决算表》《参与施工人员工资表》等重要书证，刘某乙、马某、史某、刘某甲分别在伪造的书证上签名。马某介绍在南京光华法律服务所工作的刘小明（另案处理）为刘某甲代理诉讼。后刘某甲分别向南京市鼓楼区人民法院、建邺区人民法院、秦淮区人民法院、栖霞区人民法院等法院提起六份诉讼，起诉江苏某特种公司和上海某新技术公司，要求支付刘某甲班组人员高额工程款。马某、刘某乙等人也应法院要求先后参加了部分庭审，当庭作证确认了伪造书证内容的真实性。2016 年下半年至 2017 年上半年，上述四家人民法院根据马某、刘某乙、刘某甲等人伪造的证据和当庭陈述，先后作出六份判决，认定江苏某特种公司和上海某新技术公司败诉，两家公司需要支付刘某甲班组各项工程款共计人民币 598 万余元，并需单另支付相应的逾期利息。

在法院审理期间，江苏某特种公司相关负责人黄某报案，江苏某特种公司、上海某新技术公司针对一审判决分别提出上诉。2017 年 1 月，南京市中级人民法院维持建邺区人民法院作出的一审判决,后江苏某特种公司对此申请再审,2017 年 9 月江苏省高级人民法院驳回再审申请。因江苏某特种公司报案,2017 年 3 月至 6 月,南京市中级人民法院先后作出三份裁定,裁定中止江苏某特种公司不服南京市鼓楼区人民法院和栖霞区人民法院作出的三份判决而提起的诉讼。2017 年 10 月、2018 年 1 月,南京市中级人民法院出具判决书,决定分别撤销南京市栖霞区人民法院、秦淮区人民法院、鼓楼区人民法院的一审判决。

2017 年 7 月 12 日,刘某甲在宿迁市某饭店被民警抓获归案,2017 年 8 月 21 日,马某在福建省武夷山市被抓获归案。

【争议焦点】

刘某甲虚构欠付工程款提起民事诉讼的行为是否构成虚假诉讼罪。

【各方观点】

公诉机关认为:刘某甲等伪造证据和当庭陈述的行为构成虚假诉讼罪。

辩护人对公诉机关指控的事实与定性均不持异议,但以刘某甲主观上无获取超额利益的故意为由,请求从轻处罚。

【法院判决】

法院认为,被告人刘某甲犯虚假诉讼罪,判处有期徒刑 1 年零 4 个月,并处罚金人民币 10 万元。

理由是,刘某甲伙同他人以捏造的事实提起民事诉讼,妨害司法秩序,严重侵害他人合法权益,其行为已构成虚假诉讼罪,依法应予惩处。被告人之间对诉讼可得款项的分配与使用不影响虚假诉讼罪的成立,对辩护人从轻处罚的意见,不予采纳。

【案例点评】

本案中,刘某甲等通过伪造的书证,起诉江苏某特种公司和上海某新技术公司,要求支付刘某甲班组人员高额工程款,关于其行为是否构成虚假诉讼罪,应注意如下两个问题:

第一,刘某甲是否以捏造的相关事实提起民事诉讼。本案中,刘某甲并未参与伪造《建设工程施工专业内部承包协议》《刘某甲加固工程用工决算表》《参与施工人员工资表》等重要书证的行为,而是在伪造的书证上签字,并向法院起诉江苏某特种公司和上海某新技术公司,要求支付工程款。刘某甲是否伪造相关书证与其是否以捏造的事实提起民事诉讼,并无直接关系。因此,只要刘某甲明知其提起诉讼所依据的事实系伪造而来的，即可构成虚假诉讼罪。本案中，刘某甲在伪造的书证上签名，并且伪造了当庭陈述，其行为符合以捏造的相关事实提起民事诉讼。[1]

第二，刘某甲提起虚假民事诉讼的行为是否妨害司法秩序或者严重侵害他人合法权益。根据《刑法》第307条之一之规定，提起虚假民事诉讼，只要具备妨害司法秩序或者严重侵害他人合法权益两个条件之一，即可构成虚假诉讼罪。本案中，南京四家基层法院依据刘某甲等伪造的证据和当庭陈述作出六份判决，之后，针对该六份判决，南京市中级人民法院又出具相关判决与裁定，最终才得以瓦解刘某甲等的虚假诉讼行为。刘某甲的行为，不仅妨害司法秩序，浪费司法资源，还在一定程度上影响了司法的公信力。此外，刘某甲通过虚假诉讼行为，在一审获得胜诉判决，江苏某特种公司和上海某新技术公司败诉，两家公司需要支付刘某甲班组各项工程款共计598万余元人民币，严重侵害了江苏某特种公司和上海某新技术公司的合法利益。

二、罪名解读

【罪名解析】

《刑法》第307条之一　【虚假诉讼罪】以捏造的事实提起民事诉讼，妨害司法秩序或者严重侵害他人合法权益的，处三年以下有期徒刑、拘役或者管制，并处或者单处罚金；情节严重的，处三年以上七年以下有期徒刑，并处罚金。

单位犯前款罪的，对单位判处罚金，并对其直接负责的主管人员和其他直接责任人员，依照前款的规定处罚。

有第一款行为，非法占有他人财产或者逃避合法债务，又构成其他犯罪的，依照处罚较重的规定定罪从重处罚。

司法工作人员利用职权，与他人共同实施前三款行为的，从重处罚；同时构成其他犯罪的，依照处罚较重的规定定罪从重处罚。

[1] 根据自2020年5月1日起施行的最高人民法院《关于民事诉讼证据的若干规定》第63条的规定，当事人应当就案件事实作真实、完整的陈述。当事人的陈述与此前陈述不一致的，人民法院应当责令其说明理由，并结合当事人的诉讼能力、证据和案件具体情况进行审查认定。当事人故意作虚假陈述妨碍人民法院审理的，人民法院应当根据情节，依照《民事诉讼法》第111条的规定进行处罚。

虚假诉讼罪，是指以捏造的事实提起民事诉讼，妨害司法秩序或者严重侵害他人合法权益的行为。需要特别说明的是，本罪名为2015年8月29日颁布的《刑法修正案（九）》第35条增设的罪名。“建设工程是一个复杂的行业，从施工企业的施工流程来看，涉及勘察、设计、施工、监理等多个环节，每一个环节都牵涉各方利益，每一个环节都有可能发生涉及合同无效、造假获取利益等纠纷。从主体来看，有发包方、承包方、分包人、项目经理、实际施工人、供货商等。从建设工程虚假诉讼的案由来看，有伪造证据、妨碍作证、逃避执行、虚构债权债务关系的情形，也有虚构劳务关系的，等等。”[1]因此，研究虚假诉讼罪，需要注重以下几个方面：

（一）如何理解“以捏造的事实提起民事诉讼”

构成虚假诉讼罪要求“以捏造的事实提起民事诉讼”，那么，何种行为是《刑法》意义上的“以捏造的事实提起民事诉讼”呢？

第一，虚假诉讼犯罪行为表现为“以捏造的事实提起民事诉讼”，即虚假诉讼罪仅适用于民事诉讼领域。对于实践中出现的以捏造的事实提起行政诉讼的行为，不能以虚假诉讼罪定罪处刑。所谓的“提起”，是指行为人将自己作为原告，基于某种事实，向法院提出具体的诉讼请求。其中的诉讼请求没有特别限制，既可以是请求法院确认某种法律关系或者法律事实，也可以是请求对方当事人履行给付义务。

第二，自2018年10月1日起施行的最高人民法院、最高人民检察院《关于办理虚假诉讼刑事案件适用法律若干问题的解释》（以下简称《虚假诉讼解释》）第1条第1款列举了七类“以捏造的事实提起民事诉讼”的行为：（1）与夫妻一方恶意串通，捏造夫妻共同债务的；（2）与他人恶意串通，捏造债权债务关系和以物抵债协议的；（3）与公司、企业的法定代表人、董事、监事、经理或者其他管理人员恶意串通，捏造公司、企业债务或者担保义务的；（4）捏造知识产权侵权关系或者不正当竞争关系的；（5）在破产案件审理过程中申报捏造的债权的；（6）与被执行人恶意串通，捏造债权或者对查封、扣押、冻结财产的优先权、担保物权的；（7）单方或者与他人恶意串通，捏造身份、合同、侵权、继承等民事法律关系的其他行为。

同时，该条第2款、第3款也列举了两类以“以捏造的事实提起民事诉讼”论的

[1] 陈文斌：《论建设工程领域虚假诉讼及其防治》，长沙理工大学2018年法律硕士学位论文，第7页。

行为：隐瞒债务已经全部清偿的事实，向人民法院提起民事诉讼，要求他人履行债务的，以"以捏造的事实提起民事诉讼"论。向人民法院申请执行基于捏造的事实作出的仲裁裁决、公证债权文书，或者在民事执行过程中以捏造的事实对执行标的提出异议、申请参与执行财产分配的，属于《刑法》第 307 条之一第 1 款规定的"以捏造的事实提起民事诉讼"。

最高人民检察院法律政策研究室的缐杰、吴峤滨就《虚假诉讼解释》答记者问时，对如何理解《刑法》规定的虚假诉讼罪的罪状"以捏造的事实提起民事诉讼"，作出下列解释：

一是虚假诉讼罪限于"无中生有型"虚假诉讼行为。《虚假诉讼解释》明确，刑法规定的"以捏造的事实提起民事诉讼"，是指捏造民事法律关系，虚构民事纠纷，向人民法院提起民事诉讼的行为。其中，"捏造"，是指无中生有、凭空捏造和虚构；"事实"，是指行为人据以提起民事诉讼、人民法院据以立案受理、构成民事案由的事实。"捏造事实"行为的本质是捏造民事法律关系、虚构民事纠纷，两者应同时具备、缺一不可。对于"部分篡改型"虚假诉讼行为，即民事法律关系和民事纠纷客观存在，行为人只是对具体的诉讼标的额、履行方式等部分事实作夸大或者隐瞒的行为，不属于《刑法》规定的虚假诉讼罪的范畴。

二是"以捏造的事实提起民事诉讼"包括特定"隐瞒真相"的行为。《虚假诉讼解释》明确，隐瞒债务已经全部清偿的事实，向人民法院提起民事诉讼，要求他人履行债务的，以"以捏造的事实提起民事诉讼"论。主要考虑是：其一，司法实践中存在的隐瞒债务已获全部清偿、仍然起诉要求原债务人履行债务的情况，属于消极的捏造事实行为，其社会危害性与积极的捏造事实行为并无实质不同，有必要通过刑罚手段予以惩治。其二，从《刑法》规定看，虚假诉讼罪与诈骗罪存在竞合关系，而诈骗罪包括虚构事实和隐瞒真相两种行为方式，因此，在虚假诉讼罪中将特定"隐瞒真相"的行为以"以捏造的事实提起民事诉讼"论是合理的。

三是虚假诉讼罪包括"单方欺诈"和"双方串通"两种类型。前者指一方当事人提起虚假诉讼，侵害另一方当事人合法权益，双方当事人之间存在实质的利益对抗关系。后者指双方当事人恶意串通进行虚假诉讼，侵害案外第三人合法权益，损害国家、公共利益，或者逃避履行法定义务，规避相关管理义务，双方当事人之间不存在实质对抗关系。《虚假诉讼解释》明确，虚假诉讼包括单方或者与他人恶意串通，捏造身份、合同、侵权、继承等民事法律关系的行为。需要注意的是，《民事诉讼法》第 115 条、第 116 条规制的是“双方串通”虚假诉讼行为，而《刑法》规制的是“单方欺诈”和“双方串通”两种虚假诉讼行为，范围上广于《民事诉讼法》的规制范围。

四是虚假诉讼罪适用于民事执行程序。《虚假诉讼解释》明确，向人民法院申请执行基于捏造的事实作出的仲裁裁决、公证债权文书，或者在民事执行过程中以捏造的事实对执行标的提出异议、申请参与执行财产分配的，属于“以捏造的事实提起民事诉讼”。主要考虑是：《民事诉讼法》规定的民事诉讼程序包括审判程序和执行程序。在民事执行程序中，人民法院需要对当事人申请执行的仲裁裁决、公证债权文书以及提出的执行异议、参与执行财产分配申请等进行审查，不应将执行程序排除在民事诉讼之外，且将此类行为明确为虚假诉讼行为，有利于规范民事执行程序，也有助于解决实践中存在的执行难问题。[1]

第三，项目经理如果与承包人或者其他人恶意串通，进行虚假诉讼行为，构成虚假诉讼罪。项目经理通过虚假诉讼，非法占有他人财产或者逃避合法债务，同时构成诈骗罪、职务侵占罪的，应当按照处罚较重的罪名处罚。

（二）如何理解“妨害司法秩序或者严重侵害他人合法权益”

《虚假诉讼解释》第 2 条对“妨害司法秩序或者严重侵害他人合法权益”进行了明确规定：(1)致使人民法院基于捏造的事实采取财产保全或者行为保全措施的；(2)致使人民法院开庭审理，干扰正常司法活动的；(3)致使人民法院基于捏造

[1] 缐杰、吴峤滨：《〈关于办理虚假诉讼刑事案件适用法律若干问题的解释〉重点难点解读》，载《检察日报》2018 年 9 月 27 日，第 3 版。2020 年 1 月 8 日，浙江省高级人民法院、浙江省人民检察院、浙江省公安厅《印发〈关于办理虚假诉讼刑事案有关问题的解答〉的通知》，该解答明确规定：从司法解释规定看，对于隐瞒债务已经全部清偿的事实，向人民法院提起民事诉讼，要求他人履行债务的，属于“以捏造的事实提起民事诉讼”，即“无中生有”型行为以虚假诉讼罪追究刑事责任是明确的。但对于隐瞒债务已经部分清偿的事实，要求他人履行债务的，向人民法院提起民事诉讼，即“部分篡改型”行为是否属于“以捏造的事实提起民事诉讼”，进而追究行为人虚假诉讼的刑事责任，司法解释没有明确规定。从文义解释、体系解释的角度看，“部分篡改型”行为不构成虚假诉讼罪，当该行为符合其他犯罪构成要件时，可以其他犯罪定罪处罚。“部分篡改型”行为一般不构成诈骗罪，但在“套路贷”犯罪过程中，通过隐瞒部分债务已经偿还的事实，或者虚构部分事实、篡改证据部分内容，向人民法院提起诉讼，要求他人履行虚高债务的，因其行为特征从整体上表现为以非法占有为目的，可以以诈骗罪定罪处罚。

的事实作出裁判文书、制作财产分配方案,或者立案执行基于捏造的事实作出的仲裁裁决、公证债权文书的;(4)多次以捏造的事实提起民事诉讼的;(5)曾因以捏造的事实提起民事诉讼被采取民事诉讼强制措施或者受过刑事追究的;(6)其他妨害司法秩序或者严重侵害他人合法权益的情形。

(三)如何理解"情节严重"

《虚假诉讼解释》第3条规定,以捏造的事实提起民事诉讼,有下列情形之一的,应当认定为《刑法》第307条之一第1款规定的"情节严重":(1)有该解释第2条第1项情形,造成他人经济损失100万元以上的;(2)有该解释第2条第2项至第4项情形之一,严重干扰正常司法活动或者严重损害司法公信力的;(3)致使义务人自动履行生效裁判文书确定的财产给付义务或者人民法院强制执行财产权益,数额达到100万元以上的;(4)致使他人债权无法实现,数额达到100万元以上的;(5)非法占有他人财产,数额达到10万元以上的;(6)致使他人因为不执行人民法院基于捏造的事实作出的判决、裁定,被采取刑事拘留、逮捕措施或者受到刑事追究的;(7)其他情节严重的情形。

(四)如何理解虚假诉讼罪的管辖

对于虚假诉讼罪的管辖,《虚假诉讼解释》第10条规定,虚假诉讼刑事案件由虚假民事诉讼案件的受理法院所在地或者执行法院所在地人民法院管辖。有《刑法》第307条之一第4款情形的,[1] 上级人民法院可以指定下级人民法院将案件移送其他人民法院审判。

(五)《会议纪要》的规定

《会议纪要》第6条规定了关于建筑领域项目经理、承包人虚假诉讼行为的定性处罚问题,《刑法修正案(九)》实施后,对于项目经理、承包人虚假诉讼行为,可按以下原则加以把握:(1)对于项目经理、承包人与他人恶意串通进行虚假诉讼的

---

[1] 《刑法》第307条之一第4款规定:司法工作人员利用职权,与他人共同实施前三款行为的,从重处罚;同时构成其他犯罪的,依照处罚较重的规定定罪从重处罚。

行为一般以虚假诉讼罪定罪处罚。(2)项目经理、承包人实施虚假诉讼,非法占有他人财产或者逃避合法债务,同时构成诈骗罪、职务侵占罪等其他犯罪的,依照处罚较重的规定定罪处罚。

1. 解决的问题

近年来,项目经理、承包人与他人恶意串通进行虚假诉讼的案件屡见不鲜,且有愈演愈烈之势,不但浪费了司法资源、损害了司法权威,还对建筑企业的合法权益造成了严重损害。在《刑法修正案(九)》出台之前,由于《刑法》并未明确规定虚假诉讼的刑事责任,实践中各地法院对项目经理虚假诉讼案件的处理并不统一,有的定妨害作证罪,有的定诈骗罪,还有的定职务侵占罪等,导致该类案件的处理较为混乱。

2. 法理分析

(1)《虚假诉讼解释》第 1 条规定,采取伪造证据、虚假陈述等手段,实施下列行为之一,捏造民事法律关系,虚构民事纠纷,向人民法院提起民事诉讼的,应当认定为《刑法》第 307 条之一第 1 款规定的“以捏造的事实提起民事诉讼”:……与他人恶意串通,捏造债权债务关系和以物抵债协议的……单方或者与他人恶意串通,捏造身份、合同、侵权、继承等民事法律关系的其他行为。《会议纪要》虽然在该司法解释之前颁布,但是其对虚假诉讼罪的理解及规定与司法解释不谋而合。2020 年 1 月,浙江省高级人民法院、浙江省人民检察院、浙江省公安厅发布《关于办理虚假诉讼刑事案件有关问题的解答》,进一步明确,典型的“双方串通”“无中生有”型的虚假诉讼,以《刑法》第 307 条之一的虚假诉讼罪论处。

(2)根据《刑法》第 307 条之一的规定,自然人和单位均可构成虚假诉讼罪。因而对于项目经理实施的虚假诉讼,建筑施工企业应注意虚假诉讼行为是个人行为还是单位行为。若项目经理以其个人名义与他人串通,以捏造的事实提起民事诉讼,并将违法所得归个人所有,《会议纪要》第 6 条已经明确,项目经理构成虚假诉讼罪。项目经理以其所在单位的名义与他人串通进行虚假诉讼,且违法所得归单位所有的,构成单位犯罪。

(3)项目经理、承包人实施虚假诉讼,非法占有他人财产或者逃避合法债务,同时构成诈骗罪、职务侵占罪等其他犯罪的,依照处罚较重的规定定罪处罚。《会议纪要》的此款规定也是对《刑法修正案(九)》的进一步解读应用,《刑法修正案

（九）》规定，有虚假诉讼行为的，非法占有他人财产或者逃避合法债务，又构成其他犯罪的，依照处罚较重的规定定罪从重处罚。《虚假诉讼解释》第 4 条又进一步强调，实施虚假诉讼行为，非法占有他人财产或者逃避合法债务，又构成诈骗罪，职务侵占罪，拒不执行判决、裁定罪，贪污罪等犯罪的，依照处罚较重的规定定罪并从重处罚。可以看出，此时的虚假诉讼罪与诈骗罪、职务侵占罪、贪污罪构成想象竞合，即犯罪人只有一个行为，但是同时侵犯了数个犯罪客体，侵犯数个罪名。

【此罪与彼罪】

建筑施工企业在理解虚假诉讼罪时，应注意其和《刑法》第 305 条规定的伪证罪以及《刑法》第 266 条规定的诈骗罪之间的区别。

1. 虚假诉讼罪与伪证罪。

《刑法》第 307 条之一规定的虚假诉讼罪，在主体上既包括自然人，也包括单位，并且要求行为人以捏造的事实提起民事诉讼，换句话说，虚假诉讼罪仅发生在民事诉讼领域。与虚假诉讼罪不同的是，《刑法》第 305 条规定的伪证罪，在犯罪主体上仅限于证人、鉴定人、记录人、翻译人，并且伪证罪是仅针对刑事诉讼而言的。

2. 虚假诉讼罪与诈骗罪。

虚假诉讼罪与诈骗罪都以虚构的事实为前提，二者的区别在于主观上目的的不同：虚假诉讼罪是妨害司法秩序的犯罪，对它没有目的内容的限制，可以是非法占有财物的目的，也可以是其他非牟取利益的目的。诈骗罪则不同，它是财产犯罪，要求行为人必须主观有非法占有财物的目的。如果建筑施工企业工作人员以非法占有为目的，通过虚假诉讼的手段，骗取其他单位或个人的财物，数额较大的，应当按诈骗罪定罪处罚。

【追诉标准】

构成虚假诉讼罪，需要达到“妨害司法秩序或者严重侵害他人合法权益”的程度。

【量刑范围】

构成虚假诉讼罪，按照以下情形进行处罚。

1. 自然人构成虚假诉讼罪的，处 3 年以下有期徒刑、拘役或者管制，并处或者单处罚金；情节严重的，处 3 年以上 7 年以下有期徒刑，并处罚金。

2. 单位构成虚假诉讼罪的，对单位判处罚金，并对其直接负责的主管人员和其他直接责任人员，处3年以下有期徒刑、拘役或者管制，并处或者单处罚金；情节严重的，处3年以上7年以下有期徒刑，并处罚金。

3. 司法工作人员利用职权，与他人共同实施虚假诉讼罪的，从重处罚。

三、实务操作

【对建筑施工企业的建议】

1. 建筑施工企业负责人在思想上，应当充分认识到虚假诉讼的危害，并掌握虚假诉讼的特点，在实践样态上进行识别，不仅要确保自身不从事虚假诉讼行为，更要防止自身陷入他人设计的虚假诉讼陷阱。

2. 建筑施工企业在行为上，应当诚信诉讼、慎用起诉权，不能将诉讼作为牟取利益的工具。

3. 建筑施工企业应当规范管理，尤其是在合同签订、材料审查、价格审定等环节，做好内部控制工作，不给虚假诉讼的犯罪分子留下空间。

4. 建筑施工企业应当加强自身诚实信用体系建设，提高本单位人员的诚信意识，营造良好的企业诚信氛围。

5. 建筑施工企业在可能遭受虚假诉讼案件风险时，应当聘请律师或者专业法律服务人员帮助企业及其高管进行相关调查，诊断法律风险，提出具体法律方案，依法化解可能的刑事追诉或虚假诉讼风险。

6. 建筑施工企业遭遇虚假诉讼案件时，应积极向公安机关报案，与检察机关、审判机关相互配合，提供相关文件，协助打击虚假诉讼犯罪。

【对项目经理的建议】

1. 项目经理应当积极加强对下属员工的法治教育，宣传虚假诉讼的法律后果，提高自身及下属防范虚假诉讼的法律意识。

2. 项目经理应当增强对虚假诉讼犯罪的识别能力，加强对职权内财务的核查与监督，尤其是在涉及工程款项是否支付的问题上，应严格把关，避免掉进虚假诉讼的陷阱。

3. 项目经理应当通过正当途径，采取合法方式结算工程价款，不能为了多获得价款而虚构各种交易文件，进而踩踏虚假诉讼的红线。

第四节　伪造公司、企业、事业单位、人民团体印章罪

一、案例解析

【基本案情】

2009 年 6 月，言某在担任某建设集团有限公司杭州分公司经理期间，通过他人伪造某建设集团有限公司印章 1 枚。后因某建设集团有限公司杭州分公司承揽的“华龙商业街”工程急需资金，言某为帮助该工程实际负责人金某某解决资金短缺问题，于 2009 年 7 月 28 日和 2009 年 8 月 21 日以个人名义向徐某某借款 50 万元和 60 万元，于 2009 年 12 月 7 日向张某借款 50 万元，并在向徐某某、张某出具的上述借款的借条上加盖伪造的某建设集团有限公司印章，后将所借款项交给金某某，用于偿还金某某的工程负债等。工程竣工后，金某某因故无法偿还借款给言某，言某亦因此无力偿还上述借款。徐某某持上述借条以某建设集团有限公司为被告向法院提起诉讼，某建设集团有限公司败诉后被浙江省杭州市西湖区人民法院强制扣划 1,344,660.5 元。经鉴定，上述 3 份借条上加盖的某建设集团有限公司印章印文与某建设集团有限公司提供的印章印文样本不一致。

另查明，案发后言某主动投案，并如实供述了涉案事实。

【争议焦点】

本案的争议焦点为言某的行为是否构成伪造公司印章罪。

【各方观点】

公诉机关认为，言某的行为构成伪造公司印章罪。

辩护人对定罪无异议，但认为言某主动投案，并如实供述了涉案事实，可以从轻处罚。

【法院判决】

法院认为，言某犯伪造公司印章罪，判处有期徒刑 1 年零 6 个月，并处罚金。

理由是，言某伪造公司印章，其行为已构成伪造公司印章罪。言某在犯罪后主动投案，并如实供述自己的罪行，属自首，依法予以从轻处罚；又能当庭自愿认罪，酌情予以从轻处罚。

【案例点评】

本案中，被告人言某通过伪造的某建设集团有限公司印章，实施借款行为，并将所借款项再借予他人。言某的行为是否构成伪造公司印章罪，需要着重关注的问题是：言某是否伪造了某建设集团有限公司印章。因本罪为行为犯，故只要言某实施了伪造印章的行为，就构成伪造印章罪。本案中，言某通过他人伪造某建设集团有限公司印章1枚，之后借助伪造的印章进行借款，导致某建设集团有限公司败诉并被法院扣划钱款，造成了该公司的经济损失，言某的行为构成伪造公司印章罪，不存在疑问。

二、罪名解读

【罪名解析】

> 《刑法》第280条第2款　【伪造公司、企业、事业单位、人民团体印章罪】伪造公司、企业、事业单位、人民团体的印章的，处三年以下有期徒刑、拘役、管制或者剥夺政治权利，并处罚金。

伪造公司、企业、事业单位、人民团体印章罪，是指伪造公司、企业、事业单位、人民团体印章的行为。[1] 伪造公司印章罪是建筑施工领域比较常见的犯罪，通常不会单独出现，而是作为伪造证据、虚假诉讼的一种手段。在整个建设工程项目的实施过程中涉及诸多需要签订合同、提供证明的环节，如对建设工程的承揽、分包、转包、贷款等，可能需要签订分包、劳务协议，租赁、借贷或者融资合同，甚至签订一些涉及招投标性质的合同。其中都不可避免地需要用到大量的印章、公章。在建工领域的现实中，各个单位之间可能存在挂靠、内部承包协议等操作，其中的工作人员为了各种合同和业务之间灵活操作方便，往往会在项目获得内部承包后，作出擅自私刻项目部印章的行为，并进行对外使用，可能造成被私刻印章的公司或企业或者其他人的不必要的经济损失，甚至可能构成经济犯罪。此类犯罪行为常常因建筑施工民事纠纷的发生而被发现和控诉，同时，由于印章系伪造，对外使用可能

---

〔1〕 为了表述的方便，下文将本罪名简称为伪造公司印章罪。

被怀疑意思表示不真实，私刻公司、企业印章者很可能以伪造公司、企业印章罪或合同诈骗罪被分别或者同时起诉，并被追究刑事责任。因此，建筑施工企业在准确理解该罪名时，应注意把握如下几点：

第一，《刑法》第280条“伪造公司、企业、事业单位、人民团体印章罪”并非“伪造公司、企业、事业单位、人民团体公章罪”，根据文义解释，应将本罪名中的“印章”理解为包括公司公章、项目部章、合同专用章、技术专用章、财务专用章、法定代表人私章等印章。项目经理伪造上述列举印章的，构成伪造公司印章罪。

第二，根据《治安管理处罚法》第52条的规定，伪造、变造、买卖国家机关公文、证件、印章的，处10日以上15日以下拘留，可以并处1000元以下罚款；情节较轻的，处5日以上10日以下拘留，可以并处500元以下罚款。这说明对于情节较轻的伪造印章行为一般仅予以行政处罚，不以犯罪论处。根据绍兴市中级人民法院《关于审理建筑领域民商事纠纷案件若干问题的纪要》第13条之规定，伪造公司、企业印章罪属于行为犯，项目经理虽然没有利用伪造的印章实施犯罪行为，但伪造印章数量已达3枚的，可以涉嫌犯罪移送公安机关查处。对于项目经理伪造印章、虚构事实并通过非法手段获取非法利益的行为造成严重后果或者恶劣影响，符合《刑法》关于犯罪本质和犯罪构成要件规定的，可以不受3枚的限制，移送公安机关查处。依据《会议纪要》第4条“关于建筑领域伪造印章犯罪的定性处罚问题”的规定，项目经理、承包人伪造一枚上述有关印章且直接获利6万元以上或造成30万元以上经济损失的，或伪造3枚以上印章的，可以伪造公司印章罪追究刑事责任。笔者认为，从刑法谦抑性的角度考虑，如果项目经理仅仅伪造了1枚印章，并且未造成犯罪结果的发生，可以考虑适用《刑法》第13条的但书规定，认为是“情节显著轻微危害不大的”，不构成犯罪，依据建设施工企业内部规章制度进行处理即可。

第三，根据最高人民法院、最高人民检察院《关于办理伪造、贩卖伪造的高等院校学历、学位证明刑事案件如何适用法律问题的解释》之规定，伪造高等院校印章制作学历、学位证明的行为，应当以伪造事业单位印章罪定罪处罚。因此，如果建筑施工企业与伪造者事先通谋，贩卖伪造者利用伪造的高等院校印章制作的学历、学位证明，以伪造事业单位印章罪的共犯论处。

第四，项目经理实施违规利用（伪造、偷盖、修改粘贴方式）建筑施工企业印章、虚假诉讼以及损害建筑施工企业利益的其他行为，可能构成其他犯罪的，应移送公安机关一并查处。

第五，伪造印章罪的管辖问题。由行为人居住地、伪造印章行为的发生地或者伪造印章导致的犯罪结果发生地人民法院管辖。

【此罪与彼罪】

建筑施工企业在理解伪造公司印章罪时，应注意与《刑法》第266条规定的诈骗罪之间的区别。首先，伪造公司印章罪所侵犯的是公司、企业、事业单位、人民团体的正常活动和声誉，同时构成对社会公共秩序、市场经济秩序的侵害，而诈骗罪侵害的是公私财物所有权。其次，伪造公司印章罪并不以非法占有为目的，而诈骗罪需要具备非法占有的目的。如果行为人以非法占有为目的，通过伪造公司、企业、事业单位、人民团体印章的手段，进而侵犯公私财物所有权，仍应以诈骗罪论处。

【追诉标准】

本罪是行为犯，[1]只要行为人实施了伪造公司、企业、事业单位、人民团体印章的行为，原则上就构成犯罪，应当立案追究。但是，在实践中，通常会设定其他标准，比如，伪造印章数量上的限制、获利金额、造成的损失等。

【量刑范围】

行为人伪造公司、企业、事业单位、人民团体的印章的，处3年以下有期徒刑、拘役、管制或者剥夺政治权利，并处罚金。

三、实务操作

印章是公司、企业的对外“信物”，具有“证明”及“公示”的功能。建筑施工企业的印章如果被伪造，将会面临巨大的交易风险。建筑施工企业工作人员如果伪造单位印章，则可能构成伪造印章罪。建筑施工企业在实务操作中，务必需要加强对印章的管理。

【对建筑施工企业的建议】

1. 建筑施工企业应妥善保管印章，将印章放置在专门的保险柜里，实行专人专

[1] 行为犯，是指只要实施了刑法规定的犯罪行为就是犯罪，不需要相应的犯罪结果的发生，所以，与行为犯对应的一个法律概念是结果犯。

柜保管,尽量减少印章接触人员的范围,防止印章丢失或被人利用,必要时使用"电子印章"代替传统的"实物印章"。

2. 建筑施工企业应制定本单位印章管理的规定,指定专门的印章刻制与管理部门,并明确印章管理职责,严格执行规范的印章管理制度和用印流程。用印时要求用印人员填写《印章使用申请表》和《印章使用审批表》,并经相关负责人签署。

3. 建筑施工企业应对印章使用范围作出清楚明确的规定,凡属以建筑施工企业名义对外发文、开具介绍信、报送报表等情形,一律加盖建筑施工企业公章;凡属合同文件签订的,应使用合同专用章;凡属财务会计业务的,应使用财务专用章;特定项目印章,仅限该项目使用等。

4. 建筑施工企业应杜绝使用未备案的印章,严格限制向他人出借印章,在万不得已出借印章时要充分有效监督,并及时告知可能的善意第三方印章已经出借的事实。

5. 建筑施工企业应杜绝先盖章后签字的情况,如果确实存在先盖章后签字,务必留存好有价值证据。

6. 建筑施工企业在印章移交时必须有完备的印章移交记录,在移交过程中不给任何人留下印章私用的机会。

7. 建筑施工企业在商业往来中,应当注意交易对方印章的真实性,如果交易对方非管理层工作人员却随身携带印章,抑或在短时间内能够提供盖有公司印章的文件,此时,建筑施工企业应注意核实对方员工身份的真实性以及印章的真实性。若发现对方员工存在伪造公司印章的行为,应及时暂停交易,并向公安机关报案,报案时注意提供以下材料:(1)企业营业执照、机构代码证复印件;(2)企业法定代表人身份证复印件;(3)委托企业员工报案,则该名员工必须了解关于案件的详细情况,同时提供企业出具的《授权委托书》,以及该名员工的身份证复印件;(4)盖有伪造印章的相关材料,以及相关鉴定机构的鉴定意见。

8. 建筑施工企业若发现本单位印章被伪造,应请求公安机关介入,并立即以书面方式通知债权人、债务人和相关交易方,及时采用新印章,以免损失进一步扩大。

【对项目经理的建议】

1. 项目经理应当熟悉公司的用章用印流程并严格遵守,遇到紧急情况也要经过公司同意并提供佐证后才能用章。确实需要立即用章的,事后应当立即补流程并说明盖章的原因，切忌私刻公司印章而造成不必要的法律风险。

2. 项目经理应当积极告诫下属员工注意交易往来中印章的真实性，提高员工对伪造印章的防范意识，增强员工对伪造印章的防范能力。

3. 项目经理应当注意，在项目开始后才可以刻制和使用项目公章，项目公章上面要进行特殊设置，以提高防伪能力。在项目开始之前或者项目终止之后，不得使用项目公章；在使用项目公章时，应注意保密和遵守相应流程。

4. 项目经理应当尽量避免在对外交易的文书上同时使用多个不同的印章，否则他人可能伪造项目的其他印章。

5. 项目经理应当负责规范项目印章的刻制内容，如在项目印章下弧刻制“仅作联系、制作资料之用”或者“合同专用、担保无效”等内容。

第五节　拒不支付劳动报酬罪

一、案例解析

案例一

【基本案情】

胡某某于2010年12月承包了位于四川省双流县黄水镇的三盛翡俪山一期景观工程的部分施工工程，之后聘用多名工人入场施工。施工期间，胡某某累计收到发包人支付的工程款51万余元，已超过结算时确认的实际工程款。2011年6月5日工程完工后，胡某某以工程亏损为由拖欠李某某等20余名工人工资12万余元。6月9日，双流县人力资源和社会保障局责令胡某某支付拖欠的民工工资，胡某某却于当晚订购机票并在次日早上乘飞机逃匿。6月30日，四川某园林工程有限公司作为工程总承包商代胡某某垫付工人工资12万余元。7月4日，公安机关对胡某某拒不支付劳动报酬案立案侦查。7月12日，胡某某在浙江省慈溪市被抓获。

【争议焦点】

胡某某不具备用工主体资格，能否构成拒不支付劳动报酬罪。

【各方观点】

公诉机关认为,胡某某的行为构成拒不支付劳动报酬罪。

辩护人(胡某某)对拒不支付劳动报酬的行为无异议。

【法院判决】

法院认为,被告人胡某某犯拒不支付劳动报酬罪,判处有期徒刑1年,并处罚金人民币2万元。

【案例点评】

本案为2014年6月26日最高人民法院发布的第七批指导性案例中的一个。在建筑施工领域,像胡某某这种不具备合法用工资格的人能否构成拒不支付劳动报酬罪呢?法院生效裁判认为:被告人胡某某拒不支付20余名工人的劳动报酬达12万余元,数额较大,且在政府有关部门责令其支付后逃匿,其行为构成拒不支付劳动报酬罪。被告人胡某某虽然不具有合法的用工资格,又属没有相应建筑工程施工资质而承包建筑工程施工项目,且违法招用工人进行施工,但是上述情况不影响以拒不支付劳动报酬罪追究其刑事责任。本案中,胡某某逃匿后,工程总承包企业按照有关规定清偿了胡某某拖欠的工人工资,其清偿拖欠工人工资的行为属于为胡某某垫付,这一行为虽然消减了拖欠行为的社会危害性,但并不能免除胡某某应当支付劳动报酬的责任,因此,对胡某某仍应当以拒不支付劳动报酬罪追究刑事责任。

案例二

【基本案情】

诸暨市杨树畈安置小区二期二标工程由浙江某建设有限公司承建,朱某为该项目的项目经理。2014年4月13日,樊某甲、樊某乙与杨树畈安置小区二期二标16#~28#楼项目部签订承包协议,系杨树畈安置小区二期二标25#~28#楼工程的实际承包人。在工程施工期间,樊某甲、樊某乙先后组织木工、泥工、钢筋工、架子工、粉刷5个班组进场施工。截至2014年年底工程完工,樊某甲、樊某乙无故拖欠李某某等67名劳动者劳动工资1,281,910元左右,且无法取得联系。2015年2月5日,诸暨市人力资源和社会保障局向樊某甲、樊某乙下达《诸暨市劳动保障监察限期改正指令书》,责令二人于2015年2月7日前将拖欠的工资支付,但樊某甲、樊某乙一直未予支付。

2015 年 7 月 14 日,樊某甲向公安机关预缴人民币 45 万元。

另查明,上述樊某甲、樊某乙拖欠的劳动者的报酬已由浙江某建设有限公司于 2015 年 2 月先行垫付。2016 年 6 月 8 日,樊某甲与浙江某建设有限公司达成协议,浙江某建设有限公司垫付的上述工资款,扣除樊某甲已向公安机关预缴的 45 万元(应支付浙江某建设有限公司)及浙江某建设有限公司应支付给樊某甲方的工程款,浙江某建设有限公司同意由樊某甲方再支付浙江某建设有限公司 305,000 元视为结清。2016 年 6 月 21 日,樊某甲方支付 205,000 元,尚欠 10 万元。

【争议焦点】

樊某甲、樊某乙是否构成拒不支付劳动报酬罪。

【各方观点】

公诉机关认为,被告人樊某甲、樊某乙以逃匿方式逃避支付劳动者的劳动报酬,数额较大,经政府有关部门责令支付仍不支付,应当以拒不支付劳动报酬罪追究刑事责任,且系共同犯罪。

樊某甲对公诉机关指控的事实和罪名均无异议,但请求从轻处罚。樊某甲的辩护人对公诉机关指控的犯罪事实、罪名均无异议,但以樊某甲主观恶性较小,系初犯、偶犯为由,请求法庭对樊某甲从轻处罚并适用缓刑。

樊某乙对公诉机关指控的事实和罪名均无异议,但请求从轻处罚。樊某乙的辩护人对公诉机关指控的犯罪事实、罪名均无异议,但以樊某乙案发后向公安机关自首为由,请求法庭对樊某乙从轻处罚并适用缓刑。

【法院判决】

法院认为,被告人樊某甲、樊某乙构成拒不支付劳动报酬罪,且系共同犯罪。被告人樊某甲归案后能如实供述自己的犯罪事实,被告人樊某乙犯罪后能自首,法院酌情予以从轻处罚。综上所述,判处被告人樊某甲有期徒刑 1 年 3 个月,缓刑 1 年 6 个月,并处罚金人民币 2 万元;判处被告人樊某乙有期徒刑 1 年 3 个月,缓刑 1 年 6 个月,并处罚金人民币 2 万元。

【案例点评】

本案中,樊某甲、樊某乙作为实际承包人,组织劳动者施工,但之后无故拖欠 67 名劳动者工资约 1,281,910 元,并经诸暨市人力资源和社会保障局责令支付后仍不支付劳动者工资,其行为构成拒不支付劳动报酬罪。浙江某建设有限公司垫付工资的行为,不影响樊某甲、樊某乙共同犯罪行为的成立。

二、罪名解读

【罪名解析】

《刑法》第276条之一 【拒不支付劳动报酬罪】以转移财产、逃匿等方法逃避支付劳动者的劳动报酬或者有能力支付而不支付劳动者的劳动报酬,数额较大,经政府有关部门责令支付仍不支付的,处三年以下有期徒刑或者拘役,并处或者单处罚金;造成严重后果的,处三年以上七年以下有期徒刑,并处罚金。

单位犯前款罪的,对单位判处罚金,并对其直接负责的主管人员和其他直接责任人员,依照前款的规定处罚。

有前两款行为,尚未造成严重后果,在提起公诉前支付劳动者的劳动报酬,并依法承担相应赔偿责任的,可以减轻或者免除处罚。

拒不支付劳动报酬罪,是指以转移财产、逃匿等方法逃避支付劳动者的劳动报酬或者有能力支付而不支付劳动者的劳动报酬,数额较大,经政府有关部门责令支付仍不支付的行为。需要注意的是,本罪名为《刑法修正案(八)》第41条新增设的。拒不支付劳动报酬罪是建设工程领域的一个常见罪名,拒不支付劳动报酬罪最有可能涉及两种类型的主体:一是建设单位,二是实际施工人或包工头。建设单位本身有可能构成该罪,相关的负责人也可能受到刑责。转包、违法分包、挂靠或借用资质的无效的建设工程施工合同的承包人均可能是实际施工人。司法解释既然赋予实际施工人追讨工程欠款的权利,实际施工人就必须承担给付劳动者劳动报酬的义务。对于该刑事风险,实际施工人或包工头应当予以关注。建筑施工企业在把握该罪名时,应注意以下几点:

(一)如何理解本罪的实施主体

《刑法》第276条之一规定的拒不支付劳动报酬罪的犯罪主体是“用工主体”。然而,建筑领域具有特殊性,实行项目经理负责制,并且存在内部承包、挂靠经营、非法转包、违法分包等多种经营模式，各类主体之间的关系错综复杂，在确定具体的用工主体方面存在较大困难。关于项目经理能否构成拒不支付劳动报酬罪的犯罪主体，笔者认为：

第一，根据2013年1月23日实施的最高人民法院《关于审理拒不支付劳动报酬刑事案件适用法律若干问题的解释》第7条的规定，不具备用工主体资格的单位或者个人，违法用工且拒不支付劳动者的劳动报酬，数额较大，经政府有关部门责令支付仍不支付的，应该依照《刑法》第276条之一的规定，以拒不支付劳动报酬罪追究刑事责任。由此可知，拒不支付劳动报酬罪的犯罪主体与行为人是否具备用工主体资格并不相关，本罪的犯罪主体包括用工单位和用工个人。

第二，当建筑施工企业为用人单位时，项目经理不具备用工主体资格，其以逃匿、去向不明等方式拒不支付劳动报酬的行为，宜以涉嫌构成职务侵占等犯罪移送公安机关处理，此时项目经理不构成拒不支付劳动报酬罪。

第三，当项目经理作为“包工头”为用工个人时，具备用工主体资格，其以逃避支付劳动者的劳动报酬为目的转移财产、逃匿、去向不明的，宜以拒不支付劳动报酬罪追究刑事责任。

(二)如何理解本条中所规定的“劳动报酬”

根据最高人民法院《关于审理拒不支付劳动报酬刑事案件适用法律若干问题的解释》第1条之规定，劳动者依照《劳动法》《劳动合同法》等法律的规定应得的劳动报酬，包括工资、奖金、津贴、补贴、延长工作时间的工资报酬及特殊情况下支付的工资等，应当认定为《刑法》第276条之一第1款规定的“劳动者的劳动报酬”。

依照上述规定，在建筑施工领域，劳动者应得的劳动报酬也包括各种工资、奖金与补贴。对于劳动者应得的各种工资，建设施工企业不能“拒不支付”。

(三)如何理解本条规定的“转移财产、逃匿”以及“有能力支付而不支付”

本罪在行为方式上分为两种：一是以转移财产、逃匿等方法逃避支付劳动者的劳动报酬；二是有能力支付而不支付劳动者的劳动报酬。

首先，关于何为以转移财产、逃匿等方法逃避支付劳动者的劳动报酬，根据最高人民法院《关于审理拒不支付劳动报酬刑事案件适用法律若干问题的解释》第2

条之规定，以逃避支付劳动者的劳动报酬为目的，具有下列情形之一的，应当认定为《刑法》第276条之一第1款规定的“以转移财产、逃匿等方法逃避支付劳动者的劳动报酬”：隐匿财产、恶意清偿、虚构债务、虚假破产、虚假倒闭或者以其他方法转移、处分财产的，逃跑、藏匿的，隐匿、销毁或者篡改账目、职工名册、工资支付记录、考勤记录等与劳动报酬相关的材料的，以其他方法逃避支付劳动报酬的。

其次，关于有能力支付而不支付劳动者的劳动报酬，应综合考虑以下两个方面：其一，拒不支付劳动报酬的单位及个人在主观上必须具有拒不支付劳动报酬的故意，其具备支付劳动者劳动报酬的能力，但却出于其他原因拒不支付。如果不支付劳动报酬的单位及个人是因为客观原因不能支付劳动者报酬，比如，建筑施工企业因为经营亏损、资金融通出现困难，确实无法支付劳动报酬，则不构成本罪。其二，“有能力支付而不支付”，不仅包括单位及个人具有支付能力却不予支付，还包括单位及个人虽然不具有支付能力，但对外享有债权或其他财产性权利却故意不予行使，由此导致不能支付劳动者报酬。

（四）如何理解“经政府有关部门责令支付仍不支付”

根据《刑法》第276条之一的规定，构成拒不支付劳动报酬罪必须以“经政府有关部门责令支付后仍不支付”为前提。也就是说，并不是一旦没有支付劳动者劳动报酬就立即成立本罪。但对于行为人的哪种行为符合“经政府有关部门责令支付仍不支付”，《刑法》第276条没有明确。相关规定出现在最高人民法院《关于审理拒不支付劳动报酬刑事案件适用法律若干问题的解释》。根据最高人民法院《关于审理拒不支付劳动报酬刑事案件适用法律若干问题的解释》第4条之规定，经人力资源社会保障部门或者政府其他有关部门依法以限期整改指令书、行政处理决定书等文书责令支付劳动者的劳动报酬后，在指定的期限内仍不支付的，应当认定为《刑法》第276条之一第1款规定的“经政府有关部门责令支付仍不支付”，但有证据证明行为人有正当理由未知悉责令支付或者未及时支付劳动报酬的除外。行为人逃匿，无法将责令支付文书送交其本人、同住成年家属或者所在单位负责收件的人的，如果有关部门已通过在行为人的住所地、生产经营场所等地张贴责令支付文书等方式责令支付，并采用拍照、录像等方式记录，应当视为“经政府有关部门责令支付”。

上述规定已经明确何为“经政府有关部门责令支付仍不支付”。但在建设工程领域实践中，建筑施工企业通常请求劳动行政部门向项目经理个人发出责令支付劳动报酬的通知，但是劳动行政部门认为项目经理个人不是用工主体，拒绝发出责令支付劳动报酬的通知，致使后续的司法程序无法继续进行，拒不支付劳动报酬罪对于项目经理的威慑力也消失殆尽。例如，张某是A建筑集团有限公司的项目经理，双方签订有内部承包协议，在张某承包的某楼盘建设过程中，张某向A建筑集团有限公司申请200万元作为工人工资，A建筑集团有限公司将款项划至张某账户以后，张某拒绝将款项发放给工人，造成工人罢工，工程被迫停工。A建筑集团有限公司以拒不支付劳动报酬罪向公安机关报案，公安机关认为应先经劳动行政部门发出责令支付劳动报酬的通知，但是当地劳动行政部门却认为，张某属于挂靠在A建筑集团有限公司的项目经理，其并不是用工主体，拒绝发出责令支付劳动报酬的通知。笔者认为，根据最高人民法院《关于审理拒不支付劳动报酬刑事案件适用法律若干问题的解释》第7条之规定，不具备用工主体资格的个人，可以构成拒不支付劳动报酬罪。如果项目经理以“包工头”身份承包建设工程，其虽然不具备用工主体资格，但仍应依照《刑法》第276条之一规定的拒不支付劳动报酬罪被追究刑事责任。根据该司法解释的规定，对于拒不支付劳动报酬的项目经理，劳动行政部门也应当发出责令支付劳动报酬的通知。否则，对于不是用工主体的项目经理而言，上述司法解释第7条之规定将不能适用，这有损建筑工人的利益。

（五）如何理解“造成严重后果”

根据最高人民法院《关于审理拒不支付劳动报酬刑事案件适用法律若干问题的解释》第5条之规定，有下列情形之一的，应当认定为《刑法》第276条之一第1款规定的“造成严重后果”：造成劳动者或者其被赡养人、被扶养人、被抚养人的基本生活受到严重影响、重大疾病无法及时医治或者失学的，对要求支付劳动报酬的劳动者使用暴力或者进行暴力威胁的，造成其他严重后果的。

（六）如何理解拒不支付劳动报酬罪的管辖

依据《刑事诉讼法》第25条，犯罪行为地、犯罪结果地（建筑企业住所地）人民法院和被告人居住地人民法院均享有拒不支付劳动报酬罪的管辖权。

(七)《会议纪要》的规定

《会议纪要》第 5 条“关于建筑领域项目经理、承包人拒不支付劳动报酬行为的定性问题”规定,《刑法修正案(八)》增设了拒不支付劳动报酬罪。对于项目经理、承包人拒不支付劳动报酬案件,在主体身份的确定、入罪标准等方面可按以下几个原则加以把握:(1)根据最高人民法院《关于审理拒不支付劳动报酬刑事案件适用法律若干问题的解释》第 2 条、第 7 条的规定,拒不支付劳动报酬罪的犯罪主体为一般主体,既包括用工单位,也包括用工个人。在劳动人员由项目经理、承包人雇用的情况下,项目经理、承包人可以成为该罪的犯罪主体。(2)当建筑施工企业为用工主体时,应由建筑施工企业对外承担支付劳动报酬的法律责任,项目经理、承包人以逃匿、去向不明等方式转移资产拒不支付劳动报酬的行为,可按职务侵占等犯罪处理,一般不宜以拒不支付劳动报酬罪定性处罚。(3)当项目经理、承包人作为用工主体时,其以逃避支付劳动者的劳动报酬为目的转移财产、逃匿的,或在经有关部门与施工企业催告后仍拒不支付劳动报酬的,宜以拒不支付劳动报酬罪追究刑事责任。

1. 解决的问题

我国《刑法修正案(八)》增设了拒不支付劳动报酬罪,对项目经理拖欠、拒不支付工资等行为具有很大的威慑作用。但在司法实践中,对于项目经理拒不支付劳动报酬案件,却出现了主体身份难确定、入罪标准不明确等问题。具体表现在:

(1)实际用工主体确定困难。建筑领域实行项目经理负责制,并且存在内部承包、挂靠经营、非法转包、违法分包等多种经营模式,各类主体之间的关系错综复杂,在确定具体的用工主体时存在较大困难。《刑法》第 276 条规定的拒不支付劳动报酬罪的犯罪主体是“用工主体”,用工主体确定难直接导致了该罪名的认定难。

(2)劳动行政部门发出责令支付劳动报酬通知难。根据《刑法》第 276 条的规定,构成拒不支付劳动报酬罪必须以“经政府有关部门责令支付仍不支付”为前提。实践中,建筑施工企业通常请求劳动行政部门向个人发出责令支付劳动报酬的通知,但是劳动行政部门认为项目经理个人不是用工主体,拒绝发出责令支付劳动报酬的通知,致使后续的司法程序无法继续进行,拒不支付劳动报酬罪对于项目经理的威慑力也消失殆尽。

2. 法理分析

关于项目经理、承包人能否构成拒不支付劳动报酬罪的犯罪主体，《会议纪要》认为应从以下几个方面加以把握：

（1）根据最高人民法院《关于审理拒不支付劳动报酬刑事案件适用法律若干问题的解释》第7条的规定，不具备用工主体资格的单位或者个人，违法用工且拒不支付劳动者的劳动报酬，数额较大，经政府有关部门责令支付仍不支付的，应当依照《刑法》第276条之一的规定，以拒不支付劳动报酬罪追究刑事责任。该司法解释明确了拒不支付劳动报酬罪的主体既可以是用工单位也可以是用工个人，而且该主体并不需要具备用工资格，《会议纪要》将司法解释的规定落实到了项目经理、承包人拒不支付劳动报酬罪的认定，解决了实践中不将项目经理、承包人当作该罪犯罪主体的情况。

（2）《会议纪要》第5条第2项和第3项则是给出了判断项目经理、承包人能否构成拒不支付劳动报酬罪的重要条件：项目经理、承包人是不是用工主体，在项目经理、承包人是用工主体的情况下，可以构成拒不支付劳动报酬罪；在建筑施工企业为用工主体的情况下，项目经理、承包人则不宜成为拒不支付劳动报酬罪的犯罪主体。

【此罪与彼罪】

建筑施工企业在理解《刑法》第276条之一所规定的拒不支付劳动报酬罪时，应注意其与《刑法》第313条所规定的拒不执行判决、裁定罪之间的区别。拒不支付劳动报酬罪与拒不执行判决、裁定罪都是故意犯罪，都是拒不履行自身义务。但二者也存在显著差别：首先，拒不支付劳动报酬罪要求犯罪主体拒不支付的劳动报酬数额较大，而拒不执行判决、裁定罪则没有数额上的要求。其次，拒不支付劳动报酬罪侵犯的客体是劳动者的合法财产权，而拒不执行判决、裁定罪侵犯的客体是人民法院的审判权威。

【追诉标准】

拒不支付劳动报酬罪达到数额较大，即可入罪；造成严重后果的，构成结果加重犯。具体而言：

1. 拒不支付劳动报酬数额较大指的是，拒不支付1名劳动者3个月以上的劳动报酬且数额在5000元至2万元以上的，拒不支付10名以上劳动者的劳动报酬且数额累计在3万元至10万元以上的。

2. 造成严重后果指的是，造成劳动者或者其被赡养人、被扶养人、被抚养人的基本生活受到严重影响、重大疾病无法及时医治或者失学，对要求支付劳动报酬的劳动者使用暴力或者进行暴力威胁，其他。

各省、自治区、直辖市高级人民法院可根据具体情况，对“数额较大”的认定标准有些许调整。以下简要说明浙江省与广东省的规定。

根据浙江省高级人民法院《关于确定拒不支付劳动报酬罪“数额较大”标准的通知》，浙江省拒不支付劳动报酬罪中“数额较大”的具体标准确定如下：“一、拒不支付一名劳动者三个月以上的劳动报酬且数额在一万元以上的；二、拒不支付十名以上劳动者的劳动报酬且数额累计在八万元以上的。”

根据广东省高级人民法院《关于确定拒不支付劳动报酬刑事案件数额标准的通知》，广东省拒不支付劳动报酬罪中“数额较大”的具体标准为：“一、一类地区包括广州、深圳、珠海、佛山、中山、东莞等6个市，拒不支付劳动报酬数额较大的标准掌握在：拒不支付一名劳动者三个月以上的劳动报酬且报酬累计在二万元以上，或者拒不支付十名以上劳动者的劳动报酬且数额累计在十万元以上。二、二类地区包括汕头、韶关、河源、梅州、惠州、汕尾、江门、阳江、湛江、茂名、肇庆、清远、潮州、揭阳、云浮等15个市，拒不支付劳动报酬数额较大的标准掌握在：拒不支付一名劳动者三个月以上的劳动报酬且报酬累计在一万元以上，或者拒不支付十名以上劳动者的劳动报酬且数额累计在六万元以上。”

【量刑范围】

拒不支付劳动报酬数额较大，经政府有关部门责令支付仍不支付的，处3年以下有期徒刑或者拘役，并处或者单处罚金；造成严重后果的，处3年以上7年以下有期徒刑，并处罚金。其中，数额较大以及造成严重后果的判断基准，前文已经作了说明，此处不再重复。特别说明的是，尚未造成严重后果，在提起公诉前支付劳动者的劳动报酬，并依法承担相应赔偿责任的，可以减轻或者免除处罚。

三、实务操作

【对建筑施工企业的建议】

1. 建筑施工企业在日常运作过程中应依法及时做好员工工资、奖金、津贴、补贴等劳动报酬的发放工作,并留存好考勤、绩效、发放劳动报酬签字确认表、工资账册等书面资料,以备不时之需。

2. 建筑施工企业应规范财务会计工作,防止财务会计人员拖延发放、拒不发放劳动者劳动报酬。

3. 建筑施工企业应增强劳动者权益意识,在有能力支付劳动者报酬时,按时支付劳动者报酬。建筑施工企业即使出现资金融通困难,也不能采取转移财产、逃匿等方法规避支付劳动报酬,而是应当积极采取措施融资,或者积极与劳动者沟通,从而解决利益冲突、化解刑事风险。

4. 劳动行政部门通知建筑施工企业解决支付劳动者劳动报酬问题的,建筑施工企业应积极配合。如果确有证据证明是因自然灾害、不可抗力等原因造成暂时无法解决劳动者劳动报酬支付问题的,建筑施工企业也应提供证据,否则有可能被认定为以逃匿方法逃避支付劳动报酬。

5. 建筑施工企业如果确实涉嫌拒不支付劳动报酬罪,应该根据以下不同阶段采取应对措施:

(1)如果公安机关已经介入调查,在立案之前,建筑施工企业应积极支付劳动报酬并承担相应赔偿责任,以达到被公安机关认为不构成犯罪的目的;

(2)如果进入检察机关审查起诉阶段,在检察机关提起公诉前,建筑施工企业应积极支付劳动报酬并承担相应赔偿责任,争取获得劳动者的谅解,以达到可以减轻或者免除刑事处罚的目的;

(3)如果进入法院审判阶段,在一审宣判前,企业应积极支付劳动报酬并承担相应赔偿责任,以达到可以从轻处罚的目的。

【对项目经理的建议】

1. 项目经理应当充分认识到,对于拒不支付劳动者报酬的行为,其不仅应当承担民事责任,还有构成刑事犯罪的可能。

2. 项目经理应履行好管理职责,做好劳动者劳动报酬(尤其是项目下农民工工资)的发放工作。对于农民工工资,指定专人通过专门账户发放,以防范个人构成拒不支付劳动报酬罪进而承担刑事责任的风险。

3. 项目经理应重视对下属建筑工人劳动报酬支出项目的核实与监管,将积极履行劳动报酬支付义务作为自身的责任与担当。因为只有按时全面履行劳动者报酬支付义务，才是避免刑事风险的最优路径。

4. 项目经理不仅要提升自身刑事法学素养，避免违反《刑法》的规定，还应当加强学习《劳动法》《劳动合同法》相关知识，以充分了解法律对劳动者劳动报酬的保障措施。

第六节 行 贿 罪

一、案例解析

案例一

【基本案情】

2009 年上半年，周某某欲投标杭州市某街道高层公寓东区块工程，委托方某（另案处理）请托时任杭州市某街道党工委委员兼办事处副主任的李某（另案处理）通过确定候选单位的方式帮忙围标，并约定支付相应好处费，李某接受请托并利用职务之便，将周某某提供的部分围标企业列入投标候选单位。2009 年 12 月，周某某挂靠杭州余杭某建筑有限公司中标该工程一标段项目，后于 2010 年上半年将好处费人民币 70 万元交由方某。事后，方某将其中的 30 万元分给李某。

2013 年春节前后，周某某为感谢李某在杭州市某街道高层公寓工程项目中给予的关照及为搞好关系以继续获取关照，给了李某人民币 5 万元。

【争议焦点】

周某某是否构成行贿罪。

【各方观点】

公诉机关认为，为谋取不正当利益，给予国家工作人员以财物，周某某的行为已构成行贿罪。

辩护人认为，第一，周某某系通过挂靠公司参与投标并中标项目，不具有牟取不正当利益的主观故意，而涉案的 70 万元系周某某在方某主动索取后给付的，属于被勒索，且没有获得不正当利益，不构成行贿；第二，起诉书即使认定行贿，也应定性为单位行贿罪。

【法院判决】[1]

法院判决，被告人周某某犯行贿罪，判处有期徒刑3年零6个月，并处罚金人民币20万元。

【案例点评】

行贿罪是建设工程领域常见的犯罪之一，也是建筑施工企业工作人员经常触碰的犯罪之一。承建工程、申请土地使用权都不是为获取“不正当利益”，但是，一旦采取行贿方式承建工程、申请土地用权，在法律上的评价就是为了获取竞争优势，损害了公平原则，视为“谋取不正当利益”，就会触碰行贿罪的“红线”。

本案中，李某属于国家工作人员，根据《招标投标法》第54条第1款的规定，“投标人以他人名义投标或者以其他方式弄虚作假，骗取中标的，中标无效，给招标人造成损失的，依法承担赔偿责任；构成犯罪的，依法追究刑事责任”。周某某请托李某利用职务便利将提供的部分围标企业列入投标候选单位，属于“谋取不正当利益”。周某某为和李某搞好关系以继续获取关照，给予李某财物，也属于“谋取不正当利益”，因此应当认定周某某构成行贿罪。

对于涉及建设工程领域挂靠的行贿案件，挂靠人仅是借用挂靠单位的名义，建筑企业没有实际参与经营管理，只是按照约定收取固定的挂靠费，相关盈利均归挂靠人所有，此时虽然挂靠人仍以建筑企业的名义从事经营活动，但在具体认定中应对挂靠人的行为进行独立认定。本案中，周某某作为个体建筑承包商系挂靠某建筑公司承接项目并获取利益，并非代表单位实施行贿行为，因此不构成单位行贿罪，故辩护人的观点并不正确。

案例二

【基本案情】

金某系浙江某建设工程有限公司法定代表人。2012年年初，金某欲以虚假外资企业、虚假高新技术项目的名义，向绍兴市某经济技术开发区管委会申请工业用

---

〔1〕《刑法修正案(九)》自2015年11月1日起开始施行，对行贿罪规定了罚金刑，因此案例一有罚金，案例二无罚金。

地的土地使用权,在取得土地使用权后建造部分厂房用于非法转让获利。金某为谋取上述不正当利益,以合伙经营的名义,向某管委会原副主任陈某某、某投资合作局原局长朱某某(均已判决)赠送由其实际控制的绍兴市某电子有限公司、绍兴市某科技有限公司的股权,合计价值人民币45万元。其中,陈某某分得价值人民币30万元的股权,朱某某分得价值人民币15万元的股权。

另外,2012年年初,金某为谋取上述不正当利益,在朱某某的办公室内赠送朱某某黄金50克。

【争议焦点】

金某的行为是否构成行贿罪。

【各方观点】

公诉机关认为,被告人金某为谋取不正当利益,给予国家工作人员财物,情节严重,应以行贿罪追究刑事责任。

被告人金某对公诉机关起诉指控的罪名及事实均不持异议。辩护人认为,被告人金某行贿所谋取的不正当利益实际没有实现,故情节较为轻微,社会危害性不大,请求法院从轻判处。

【法院判决】

法院认为,被告人金某为谋取不正当利益,给予国家工作人员财物,情节严重,其行为构成行贿罪,判处有期徒刑5年。

【案例点评】

本案中,金某作为浙江某建设工程有限公司法定代表人,欲以虚假外资企业、虚假高新技术项目的名义,非法取得土地使用权并转让获取不正当利益,先后以黄金、股权向国家工作人员行贿。金某在主观上有谋取不正当利益的犯罪目的,在客观上也实施了行贿行为,故而应以行贿罪定罪处罚。

二、罪名解读

【罪名解析】

> 《刑法》第 389 条　【行贿罪】为谋取不正当利益，给予国家工作人员以财物的，是行贿罪。
>
> 在经济往来中，违反国家规定，给予国家工作人员以财物，数额较大的，或者违反国家规定，给予国家工作人员以各种名义的回扣、手续费的，以行贿论处。
>
> 因被勒索给予国家工作人员以财物，没有获得不正当利益的，不是行贿。
>
> 第 390 条　【行贿罪的处罚规定】对犯行贿罪的，处五年以下有期徒刑或者拘役，并处罚金；因行贿谋取不正当利益，情节严重的，或者使国家利益遭受重大损失的，处五年以上十年以下有期徒刑，并处罚金；情节特别严重的，或者使国家利益遭受特别重大损失的，处十年以上有期徒刑或者无期徒刑，并处罚金或者没收财产。
>
> 行贿人在被追诉前主动交待行贿行为的，可以从轻或者减轻处罚。其中，犯罪较轻的，对侦破重大案件起关键作用的，或者有重大立功表现的，可以减轻或者免除处罚。

行贿罪，是指为谋取不正当利益，给予国家工作人员以财物的行为。需要特别指出的是，《刑法》第 390 条被《刑法修正案（九）》第 45 条修正，修正的主要内容为对本罪增设了罚金刑，并对行贿人减轻处罚或者免除处罚作了从严规定。建筑领域行政审批事项多，一些项目经理为在项目开发、工程招投标、工程管理、工程款拨付等方面谋取不正当利益，往往向建设主管部门国家工作人员或者协助政府从事项目管理工作的基层组织人员行贿。行贿罪是建设工程领域最为常见的刑事犯罪之一，因此，建筑施工企业在把握行贿罪时应注意以下几点：

（一）如何理解《刑法》第 389 条规定的“谋取不正当利益”

构成行贿罪，必须以“谋取不正当利益”为前提，“我国刑法中现在一共有六个条文规定必须是谋取不正当利益的。一个是非国家工作人员行贿罪要谋取不正当利益，一个是斡旋受贿中要谋取不正当利益，一个是利用影响力受贿罪要谋取不正当利益，一个是行贿罪也要谋取不正当利益，另外，还有对单位行贿罪和单位行贿罪也都要谋取不正当利益”。[1] 如果建筑施工企业是为获得正当利益而给予国家工作人员以财物，并不构成“行贿罪”。承建工程本身并不违反法律、法规、国家政策及部门规章之规定，获取的利益也绝非不正当利益。那么，建筑施工企业应当如何理解行贿罪中的“谋取不正当利益”呢？

根据最高人民法院、最高人民检察院《关于在办理受贿犯罪大要案的同时要严肃查处严重行贿犯罪分子的通知》第 2 条之规定，“谋取不正当利益”，是指谋取违反法律、法规、国家政策和国务院各部门规章规定的利益，以及要求国家工作人员或者有关单位提供违反法律、法规、国家政策和国务院各部门规章规定的帮助或者方便条件。这条规定了实体违法和程序违法。

根据 2013 年 1 月 1 日施行的最高人民法院、最高人民检察院《关于办理行贿刑事案件具体应用法律若干问题的解释》第 12 条之规定，行贿犯罪中的“谋取不正当利益”，是指行贿人谋取的利益违反法律、法规、规章、政策规定，或者要求国家工作人员违反法律、法规、规章、政策、行业规范的规定，为自己提供帮助或者方便条件。违背公平、公正原则，在经济、组织人事管理等活动中，谋取竞争优势的，应当认定为“谋取不正当利益”。根据该司法解释，所谓“谋取不正当利益”指三种情形：第一种是利益本身具有不正当性，第二种是国家工作人员违反职务规定提供帮助或方便条件，第三种是为谋取竞争优势违反公平、公正原则。[2]

上述两项规定在认定行贿罪中的“谋取不正当利益”时有所不同。根据新法优于旧法的原则，应当适用最高人民法院、最高人民检察院《关于办理行贿刑事案件具体应用法律若干问题的解释》第 12 条之规定作为判断“谋取不正当利益”的标准。因此，在建设工程领域，违反法律、法规、行业规范或公平公正原则的行为，均

---

[1] 刘宪权：《刑法学名师讲演录—分论》（第 2 版），上海人民出版社 2016 年版，第 755 页。

[2] 实际上，早在 2008 年 11 月 20 日，最高人民法院、最高人民检察院《关于办理商业贿赂刑事案件适用法律若干问题的意见》规定，在招标、政府采购等商业活动中，违背公平原则，给予相关人员财物以谋取竞争优势的，属于“谋取不正当利益”。

可能被认定为是在“谋取不正当利益”。

在建筑施工领域，行贿人员的目的大致有三种：一是承接工程；二是疏通关系，获得施工的便利；三是工程款的及时给付。司法实务界对前两种情况一般不存在争议；对第三种情况实践中存在的争议是，如果建筑企业是因为希望尽快支付工程款，进而给予国家工作人员以财物，是否属于“谋取不正当利益”。此时工程款的支付显然不具有非法性。司法实践中，多数法院仍旧将行为人请托国家工作人员加速结算或支付工程款而给予国家工作人员财物认定为谋取不正当利益，对此建筑企业应当尤为注意。

（二）如何理解《刑法》第 389 条规定的“给予国家工作人员以财物”

行贿罪以“给予国家工作人员以财物”作为构成要件，“给予国家工作人员以财物”主要表现为以下四种情形：

一是主动行贿：行贿人为了利用国家工作人员的职务行为，主动给予国家工作人员以财物。比如，在前述案例二中，浙江某建设工程有限公司的法定代表人金某为申请土地使用权而行贿，某管委会原副主任陈某某和某投资合作局原局长朱某某就是国家工作人员。

二是被动行贿：行贿人有求于国家工作人员的职务行为，因国家工作人员的索取而给予国家工作人员以财物。比如，行贿人通过利用国家工作人员职务行为中标以后，相关项目的主管人员事后要求建筑企业赠送某楼盘的住宅。但同时应当注意，根据《刑法》第 389 条第 3 款之规定，因被勒索给予国家工作人员以财物，没有获得不正当利益的，不是行贿。因此，若建设施工企业工作人员是被国家工作人员勒索才给予财物，并且不是获取不正当利益或者没有获得不正当利益的，不构成行贿罪。

三是约定行贿：行贿人与国家工作人员约定，以满足个人要求为条件，进而给予国家工作人员以财物。

四是事后行贿：国家工作人员利用职务便利，为行为人谋取不正当利益之后，行为人给予国家工作人员以财物，作为国家工作人员职务的报酬。

建设施工企业在理解“给予国家工作人员以财物”时还要注意以下四种特殊行贿方式：

一是干股行贿:行为人以提供干股的方式,向国家工作人员行贿。所谓的干股,指的是未出资而获得的股份。建设施工企业如果向国家工作人员行贿干股,也可能构成行贿罪。

二是赌博行贿:行为人以赌博的方式,向国家工作人员行贿。行为人为谋取不正当利益,通过赌博方式给与国家工作人员以财物,同样成立行贿罪。建设施工企业在实践中应注意区分行贿行为和普通的赌博娱乐活动。在具体认定时,应结合赌博的背景、时间、场所、次数、输赢钱款的金额具体判断。

三是交易行贿:行为人以交易的方式,向国家工作人员行贿。行贿人为谋取不正当利益,以明显低于市场的价格向国家工作人员出售房屋、汽车,或者以明显高于市场的价格从国家工作人员处购买房屋、汽车,同样构成行贿罪。行贿数额以市场价格与实际支付价格之间的差额计算。

四是离职行贿:行为人与国家工作人员约定,国家工作人员先利用职务之便为行为人谋取不正当利益,等到国家工作人员离职后,行为人再给予国家工作人员以财物。这种约定离职后行贿的,仍构成行贿罪。

(三)如何理解《刑法》第390条规定的"情节严重"与"使国家利益遭受重大损失"

根据2016年4月18日起施行的最高人民法院、最高人民检察院《关于办理贪污贿赂刑事案件适用法律若干问题的解释》第8条之规定,"犯行贿罪,具有下列情形之一的,应当认定为刑法第三百九十条第一款规定的'情节严重':(一)行贿数额在一百万元以上不满五百万元的;(二)行贿数额在五十万元以上不满一百万元,并具有本解释第七条第二款第一项至第五项规定的情形之一的;(三)其他严重的情节。为谋取不正当利益,向国家工作人员行贿,造成经济损失数额在一百万元以上不满五百万元的,应当认定为刑法第三百九十条第一款规定的'使国家利益遭受重大损失'"。

(四)如何理解《刑法》第390条规定的"情节特别严重"与"使国家利益遭受特别重大损失"

根据最高人民法院、最高人民检察院《关于办理贪污贿赂刑事案件适用法律若干问题的解释》第 9 条之规定，“具有下列情形之一的，应当认定为刑法第三百九十条第一款规定的‘情节特别严重’：（一）行贿数额在五百万元以上的；（二）行贿数额在二百五十万元以上不满五百万元，并具有本解释第七条第二款第一项至第五项规定的情形之一的；（三）其他特别严重的情节。为谋取不正当利益，向国家工作人员行贿，造成经济损失数额在五百万元以上的，应当认定为刑法第三百九十条第一款规定的‘使国家利益遭受特别重大损失’”。

（五）如何理解《刑法》第 390 条规定的“从宽处罚”情节

对于《刑法》第 390 条所规定的从宽处罚情节，应注意以下四点：

第一，根据最高人民法院、最高人民检察院《关于办理行贿刑事案件具体应用法律若干问题的解释》第 7 条第 1 款之规定，“因行贿人在被追诉前主动交待行贿行为而破获相关受贿案件的，对行贿人不适用刑法第六十八条关于立功的规定，依照刑法第三百九十条第二款的规定，可以减轻或者免除处罚”。[1]

第二，根据该司法解释第 8 条之规定，“行贿人被追诉后如实供述自己罪行的，依照刑法第六十七条第三款的规定，可以从轻处罚；因其如实供述自己罪行，避免特别严重后果发生的，可以减轻处罚”。

第三，根据该司法解释第 9 条之规定，“行贿人揭发受贿人与其行贿无关的其他犯罪行为，查证属实的，依照刑法第六十八条关于立功的规定，可以从轻、减轻或者免除处罚”。

第四，《刑法修正案（九）》对行贿罪做了从严规定，但是也规定了特殊的从轻情节，只是需要从严把握。最高人民法院、最高人民检察院《关于办理贪污贿赂刑事案件适用法律若干问题的解释》第 14 条进行了详细的规定，“根据行贿犯罪的事实、情节，可能被判处三年有期徒刑以下刑罚的，可以认定为刑法第三百九十条第二款规定的‘犯罪较轻’。根据犯罪的事实、情节，已经或者可能被判处十年有期徒刑以上刑罚的，或者案件在本省、自治区、直辖市或者全国范围内有较大影响的，可以认定为刑法第三百九十条第二款规定的‘重大案件’。具有下列情形之一的，可以认定为刑法第三百九十条第二款规定的‘对侦破重大案件起关键作用’：（一）主

〔1〕 被追诉指的是检察机关或监察机关对行贿人的行贿行为刑事立案。

动交待办案机关未掌握的重大案件线索的;(二)主动交待的犯罪线索不属于重大案件的线索,但该线索对于重大案件侦破有重要作用的;(三)主动交待行贿事实,对于重大案件的证据收集有重要作用的;(四)主动交待行贿事实,对于重大案件的追逃、追赃有重要作用的"。

(六)如何理解行贿罪的管辖

对于行贿罪,可由行贿人住所地、行贿行为发生地或者行贿结果发生地人民法院管辖。

【此罪与彼罪】

建筑施工企业在理解行贿罪时,应注意其与《刑法》第 164 条规定的对非国家工作人员行贿罪、第 385 条规定的受贿罪、第 390 条之一规定的对有影响力的人行贿罪、第 391 条规定的对单位行贿罪、第 393 条规定的单位行贿罪之间的区别。

1. 行贿罪与对非国家工作人员行贿罪之间的区别。

行贿罪与对非国家人员行贿罪,都表现为给予财物进行行贿的行为。两个罪名之间的关键区别为,行贿罪的对象是国家工作人员,对非国家工作人员行贿罪的对象是公司、企业或者其他单位的工作人员,即非国家工作人员。

2. 行贿罪与受贿罪之间的区别。

行贿罪与受贿罪属于对向犯[1],在通常情况下,行贿方与受贿方均构成犯罪。二者之间的区别在于,首先,行贿罪要求行为人具有"谋取不正当利益"的主观目的,而受贿罪中,无论行为人以何目的受贿,均构成受贿罪。其次,在行为主体方面,行贿罪的犯罪主体是一般主体,而受贿罪中,犯罪主体必须是国家工作人员。最后,也是最关键的不同是,行贿罪的行为人做的是给钱的行为,而受贿罪的行为人做的是收钱的行为。

3. 行贿罪与对有影响力的人行贿罪的区别。

行贿罪与对有影响力的人行贿罪的区别主要在于犯罪对象的不同,行贿罪的对象是在职的国家工作人员,如果是离职的国家工作人员,必须事先双方有约定;

---

〔1〕 对向犯,又称对合犯,也称对立的犯罪,是以存在二人以上的行为人互相对向的行为为要件的犯罪,典型的如重婚罪。

而对有影响力的人行贿罪的对象是国家工作人员的近亲属或者其他与该国家工作人员关系密切的人,或者离职的国家工作人员或其近亲属以及其他与其关系密切的人。

4. 行贿罪与对单位行贿罪之间的区别。

行贿罪和对单位行贿罪的犯罪主体实施的均为行贿行为,但二者不同的地方在于,前者给付财物的对象是国家工作人员,而后者给付财物的对象是国家机关、国有公司、企业、事业单位、人民团体。

5. 行贿罪与单位行贿罪之间的区别。

行贿罪与单位行贿罪之间的区别在于,二者犯罪主体不同。行贿罪的犯罪主体是一般自然人,单位行贿罪的犯罪主体是单位,包括公司、企业或其他单位等。司法实践中,区分行贿罪和单位行贿罪的关键标准是行贿所得利益的归属:行贿所得利益归属于个人的,构成行贿罪;行贿所得利益归属于单位的,构成单位行贿罪。另外,行贿罪的犯罪主体为自然人,不需要单位负责人或决策机构决定;单位行贿罪的犯罪主体为单位,需要单位负责人或决策机构决定、认可。

【追诉标准】

根据最高人民法院、最高人民检察院《关于办理贪污贿赂刑事案件适用法律若干问题的解释》第 7 条之规定,“为谋取不正当利益,向国家工作人员行贿,数额在三万元以上的,应当依照刑法第三百九十条的规定以行贿罪追究刑事责任。行贿数额在一万元以上不满三万元,具有下列情形之一的,应当依照刑法第三百九十条的规定以行贿罪追究刑事责任:(一)向三人以上行贿的;(二)将违法所得用于行贿的;(三)通过行贿谋取职务提拔、调整的;(四)向负有食品、药品、安全生产、环境保护等监督管理职责的国家工作人员行贿,实施非法活动的;(五)向司法工作人员行贿,影响司法公正的;(六)造成经济损失数额在五十万元以上不满一百万元的”。

【量刑范围】

1. 对犯行贿罪的,处 5 年以下有期徒刑或者拘役,并处罚金。

2. 因行贿谋取不正当利益,情节严重的,或者使国家利益遭受重大损失的,处 5 年以上 10 年以下有期徒刑,并处罚金。

3. 情节特别严重的,或者使国家利益遭受特别重大损失的,处 10 年以上有期徒刑或者无期徒刑,并处罚金或者没收财产。

4. 行贿人在被追诉前主动交待行贿行为的,可以从轻或者减轻处罚。其中,犯罪较轻的,对侦破重大案件起关键作用的,或者有重大立功表现的,可以减轻或者免除处罚。

三、实务操作

【对建筑施工企业的建议】

1. 在建设工程领域,国家工作人员掌握有关利益流向的巨大权力,建筑施工企业应经得起利益诱惑,做好预防监督措施,不能为谋取不正当利益而置国家法律规范于不顾。

2. 建筑施工企业应当积极建立本单位的反舞弊机制,在企业内部设立独立性较高的反行贿部门,负责企业内部的反行贿工作,部门负责人只对建筑施工企业领导层负责,反行贿部门员工只对反行贿部门负责人负责。

3. 建筑施工企业应当完善公司内部有关行贿行为的举报制度,积极与公安机关衔接,并保证举报人的隐私和个人信息,确保举报人的人身安全不会受到不良影响。

4. 建筑施工企业可以进行行贿犯罪档案查询。建筑企业在设备物资采购过程中,可以针对有关单位或个人直接向检察机关、监察机关进行行贿犯罪档案查询,也可以要求供应设备物资的单位和个人自行向检察机关、监察机关查询并提交查询结果。

5. 建筑施工企业应当减少挂靠或增强对挂靠人的管理。挂靠现象在建筑施工领域比较普遍,在部分情况下,建筑企业并不参与或管理挂靠人的经营活动,财务进账均由建筑商(个体老板)自行决定。挂靠情况下的行贿,建筑企业对行贿行为毫不知情,进而处于极为不利的地位。因此,建筑施工企业应当尽量减少挂靠模式,对存在的挂靠现象,应当增强对挂靠人财务的直接管理,进而减少犯罪风险。

6. 建筑施工企业若发现涉及行贿罪的人员,应积极向相关机关举报,并提供相关短信记录、转账记录、合同、付款凭证等证据。

【对项目经理的建议】

1. 项目经理无论是在对内管理中,还是在对外经营中,都要关注并掌握国家大政方针政策及最新法律法规,及时了解国家关于行贿行为的最新规定,避免对行贿行为存在侥幸心理。

2. 项目经理在平时交往中或者逢年过节时，应当注意与相关国家工作人员之间的关系、感情、交往情况，相关礼尚往来不能逾越《刑法》的规范尺度，否则，有构成行贿罪的可能。[1]

3. 项目经理应当加强对下属员工的反行贿知识培训，尤其注重对本企业高层员工的反行贿知识培训。培训内容不仅要涵盖我国《刑法》以及其他相关法律关于行贿罪的规定，还要延伸到我国加入的国际组织中有关行贿行为的法律规定。将法律知识培训作为员工升职的一个考核因素，要求员工必须完成。

4. 项目经理如果确实因为涉嫌行贿进入司法程序的，应当及时了解被调查的原因，第一时间委托律师，积极证明不存在行贿行为或者未获得不正当利益。在情况不明时，项目经理不应自证有罪。

第七节　对单位行贿罪

一、案例解析

案例一

【基本案情】

2013～2014 年，戴某某承包了封开县某学校教学楼扩建工程、某中心小学教学楼及教师公租房扩建等封开县“教育强县、教育强镇”工程。封开县教育局作为行政主管部门，聂某某（另案处理）作为教育局“一把手”，祝某（另案处理）作为分管基建、计财的副局长，在工程进度检查审批和工程款拨付审批等方面有签批权。祝某曾向戴某某提及封开县教育局“教育强县、教育强镇”专家组补助费的款项无法解决，希望戴某某予以经费赞助。戴某某为顺利通过各项检查和顺利结算工程款，分别于 2013 年中秋节、2014 年春节及中秋节期间，在祝某的办公室送给祝某现金

〔1〕 如果这种感情投资行为影响了公务人员职权的行使，极易被认定为行贿罪。参见车浩：《贿赂犯罪中“感情投资”与“人情往来”的教义学形塑》，载《法学评论》2019 年第 4 期。

人民币5万元、5万元、10万元，共计人民币20万元，并嘱咐其将钱交给聂某某作为封开县教育局的经费。事后祝某将钱交给聂某某，聂某某收到20万元后将其中2万元给了祝某。

【争议焦点】

戴某某是否构成对单位行贿罪。

【各方观点】

公诉机关认为，被告人戴某某在经济往来中，违反国家规定，给予单位赞助费，其行为已构成对单位行贿罪。

被告人戴某某对公诉机关指控的犯罪事实及罪名均没有异议。辩护人对公诉机关指控被告人的罪名没有异议，但认为被告人具有自首情节。

【法院判决】

法院认为，被告人戴某某在经济往来中，违反国家规定，以赞助经费的名义给予封开县教育局钱款20万元，其行为已构成对单位行贿罪。被告人戴某某主动投案，如实供述自己的罪行，是自首，依法可以从轻或减轻处罚。综上所述，判处被告人戴某某有期徒刑6个月，缓刑1年。

【案例点评】

在建设工程司法实践中，相关行政部门往往对建设工程的施工进度和工程款拨付具有审批权，建设施工企业为了顺利、快速地通过审批，往往铤而走险，试图通过行贿的方式顺利通过检查。

本案中，祝某通过暗示戴某某封开县教育局专家组补助费款项无法解决的方式，希望戴某某给予经费赞助。戴某某为顺利通过各项检查和顺利结算工程款，累计行贿20万元，用作封开县教育局的经费。其行为符合《刑法》第391条规定的对单位行贿罪，故对戴某某应以对单位行贿罪定罪处罚。

案例二

【基本案情】

被告单位河南省某建筑工程有限公司第一分公司从2009年开始承接卫辉市教育局下属学校的工程建设，在承揽工程过程中，卫辉市教育局计财科科长赵某（另案处理）受时任局长王某（另案处理）的安排，向该公司经理、负责人陈某某索要钱款，陈某某为谋取竞争优势，获得更多工程，于2011年、2012年春节前，先后两次到教育局计财科科长赵某的办公室，各送去现金20万元，赵某将以上现金共计40万元交给了王某。陈某某在承揽教育局的工程中被特殊照顾。

2014年5月中下旬，王某通过赵某给陈某某退回20万元。

【争议焦点】

本案的争议焦点有两个：第一，河南省某建筑工程有限公司第一分公司是否构成对单位行贿罪；第二，陈某某是否构成对单位行贿罪。

【各方观点】

公诉机关认为，河南省某建筑工程有限公司第一分公司与陈某某均构成对单位行贿罪，鉴于被告单位及被告人陈某某系自首，可以从轻处罚，建议在有期徒刑3年以下量刑。

被告单位河南省某建筑工程有限公司第一分公司及被告人陈某某，对公诉机关指控的犯罪事实及罪名不持异议。被告单位要求从轻处罚，被告人陈某某要求判处缓刑。

【法院判决】

法院认为，被告单位河南省某建筑工程有限公司第一分公司为了谋取不正当利益，给予卫辉市教育局钱款，被告人陈某某身为该分公司的经理，系实施对单位行贿的直接责任人员，其行为均已构成对单位行贿罪。被告人陈某某作为河南省某建筑工程有限公司第一分公司的单位负责人，自动到检察机关投案并如实供述自己的犯罪事实，系单位自首及个人自首，均应依法从轻处罚。综上所述，判处被告单位河南省某建筑工程有限公司第一分公司罚金50万元；被告人陈某某拘役3个月，缓刑6个月。

【案例点评】

对单位行贿罪的犯罪主体不仅包括自然人，还包括单位。本案正是单位构成对单位行贿罪的典型案例。

本案中，河南省某建筑工程有限公司第一分公司及其负责人陈某某，为获得更多工程，累计向卫辉市教育局行贿40万元，均构成对单位行贿罪。但河南省某建筑工程有限公司第一分公司陈某某在尚未受到讯问、未被采取强制措施时，就自动到检察机关投案并如实供述自己的犯罪事实，构成自首，因此，法院予以从轻处罚。

二、罪名解读

【罪名解析】

> 《刑法》第 391 条　【对单位行贿罪】为谋取不正当利益,给予国家机关、国有公司、企业、事业单位、人民团体以财物的,或者在经济往来中,违反国家规定,给予各种名义的回扣、手续费的,处三年以下有期徒刑或者拘役,并处罚金。
>
> 单位犯前款罪的,对单位判处罚金,并对其直接负责的主管人员和其他直接责任人员,依照前款的规定处罚。

对单位行贿罪,是指行为人为谋取不正当利益,给予国家机关、国有公司、企业、事业单位、人民团体以财物,或者在经济往来中,违反国家规定给予各种名义的回扣、手续费的行为。需要特别注意的是,本条第 1 款中的“并处罚金”,是由《刑法修正案(九)》第 47 条修改的。与行贿罪一样,重大工程建设项目在立项审批、土地征用、房屋拆迁、规划设计、工程发包和转包、招投标、材料设备选购、施工管理、工程项目变更和追加、工程监理和质量验收、工程款预付和结算等各个环节都不同程度地存在行贿受贿等腐败现象。只不过对单位行贿罪要求行贿的对象是国家机关、国有公司、企业、事业单位、人民团体,不是具体的国家机关工作人员。建设施工企业在理解对单位行贿罪时,应注意把握以下几点:

第一,本罪的犯罪主体既包括自然人,也包括单位。被认定为单位犯罪的,必须是为单位谋取不正当利益。如果是为了个人利益,而借由单位名义行贿,或者因行贿取得的利益归个人所有,则成立自然人犯罪。比如,建设施工企业负责人为了在本单位获得更大权限,借助建设施工企业的名义向国家机关行贿,进而使自己负责的项目顺利完成审批,由此得以升迁。此时,应当认为,建设施工企业不构成对单位行贿罪,构成对单位行贿罪的仅是建设施工企业负责人。

第二,本罪的行贿对象必须是国家机关、国有公司、企业、事业单位、人民团体,如果行贿的对象是自然人,不成立对单位行贿罪,可视具体情形成立行贿罪或者对非国家工作人员行贿罪。

第三,同《刑法》第 389 条规定的行贿罪一样,对单位行贿罪的成立,也要求行为人具有“谋取不正当利益”的目的。如果行为人为了谋取正当合法的利益，比如，企业为了尽快拿回被国家机关长期拖延办理的营业执照，或者为了尽快获得合法的施工审批手续，给予国家机关、国有公司、企业、事业单位、人民团体以财物的，不构成对单位行贿罪。

第四，实践中经常出现的情况是，行为人给予交易相对方单位（特别是国有企业）的财物，没有按照规定计入正确的会计科目（甚至根本没有入账），此时行为人是否构成对单位行贿罪？笔者认为，“没有按照规定计入正确的会计科目”是“账外暗中”[1]的表现形式之一，而“账外暗中”则长期被视为“回扣”行为的主要构成要件。既然“没有按照规定计入正确的会计科目”可以构成回扣，那么，行为人行贿的财物未被计入正确的会计科目，同样构成对单位行贿罪。

【此罪与彼罪】

建筑施工企业在理解对单位行贿罪时，应注意其与《刑法》第393条规定的单位行贿罪之间的区别。

第一，从犯罪主体方面来看，对单位行贿罪的犯罪主体既可以是自然人，也可以是单位；单位行贿罪的犯罪主体只能是单位，即公司、企业、事业单位、机关、团体。

第二，从行贿的财物的表现形式来看，对单位行贿罪是给予国家机关、国有公司、企业、事业单位、人民团体以财物或者违反国家规定的回扣、手续费；单位行贿罪是单位给予国家工作人员以回扣、手续费。对单位行贿罪中，行为人除了给予回扣、手续费之外，还包括给予财物。而单位行贿罪中，行为人行贿只是给予回扣、手续费，不包括财物。

【追诉标准】

个人对单位行贿数额在10万元以上，单位对单位行贿数额在20万元以上，即可构成对单位行贿罪。相关法律依据为：

根据1999年9月9日起施行的最高人民检察院《关于人民检察院直接受理立案侦查案件立案标准的规定（试行）》之规定，对单位行贿，涉嫌下列情形之一的，

---

[1] 账外暗中，是指未在依法设立的反映其生产经营活动或者行政事业经费收支的财务账上，按照财务会计制度规定明确如实记载，包括不记入财务账、转入其他财务账或者做假账等。

应予立案：

1. 个人行贿数额在10万元以上、单位行贿数额在20万元以上的。

2. 个人行贿数额不满10万元、单位行贿数额在10万元以上不满20万元，但具有下列情形之一的：

（1）为谋取非法利益而行贿的；

（2）向3个以上单位行贿的；

（3）向党政机关、司法机关、行政执法机关行贿的；

（4）致使国家或者社会利益遭受重大损失的。

【量刑范围】

1. 自然人构成对单位行贿罪，处3年以下有期徒刑或者拘役，并处罚金。

2. 单位构成对单位行贿罪，对单位判处罚金，并对其直接负责的主管人员和其他直接责任人员，处3年以下有期徒刑或者拘役，并处罚金。

三、实务操作

【对建筑施工企业的建议】

1. 建筑施工企业应提高警惕，应注意到并非只有向国家工作人员行贿才构成犯罪，向国家机关、国有公司、企业、人民团体等行贿，也构成犯罪。

2. 建筑施工企业应当完善本企业的公司规章和会议纪要，明确禁止对单位行贿的行为，确保公司合法参与招标投标，合法进行工程进度申报。一旦发现有相关人员或公司高管涉嫌对单位行贿罪，建筑施工企业要证明单位对此行为已经明文禁止，涉案人员从事的是个人行贿行为，而不是单位的行为。

3. 建筑施工企业应当加强对账目的管理与核查。建筑施工企业在生产运营的过程中账目繁多，如果有些费用弄虚作假，就可能有构成对单位行贿罪的风险。建筑施工企业应确保各类费用对应项目的真实性，以免与对单位行贿罪相互挂钩。

4. 建筑施工企业应当重视对交易对象的审查。在某些情形下，虽然建设施工企业具有相对完善的反对单位行贿制度，但因交易相对方没有相应制度，或者交易相对方员工个人受到利益诱惑，从而从事对单位行贿的行为。这样一来不仅导致行贿人受到法律制裁，还会导致建筑施工企业的正常经营活动遭受牵连。

5. 建筑施工企业应当聘请具有丰富刑事诉讼案件处理经验的专家、学者、律师，定期对企业高管、员工进行预防对单位行贿罪的培训，不定期进行业务指导，甚至在出现“对单位行贿罪危机”时必须有确定的刑事诉讼律师提供应急法律服务。具有丰富刑事诉讼案件处理经验的专家、学者、律师，尤其是具有与建筑施工企业经营相关的刑事案件处理经验的律师，可以为企业提供安全、有效的建议和服务。

【对项目经理的建议】

1. 在市场经济环境下，项目经理应当通过竞争与自身优势去承接项目，而不能通过对国家机关行贿的手段输送利益以获取项目。

2. 项目经理应当做到自律与监督并重，提高刑事风险敏感度，一方面增强自身抵抗对单位行贿罪的能力，另一方面也要自觉接受建设施工企业的监督，特别是在财务运作方面，做到每一笔费用或支出都有对应的项目，都有账可查，以有效避免对单位行贿罪的发生。

3. 项目经理应当及时对建设施工项目进行合规审计，根据合规审计的结论进行整改。重点关注和整改财务审批制度的规范性，以防范对单位行贿罪的发生。

4. 项目经理应当在职权范围内，进一步细化和明确单位制定的标准，强化杜绝对单位行贿罪的决心，推动对公务接待、商务馈赠的费用标准和结算标准等作出详细规定及纠错惩处措施，并且强化执行力度。

5. 对单位行贿罪的犯罪数额是累计计算的，项目经理应提高警惕，不应心存侥幸，认为分批次对单位行贿就不会触犯《刑法》中对单位行贿罪的规定。

第三章　建筑施工领域“橙灯罪名”的解读及刑事风险防控

第一节　非法吸收公众存款罪

一、案例解析

【基本案情】

2009 年开始，竺某以某建筑集团西安分公司的名义，以资金紧张为由，以高息为诱饵，公开向卢某、陈某、顾某等 11 名社会不特定的群众吸收资金共计 10,768.50 万元，承诺在一定期限内还本付息，并许以高额回报以吸收资金，吸收资金后投入工程项目使用。目前某建筑集团及竺某已支付本息至少 13,723.80 万元。

2013 年 3 月，竺某欲参与陕西某实业集团有限公司投资的西安市某村的城中村改造项目。因资金短缺，竺某与竺某甲商议融资事宜，并收购了艾某公司为其融资。2014 年年初，竺某聘请李某为艾某公司的业务总经理，负责管理融资业务并招聘、管理业务人员。竺某乙担任出纳，负责吸收存款款项收转。业务员以其个人或者艾某公司的名义向毛某等社会群众募集资金。经审计，自 2013 年 11 月至 2014 年 12 月，共有 263 人报案，实际吸收金额为 5454.50 万元，已返还金额为 678.27 万元，未返还金额为 4676.23 万元。

【争议焦点】

竺某向他人融资的行为属于合法的民间借贷行为还是非法吸收公众存款犯罪行为。

【各方观点】

公诉机关认为：竺某违反国家金融法律规定，以高息为诱饵，公开向社会不特定人员吸收资金,数额巨大,其行为应当以非法吸收公众存款罪追究刑事责任,故诉请法院依照《刑法》第176条规定的非法吸收公众存款罪判处。

辩护人认为:竺某2009年至2011年向毛某等人借款的行为属于合法的民间借贷行为,不构成非法吸收公众存款罪,理由如下:(1)竺某借款的目的是解决某建筑集团西安分公司项目建设需要资金的问题,资金大部分被用于公司工程项目的正常生产经营活动;(2)借款人多为竺某的朋友或亲属,借款对象具有特定性,因此竺某的行为不构成非法吸收公众存款罪。

【法院判决】

法院认定竺某犯非法吸收公众存款罪,判处有期徒刑5年,并处罚金人民币10万元。理由如下:

首先,竺某利用某建筑集团西安分公司、艾某公司的名义或以其个人名义,以资金紧张为由,并以还本付息的方式对外吸收资金,严重扰乱了金融秩序。

其次,借款流向表明,系竺某利用某建筑集团西安分公司的名义对外吸收资金,大多数借款被其用于工程项目建设时周转借款、支付利息、转借给他人,部分借款甚至被其用于与其利益相关的公司,并且已经归还了部分借款,可以看出其只有非法集资的目的,没有非法占有的目的。

最后,竺某属于向社会不特定人员的借款。经查,大部分借款人系经人介绍出借给竺某,很多出借人甚至不认识竺某。有些出借人虽然系竺某的亲属,但竺某向亲属吸收资金的行为也是其向社会不特定人员吸收资金行为的组成部分。

【案例点评】

本案中,认定竺某能否构成非法吸收公众存款罪,主要依据在于两个法定构成要件是否满足:第一,竺某借款的时候是否具有对吸收存款行为非法性的明知(有非法集资的犯罪故意);第二,竺某客观上是否向不特定多数人以允诺高额利息的方式来吸收存款。

首先,本罪是故意犯罪,即行为人必须是明知自己非法吸收公众存款的行为会造成扰乱金融秩序的危害结果,而希望或者放任这种结果发生。当然,这里的“明知”不是指明确知道“非法集资行为是犯罪”,而是指明确知道自己在进行集资行为而继续从事该行为。换句话说,非法吸收公众存款罪,原则上认定犯罪故意不以明知法律的禁止性规定为要件,也就是说哪怕一个人不知道非法集资行为是犯罪,也不妨碍其构成非法吸收公众存款罪。非法性,是指未经有关部门依法批准或者借用合法经营的形式吸收资金,在实践中,个人或者不具备金融融资资质的公司进行融资均具有非法性。显然,非法性是一个客观方面的事实。法院认定犯罪故意,通常会收集运用被告人的任职情况、职业经历、专业背景、培训经历、此前任职单位或者本人从事同类行为受到处罚等证据加以证明。本案中,竺某利用某建筑集团西安分公司的名义或以其个人名义,以资金紧张为由并以还本付息的方式,向卢某、陈某等11名群众吸收资金,集资款存在被用于归还工程借款、支付利息、取现等情形,能够认定竺某主观方面存在非法吸收公众存款的故意。

其次,本罪客观方面主要表现为非法向社会公开吸收公众存款或者变相吸收公众存款。根据最高人民法院《关于审理非法集资刑事案件具体应用法律若干问题的解释》第1条第1款,除《刑法》有关规定外,下列行为应认定为"非法吸收公众存款或者变相吸收公众存款":(1)未经有关部门依法批准或者借用合法经营的形式吸收资金;(2)通过媒体、推介会、传单、手机短信等途径向社会公开宣传;(3)承诺在一定期限内以货币、实物、股权等方式还本付息或者给付回报;(4)向社会公众即社会不特定对象吸收资金。经查,出借人卢某等人的证言证实,大部分借款人系经人介绍出借给竺某,很多出借人甚至不认识竺某。也就是说,竺某融资的对象不具有特定性,做一个形象的比喻,如果将竺某融资的对象限定为某一房间内的人的话,那么这个房间的门是没有上锁的,任何人都可以进出,并成为竺某融资的对象,这就叫不特定性。相反,如果这个房门是上锁的,没有人可以进出,那么房间内的人就是特定的,这种情况下就不能构成非法吸收公众存款罪了。再综合涉案吸收资金的起因、资金流向的控制等客观事实,足以证实竺某主导并伙同他人向社会不特定人员吸收资金用于收购"某房产公司"的股权,实施了向不特定的社会公众吸收存款的行为。

二、罪名解读

【罪名解析】

> 《刑法》第 176 条第 1 款　【非法吸收公众存款罪】非法吸收公众存款或者变相吸收公众存款,扰乱金融秩序的,处三年以下有期徒刑或者拘役,并处或者单处罚金;数额巨大或者有其他严重情节的,处三年以上十年以下有期徒刑,并处罚金;数额特别巨大或者有其他特别严重情节的,处十年以上有期徒刑,并处罚金。
>
> 单位犯前款罪的,对单位判处罚金,并对其直接负责的主管人员和其他直接责任人员,依照前款的规定处罚。
>
> 有前两款行为,在提起公诉前积极退赃退赔,减少损害结果发生的,可以从轻或者减轻处罚。

根据上述规定可知,非法吸收公众存款罪,是指违反国家金融管理法规,非法吸收公众存款或者变相吸收公众存款,扰乱金融秩序的行为。

近年来,随着我国经济体制改革的迅速发展,尤其是社会主义市场经济的逐步确立,人们手中持有的货币增多,资金的融通与资本的流动成为生产经营发展的推动力。一些个人或单位[1]为了募集资金以扩大企业规模,发展生产或者经营,提高企业竞争力,但又苦于得不到国家金融机构的扶持,于是就擅自采取吸收公众资金,或者变相吸收公众资金的方法来募集资金。在建筑施工领域,由于很少有工程会支付预付款,施工企业垫资压力大,融资又特别困难,施工企业为了生产经营的需要,有可能实施非法吸收公众存款的行为,因此,在理解非法吸收公众存款罪的时候,应当注意以下几点:

(一)非法吸收公众存款罪需要具备"四性"

根据最高人民法院《关于审理非法集资刑事案件具体应用法律若干问题的解

[1] 主要是民营企业或者乡镇企业等得不到国家资金扶持的单位。

释》第1条第1款的规定:违反国家金融管理法律规定,向社会公众(包括单位和个人)吸收资金的行为,同时具备下列四个条件的,除《刑法》另有规定的以外,应当认定为《刑法》第176条规定的“非法吸收公众存款或者变相吸收公众存款”:(1)未经有关部门依法批准或者借用合法经营的形式吸收资金;(2)通过媒体、推介会、传单、手机短信等途径向社会公开宣传;(3)承诺在一定期限内以货币、实物、股权等方式还本付息或者给付回报;(4)向社会公众即社会不特定对象吸收资金。因此,非法吸收公众存款罪的成立要件包括非法性、公开性、利诱性和社会性四个特性。显然,这“四性”特征共同构成了非法吸收公众存款罪的成立标准,这也是规范层面的民间融资刑事法律边界。为了顺应当前保护民营企业发展的时代需要,防止在打击非法集资的过程中“误伤”正当的民间融资活动,从《刑法》适用的规范角度来说,首先需要准确地理解与适用非法吸收公众存款罪融资的“四性”特征,以准确、规范适用该罪。[1]

第一,非法性。非法性,是指未经有关部门依法批准或者借用合法经营的形式吸收资金。这是非法吸收公众存款罪的本质特征,也是区分正当的民间融资和非法集资犯罪之间的关键。关于非法性的认定,需要关注两个方面:一是法律依据,二是证据问题。在法律依据方面,根据最高人民法院、最高人民检察院、公安部《关于办理非法集资刑事案件若干问题的意见》的规定,人民法院、人民检察院、公安机关认定非法集资的“非法性”,应当以国家金融管理法律法规作为依据。对于国家金融管理法律法规仅做原则性规定的,可以根据法律规定的精神并参考中国人民银行、中国银行保险监督管理委员会、中国证券监督管理委员会等行政主管部门依照国家金融管理法律法规制定的部门规章或者国家有关金融管理的规定、办法、实施细则等规范性文件的规定予以认定。在证据审查认定方面,笔者认为,可以收集运用被告人的任职情况、职业经历、专业背景、培训经历、此前任职单位或者本人从事同类行为受到处罚等证据加以证明。

显而易见的是,建筑施工企业或者工程项目经理肯定不具备融资的资质,如果其进行融资,势必会具备“非法性”。

第二,公开性。公开性,是指通过媒体、推介会、传单、手机短信等途径向社会

〔1〕 参见王新:《非法吸收公众存款罪“四性”特征的司法适用》,载《检察日报》2020年6月20日,第3版。

公开宣传。根据2014年最高人民法院、最高人民检察院、公安部《关于办理非法集资刑事案件适用法律若干问题的意见》的规定,“向社会公开宣传”包括以各种途径向社会公众传播吸收资金的信息,以及明知吸收资金的信息向社会公众扩散而予以放任等情形。

在工程实践中,多数是通过朋友或者熟人介绍进行融资,当然,也出现过通过推介会、传单、手机短信等途径向社会公开宣传的情况。

第三,利诱性。利诱性,是指集资人承诺在一定期限内以货币、实物、股权等方式还本付息或者给付回报。具体而言,非法集资具有承诺性,不是现时给付回报,而是承诺在将来给付回报;至于给付回报的名义,除了较为常见的利息、分红之外,还有工资、佣金、奖金、提成、代理费、好处费、返点费等。关于回报的形式,除货币之外,还有实物、消费、股权等形式;至于回报的额度,相关司法解释并没有强调。

第四,社会性。社会性也称为对象的不特定性,是指向社会不特定对象吸收存款。“未向社会公开宣传,在亲友或者单位内部针对特定对象吸收资金的,不属于非法吸收或变相吸收公众存款。根据《非法集资意见》(此处为2014年的意见——引者注)的规定,在向亲友或者单位内部人员吸收资金的过程中,明知亲友或者单位内部人员向不特定对象吸收资金而予以放任;或者以吸收资金为目的,将社会人员吸收为单位内部人员,并向其吸收资金的,属于向不特定对象吸收资金。”[1]

为了便于理解什么叫“不特定性”,我们做一个形象的比喻,如果将集资的对象限定为某一房间内的人的话,如果这个房间的门是没有上锁的,任何人都可以进出,这就叫不特定性;相反,如果这个房门是上锁的,没有人可以进出,那么房间内的人就是特定的。

(二)非法吸收公众存款罪的行为表现方式

非法吸收公众存款罪的行为表现方式有三种,分述如下:

1. 以不法提高存款利率的方式吸收存款,扰乱金融秩序。

利率是国家对经济运行施以宏观调控的重要手段,它直接关系国家经济、社会

〔1〕 罗开卷:《新型经济犯罪实务精解》,上海人民出版社2017年版,第188页。

稳定和建设速度。除了中国人民银行以外,任何单位、团体包括其他金融机构乃至中国人民银行以外的国家其他部门、各级政府都不得擅自提高或降低利率。以这种方式非法吸收公众存款的,一般是主体合法,行为非法,也就是说,银行等金融机构本身具有吸收公众存款的权限,但是,为了更多地吸收存款的目的,采取了直接在存款人的存款凭证(存在或者存单)上开出、支付高于中国人民银行法定利率的利息。[1]

2. 以变相提高利率的方式吸收存款,扰乱金融秩序。

变相提高存款利率,是指吸收存款人虽然没有在开付出去的存单上直接提高存款利率,但却通过存款之际先行扣付,或者允诺事后一次性给付,或者许诺以其他物质、经济利益好处的方式来招揽存款,这种方式在事实上是让存款人获得了提高利率的实惠。[2]

3. 无资格从事吸收公众存款业务的单位非法吸收公众存款,扰乱金融秩序。

在我国,民营企业融资难是一个"老大难"的问题。民营企业不像国有和大型企业那样具有充足的资金和广阔的融资渠道,特别是一些小微企业,无法获得任何形式的贷款,只能靠企业的自有资金去发展。此时,不论是单位还是个人,由于本身资质的欠缺,不管实施了上面第一种还是第二种吸收存款行为均成立非法吸收公众存款罪,前述两种方式的非法吸收公众存款行为是行为主体合法,行为非法,第三种方式则主体与行为均非法。在我国的司法实践中,这是最为常见的一种方式。具体到建筑工程领域,建筑施工企业在施工过程中经常会遇到资金周转困难的时候,在从银行等正规的渠道融不到资的情况下,一些企业的负责人可能会实施非法吸收公众存款的行为,以用于实际的生产经营,此时,如果主观上存在非法占有目的,且没有将融到的资金用于实际的生产经营的话,就会涉嫌集资诈骗罪。

(三)非法吸收公众存款罪的犯罪数额认定问题

集资诈骗罪和非法吸收公众存款罪对犯罪数额的认定采取的是不同的规则。根据最高人民法院《关于审理非法集资刑事案件具体应用法律若干问题的解释》第

---

〔1〕 参见赵秉志:《当代刑法问题新思考》,中国法制出版社 2010 年版,第 102 页。

〔2〕 参见张军主编:《刑法分则及配套规定新释新解》(第 9 版),人民法院出版社 2016 年版,第 593 页。

8 条第 2 款,集资诈骗的数额以行为人实际骗取的数额计算,案发前已归还的数额应予扣除。行为人为实施集资诈骗活动而支付的广告费、中介费、手续费、回扣,或者用于行贿、赠与等的费用,不予扣除。行为人为实施集资诈骗活动而支付的利息,除本金未归还可予以折抵本金以外,应当计入诈骗数额。实际上,这种做法是与诈骗罪的犯罪数额的认定规则一致的。根据 1991 年 4 月 23 日最高人民法院研究室《关于申付强诈骗案如何认定诈骗数额问题的电话答复》,在具体认定诈骗数额时,应把案发前已被追回的被骗数额扣除,按最后实际诈骗所得数额计算。可是,非法吸收公众存款罪的犯罪数额认定所采取的方法是以行为人所吸收的资金全额计算的。对于案发前已归还的数额,可以作为量刑情节考虑。然而,本人或者近亲属投入的资金不计入犯罪数额。从法理上讲,自己的损失可以用自我处分的民法原理解释,近亲属的损失不计入犯罪金额主要是考虑到非法吸收公众存款罪要求向不特定多数人吸收资金,近亲属属于特定人员,所以要从犯罪数额中扣除。

(四)非法吸收公众存款罪的管辖问题

根据最高人民法院、最高人民检察院、公安部《关于办理非法集资刑事案件若干问题的意见》的规定,跨区域非法集资刑事案件按照国务院《关于进一步做好防范和处置非法集资工作的意见》确定的工作原则办理。如果合并侦查、诉讼更为适宜的,可以合并办理。办理跨区域非法集资刑事案件,如果多个公安机关都有权立案侦查的,一般由主要犯罪地公安机关作为案件主办地,对主要犯罪嫌疑人立案侦查和移送审查起诉;由其他犯罪地公安机关作为案件分办地,根据案件具体情况,对本地区犯罪嫌疑人立案侦查和移送审查起诉。管辖不明或者有争议的,按照有利于查清犯罪事实、有利于诉讼的原则,由其共同的上级公安机关协调确定或者指定有关公安机关作为案件主办地立案侦查。需要提请批准逮捕、移送审查起诉、提起公诉的,由分别立案侦查的公安机关所在地的人民检察院、人民法院受理。对于重大、疑难、复杂的跨区域非法集资刑事案件,公安机关应当在协调确定或者指定案件主办地立案侦查的同时,通报同级人民检察院、人民法院。人民检察院、人民法院参照前款规定,确定主要犯罪地作为案件主办地,其他犯罪地作为案件分办地,由所在地的人民检察院、人民法院负责起诉、审判。“主要犯罪地”包括非法集资活动的主要组织、策划、实施地,集资行为人的注册地、主要营业地、主要办事机构所在地,集资参与人的主要所在地等。

【罪与非罪】

区分是否构成非法吸收公众存款罪,在此罪与正常的民间借贷之间划定一条清晰的界线,主要考虑以下因素:

首先,吸收公众存款的数额的多少。吸收公众存款的数额较小,属于情节显著轻微危害不大的,依据《刑法》第 13 条的规定,不构成犯罪。

其次,是否出于故意。非法吸收公众存款罪是故意犯罪,如果不是出于故意的,也不构成本罪。

最后,非法性的认定,即考虑是否违反法律、法规的规定。吸收存款行为属于法律、法规允许的范围内提高利率吸收公众存款的,也不能成立本罪。

【此罪与彼罪】

从一定意义上讲,非法吸收公众存款也属于非法集资,所以,当我们说非法集资行为的时候,实际上是指非法吸收公众存款和集资诈骗。针对非法吸收公众存款罪和集资诈骗罪,区分两者需要注意以下几个方面:

第一,侵犯的对象不同。非法吸收公众存款罪侵犯的对象是公众的存款,只能表现为金钱的形式,并且只能是以存款人用于存款而获取一定利息的形式出现。集资诈骗罪侵犯的对象是他人用于集资获利所交付的集资款,可以表现为资金和财物。

第二,犯罪客观方面的行为表现方式不同。非法吸收公众存款罪是以存款的形式非法吸收公众存款的,而集资诈骗罪是以诈骗的方法来非法聚集资金的,诈骗行为是为行为人非法聚集资金而服务的。

第三,犯罪目的不同。非法吸收公众存款罪的目的是营利,行为人主观上没有非法占有目的。这里说的营利,是指将所募集的资金用于一些诸如生产投资、高利放贷等生产或服务的经营活动,如案例中提及的集资用于工程项目建设。集资诈骗罪的目的是将非法募集到的资金占为己有,即具有非法占有目的。

第四,侵犯的客体〔1〕不同。虽然非法吸收公众存款罪和集资诈骗罪都规定在《刑法》第三章“破坏社会主义市场秩序罪”中,但是,非法吸收公众存款罪侵害的

〔1〕 刑法上的犯罪客体,是指犯罪行为所侵害、《刑法》所保护的社会关系。

是单一客体，即为国家有关集资主要是吸收存款的金融信贷管理制度。行为人出于营利目的非法吸收公众存款用于经营，但由于经营不善或者意外事故等原因造成了经营的亏损，即使无法偿还存款人本息，也不可以认定行为人主观上存在非法占有目的，构成犯罪的，只能定非法吸收公众存款罪。相对地，集资诈骗罪侵害的是双重客体，即侵害了国家有关集资的金融信贷管理制度与公司财物的所有权。

【追诉标准】

根据最高人民检察院、公安部《关于公安机关管辖的刑事案件立案追诉标准的规定（二）》第 23 条之规定，非法吸收公众存款或者变相吸收公众存款，扰乱金融秩序，涉嫌下列情形之一的，应予立案追诉：(1)非法吸收或者变相吸收公众存款数额在 100 万元以上的；(2)非法吸收或者变相吸收公众存款对象 150 人以上的；(3)非法吸收或者变相吸收公众存款，给集资参与人造成直接经济损失数额在 50 万元以上的。非法吸收或者变相吸收公众存款数额在 50 万元以上或者给集资参与人造成直接经济损失数额在 25 万元以上，同时涉嫌下列情形之一的，应予立案追诉：(1)因非法集资受过刑事追究的；(二)2 年内因非法集资受过行政处罚的；(3)造成恶劣社会影响或者其他严重后果的。

【量刑范围】

依据《刑法修正案（十一）》对非法吸收公众存款罪的修改，本罪的量刑范围如下：

1. 自然人犯非法吸收公众存款罪的，处 3 年以下有期徒刑或者拘役，并处或者单处罚金。

2. 数额巨大或者有其他严重情节的，处 3 年以上 10 年以下有期徒刑，并处罚金。具有下列情形之一的，属于《刑法》第 176 条规定的“数额巨大或者有其他严重情节”：个人非法吸收或者变相吸收公众存款，数额在 100 万元以上的；单位非法吸收或者变相吸收公众存款，数额在 500 万元以上的；个人非法吸收或者变相吸收公众存款对象在 100 人以上的，单位非法吸收或者变相吸收公众存款对象在 500 人以上的；个人非法吸收或者变相吸收公众存款，给存款人造成直接经济损失数额在 50 万元以上的，单位非法吸收或者变相吸收公众存款，给存款人造成直接经济损失数额在 250 万元以上的；造成特别恶劣社会影响或者其他特别严重后果的。

3. 数额特别巨大或者有其他特别严重情节的，处 10 年以上有期徒刑，并处罚金。

4. 单位犯本罪的，对单位判处罚金，并对直接负责的主管人员和其他直接责任人员，依照上述规定处罚。

5. 在提起公诉前积极退赃退赔，减少损害结果发生的，可以从轻或者减轻处罚。

三、实务操作

【对建筑施工企业的建议】

1. 建筑施工企业应当开展法律培训，对非法集资的危害进行警示教育。在企业内部，对非法集资的概念、特征、形式、危害等加以宣传，通过反面教材，警示非法集资的危害。同时，加强对金融常识的掌握，有效防范非法集资的风险。

2. 建筑施工企业应当通过合法的途径去融资，不要通过非法途径融资。在进行项目融资的时候，聘请专业的法律人士进行合同的起草、审定。

3. 建筑施工企业应当建立自我排查机制，对企业财务部、行政部、销售部、工程部等机构进行全面的排查。加大监管力度，拓宽监管范围，做到防微杜渐。如果发现存在非法集资行为，应当及时纠正，保存证据，接受公安机关调查。

【对项目经理的建议】

1. 项目经理应当加强自身对法律、法规的学习，尤其是要知晓非法集资犯罪的法律构成要件。与此同时，也要对金融常识予以掌握。

2. 项目经理应当从正规渠道募集资金进行生产经营活动。在具体融资过程中，强化合规意识，聘请专业的法律人士，如律师、法务，进行合同的草拟与审定。

3. 项目经理应当建立正规的财务制度，配合施工企业对非法集资行为的全方面排查。如果在募集资金时有违规、违法行为，应当立即停止，采取有效措施弥补过错。

第二节 串通投标罪

一、案例解析

案例一

【基本案情】

2010年7月至8月，被告单位鑫基业公司对吉林市卢瓦尔小镇D-24等6栋楼的工程招标过程中，在该公司法定代表人被告人杨某文的授意下，由吉林市建工建设集团有限公司、吉林市鑫丰建筑安装工程有限责任公司陪标，最终吉林市金成建筑安装工程有限公司中标，中标价格为人民币6699.31万元。

2013年4月至7月，被告单位鑫基业公司对吉林市卢瓦尔小镇G-01等9栋楼的工程招标过程中，在被告人杨某文的授意下，吉林国信项目管理咨询有限公司联系吉林省金成建设集团有限公司、吉化集团吉林市北方建设有限责任公司陪标，最终吉林市钜晔建筑工程有限公司中标，中标价格人民币12,156.50万元。

【争议焦点】

涉案工程是否属于必须招标项目，鑫基业开发公司及杨某文是否构成串通投标罪。

【各方观点】

公诉机关认为：卢瓦尔小镇建设工程项目确属《招标投标法》明确规定的必须进行招投标的事项，鑫基业开发公司及杨某文构成串通投标罪。

辩护人观点：涉案项目不属于必须招投标的项目，项目都是先施工后招标，不具备法定招投标实质，鑫基业开发公司及杨某文不构成串通投标罪。

【法院判决】

判决结果：(1)被告单位吉林市鑫基业房地产开发经营有限责任公司犯串通投标罪，判处罚金人民币180万元。(2)被告人杨某文犯串通投标罪，判处有期徒刑2年，并处罚金人民币18万元。

法院认为，鑫基业开发公司与投标人串通投标，损害国家、集体、公民的合法利益,情节严重,其行为已构成串通投标罪。杨某文系该公司直接负责的主管人员,应当以串通投标罪追究该公司及杨某文的刑事责任。根据《招标投标法》第 3 条及国务院颁布的《工程建设项目招标范围和规模标准规定》(已失效)第 3 条、第 7 条的规定,本案的涉案项目属于依法必须进行招标的项目。2014 年住建部发布了《关于推进建筑业发展和改革的若干意见》,对招投标范围下发新的规定。随后,吉林省住建厅依据该文件精神,下发了吉建招〔2015〕2 号《关于进一步明确招投标活动相关问题的通知》,就非国有投资项目招标范围进行了规定,将保障性安居工程的商品住宅项目排除在由建设单位自主决定是否招标之外,故该涉案项目也属于必须进行招标的项目。据此,即使本案中存在辩护人所提的先施工、后招标的事实,但也是必须进行招投标的项目。没有招标就施工,违反了国家法律的强制性规定,该种违法行为不能成为被告单位将串通投标合法化的依据。因此,鑫基业开发公司及杨某文所持的无罪意见不能成立,不予采纳。

【案例点评】

在建设工程领域中,《招标投标法》将招标分为强制招标和自愿招标两种,对于依法无须招标的项目,招标人亦可以基于其自主权选择权采用招标的方式确定合作方。但是,招标人一旦选择采用了招标的方式,所有参与交易的主体都将受到招投标规则的约束。

我国《刑法》第 223 条在设立串通投标罪时,对于投标的适用范围并没有作出任何限定,即无论是强制招标项目还是自愿招标项目,只要是涉及招投标活动,相关行为主体都有可能触犯串通投标罪这一罪名。换言之,鉴于串通投标行为的实质就是,数个投标人通过谋划形成了统一的意志,进而使形式上的数个招标人成为事实上的一个招标人以限制并排除招投标活动的竞争性,故串通投标行为无论是发生在强制招标项目中还是自愿招标项目中,都必然会破坏招投标市场的竞争秩序。那么,只要行为人的行为符合了串通投标罪的构成要件,都必然会受到相应的刑罚处罚。法院裁判认为,根据《招标投标法》第 3 条及国务院颁布的《工程建设项目招标范围和规模标准规定》(已失效)第 3 条、第 7 条的规定,本案的涉案项目属于依法必须进行招标的项目。鑫基业公司在吉林市卢瓦尔小镇 D－24 等 6 栋楼、G－01 等 9 栋楼的工程招标过程中,在该公司法定代表人杨某文的授意下,联系多家公司进行陪标。所以,被告单位及杨某文的行为构成串通投标罪。

案例二

【基本案情】

被告人李某系武汉经典软件公司法定代表人，被告人陈某剑、徐某中、许某开、吴某系该公司职员，被告人李某付系湖北中丹建设工程有限公司法定代表人。2013 年 1 月至 4 月，上述六被告人与朱某、张某、付某权、吴某国（均另案处理）先后在夷陵区郭家湾居民点国湾星城工程（以下简称国湾星城工程）、宜昌市保障性住房民佳家园 C 区 3#～6#楼工程（以下简称民佳家园工程）招投标中，共同采取相互串通投标报价等方式，排挤其他投标人的公平竞争，损害招标人或者其他投标人利益，李某等人从中获利达一百多万元。

2013 年 1 月，国湾星城工程由夷陵区发展和改革局批准建设后决定公开招标以选定施工承包人。在该工程招投标过程中，朱某、张某、付某权为了能够顺利承接一、二、三标段，经与被告人李某预谋后，由李某、李某付、朱某、张某、付某权分别向湖北远安海龙建设有限公司等 16 家公司租借资质投标，由朱某等人通过各自账户及李付某等人账户向上述公司转出投标保证金并支付资质租借费，由李某等六被告人共同编制上述不同投标公司的投标文件，通过在“工程量清单计价软件”中增加记录、检查加密狗号和机器码的软件工具并将其制作的投标文件的加密狗号和机器码数据进行修改等方式排挤其他投标人的公平竞争，致使远安海龙建设 8689 万元的报价成为二标段中标人（实际中标人为张某、朱某），湖北宏鑫建设集团有限公司以 9924 万元的报价成为三标段中标人（实际中标人为付某权）。2013 年 4 月 7 日，宜昌市夷陵区公共资源交易管理办公室通过调查，发现上述公司在投标过程中存在串通投标行为而发文通知国湾星城工程第一中标人候选人无效并决定所有标段依法重新招标。

2013 年 4 月，民佳家园工程由宜昌市发展和改革局批准建设后决定公开招标以选定施工承包人，在该工程招投标过程中，吴某国为了能够顺利承接该工程，经与被告人李某预谋后，由李某、李某付、吴某国分别向湖北巨星建设集团有限公司等 7 家公司租借资质投标，由吴某国通过李某付等人账户向上述公司转出投标保证金并支付资质租借费，由李某等六被告人共同编制上述不同投标公司的投标文件等方式排挤其他投标人的公平竞争，致使湖北巨星建设集团有限公司以 6722 万元的中标价成为中标人（实际中标人为吴某国）。

【争议焦点】

帮助他人串通围标而没有实际中标的行为是否构成串通投标罪。

【各方观点】

公诉机关认为:构成串通投标罪。

辩护人观点:一是主体不符。二是客观方面不符,公诉机关对六被告人以串通投标罪认定,但不符合《刑法》确定的情形。三是因没有实际中标人,并未给招投标造成经济损失。四是实际投标人是否构成犯罪尚未经法院审判确认,而单独起诉指控上述六被告人均不符合法律规定。

判决结果:(1)被告人李某犯串通投标罪,判处有期徒刑10个月,缓刑1年零6个月,并处罚金人民币5万元。(2)被告人陈某剑犯串通投标罪,判处有期徒刑10个月,缓刑1年,并处罚金人民币3万元。(3)被告人李某付犯串通投标罪,判处有期徒刑10个月,缓刑1年,并处罚金人民币4万元。(4)被告人徐某中、许某开、吴某犯串通投标罪,免予刑事处罚。一审判决后,李某等六人服判,该判决书已发生法律效力。

理由:被告人李某、李付某受他人之托,为他人借用投标资质,参与围标行为,并为他人提供投标文件、资金账号,违法流转投标资金,且从中获利;被告人陈剑某、徐中某、许开某、吴某接受被告人李某授意,为他人制作多份呈规律性差异的标书,并通过其掌握评标计价软件的技术优势,对为他人提供的工程量造价标书,修改标书验证机号和加密狗号,以掩盖多份标书系同一主体完成的事实,致使多份标书直接进入评标环节,并获得较高中标概率,排挤其他投标人的公平竞争,损害招标人、其他投标人利益,为请托投标人获得中标概率而形成行为一致性,且情节严重。李某等六被告人的行为均构成串通投标罪。公诉机关起诉指控的犯罪事实和罪名成立。六被告人在共同犯罪过程中,居于帮助犯地位,依据其性质、作用、地位和社会危害性程度,均可认定为从犯,依法应当从轻、减轻处罚或者免除处罚。各被告人归案后,对指控其犯罪的基本案情均能供认,虽对行为性质提出了不同理解的辩解,仍可认定具有一定的认罪、悔罪态度,依法可以对各被告人酌定从轻处罚。各辩护人分别提出了六被告人的行为不构成犯罪的辩护意见,但六被告人与请托投标人仅仅是分案起诉,本案事实清楚,证据充分,在认定犯罪主体、客观行为及程序正当性方面均符合法律规定,可就共同犯罪中已查明的事实先行作出判决,故各辩护人所提出的无罪的辩护理由不能成立，不予采信。

一个自然人或是一个单位同时挂靠多个单位，通过控制该几家单位共同参与同一建设项目的投标活动，从而达到限制竞争并排挤其他投标人之目的，也是司法实践中较为常见的“围标”。

在整个围标过程中，围标成员达成攻守同盟，围标人往往给予陪标人一定的经济利益，而陪标人则须严格遵守合作协议的保密要求以保证围标人能够顺利中标。在大多数情况下，串通投标罪多以共同犯罪的形式出现，毋庸置疑，如果被挂靠人明知挂靠人的围标行为并积极予以配合，那么挂靠人与被挂靠人的行为均应作为串通投标加以惩处。但是，不可忽略的是，若是部分挂靠人为了谨慎起见，并未将其挂靠多家单位的事实向被挂靠人予以披露，在被挂靠人不知情或者没有证据能够证明被挂靠人知情的情况下，单个行为人利用掌握的多个单位参与围标，能否以串通投标罪来认定便成为一大难题。法院裁判认为，一人控制几家公司投标，比与他人的串通行为更为严重，举轻以明重，当然构成串通投标罪。串通投标罪关注的本质在于数个投标人是否存在串通行为而达到排除竞争的可能性，至于投标人之间到底是处于共谋的形式还是被一人控制的形式，就刑法评价角度而言，均不影响该行为已然形成了串通之意的效果，故应为串通投标罪所规制。其中的区别仅在于承担刑事责任的范围大小不一致，若被挂靠人对挂靠人利用数家公司以围标的事实不知情或者没有证据证明其知情，那么便由利用者直接承担串通投标罪的刑事责任。此时，符合单位犯罪构成条件的按照单位犯罪处理，不符合的则以自然人犯罪加以规制。

二、罪名解读

【罪名解析】

> 《刑法》第 223 条 【串通投标罪】投标人相互串通投标报价，损害招标人或者其他投标人利益，情节严重的，处三年以下有期徒刑或者拘役，并处或者单处罚金。
>
> 投标人与招标人串通投标，损害国家、集体、公民的合法利益的，依照前款的规定处罚。

根据上述规定可知，串通投标罪，是指投标者相互串通投标报价，损害招标人或者其他投标人利益，或者投标者与招标者串通投标，损害国家、集体、公民的合法权益，情节严重的行为。

在重大工程建设项目中，最为关键的一项经营环节即招标投标环节，在此过程中，极易发生违法违规行为。招标、投标活动中最容易触犯的一项刑事罪名即串通投标罪，其行为轻则侵害其他投标人以及招标单位的合法权益，导致单位资产流失、项目建设质量难以保证，重则可能造成工程安全事故，其中往往隐藏巨大的刑事犯罪法律风险。

在建设工程领域中，政府或国企多以招标发包的方式确定承包人。招标人通过投标、评标、定标等一系列环节，科学评估和筛选符合条件的投标竞争者，择优选取。但在实际操作中，由于部分从业人员怀着侥幸心理，在招投标过程中利用法律法规漏洞，从事违法犯罪行为，其中最为泛滥的行为即串通招投标行为。当串通投标人违反行政法规强制性规定时，会使合同因此无效，此时需要向合同相对人承担赔偿其经济损失的民事责任，与此同时，相关行政机关也会对其采取罚款、没收违法所得、取消招投标资格以及吊销营业执照等行政处罚措施，当损害招投标人、他人、集体及国家利益并造成了一定数额的经济损失，或者达到了一定的中标金额、违法所得的情况下，还需承担刑事责任。所以，关于串通投标罪，通常会有以下几个方面的问题需要注意：

（一）主体的认定问题

根据《刑法》第 223 条和第 231 条的规定，此处的投标人既可以是自然人，也可以是单位。《招标投标法》第 8 条和第 25 条进一步规定了“招标人”和“投标人”的概念，具体而言：招标人是提出招标项目、进行招标的法人或者其他组织，投标人是响应招标、参加投标竞争的法人或者其他组织，依法招标的科研项目允许个人参加投标的，投标的个人适用法律有关投标人的规定。但是，串通投标罪的主体不应局限于《招标投标法》的规定，而应在《刑法》自身体系内作实质性解释。串通投标罪的主体应理解为参与投标程序、实施串通投标行为的自然人和单位，即将招标人和投标人解释为主管、负责、参与招标投标事项的人。

另外，关于自然人犯罪与单位犯罪的问题。串通投标行为一般是通过具体经办者实施的,经办人的行为是单位行为还是个人行为,直接关系是单位犯罪还是个人犯罪。在司法实践中,大量的串通投标行为都是招标人、投标人的内部人员或挂靠人员私自所为。其行为不能代表招标人或者投标人,因此不能认定为单位犯罪,但可以以个人串通投标罪追究刑事责任。《刑法》中的招标人,应理解为招标参与人,不一定是指招标人整体。招标人、投标人多是单位,但单位又是自然人控制的。参与招标、投标活动的人员,既是单位的一员,也是一个自然人。这种双重身份决定了他在招标活动中的行为既可能是代表其单位的行为,也可能是其作为招标、投标参与人自己擅自实施的行为。当单位内部决策机构或决策者决定实施串通投标行为时,作为单位具体实施者的招标参与人的行为才能被认定为单位行为。在司法机关追究其犯罪时,应以单位犯罪追究其责任。如果不能确定招标参与人串通投标的行为是单位的决策,则该行为不能认定为单位行为和单位犯罪。构成犯罪的,只能以个人串通投标罪论处。例如,项目经理以施工企业的名义进行了串通投标的行为,如果该串通投标的行为不是单位内部决策,那么应当追究项目经理个人的刑事责任而不是认定为单位犯罪。如果是经单位决策的,那么应当追究单位的刑事责任。以上是界定单位犯罪和个人犯罪的标准。对于建筑企业和房地产企业来说,如果被指控构成串通投标罪的单位犯罪,但根据上述标准实际上应该被认定为对个人犯罪,企业的辩护人就应该为企业作无罪辩护,如此一来,企业就可以避免罚金的刑罚。

(二)“串通投标”行为的认定问题

串通投标主要有两种表现形式:第一种是投标者相互的串通投标,投标人间相互约定,一致抬高投标报价[1]或一致压低投标报价;或投标人之间约定,在类似项

〔1〕 所谓投标报价,是指投标者向招标者出示的愿意付出的价格。标价一般来说应当以招标者提出的工程量化表作为计算的基础,并考虑中标率、投标企业的未来效益、竞争人数、竞争者投标条件等因素,在投标总额预算中加入适当百分比的利润。

目中轮流以高价位或低价位中标。[1] 第二种是投标者与招标者串通投标，具体表现为招标者故意向串通投标者泄露标底或者启标，从而引导串通投标者中标，对招标者实行差别对待等。[2]

需要注意的是，串通投标在实践中的表现形式众多，但它们的"串通"本质是一样的。串通投标的行为使招标投标形同虚设，从而失去市场竞争性，侵害了社会主义市场经济的竞争秩序，这是串通投标行为的社会危害性之本质。把握这种本质，就能正确认定"串通投标"的行为，界定罪与非罪的问题，从而规避此种犯罪的风险。

（三）串通投标行为"情节严重"的认定问题

只有达到情节严重的才能构成本罪，如果情节不严重，即使实施了串通投标，损害招标人或者其他投标人利益的行为，也不能以犯罪论处。最高人民检察院、公安部《关于公安机关管辖的刑事案件立案追诉标准的规定（二）》第 68 条对于串通投标情节严重的具体情形予以列举，在下文讲述追诉标准时会有所论述。值得建筑施工企业注意的是，尽管实施了违规串通投标尚未构成犯罪，但是行政机关还是要予以行政处罚的。依照《招标投标法》第 53 条的规定，投标人相互串通投标或者

[1] 《招标投标法实施条例》第 39 条规定："禁止投标人相互串通投标。有下列情形之一的，属于投标人相互串通投标：（一）投标人之间协商投标报价等投标文件的实质性内容；（二）投标人之间约定中标人；（三）投标人之间约定部分投标人放弃投标或者中标；（四）属于同一集团、协会、商会等组织成员的投标人按照该组织要求协同投标；（五）投标人之间为谋取中标或者排斥特定投标人而采取的其他联合行动。"第 40 条规定："有下列情形之一的，视为投标人相互串通投标：（一）不同投标人的投标文件由同一单位或者个人编制；（二）不同投标人委托同一单位或者个人办理投标事宜；（三）不同投标人的投标文件载明的项目管理成员为同一人；（四）不同投标人的投标文件异常一致或者投标报价呈规律性差异；（五）不同投标人的投标文件相互混装；（六）不同投标人的投标保证金从同一单位或者个人的账户转出。"

[2] 《招标投标法实施条例》第 41 条规定："禁止招标人与投标人串通投标。有下列情形之一的，属于招标人与投标人串通投标：（一）招标人在开标前开启投标文件并将有关信息泄露给其他投标人；（二）招标人直接或者间接向投标人泄露标底、评标委员会成员等信息；（三）招标人明示或者暗示投标人压低或者抬高投标报价；（四）招标人授意投标人撤换、修改投标文件；（五）招标人明示或者暗示投标人为特定投标人中标提供方便；（六）招标人与投标人为谋求特定投标人中标而采取的其他串通行为。"

与招标人串通投标的，投标人以向招标人或者评标委员会成员行贿的手段谋取中标的，中标无效，处中标项目金额5‰以上10‰以下罚款，对单位直接负责的主管人员和其他直接责任人员处单位罚款数额5%以上10%以下的罚款；有违法所得的，并处没收违法所得；情节严重的，取消其1~2年内参加依法必须进行招标的项目的投标资格并予以公告，直至由工商行政管理机关吊销营业执照；构成犯罪的，依法追究刑事责任。给他人造成损失的，依法承担赔偿责任。

（四）围标是否构成串通投标罪

《招标投标法》第54条第1款规定："投标人以他人名义投标或者以其他方式弄虚作假，骗取中标的，中标无效，给招标人造成损失的，依法承担赔偿责任；构成犯罪的，依法追究刑事责任。"《招标投标法实施条例》第40条规定："有下列情形之一的，视为投标人相互串通投标：（一）不同投标人的投标文件由同一单位或者个人编制；（二）不同投标人委托同一单位或者个人办理投标事宜；（三）不同投标人的投标文件载明的项目管理成员为同一人；（四）不同投标人的投标文件异常一致或者投标报价呈规律性差异；（五）不同投标人的投标文件相互混装；（六）不同投标人的投标保证金从同一单位或者个人的账户转出。"

在司法实务中，一些地方通过相关司法文件将围标作为串通投标罪的表现形式，如福建省高级人民法院、检察院、公安厅2007年《办理串通投标犯罪案件有关问题座谈会纪要》第2条规定，采取挂靠、盗用等非法手段，以多个投标人名义进行围标的，按《刑法》第223条第1款串通投标罪的规定处罚。

【追诉标准】

根据最高人民检察院、公安部《关于公安机关管辖的刑事案件立案追诉标准的规定（二）》第68条的规定："投标人相互串通投标报价，或者投标人与招标人串通投标，涉嫌下列情形之一的，应予立案追诉：（一）损害招标人、投标人或者国家、集体、公民的合法利益，造成直接经济损失数额在五十万元以上的；（二）违法所得数额在二十万元以上的；（三）中标项目金额在四百万元以上的；（四）采取威胁、欺骗或者贿赂等非法手段的；（五）虽未达到上述数额标准，但二年内因串通投标受过二次以上行政处罚，又串通投标的；（六）其他情节严重的情形。"

【量刑范围】

1. 自然人犯本罪的，处 3 年以下有期徒刑或者拘役，并处或者单处罚金。

2. 单位犯本罪的，对单位判处罚金，对其直接负责的主管人员和其他直接责任人员依上述规定追究刑事责任。

三、实务操作

【对建筑施工企业的建议】

1. 建筑施工企业应当遵守法律、法规，在建筑领域应当公平竞争，禁止通过串通投标的方式获取工程项目。要具备刑事风险意识，加强内部合规机制的建设。

2. 建筑施工企业如果要作为投标人参与招投标的，应当在以下环节做好风险防范措施，保证招投标活动的合规化：

（1）招标前：招标人应至有关行政机关将所需审批手续办理齐全，严格依据概算标准，将招标数额控制在合理区间内。

（2）招标时：采用低价评标法，防止招、投标人串通哄抬标价，与此同时，事先与评标委员会协商降低入标标准和条件，从而达到限制评标委员会评标权的目的。

（3）拟订合同时：①签订合同内容应与招标、投标文件内容相一致，防止出现“阴阳合同”。例如，在履行合同过程中，建设工程项目范围需要进行重大调整和变动时，应在专业律师及相关从业人员的指导和帮助下签署补充协议或者备忘录，从而防范相应的法律风险。②招标人最好能在合同中约定，要求投标人从其公司基本账户中汇出履约保证金，从而避免出现债权主张障碍。③评标委员会应当严格审查有关从业人员劳动合同是否合规，社保缴纳凭证是否齐全，相关资质证书真伪。④招标人可以要求在履行合同过程中不得更换项目经理及核心技术成员，若中标人违反该合同义务，应赋予招标人相应的合同单方解除权，并要求中标人承担相应的违约责任。不过，鉴于建设工程施工合同的特殊性，对招标人行使合同单方解除权的条件及程序应作严格限制。

（4）制作招标文件和签订合同时，招标人可事先对建设工程中违法分包和转包情形设定严格的违约责任，或在合同条款中专门增加一条：进行工程总包时，将专业分包项目单独分立出来招标。另外，在监督工程质量方面，可在合同中事先约定监理单位的职责范围以及惩罚措施。

3. 建筑施工企业除了对于自己内部员工做好监督、管理，杜绝串通投标行为的发生以外，还应当加强对通过“挂靠”方式施工的项目经理犯罪风险的防范，尤其要避免被认定为串标的行为是通过公司决策而作出的，因为此种情况下施工企业将面临刑事处罚。

4. 建筑施工企业一旦发现有串通投标行为的，应当及时向公安机关报案，固定相关的证据，提供犯罪线索，避免因为其他人的犯罪行为给企业的生产经营造成不必要的损失。

【对项目经理的建议】

1. 项目经理应当增强刑事法律风险意识，了解招投标过程中存在的犯罪风险。

2. 项目经理应当合规经营，不做违法犯罪的事情，如果要投标，一定要审查自身是否具备相应的资质，也不要参与他人的陪标，共同营造公平竞争的招投标环境。

3. 项目经理应当自觉接受被挂靠企业的监督，不做对被挂靠企业不利的行为，尤其是在招投标过程中，不对外假借被挂靠企业的资质参与招投标，避免给被挂靠企业带来损失。

第三节　虚开发票罪

一、案例解析

【基本案情】

2006 年 10 月 18 日，侯某与王某歌合资成立被告单位周口中康通信技术有限公司（以下简称周口中康公司），由侯某担任法定代表人。2011 年 3 月 26 日，周口中康公司与内蒙古广播电视信息网络有限公司包头分公司（以下简称内蒙古广电包头分公司）签订呼包高速光缆改造安装合同。赵某被聘为该项目的项目经理，代表周口中康公司全权负责内蒙古广电包头分公司 G6 包头高速段光缆改造工程，全权处理此项目施工安全、协调、进度、质量、开票、回款等一切相关事务。以上授权有效期从 2011 年 3 月 1 日起至项目工程款付清为止。

2012 年 5 月,内蒙古广电包头分公司要给周口中康公司结算 50 万元的工程款,并要求其开具施工发票,因周口中康公司没有开具发票的资质,需由税务机关代开发票。赵某未到税务机关开具发票,而是向他人购买了金额为 50 万元的河南省地方税务局通用机打发票(票号为 00269×××)。2012 年 5 月 30 日,被告人赵某将此发票交给内蒙古广电包头分公司,用于结算工程款。

2013 年 3 月,因内蒙古广电包头分公司再次要求开具结算工程款发票,被告人赵某采取与上次相同的方式向他人购买了金额为 427,691.50 元的河南省地方税务局通用机打发票(票号为 00704×××)。2013 年 3 月 15 日,被告人赵某将此发票交给内蒙古广电包头分公司,用于结算工程款。

2015 年 9 月,内蒙古广电包头分公司在接受内蒙古审计厅审计时被发现上述两张发票系假发票而案发。经税务机关鉴定证明,涉案的两张发票均系伪造。案发后周口中康公司重新到税务机关为内蒙古广电包头分公司开具发票,并向税务机关缴纳了税款 71,937.57 元、滞纳金 22,558.9 元及罚款 50,968.79 元。

【争议焦点】

被告单位及被告人赵某的行为是否属于虚开发票罪规定的情形。

【各方观点】

公诉机关认为,被告单位及被告人的行为触犯了《刑法》第 205 条之一的规定,应当以虚开发票罪追究其刑事责任。

被告单位诉讼代表人杨某辩解称,公司与内蒙古广电包头分公司之间签订合法合同,开具发票时也是委托赵某拿着公司的手续去税务局办理正规发票的,赵某办理了虚假发票,公司和法定代表人侯某都是不知情的,所以公司的行为不构成犯罪。其辩护人的辩护意见是:(1)被告单位周口中康公司主观上没有虚开发票、偷逃税款的故意,客观上没有实施虚开发票的行为,不能认定其犯有虚开发票罪。(2)被告人赵某向他人购买发票的行为是其擅自以单位名义实施的行为,未经周口中康公司的决策者侯某批准、同意或者认可,所以此行为只能认定为自然人犯罪,不是单位犯罪,周口中康公司并未实施虚开发票的行为,不构成虚开发票罪。

被告人赵某对起诉书指控的犯罪事实及罪名无异议。其辩护人的辩护意见是:(1)典型的虚开发票的行为应该是开具与实际经营业务情况不符的发票,本案周口中康公司与内蒙古广电包头分公司之间真实存在光缆改造合同,并且该合同得到了实际的履行。因此,被告人赵某的行为不属于典型的"开具与实际经营业务情况不符的发票"的虚开行为。(2)被告人赵某没有偷逃税款的意思表示,也按照发票金额计算出来的税金支付了税款,但是因赵某缺乏税务常识被他人蒙骗,且广电包头分公司没有及时验证发票的真伪,最终导致购买了虚假发票。(3)被告人赵某因第一次开具发票通过了内蒙古广电包头分公司的核验,因而更加确信发票系真发票,所以又产生了开具第二次发票的事实,因此第二次开具发票的金额不应当计入虚开发票的数额。(4)被告人赵某系自首,且系初犯、偶犯,具有悔罪表现,其本人没有取得非法利益,主观恶性和社会危害性较小,犯罪情节较轻,可以免除处罚。

【法院判决】

法院认为,被告人赵某违反我国税收法律制度,将他人虚开伪造的发票用于结算工程款,客观上造成了国家税款的流失,其行为已构成虚开发票罪,公诉机关指控的罪名成立。被告人赵某案发后主动到公安机关投案并如实供述向他人购买发票的犯罪事实,系自首,可以从轻处罚。其辩护人关于被告人赵某构成自首的辩护意见符合事实及法律规定,法院予以采纳;其他辩护意见,无事实和法律依据,不予采纳。关于公诉机关指控周口中康公司构成虚开发票罪,经查,周口中康公司为侯某与王某歌(侯某妻子)共同出资成立,侯某是公司的法定代表人及实际经营者,王某歌不参与公司的经营。因公诉机关对侯某是否明知或指使赵某开具假发票的犯罪事实作出存疑不起诉决定,再结合本案现有证据材料来看,被告人赵某的供述及侯某的证言均证实,侯某曾两次支付税款并要求赵某去税务机关开具发票,赵某向他人虚开伪造发票的行为是其个人行为,且公诉机关没有提交侯某作为公司法定代表人决定或授权他人决定,同意赵某向他人虚开发票的相关证据。而单位犯罪的特征是,单位的决策机构按照单位的决策程序决定,由直接负责人员实施,为本单位谋取非法利益。被告人赵某实施的犯罪并非周口中康公司唯一的实际负责人侯某决定,且其主观上是否为单位谋取利益存疑,被告人赵某的行为应属于自然人犯罪,故公诉机关指控周口中康公司构成单位犯罪的证据不足,罪名不能成立。判决结果如下:(1)被告人赵某犯虚开发票罪,判处有期徒刑 8 个月,并处罚金人民币 2 万元。(2)被告单位周口中康通信有限公司无罪。

【案例点评】

本案的争议点有两个:第一,被告人赵某的行为能否评价为虚开发票罪;第二,被告单位周口中康通信有限公司是否成立虚开发票罪。

首先,2011 年 3 月 26 日,周口中康公司与内蒙古广电包头分公司签订呼包高速光缆改造安装合同。赵某被聘为该项目的项目经理,代表周口中康公司全权负责内蒙古广电包头分公司 G6 包头高速段光缆改造工程,全权处理此项目施工安全、协调、进度、质量、开票、回款等一切相关事务。以上授权有效期从 2011 年 3 月 1 日起至项目工程款付清为止。因此,赵某是挂靠在周口中康公司的项目经理。

从赵某的行为来看,其先后两次从他人处购买了发票,用来向内蒙古广电包头分公司结算工程款,造成国家税收损失 7 万余元。其行为符合虚开发票罪中的"让他人为自己虚开"的情形,涉案虚开金额为 92 万余元,达到情节严重的标准,成立虚开发票罪。

其次,关于单位犯罪的问题,"一般来说,单位犯罪,是指公司、企业、事业单位、机关、团体为本单位谋取非法利益或者以单位名义为单位全体成员或多数成员谋取非法利益,由单位的决策机构按照单位的决策程序决定,由直接责任人员具体实施,且刑法明文规定单位应受刑罚处罚的犯罪"。[1] 所以,单位犯罪是单位的决策机构按照单位的决策程序决定,由直接责任人员具体实施的。需要说明的是,关于挂靠的情况,比如,甲个人挂靠乙单位时,即使甲以乙单位的名义实施犯罪行为,但如果该行为不是乙单位决策机构按照其单位的决策程序决定的,就不能认定为乙单位构成犯罪,也不能认定构成单位犯罪,只能认定为甲的行为属于自然人犯罪。本案就属于这样的情况,被告人赵某实施的犯罪并非周口中康公司唯一的实际负责人侯某决定,且其主观上是否为单位谋取利益存疑,被告人赵某的行为应属于自然人犯罪,故公诉机关指控周口中康公司构成单位犯罪的证据不足,不成立虚开发票罪。

---

〔1〕 张明楷:《刑法学》(第 5 版),法律出版社 2016 年版,第 135 页。

二、罪名解读

【罪名解析】

《刑法》第 205 条之一　【虚开发票罪】虚开本法第二百零五条规定以外的其他发票，情节严重的，处二年以下有期徒刑、拘役或者管制，并处罚金；情节特别严重的，处二年以上七年以下有期徒刑，并处罚金。

单位犯前款罪的，对单位判处罚金，并对其直接负责的主管人员和其他直接责任人员，依照前款的规定处罚。

虚开发票罪，是指为了牟取非法经济利益，违反国家发票管理规定，虚开增值税专用发票和用于骗取出口退税、抵扣税款发票以外的发票的行为，这是《刑法修正案（八）》新增的罪名。或者可以说，本罪是将开具普通发票的行为入刑。

从建筑企业的传统运营模式可以得知，建筑企业的挂靠、分包、转包行为因为存在“税控真空区”而很容易产生虚开发票的税务风险，而且很多虽然存在真实的材料采购交易但是仍然涉嫌虚开发票，因为供货主体与开票主体出现了“票货分离”的情形。比如，在挂靠的经济活动中，挂靠人基于降低成本的考虑，与供货方商定以不开具发票作为降低货物价格的条件，然后挂靠人又与第三方协商，由第三方以其名义向被挂靠方开具增值税专用发票，而被挂靠方基于未实际参与该工程材料的采购活动，或因缺乏税务风险管理意识和防控机制，未能及时发现潜在的税务风险，从而为企业埋下了一枚税务风险之“雷”。另外，销售方因未开具发票将可能涉嫌偷税，除了被补缴税款和加收滞纳金外，还将受到行政处罚，而建筑企业特别是大型建筑企业一旦受到行政处罚，在纳税信用等级、企业征信、建筑资质等方面都将受到严重影响。购买方因未取得发票则缺少可抵扣的增值税进项税，也因为缺少企业所得税的扣除凭证而大大增加企业税负。而当购买方发现“缺票”时，则会想尽办法“弄票”“买票”，最后不仅产生偷税的税务风险，还将产生虚开发票的法律后果，这是典型的因“短视行为”而产生“因小失大”的法律后果。因此，建筑施工企业应当从以下几个方面来理解虚开发票罪：

（一）关于虚开发票行为的认定问题

虚开发票罪的客观方面表现为，虚开增值税专用发票和用于骗取出口退税、抵扣税款发票以外的发票，情节严重的行为。虚开发票罪中的“虚开”应当与虚开增值税专用发票罪中的“虚开”作同一理解，目的都是偷逃税款。因此，主要表现为以下几种情形：

一是为他人虚开。行为人在没有销售商品或者没有提供服务的情况下，为他人开具发票；或者是行为人虽然销售了商品或者提供了服务的情况下，但为他人开具交易内容或交易数量、金额不实的发票。在这种情况下，行为人都是使用合法持有的发票为他人虚开，这是虚开发票的主要形式。

二是为自己虚开。行为人在没有商品交易或者是提供或接受服务的情况下，为自己开具发票。由于增值税专用发票和其他用于骗取出口退税、抵扣税款的发票可以用来骗取出口退税或者抵扣进项税款，为自己虚开增值税专用发票和用于骗取出口退税、抵扣税款发票罪的情况也较为常见。而普通发票并没有这种可以用于牟利的骗取出口退税和抵扣税款的功能，因此，在虚开发票罪中，为自己虚开发票的情况并不多见。但即使出于其他目的为自己虚开发票难以达到抵扣税款以牟利的目的，也违反了发票管理制度中关于如实开具发票的规定，情节严重的，亦构成虚开发票罪。

三是让他人为自己虚开。主要包括两种情况：一是行为人为了实现自己侵占或贪污资金、套取财政资金等不法目的，通过支付“手续费”等形式要求他人为自己虚开发票。二是行为人销售商品或提供服务，让他人为自己虚开发票给商品购买者或接受服务者。这种做法往往是行为人没有开具发票的资格，或者是利用不同行业的税率差异来偷逃税款。

四是介绍他人虚开。其是指在合法拥有发票的单位或者个人与要求虚开发票的单位或者个人之间沟通联系，牵线搭桥的行为。这种行为往往具有牟取“中介费”“佣金”等非法经济利益的目的。以上几种情形是本罪的主要客观构成要件，对于判断罪与非罪具有十分重要的意义。

以上是针对虚开发票的实施主体来划分的，还可以这样理解“虚开”：一是行为人在没有任何真实交易关系的情况下，凭空填开；二是行为人在有一定的交易情况下，填开发票时随意改变品名、虚增数量、价款等。[1]

（二）关于虚开发票“情节严重”和“情节特别严重”的认定问题

此前根据最高人民检察院、公安部《关于公安机关管辖的刑事案件立案追诉标准的规定（二）的补充规定》（已失效），涉嫌下列情形之一的，应予立案追诉：“（一）虚开发票一百份以上或者虚开金额累计在四十万元以上的；（二）虽未达到上述数额标准，但五年内因虚开发票行为受过行政处罚二次以上，又虚开发票的；（三）其他情节严重的情形。”

对于何为本罪中的“情节特别严重”，《刑法》条文和相关司法解释都没有具体的规定。但虚开增值税专用发票罪中“虚开的税款数额巨大”与“虚开的税款数额较大”的倍数比是5倍，我们可以用这个倍数乘以本罪的入罪金额标准40万元，估算出本罪的“情节特别严重”应该为：虚开发票500份以上或者虚开金额累计在200万元以上，以此作为一种参考。

（三）关于“挂靠”形式中虚开发票行为性质的认定问题

根据最高人民法院研究室《〈关于如何认定以“挂靠”有关公司名义实施经营活动并让有关公司为自己虚开增值税专用发票行为的性质〉征求意见的复函》，挂靠方以挂靠形式向受票方实际销售货物，被挂靠方向受票方开具增值税专用发票的，不属于《刑法》第205条规定的“虚开增值税专用发票”。行为人利用他人的名义从事经营活动，并以他人名义开具增值税专用发票的，即便行为人与该他人之间不存在挂靠关系，但如行为人进行了实际的经营活动，主观上并无骗取抵扣税款的

[1] 虚开发票的方式一般表现为：（1）克隆涂改法。犯罪嫌疑人利用金税工程认证系统不识别汉字，只进行税号密码比对的漏洞，采用技术手段将真实发票的密码区予以有效地保留，通过克隆涂改等方式用虚假信息替换原信息（如更改抵扣企业名称及货物品名），以顺利通过增值税防伪税控系统的认证，最终实现偷逃税款的目的。（2）洗票变造法。犯罪嫌疑人通过购买小额商品取得发票，交由他人洗票变成空白的发票，再虚开、出售给他人，以达到非法获利的目的。（3）真票实开法。根据用票企业的用票需求，犯罪嫌疑人利用自己的一系列加工企业或者废旧物品回收企业直接从税务部门领取真实发票进行虚开，此类方法通常伴有伪造的虚假交易和资金空转等犯罪伎俩。详见张军主编：《刑法分则及配套规定新释新解》（第9版），人民法院出版社2016年版，第769页。

故意,客观上也未造成国家增值税款损失的,不宜认定为《刑法》第205条规定的“虚开增值税专用发票”;符合逃税罪等其他犯罪构成条件的,可以其他犯罪论处。同理,虚开发票罪(虚开增值税专用发票和用于骗取出口退税、抵扣税款发票以外的发票)的情况下也可以参考此规定。

(四)关于虚开发票的犯罪目的问题

与虚开增值税专用发票罪一样,笔者认为,虚开发票罪也属于目的犯。也就是说,构成虚开发票罪,不仅要求具有法定的虚开行为,并且在主观上要求有逃税的目的。因此,对于下列开具普通发票情形一般不宜认定为“虚开发票”:(1)个人因发生实际业务而让开票人开具发票,个人没有逃税,也不知道开票人等其他相关方有逃税目的或者行为的;(2)个人没有发生实际业务,但本人系为逃税以外的目的而让开票人为自己虚开发票且未入账使用的;(3)其他不宜认定为“虚开发票”的情形。

(五)关于虚开发票罪的管辖

根据《公安机关办理刑事案件程序规定》第15条第1款的规定:“刑事案件由犯罪地的公安机关管辖。如果由犯罪嫌疑人居住地的公安机关管辖更为适宜的,可以由犯罪嫌疑人居住地的公安机关管辖。”所谓犯罪地,是指犯罪行为发生地和犯罪结果发生地。那么,如何对虚开发票罪案件的管辖进行划分?需要根据不同的情况来定,在虚开发票罪案件当中,有些案件可能只涉及单个虚开行为,即只是为他人虚开,或为自己虚开,或让他人为自己虚开,或介绍他人虚开;有些案件可能存在多个虚开行为交织在一起,如行为人既为他人虚开,也让他人为自己虚开等;有些案件可能涉及自然人。

1. 单个虚开行为的管辖。在只有单个虚开行为的虚开发票罪案件中,一般由涉案企业进行税务登记的税务登记机关所在地的县级以上公安机关管辖。所谓税务登记机关所在地,是指从事生产、经营的纳税人申报办理税务登记的税务机关所在地。例如,在为他人虚开案件中,由开票企业税务登记机关所在地县级以上公安机关管辖;在为自己虚开案件、让他人为自己虚开案件中,由受票企业税务登记机关所在地县级以上公安机关管辖;在介绍他人虚开案件中,介绍人不存在向税务机关申报办理税务登记的情况，因此，可以与为他人虚开、让他人为自己虚开案件并案处理。

2. 多个虚开行为的管辖。在存在多个虚开行为的案件当中，为他人虚开、为自己虚开、让他人为自己虚开、介绍他人虚开等几种情况交织在一起，而且各个情况的企业税务登记机关所在地都是不同的地方，这样就导致了多个公安机关对案件都有管辖权的情况。根据《公安机关办理刑事案件程序规定》第 21 条第 1 款的规定：“几个公安机关都有权管辖的刑事案件，由最初受理的公安机关管辖。必要时，可以由主要犯罪地的公安机关管辖。”该规定第 22 条第 1 款、第 2 款规定：“对管辖不明确或者有争议的刑事案件，可以由有关公安协商。协商不成的，由共同的上级公安机关指定管辖。对情况特殊的刑事案件，可以由共同的上级公安机关指定管辖。”因此，在存在多个虚开行为的虚开发票罪案件中，如果几个公安机关都有权管辖的，由最初受理虚开案件的公安机关管辖，必要时，可以由票源集中地或者虚开行为集中企业的税务登记机关所在地县级以上公安机关管辖。

3. 自然人涉嫌虚开的管辖。在现实经营当中，存在很多自然人与公司、企业进行货物、劳务交易，并被要求开具发票给公司、企业的情况，但是自然人是无法开具发票的。为此，只有让其他公司、企业为其开具发票，然后再交由与之交易的公司、企业。这种情况也是建筑施工领域非常常见的。在这种情况下，因为自然人不存在向税务机关办理税务登记的情况，所以不存在税务登记机关所在地。那么，对于自然人涉嫌虚开发票罪的案件当中，应由虚开地县级以上公安机关管辖。如果几个公安机关都有权管辖的，由最初受理的公安机关管辖；必要时，也可以由主要犯罪地县级以上公安机关管辖。

【此罪与彼罪】

1. 虚开发票罪与逃税罪的界限

逃税罪，是指纳税人采取欺骗、隐瞒手段进行虚假纳税申报或者不申报，逃避缴纳税款数额较大，并且占应纳税额 10% 以上，扣缴义务人采取欺骗、隐瞒等手段，不缴或者少缴已扣已收税款，数额较大或者因逃税受到两次行政处罚又逃税的行为。虚开发票罪与逃税罪有以下区别：

第一，客体不同。虚开发票罪侵犯的客体为复杂客体，即国家的税收征收管理制度和发票管理制度；而逃税罪侵犯的客体为简单客体，即国家的税收征收管理制度。

第二,客观方面不同。虚开发票罪的客观方面表现可以分为四种情形:一是为他人虚开;二是为自己虚开;三是让他人为自己虚开;四是介绍他人虚开。逃税罪的客观方面表现为行为人采取欺骗、隐瞒手段进行虚假纳税申报或者不申报,或者不缴、少缴已扣、已收税款,逃避缴纳税款数额达到法定标准的行为。具体表现为:伪造、变造、隐匿、擅自销毁账簿、记账凭证,在账簿上多列支出或者不列、少列收入。

第三,主体不同。虚开发票罪的主体为一般主体,既可以是自然人,也可以是单位;逃税罪的主体为复杂主体,只有纳税人和扣缴义务方可成为该罪的主体。

2. 虚开发票罪与骗取出口退税罪的界限

骗取出口退税罪,是指故意违反税收法规,采取以假报出口等欺骗手段,骗取国家出口退税款,数额较大的行为。虚开发票罪中的"虚开"具有欺骗的意思,与骗取出口退税罪的行为性质具有相似之处,但两者有以下区别:

第一,客体不同。虚开发票罪与骗取出口退税罪虽然都侵犯了国家的税收管理制度,但虚开发票罪还侵害了发票管理制度,而骗取出口退税罪主要侵害了国家的出口退税管理制度。

第二,客观方面不同。虚开发票罪的客观方面主要表现为为他人虚开、为自己虚开、让他人为自己虚开、介绍他人虚开等行为;而骗取出口退税罪在客观方面表现为以伪造或者签订虚假的买卖合同,伪造、变造或者通过其他非法手段取得出口货物报关单、出口收汇核销单、出口货物专用缴款书等有关出口退税单据、凭证,虚开、伪造、非法购买增值税专用发票或者其他可以用于出口退税的发票等假报出口的方式骗取出口退税款的行为。

第三,犯罪目的不同。虚开发票罪的行为人虚开发票的目的是赚取手续费、开票费,或者为了少报收入从而少缴纳或者不缴纳税款;而骗取出口退税罪的目的是骗取国家的出口退税款。

3. 虚开发票罪与虚开增值税专用发票、用于骗取出口退税、抵扣税款发票罪的界限

虚开增值税专用发票、用于骗取出口退税、抵扣税款发票罪,是指行为人违反国家税收征收管理法律法规,为他人虚开、为自己虚开、让他人为自己虚开、介绍他人虚开增值税专用发票、用于骗取出口退税、抵扣税款发票的行为。虚开发票罪与

虚开增值税专用发票、用于骗取出口退税、抵扣税款发票罪在构成要件上都存在相同或者相似之处,客观方面都表现为虚开,主体都是一般主体。但两者存在明显的区别,即犯罪对象不同,虚开发票罪的犯罪对象为普通发票,即除增值税专用发票和用于骗取出口退税、抵扣税款的发票以外的其他发票。

【追诉标准】

此前根据最高人民检察院、公安部《关于公安机关管辖的刑事案件立案追诉标准的规定(二)的补充规定》(已失效)的规定,“刑法第二百零五条规定以外的其他发票,涉嫌下列情形之一的,应予立案追诉:(一)虚开发票一百份以上或者虚开金额累计在四十万元以上的;(二)虽未达到上述数额标准,但五年内因虚开发票行为受过行政处罚二次以上,又虚开发票的;(三)其他情节严重的情形”。

此外,《发票管理办法》关于虚开发票的罚则做了规定。其第 37 条规定:“违反本办法第二十二条第二款的规定虚开发票的,由税务机关没收违法所得;虚开金额在 1 万元以下的,可以并处 5 万元以下的罚款;虚开金额超过 1 万元的,并处 5 万元以上 50 万元以下的罚款;构成犯罪的,依法追究刑事责任。非法代开发票的,依照前款规定处罚。”第 38 条规定:“私自印制、伪造、变造发票,非法制造发票防伪专用品,伪造发票监制章的,由税务机关没收违法所得,没收、销毁作案工具和非法物品,并处 1 万元以上 5 万元以下的罚款;情节严重的,并处 5 万元以上 50 万元以下的罚款;对印制发票的企业,可以并处吊销发票准印证;构成犯罪的,依法追究刑事责任。前款规定的处罚,《中华人民共和国税收征收管理法》有规定的,依照其规定执行。”

【量刑范围】

1. 犯本罪情节严重的,处 2 年以下有期徒刑、拘役或者管制,并处罚金;

2. 情节特别严重的,处 2 年以上 7 年下有期徒刑,并处罚金。

单位犯本罪的,对单位判处罚金,并对其直接负责的主管人员和其他直接责任人员,依照自然人犯罪的规定处罚。

三、实务操作

【对建筑施工企业的建议】

1. 建筑施工企业应当做到“四流一致”,即货物流、资金流、发票流、合同流一致。不符合“四流一致”的发票未必是虚开发票，但符合“四流一致”的发票肯定不是虚开发票。在容易发生虚开发票税务风险的挂靠活动中，如果能做到“四流一致”，那对于被挂靠方基本可以大大降低虚开发票的税务风险。

2. 建筑施工企业应建立健全内部发票管理制度，而发票制度的制定应结合“四流一致”的标准。对于建筑业的企业而言，通过建立健全和严格执行企业内部的发票管理制度，绝大多数的交易活动是可以做到“四流一致”的。当然，对于部分无法做到“四流一致”的交易活动，建筑企业则可以将其他配套制度如发票管理规则、发票来源承诺书等作为被挂靠方降低税务风险的保障。

3. 建筑施工企业应当明白，从法律后果的角度来看，虚开发票是所有税务违法行为中法律后果最严重的税务违法行为之一，按照建筑业的传统运作模式，虚开发票是最高发的税务风险之一。所以，虚开发票是建筑施工企业需要防范的头号税务风险。因此，需要深入了解虚开发票的相关法律知识，建立健全企业内部的发票管理制度，避免因为“无知”或者“无畏”而掉入虚开发票的大陷阱。

【对项目经理的建议】

1. 强化内控，建章立制。对发票风险高发行业，企业内部需要建立发票风险防范机制，涉票风险防范不能仅靠财务部门，需要业务部门等全部加强内控，只有从源头上把控，才能远离风险。

2. 合法筹划，拒绝买票行为。项目经理需要增强风险意识，不能为了降低税负，而去找票或买票，尤其是不能通过网络或马路小广告购买虚开的发票，通过上述手段取得的发票一般情况为暴力虚开的发票，风险极高，不但会被要求补税，也面临虚开发票的刑事责任风险。对于购进的所谓“富余票”，在现在的大数据分析下很容易被税务机关发现卖票方隐匿收入，货流、发票流、资金流不符的情况，买票过程中的资金回流情况也很容易被查出。

3. 调查中积极应对。一旦被税务机关或公安机关认为涉嫌虚开发票应积极应对，主要是规范、准确、完整地提供相关资料，真实、详细地陈述事实。如果是因为上游发票不合规，需要利用各种途径积极向实际销货方追偿或重新取得符合规定的发票。

4. 寻求专业人士帮助。虚开发票、异常凭证的认定非常复杂，一旦定性后果往往难以承受，因此，存在发票风险的企业，尤其是发票风险常发行业一定要重视风险的防控。如果一旦触发风险，不要盲目应对，更不能以非法手段应对，而要寻求专业税务律师的帮助依法进行合规应对。

第四节　工程重大安全事故罪

一、案例解析

【基本案情】

东吴国际广场二标段（龙鼎）项目由浙江八达建设集团有限公司承建，被告人陈某系项目负责人、被告人沈某某系安全组组长、被告人袁某某系架子工班组实际负责人。2012年6月16日7时许，马某、肖某某、殷某某及沈某四人在该项目工地开始进行幕墙安装的脚手片铺设工作，至8时许，幕墙安装的脚手片铺设工作结束后，被告人袁某某安排马某、肖某某、殷某某及沈某四人拆除电梯井道内水平防护架。8时30分许，4人在未携带高空作业防护工具的情况下先到14层电梯井道，发现该部位水平防护架不牢固，便转换到12层消防电梯井道。9时许，上述四人进入消防电梯井道内的水平防护架开始清理垃圾，为下一步拆除水平防护架做准备。9时30分许，沈某走出井道喝水，离开数秒后，井道内水平防护架发生局部坍塌，马某、肖某某、殷某某三人随即坠落至井道地下二层，两人当场死亡、一人经医院抢救无效后死亡。事发后，经查证，造成事故的直接原因主要为：(1)该项目架子工班组实际负责人、被告人袁某某在未实地查看施工现场，未交待安全事项，未提供安全带、安全绳等个人防护用具的情况下，安排无特种作业资格人员作业；(2)事发电梯井道内所采取的安全防护措施不符合《安全施工组织设计》方案要求，但项目负责人被告人陈某、项目安全组组长被告人沈某某通过了电梯井道内水平防护架的验收并投入使用。该水平防护架纵向受力钢管只有两根，间距过大，导致防护架承受力达不到设计要求。且建筑垃圾堆积过多，没有得到及时清理，致使纵向受力钢管因压力过大而弯曲变形，存在重大安全隐患。

另查明，案发后，大东吴集团建设有限公司已与三名被害人家属达成调解协议且已根据调解协议对三名被害人家属作出赔偿。

【争议焦点】

本案的定性是自然人犯罪还是单位犯罪，被告人袁某某等三人是构成工程重大安全事故罪还是重大责任事故罪。

【各方观点】

公诉机关认为，施工单位八达建设集团有限公司违反国家规定，降低工程质量标准，造成重大安全事故，被告人袁某某、陈某、沈某某系直接负责人，其行为已构成工程重大安全事故罪。

被告人袁某某对起诉书指控的犯罪事实无异议，辩称自己的罪名不应构成工程重大安全事故罪。被告人袁某某的辩护人辩称：(1)被告人袁某某不符合工程重大安全事故罪的主体要件，不构成重大安全事故罪；(2)被告人袁某某系初犯、偶犯；(3)被告人袁某某自愿认罪，请求对其从轻处罚。

被告人陈某对起诉书指控的犯罪事实无异议，希望法院考虑罪名。被告人陈某的辩护人辩称：(1)被告人陈某的行为不符合工程重大安全事故罪的客体、主体及客观方面要件，不构成工程重大安全事故罪；(2)被告人陈某具有自首、自愿认罪、对事故造成责任较小、初犯、偶犯、被害人已获得赔偿等情节，请求对其减轻处罚并适用缓刑。

被告人沈某某对起诉书指控的犯罪事实无异议。被告人沈某某的辩护人辩称：(1)被告人沈某某不构成工程重大安全事故罪；(2)被告人沈某某具有自首情节，且系过失犯罪，被害人已经获得赔偿，请求对其减轻处罚并适用缓刑。

【法院判决】

被告人袁某某、陈某、沈某某在生产作业中违反有关安全管理规定，因而发生重大伤亡事故，其行为已构成重大责任事故罪，且情节特别恶劣。关于公诉机关指控施工单位八达建设集团有限公司违反国家规定，降低工程质量标准，造成重大安全事故，三被告系直接责任人，构成工程重大安全事故罪的意见，法院认为，本次事故虽发生在工程建设施工过程中，但并非施工单位违反国家规定，降低工程质量标准所致，而是三被告人在生产、作业中违反有关安全管理规定造成的，故三被告人的行为构成重大责任事故罪。公诉机关指控的犯罪事实成立，但指控的罪名不当，法院依法予以纠正。被告人袁某某、陈某、沈某某到案后能如实供述自己的犯罪事实，且能当庭认罪，依法可以从轻处罚。三被害人家属已获得赔偿，酌情对被告人袁某某、陈某、沈某某从轻处罚。关于被告人陈某、沈某某的辩护人辩称的二被告人构成自首的意见，与法律规定不符，法院不予采纳。关于被告人袁某某、陈某、沈某某的辩护人提出的三被告人不构成工程重大安全事故罪，能自愿认罪，是初犯、偶犯等请求从轻处罚的辩护意见，法院予以采纳。根据被告人袁某某、陈某、沈某某犯罪的事实，犯罪的性质、情节和对于社会的危害程度以及归案后的认罪态度、悔罪表现，依照《刑法》第 134 条第 1 款，第 67 条第 3 款，第 72 条第 1 款，第 73 条第 2 款、第 3 款之规定，判决如下：被告人袁某某犯重大责任事故罪，判处有期徒刑 3 年，缓刑 4 年；被告人陈某犯重大责任事故罪，判处有期徒刑 3 年，缓刑 3 年零 6 个月。被告人沈某某犯重大责任事故罪，判处有期徒刑 3 年，缓刑 3 年零 6 个月。

【案例点评】

本案的犯罪事实很简单，就是被告人袁某某安排马某、肖某某、殷某某及沈某四人拆除电梯井道内水平防护架，4 人在未携带高空作业防护工具的情况下施工操作，最终导致 3 人高空坠落身亡。要破解本案的定性，关键是看违反了什么国家规定。公诉机关指控施工单位八达建设集团有限公司违反国家规定，降低工程质量标准，造成重大安全事故，三被告系直接责任人，构成工程重大安全事故罪。工程重大安全事故罪在客观方面表现为违反国家规定，降低工程质量标准，造成重大安全事故的行为。重大责任事故罪则表现为不服从管理、违反规章制度或者强令工人违章冒险作业，因而发生重大伤亡事故或者造成其他严重后果的行为。但是，从本案的实际情况来看，造成三名施工人员死亡的原因在于三被告人在生产、作业中违反有关安全管理规定，因此，本案应当认定为重大责任事故罪，而非工程重大安全事故罪，法院改变定性是正确的。

二、罪名解读

【罪名解析】

《刑法》第 137 条 【工程重大安全事故罪】建设单位、设计单位、施工单位、工程监理单位违反国家规定，降低工程质量标准，造成重大安全事故的，对直接责任人员，处五年以下有期徒刑或者拘役，并处罚金；后果特别严重的，处五年以上十年以下有期徒刑，并处罚金。

工程重大安全事故罪，是指建设单位、设计单位、施工单位、工程监理单位违反国家规定，降低工程质量标准，造成重大安全事故的行为。

从备受关注的2016年“11·24丰城电厂施工平台倒塌事故”到2019年“10·10无锡高架桥侧翻事故”，每一次建设工程领域事故的教训都是惨痛的，热点舆情的发酵也都是以秒读数。通过查询中华人民共和国住房和城乡建设部官方网站也可以看出，建设工程领域内的重大责任事故发生频率也一直居高不下，造成的伤亡情况更是触目惊心。一直以来，大众对于建设工程领域法律问题的关注点多集中于民商事领域，正因如此，国家立法机关已就建设工程相关问题制定了多部民商事法律法规，最高人民法院及全国各地法院亦就审理建设工程施工纠纷案件出台了一系列司法解释、指导意见、通知等，相当于在实务中已经形成了一套较为成熟的办案指南。但长久以来，各地建设工程领域频频发生的重大责任事故严重威胁了人民群众的生命安全，让我们不得不注意建设工程领域同样也是刑事犯罪的高发地。然而，针对建设工程领域刑事法律风险之工程重大安全事故罪的理论研究以及实务审判均处于一种亟待完善的状态，基于此，就建设工程领域刑事法律风险之工程重大安全事故罪进行探讨也显得尤为必要。一般认定工程重大安全事故罪需要把握以下几个方面：

（一）对“直接责任人员”的理解

本罪的主体为特殊主体，处罚的只能是建设单位、设计单位、施工单位或工程监理单位中对建筑工程质量安全负有直接责任的人员。所谓建设单位，是指以营利为目的，从事房地产开发和经营的企业，或者是经国家有关部门审批，具有工程建设者的资格，能支付工程价款的其他单位。设计单位，是指专门承担勘察设计任务的勘察设计单位以及其他承担勘察设计任务的勘察设计单位。施工单位，是指从事土木建筑、线路管道、设备安装和建筑装饰装修等工程新建、扩建、改建活动的建筑业企业，包括工程施工总承包企业、施工承包企业。工程监理单位，是指对建筑工程专门进行监督管理，以保证质量、安全的单位。

本罪中的“直接责任人员”，是指建设单位、设计单位、施工单位、工程监理单位的直接责任人员。其他单位的人员，不能称为本罪中的“直接责任人员”。需要特别指出的是，由于建设、设计、施工、监理单位业务的特殊性，“直接责任人员”强调的是"责任"两个字。只要对重大安全事故负有责任,就应该追责。追责对象可以是与这些单位具有劳动关系的人员,如企业干部、正式工、合同工、临时工;也可以是与这些单位形成雇佣关系的人员,如施工单位雇用的班组长、工人等;还可以是与这些单位形成业务承包、转包、分包关系的单位人员或自然人。在本罪中,"直接责任人员"既可以隶属于依法设立的企业、事业单位,也可以隶属于没有依法设立的企业、事业单位或经济组织,人员不限于正式职工,也包括非正式职工等。只要是实际从事建设、设计、施工、监理业务的单位,不管是否依法成立,隶属于该单位的人员都可以成为本罪中的"直接责任人员"。

(二)"违反国家规定"的理解

本罪在客观方面表现为违反国家规定,降低工程质量标准,造成重大安全事故的行为。违反国家规定而造成严重后果,是这种犯罪行为的本质特征。所谓违反国家规定,是指违反国家有关建筑工程质量监督管理方面的法律、法规。建设单位的违规行为主要有两种情况:一是要求建筑设计单位或者施工企业压缩工程造价或增加建房的层数,从而降低工程质量;二是提供不合格的建筑材料、构配件和设备,强迫施工单位使用,从而造成工程质量下降。建筑设计单位的违规行为主要是不按质量标准进行设计。建筑施工单位的违规行为主要有三种情况:一是在施工中偷工减料,故意使用不合格的建筑材料、构配件和设备;二是不按设计图纸施工;三是不按施工技术标准施工。上述违规行为是造成建筑工程重大安全事故的根本原因。

违反国家规定与严重后果之间存在因果关系,即严重后果是由于违反国家规定的行为引起的。违反国家规定的行为与严重后果之间没有因果联系,则不构成本罪。但是,并不是任何违反与安全生产有关的国家规定的行为都构成犯罪,只有引起重大安全事故、造成严重后果、危害公共安全的行为,才构成犯罪。所谓重大安全事故,是指因工程质量下降导致建筑工程坍塌,致人重伤、死亡或造成重大经济损失的情况。这是构成本罪的重要条件。根据司法实践经验和有关规定,所谓重大伤亡事故,一般是指死亡1人以上,或者重伤3人以上。所谓严重后果,既包括重大人身伤亡,也包括重大的直接经济损失。直接经济损失的数额,一般掌握在50万元以上。直接经济损失虽不足上述规定的数额,但情节严重,使生产工作受到重大损失的，也应追究直接责任人员的刑事责任。

本罪的“国家规定”，是指工程质量方面的国家规定，还是工程安全生产方面的国家规定呢？从涉及工程行业的法律法规来看，笔者认为，违反国家规定首先应是违反《建筑法》。该法对建筑许可、工程发包承包、监理、建筑安全生产管理和建筑工程质量管理进行的概括性的规定，尤其是对安全生产管理和质量管理进行分章规定并相应规定了各自的法律责任，这说明违反安全生产管理规定造成重大安全事故和违反工程质量管理规定造成重大安全事故是有一定区别的。反观我国《刑法》第 137 条，其只规定降低工程质量标准的行为，而对降低安全标准的行为则没有规定，如此一来，建设单位降低安全防护标准、设计单位降低工程安全性能的设计、施工单位降低安全条件作业导致重大安全事故的行为如何定性的问题就没有了《刑法》依据。因为，降低工程质量标准无论如何扩大解释，也是不能涵盖安全标准的规定的。司法实践中，出现类似案件后，一般按重大责任事故罪处理，但是后者是自然人犯罪，这就出现了矛盾。这也从另一个方面证明了本罪排除自然人主体的不协调性。

（三）严重偷工减料、降低工程质量标准行为的定性处理

在工程建设领域，偷工减料的现象非常普遍，工程建设的质量成为一个令广大民众担忧的社会问题。因严重偷工减料，降低工程质量标准，重大安全事故案件时有发生。由于《刑法》专门规定了工程重大安全事故罪，对这类案件按此罪定罪处罚不成问题。但是，对严重偷工减料行为尚未造成严重后果的，则由于《刑法》未设专门的处罚规定，究竟如何处理，就成为一个难题。目前，理论界和实务界有几种不同意见，有的主张不能定罪处罚，有的主张按以危险方法危害公共安全罪定罪处罚，还有的主张按生产、销售伪劣产品罪定罪处罚。

笔者认为，工程建设单位违反国家规定，严重偷工减料，降低工程质量标准，造成重大安全事故的，对直接责任人员，应按工程重大安全事故罪定罪处罚。尚未造成严重后果，但建筑的对象是要作为商品销售，并会严重危害消费者利益的，可按生产、销售伪劣产品罪定罪处罚。主要是基于以下几方面的考虑：

其一，这类行为有严重的社会危害性，并且由于其生产的对象是特殊的商品，在生产过程中严重偷工减料，必定会使建筑（生产）之商品的质量大幅下降，并且会

埋下严重损害消费者利益的隐患，自然是有必要当犯罪来处罚的。

其二，将这类行为按以危险方法危害公共安全罪定罪处罚，不具有合理性。因为以危险方法危害公共安全罪的“危险方法”必须是与放火、决水、爆炸等具有相似性的方法，即一经实施就会造成多人死伤或广泛的财产损失，但即便是严重偷工减料的行为，也与此类行为有较大差异。更为重要的是，行为人对其行为会造成多人死伤或广泛的财产损失，必须抱有故意心态才能构成此罪。而在工程建设过程中实施偷工减料行为者，大多以为不会造成严重后果，即不具有以危险方法危害公共安全的犯罪故意，因而不可能构成此罪。

其三，如果工程建筑（生产）的对象是商品（如商品房），严重偷工减料、降低工程质量标准，尚未造成严重后果的，无疑可以视为《刑法》第 140 条规定的生产、销售伪劣产品罪中的“以次充好或者以不合格产品冒充合格产品”的情形。至于说《产品质量法》第 2 条第 3 款明确指出“建设工程不适用本法规定”，只是表明《产品质量法》中的“产品”不包含建筑工程，并不意味着建筑（生产）出来的商品（如房屋）的质量不受法律保护，只不过是要通过其他的法律（如建筑法）来规定。也就是说，不能将建筑（生产）出来的房屋之类的商品排除在生产、销售伪劣产品罪的对象范围之外。

应当注意的是，严重偷工减料，降低工程质量标准，造成重大安全事故的，构成工程重大安全事故罪，此罪属于过失犯罪，加重犯的最高法定刑也只有 10 年有期徒刑；而生产、销售伪劣产品罪的法定刑最高可以到无期徒刑。如果对严重偷工减料，降低质量标准，尚未造成严重后果的，按生产、销售伪劣产品罪定罪处罚，处刑就会明显重于前者。这意味着，对同样的行为，造成了严重后果的比尚未造成严重后果的处罚反而轻得多，这当然不具有合理性。另外，如果工程建筑的对象不是用来销售的商品，而是道路、桥梁、隧道等国家的基础设施，那就不能构成生产、销售伪劣产品罪。因为此罪的对象仅限于商品，而这些国家的基础设施并非商品。但建筑质量低劣的道路、桥梁、隧道，其危害性并不亚于建筑质量低劣的商品房，对二者应该同样对待。加上严重偷工减料、降低工程质量标准，即建筑（生产）伪劣工程产品的行为，同一般的生产、销售伪劣产品的行为相比，具有较大的特殊性，因此，有必要单设罪名，即单独设立降低工程质量标准罪。对因严重偷工减料等导致工程质量标准降低，尚未造成严重后果的，设处罚规定，同时，对造成严重后果的，规定更重的法定刑。这也是从根本上解决上述难以定罪及处罚不均衡问题的较好途径。

（四）本罪的管辖

依据《刑事诉讼法》第 25 条，犯罪行为地、犯罪结果地（建设单位、设计单位、施工单位、工程监理单位住所地）的人民法院均享有管辖权。

【此罪与彼罪】

工程重大安全事故罪与重大责任事故罪都是过失犯罪，都以法定的严重后果作为构成犯罪的必备条件，但两者具有明显区别。

第一，犯罪主体不同。工程重大安全事故罪的犯罪主体是建设单位、设计单位、施工单位、工程监理单位，属于单位犯罪。重大责任事故罪的主体是工厂、矿山、林场、建筑企业或者其他企业、事业单位的职工，属于自然人犯罪。

第二，客观方面的表现不同。工程重大安全事故罪在客观方面表现为，违反国家规定，降低工程质量标准，造成重大安全事故的行为。重大责任事故罪则表现为，不服从管理、违反规章制度或者强令工人违章冒险作业，因而发生重大伤亡事故或者造成其他严重后果的行为。

【追诉标准】

根据最高人民检察院、公安部《关于公安机关管辖的刑事案件立案追诉标准的规定（一）》第 13 条，“建设单位、设计单位、施工单位、工程监理单位违反国家规定，降低工程质量标准，涉嫌下列情形之一的，应予立案追诉：（一）造成死亡一人以上，或者重伤三人以上的；（二）造成直接经济损失五十万元以上的；（三）其他造成严重后果的情形……”

根据最高人民法院、最高人民检察院《关于办理危害生产安全刑事案件适用法律若干问题的解释》第 6 条第 3 款，实施《刑法》第 137 条规定的行为，因而发生安全事故，具有下列情形的，应当认定为造成重大安全事故：造成死亡一人以上，或者重伤三人以上的；造成直接经济损失 100 万元以上的；其他造成严重后果或者重大安全事故的情形。

【量刑范围】

根据最高人民法院、最高人民检察院《关于办理危害生产安全刑事案件适用法律若干问题的解释》的相关规定：

1. 实施《刑法》第 137 条规定的行为，因而发生安全事故，具有下列情形的，应当认定为“造成重大安全事故”，对直接责任人员，处 5 年以下有期徒刑或者拘役，并处罚金：(1)造成死亡 1 人以上，或者重伤 3 人以上的；(2)造成直接经济损失 100 万元以上的；(3)其他造成严重后果或者重大安全事故的情形。

2. 实施《刑法》第 137 条规定的行为，因而发生安全事故，具有下列情形的，对直接责任人员，处 5 年以上 10 年以下有期徒刑，并处罚金：(1)造成死亡 3 人以上或者重伤 10 人以上，负事故主要责任的；(2)造成直接经济损失 500 万元以上，负事故主要责任的；(3)其他造成特别严重后果、情节特别恶劣或者后果特别严重的情形。

3. 实施《刑法》第 137 条规定的犯罪行为，具有下列情形之一的，从重处罚：(1)未依法取得安全许可证件或者安全许可证件过期、被暂扣、吊销、注销后从事生产经营活动的；(2)关闭、破坏必要的安全监控和报警设备的；(3)已经发现事故隐患，经有关部门或者个人提出后，仍不采取措施的；(4)1 年内曾因危害生产安全违法犯罪活动受过行政处罚或者刑事处罚的；(5)采取弄虚作假、行贿等手段，故意逃避、阻挠负有安全监督管理职责的部门实施监督检查的；(6)安全事故发生后转移财产意图逃避承担责任的；(7)其他从重处罚的情形。

4. 实施《刑法》第 137 条规定的犯罪行为，在安全事故发生后积极组织、参与事故抢救，或者积极配合调查、主动赔偿损失的，可以酌情从轻处罚。

三、实务操作

【对建筑施工企业的建议】

生产安全是建筑施工企业赖以生存的基石，以下将结合建筑行业普遍存在的问题，就建筑施工企业安全生产和风险防控提出几点建议：

1. 为危险作业人员办理人身意外伤害险。建设单位为危险作业人员办理人身意外伤害险，既是其依法应当履行的一项强制性义务，同时对其而言也是一种合理有效的风险规避手段。尽管保险在一定程度上增加了企业的支出成本，但从另一个角度来说，保险的办理同样可以在安全事故发生时帮助建设单位实现损失最小化。

2. 做好安全质量管理。建设单位应当秉承“质量为本，安全为魂”的基本原则，建立一套完善的安全质量管理体系，规范施工、文明施工，既要保证项目工程的质量安全，又要确保劳动者的生命安全。除此之外，建设单位还应制订切实可行的质量安全监督方案，对施工项目进行定期以及不定期的检查，确保安全生产措施落实到位。

3. 落实安全教育培训。建设单位应当全面落实岗前培训全覆盖的政策要求，对新进工人以及待岗、换岗工人及时进行安全防护基本知识和技能、事故案例教育的培训，未经培训不得上岗。与此同时，建筑单位在动工前、动工中都应有明确、具体、有针对性的现场教育培训，切实提高企业人员的安全意识和安全技能，尤其是对一线作业人员安全生产意识的培训，应着重于使其掌握安全防护技能和应急处置措施。

4. 完善安全管理体制。基于施工现场工作量大、涉及面广等特点，建设单位应当根据自身的实际情况以及项目工程的进展状况，在实践中不断优化其安全管理体制。尤其是在对毗邻建筑物、构筑物、地下管线、现场围栏以及消防安全等管理工作方面，应当全面加强安全管理，包括但不限于建设单位相关负责人应定时对项目工程的安全施工内容进行指导和检查，以此督促工人安全生产并促进其安全生产意识的增强。

5. 推进施工现场标准化建设，提高建设单位风控能力。推进施工现场标准化建设，应做到企业负责人履职、管理机构人员配备、安全教育培训、风险管控和隐患排除等各项保障机制全部到位。其一，建设单位应注意检查现场各项安全生产规章制度和安全技术操作规程的建立和落实情况。其二，建设单位在编制、审核、审批并实施现场安全措施计划和各项安全专项施工方案时，方案内容应全面、计划措施要具体并有针对性、现场的实施运行需要与方案规定的内容相符合。其三，建设单位既需对现场的安全防护措施是否到位进行严密检查，从而排除安全隐患，也应确保现场投入使用的设施设备的安装、使用等均符合安全生产要求。其四，建设单位应定期评估和研究施工过程中可能存在的安全生产风险隐患，科学制订各类事故应急预案，完善应急救援装备物资、队伍，定期组织应急演练等。

【对项目经理的建议】

1. 从思想上重视安全生产。安全生产是企业的底线管理，是施工企业可持续发展的必要条件,安全生产的管控能力是企业的核心竞争力。安全事故发生,不仅让若干个家庭陷入不幸,也导致企业损失严重,甚至被禁标、停业或关闭。因此,安全生产必须从思想上重视。对于总包单位来说,不能觉得不在自己的承包范围之内就不管,不能觉得不是自己的签约队伍就不管,不能觉得业主的事情与自己无关就不管。施工单位应从思想上转变,重视安全生产,做好施工现场的安全生产管理工作。

2. 认识安全生产责任边界。施工单位是项目安全生产第一责任人,对于总包范围内的项目,全部负有安全保障责任。但在实践中,施工单位往往忽略业主指定分包工程的安全,认为与自身无关。这种认识是错误的,施工单位应清楚安全生产责任边界,做好总包范围内所有工程的安全防护工作。

3. 加强施工现场管控工作。在施工过程中,很可能存在不在总承包范围内但是需要进入施工现场施工的单位,如业主平行发包单位。对此,施工单位必须与业主、平行发包单位签订安全生产协议书,明确平行发包单位安全生产责任不在施工单位身上,否则,该单位不能进场施工。

4. 现场及时交接。对于长期停工项目,施工单位应与业主办理施工现场的移交手续,将现场的安全防护责任移交给业主。若业主不配合办理移交手续,那么施工单位一是要做到对施工现场的保护,禁止他人进入;二是要禁止业主另行委托的其他单位进场施工。

5. 厘清特殊设备的管理责任。首先,施工单位需要谨慎地审核建筑起重机械安装、拆卸单位的资质以及相关材料,以防因审核不严导致发生安全事故后承担责任。其次,若特种设备的使用单位为施工单位,那么施工单位应负责管理,发生安全事故后由施工单位承担相应责任。最后,特种设备的使用单位是业主指定分包单位或者业主平行发包单位,施工单位应做好审核工作,并与使用单位签订安全使用协议,明确施工单位不对因使用单位造成的安全事故负责。

6. 建立健全安全生产制度。施工单位应建立健全安全生产制度,包括总包安全交底制度、分包施工安全交底制度、工人安全教育制度、工人安全施工交底制度等一系列制度,并在施工现场配备安全员,负责项目安全生产的监督。在建立相关制度后,要严格落实,将安全生产放在第一位。

第五节　非国家工作人员受贿罪

一、案例解析

【基本案情】

2014年6月至9月，被告人蒋某、钱某担任圆迈公司造价工程师、报建员，负责公司工程核价、报建、验收等，两人利用职务便利，分别收受圆迈公司京东商城上海亚洲1号厂房项目工程承包方陶某某给予的好处费，其中蒋某收受10万元、钱某收受9万元。2015年3月19日，公安机关以被告人蒋某、钱某涉嫌侵占圆迈公司工程款对二人进行传唤。被告人钱某到案后，主动供述了其收受陶某某好处费的犯罪事实。被告人蒋某到案后拒不供认上述犯罪事实。

【争议焦点】

被告人蒋某、钱某是否构成非国家工作人员受贿罪。

【各方观点】

公诉机关认为，被告人蒋某、钱某身为公司人员，利用职务上的便利，非法收受他人财物，为他人谋取利益，数额较大，其行为均应以非国家工作人员受贿罪追究刑事责任。

被告人蒋某辩称，涉案工程的价格合情合理且经过公司审批，其没有决定权，依其职权范围不可能为他人谋取利益，不构成非国家工作人员受贿罪。

被告人钱某对其成立非国家工作人员受贿罪无异议。

【法院判决】

被告人蒋某犯非国家工作人员受贿罪，判处有期徒刑1年零4个月；被告人钱某犯非国家工作人员受贿罪，判处有期徒刑1年零2个月；向被告人蒋某追缴违法所得人民币10万元、向被告人钱某追缴违法所得人民币9万元，予以没收。

【案例点评】

公司、企业或者其他单位在法律、法规、政策以及公司、企业章程允许的范围内，以自己的劳动换取合理报酬的行为不同于受贿行为。例如，公司、企业人员在企业与市场的中介活动中，经国家有关主管部门批准或者本单位同意，从事正当的业务活动及技术、信息咨询服务为业主的生产发展解决各种技术难题，而获取合理的报酬是劳动所得，是一种合理的劳务报酬，不是受贿行为。本案中不存在这种情况，被告人蒋某辩称，涉案工程的价格合情合理且经过公司审批，其没有决定权，依其职权不可能为他人谋取利益。根据在案证据，2014 年 6 月至 9 月，被告人蒋某、钱某分别担任圆迈公司造价工程师、报建员，负责公司工程核价、报建、验收等事务。相关的证人证言显示，关于项目的工程造价，陶某某当时一共报了三次价，第一次 50 万元左右，后来工程发生变化报价变为 90 万元左右，最终报价为 160 万元左右。显然，两名被告人利用自己的职权，为他人谋取了不法经济利益，并且分别收受 10 万元、9 万元，从行为本质上看，符合权钱交易的本质。因此，法院的定罪量刑是合法合理的。

二、罪名解读

【罪名解析】

> 《刑法》第 163 条 【非国家工作人员受贿罪】公司、企业或者其他单位的工作人员，利用职务上的便利，索取他人财物或者非法收受他人财物，为他人谋取利益，数额较大的，处三年以下有期徒刑或者拘役，并处罚金；数额巨大或者有其他严重情节的，处三年以上十年以下有期徒刑，并处罚金；数额特别巨大或者有其他特别严重情节的，处十年以上有期徒刑或者无期徒刑，并处罚金。
>
> 公司、企业或者其他单位的工作人员在经济往来中，利用职务上的便利，违反国家规定，收受各种名义的回扣、手续费，归个人所有的，依照前款的规定处罚。
>
> 国有公司、企业或者其他国有单位中从事公务的人员和国有公司、企业或者其他国有单位委派到非国有公司、企业以及其他单位从事公务的人员有前两款行为的，依照本法第三百八十五条、第三百八十六条的规定定罪处罚。

非国家工作人员受贿罪，是指公司、企业或者其他单位的工作人员利用职务上的便利，索取他人财物或者非法收受他人财物，为他人谋取利益，数额较大的行为。非国家工作人员受贿罪原为公司、企业人员受贿罪，后最高人民法院、最高人民检察院《关于执行〈中华人民共和国刑法〉确定罪名的补充规定(三)》取消该罪，将其修改为非国家工作人员受贿罪；该罪是相对于国家工作人员受贿罪而设立的。

建设施工领域管理不规范的地方很多，存在腐败的风险，工程项目腐败现象的主体主要是项目经理部管理人员，违法违纪问题多发生在项目部掌管人财物大权的领导岗位。具体的表现有：

一是在工程分包选用上，个别领导人员利用手中的权力，把工程分包给自己的亲属和有特殊关系的劳务队伍，从中收受贿赂，或与“包工头”相互勾结，形成利益共同体，联手侵蚀企业利益。

二是个别项目管理人员在给劳务队伍验工计价时，采取多计工程量，多计工时、材料费等方式，从中收受贿赂。

三是个别领导人员和物资设备管理人员利用物资设备采购租赁权牟取私利，有的在材料采购中虚报冒领、套取公款，有的高价租赁外部机械捞取好处，有的在废旧物资处置时收取回扣。

这些行为严重扰乱了项目管理秩序，损害了企业的声誉，造成了企业效益的流失。因此，在理解非国家工作人员受贿罪的时候需要注意以下几个方面：

(一)“非国家工作人员”的主体资格

非国家工作人员受贿罪的犯罪主体是公司、企业或者其他单位的工作人员。这里所说的“公司、企业或者其他单位的工作人员”，包括国有公司、企业以及其他国有单位中的非国家工作人员，还包括公司、企业或者其他单位中的董事、监事、经理、会计及其他行政人员、业务人员和一般工作人员。《刑法修正案(六)》将本罪的主体扩大到公司、企业以外的其他单位的工作人员。在招投标的过程中，行为人与具有招投标资格的公司联系取得实际招标代理权，收受投标人财物或非财产性利益等贿赂，帮助投标人中标，因为从事代理业务、取得代理权的行为人不属于公司、企业或其他单位的工作人员，不具备上述主体身份，不构成非国家工作人员受贿罪。

在建设工程领域中，国有建筑公司、企业或者国有建筑公司、企业委派到非国有建筑公司、企业代表国有公司、企业行使监督、管理职责的人员属于国家工作人员。除此之外，不具有国有资产性质的建筑公司、企业的其他工作人员或者建筑公司、企业虽有国有资产成分,但其工作人员不具有对国有资产的监督管理职责,应认定为非国家工作人员。在建设工程领域,除建设行政主管部门具有国家公权力性质机关的工作人员外,建筑公司、预算单位、勘察设计单位、施工单位、工程监理单位、工程咨询公司等企业、事业单位的工作人员,以及评标委员会的委员和代理招标的公司、企业人员多为非国家工作人员,在接受需要谋取相应利益的人员给予的财物或相关财产性利益后,很容易构成非国家工作人员受贿罪。与贪污受贿罪有所不同,本罪侵犯的客体是国家对公司、企业的管理秩序。

(二)如何判定工作人员行为是否系从事公务

在建设工程领域刑事犯罪案件中,因为行为人经常既具有国家工作人员身份,同时又在非国有公司、企业或其他单位从事非公务性质的相应管理工作,所以常出现一审法院认定为受贿罪,二审法院改判为非国家工作人员受贿罪的情况,二罪名量刑差距较大,因此要进行罪轻辩护,主要应结合行为人在受贿的时间、受贿时的身份以及被认定为犯罪的行为是否属于公务,来确定当时是否具有国家工作人员身份,在行为时不属于从事公务、不具备国家工作人员身份的,不应认定为受贿罪,而应认定为非国家工作人员受贿罪。具体而言:

第一,从建设单位或施工单位的性质来说,公务主要表现为对公共事务具有相应监督管理职权,通过行使该项职权,可以达到监督、管理、保护国有资产,使国有资产效益提升的目的,通常公务与具有相应职权相联系。例如,国企施工单位中工程拆迁项目经理利用管理拆迁工程项目职权,收受贿赂,为被拆迁人提高拆迁补偿单价、虚报拆迁补偿金额,骗取国家拆迁补偿款,造成国家财产损失,该行为属于国家工作人员从事公务的行为,可能构成受贿罪。如果建设单位或施工单位没有任何国家资产,其经营活动只与工程项目投资人和职员有关,只涉及个人利益,则不能视为履行公共管理和服务职能,为非国家工作人员。

第二,从建设单位或施工单位中工作人员从事工作的性质看,“公务”与“劳务”相对,行为人只有在建设单位或施工单位中从事招标、评标、建筑材料采购、工程项目发包、工程质量监督等各个环节的组织、领导、主管工作时,具有并且行使其监督、管理、签字等职权,才能认定其从事公共事务。如果行为人从事的工作仅为劳务活动、技术性工作,如建设工程施工现场中的测量员、放线员、技术员和现场施工人员（俗称力工、瓦工、钢筋工等），根据工程项目管理者的指挥和任务分配，提供自己的劳力，其行为不具有职能性和管理性，属于劳务性质，不能认定为从事公务，从而不能认定为国家工作人员。

（三）对“职务便利”的理解

前文在论述职务侵占罪时已经对“职务便利”做了深入的分析，特别是分析了授权型的项目经理与非授权型的项目经理，在实施职务侵占罪时是否具有职务上的便利。

受贿人利用职务便利为行贿人谋取利益，前提是其对负责承办事项具有相应的主管职权，如在建设工程领域，发包方具有在招标时使投标方中标的权利，工程造价员有编制标底、预算和审核预算、结算的权利，工程监理单位有监督工程质量的权利。对于行为人本人主管、分管、负责的工程项目，从中收受回扣、手续费的，则构成非国家工作人员受贿罪。如果行为人的职务仅是在建设工程公司、企业中从事劳务、技术等具体事务性工作，听从项目负责人指挥，则不应认定为具有相应的职务。此种情况下，如果收受他人的钱款的话，可能涉嫌诈骗犯罪。但是，无论构成哪个罪名，只要非国家工作人员利用职务上的便利，索取他人财物或者非法收受他人财物，为他人谋取利益，数额较大的，都构成犯罪。

（四）本罪中“为他人谋取利益”的含义

“为他人谋取利益”包括承诺为他人谋取利益、实施为他人谋取利益的行为和他人利益的实现三个阶段。行为人只要具备其中一个阶段的行为，如发包方收受投标人财物，承诺使该投标人中标，或者收受工程项目负责人的贿赂，承诺帮助其通过工程质量检查，就具备了为他人谋取利益的要件。判断是否“为他人谋取利益”，受贿人在收取行贿人财物时是否具有“为其谋取利益的合意”尤为重要，可以从没有这种谋取利益的合意的角度加以辩护。但是，对于受贿人接受行贿人财物时是否有合意，需要形成完整的证据链加以证明，如果仅有行贿人的证言或者同案犯的供述或者其他人的证言，无法证明受贿人收受财物的行为事实。因此，证据辩护也是该类案件重要的辩护形式。本罪的“为他人谋取利益”除了为他人谋取不正当利益，也包括为他人谋取正当利益。

【此罪与彼罪】

非国家工作人员受贿罪与受贿罪在主观方面和客观方面均有犯罪故意及利用职务之便索取或者收受贿赂,为他人谋取利益。但两罪的区别体现在以下两个方面:

第一,侵犯的客体不同。非国家工作人员受贿罪侵犯的是公司、企业或者其他单位的正常管理活动和信誉,受贿罪侵犯的是国家的廉政建设制度。

第二,犯罪主体不同。非国家工作人员受贿罪的犯罪主体是公司、企业或者其他单位的工作人员,受贿罪的犯罪主体是国家工作人员。对于国有公司、企业或者其他单位中从事公务的人员,包括具有国家工作人员身份的人和没有国家工作人员身份的人,在国有公司、企业、事业单位、人民团体中从事公务的人员利用职务之便索贿、受贿,或者在经济往来中违反国家规定收受各种名义的回扣、手续费归个人所有,构成犯罪的,应以受贿罪论处。

【追诉标准】

根据最高人民法院、最高人民检察院《关于办理贪污贿赂刑事案件适用法律若干问题的解释》的规定,非国家工作人员受贿罪中的"数额较大""数额巨大"的数额起点,按照该解释关于受贿罪、贪污罪相对应的数额标准规定的 2 倍、5 倍执行。也就是说,非国家工作人员受贿罪,6 万元以上是数额较大,100 万元以上是数额巨大。

【量刑范围】

经《刑法修正案(十一)》对本罪的修正,犯非国家工作人员受贿罪,数额较大的,处 3 年以下有期徒刑或者拘役,并处罚金;数额巨大或者有其他严重情节的,处 3 年以上 10 年以下有期徒刑,并处罚金;数额特别巨大或者有其他特别严重情节的,处 10 年以上有期徒刑或者无期徒刑,并处罚金。

三、实务操作

【对建筑施工企业的建议】

1. 在建设工程领域中,非国家工作人员受贿罪属于高发犯罪案件,所以,做好风险防范措施,明确认识到《刑法》规定的非国家工作人员受贿罪的底线尤为重要。各工程相关人员应做好刑事风险识别,避免触碰刑事法律的"红线"。

2. 在建设工程领域，非国家工作人员受贿罪主体多为建设单位、施工单位等单位中在工程招投标、工程项目发包、材料采购、组织建设施工等环节享有一定监督管理职权的工作人员，所以建设单位及施工单位等单位的工作人员是否知法、懂法影响自身和企业的健康发展，依法经营是公司、企业的生命线。对企业职工进行法律培训，定期进行法律讲座，以培养其法治观念，并使之在较短时间内比较系统地学习和掌握建设工程领域刑事相关法律，使其在企业经营管理活动中依法办事，发挥法律的指导和教育作用。

3. 无论是建设单位、施工单位等单位的总公司还是分公司，都应当聘请法律顾问，为其在工程发包、分包、对外签订施工合同、工程项目开发等过程中发生的法律问题提供咨询，从而避免碰触法律红线，更好地维护单位的各项利益。

【对项目经理的建议】

1. 杜绝项目经理花钱“一支笔”、用人“一句话”、决策“一人定”，防止项目经理的权力过于集中，健全激励约束机制。

2. 加大对项目部管理人员中管钱、管物、管人、管工程的实权人的监督，建立《项目岗位廉政风险预防体系》，利用信息化手段进行廉政监督，完善内部控制制度、廉政监督制度，健全议事制度，落实部务公开制度。

3. 项目经理应加强法律知识的学习，尤其要关注职务犯罪的预防，合规经营，不做违法犯罪的事情，维护公平健康的市场经济环境。

第六节　高利转贷罪

一、案例解析

【基本案情】

2011 年 3 月 26 日，被告人熊某某以其妻子鲁某名下昌九高速路西侧（万某天小区）总面积为 3288.32 平方米的商铺作抵押，在拉斯维加音乐会所及同洲宾馆已装修完毕的情况下，以装修并筹办拉斯维加音乐会所及同洲宾馆的名义，使用虚假的装修合同、虚构交易对象“程某”向德安县农村合作银行（现更名为共青城农村商业银行股份有限公司德安支行）申请贷款 1000 万元人民币，期限 12 个月，即

2011 年 3 月 30 日至 2012 年 3 月 29 日，利率为 7.92‰(日利率为 2.64‱)。德安县农村合作银行审查后于 2011 年 4 月 1 日、2 日分别发放贷款人民币 200 万元、800 万元至“程某”的账户中，后两笔贷款均于贷款发放当日转入熊某某的账户。2011 年 4 月 2 日，韩某向被告人熊某某借款 800 万元，熊某某在预先扣除 30 万元的借款利息后将所贷款项中的 770 万元转至韩某账户。2011 年 4 月 20 日，韩某按照被告人熊某某要求将 350 万元转入程某账户用于归还熊某某。2011 年 5 月 25 日，韩某按照熊某某指示连本带息将 500 万元汇至汪某账户，后汪某于 2011 年 5 月 25 日、26 日分别将 450 万元、50 万元转至熊某某账户。另查明，被告人熊某某贷款时向银行提交了虚假的“程某”身份证号码信息，即该号码对应的交易对象实为虚构的；拉斯维加音乐会所装修造价实为 300 万元，熊某某使用伪造的装修合同将装修造价虚报为 1218 万元。

综上所述，被告人熊某某将上述银行贷款中 770 万元转借给韩某，即 2011 年 4 月 2 日至 20 日借款本金为 770 万元，2011 年 4 月 20 日至 5 月 25 日借款本金为 420 万元，其同期支付的银行利息为 75,398.4 元(770 万元 ×2.64‱ ×18 日 +420 万元 ×2.64‱ ×35 日)，从韩某处获得的利息为 80 万元，其共计获取的违法所得数额为 724,601.6 元。

【争议焦点】

被告人熊某某是否构成高利转贷罪，高利转贷罪的犯罪数额怎么计算。

【各方观点】

公诉机关认为：被告人熊某某的行为已经触犯了《刑法》第 175 条之规定，应以高利转贷罪追究刑事责任。

被告人熊某某否认公诉机关的指控，辩称其抵押贷款及装修均属实，且其在 2012 年以后才认识韩某。

辩护人张某某的辩护意见是：(1)被告人贷款 1000 万元系以商铺作抵押，且经银行考察及审议通过，符合贷款条件，被告人不存在套取行为；(2)程某身份证复印件及其账户使用情况可证实熊某某未虚构交易对手，其使用原预算合同、变更施工人不属伪造，且拉斯维加会所及宾馆的装修均属实；(3)被告人改变借款用途仅系合同违约，且借款合同已履行完毕，不应上升为犯罪。综上所述，被告人不构成高利转贷罪，根据疑罪从无原则，建议判处无罪。

辩护人温某某的辩护意见是:(1)公安机关取证程序违法,公诉人未向法庭说明证据的来源情况,应认定不具有证明力;(2)公诉机关未提交证实被告人主观故意及转贷行为的证据,也无证实被告人非法所得达到追诉标准的证据;(3)非法所得应是被告人涉案过程中获取的利息减去向银行支付的贷款利息,德安支行出具的说明证实本案被告人向银行支付了1,517,466.27元利息,被告人并未获取非法所得;(4)被告人也未因高利转贷被行政处罚。综上所述,本案事实不清、证据不足,建议法庭当庭释放被告人。

【法院判决】

法院认为,被告人熊某某以转贷牟利为目的,套取金融机构信贷资金高利转贷他人,违法所得数额较大,其行为已构成高利转贷罪。公诉机关指控被告人的犯罪事实清楚,证据确实、充分,罪名成立,法院予以支持。关于被告人熊某某及其辩护人提出被告人系主动到案接受询问的辩解和辩护意见,与事实、现有证据不符,法院不予采纳。鉴于被告人熊某某所套取的银行资金在案发后均已归还,没有给金融机构造成重大损失,可对其酌情从轻处罚。被告人熊某某曾因涉嫌非法拘禁被做不起诉处理,并因寻衅滋事被行政拘留,可酌情从重处罚。综上所述,根据《刑法》第175条、第52条、第53条、第64条之规定,判决如下:被告人熊某某犯高利转贷罪,判处有期徒刑1年,并处罚金100万元。被告人熊某某违法所得人民币724,601.6元,依法予以追缴。

【案例点评】

高利转贷罪是一种主观想要转贷牟利,客观上事先从银行等金融机构套取贷款然后再向他人发放贷款的行为。从客观上来说,《刑法》关于高利转贷罪规定的套取,实际是一种骗取,行为人以虚假的贷款理由或者贷款条件,向金融机构申请贷款,获取通过正常程序下无法获得的贷款。从主观上说,不需要行为人具有非法占有目的,否则构成的是贷款诈骗罪。另外,有种意见认为,依照最高人民法院《关于人民法院审理借贷案件的若干意见》(已失效)第6条的规定,人民法院在审理民间借贷纠纷案件时,高于银行贷款利率4倍以上的利率才属于高利。该问题涉及对高利转贷罪中的"高利"应做何理解,尽管《刑法》和相关司法解释均未对高利作出规定,但鉴于该罪是以转贷牟利为目的,因此,只要高于银行的利息就应当属于高利。所以,认定高利转贷罪成立与否的罪量要素是看违法所得的数额是多少。

针对本案,被告人熊某某是否实施了套取信贷资金的行为,以及从借贷给他人的贷款中获得多少利息差是其能否被认定为高利转贷罪的关键。从查明的事实来看,第一,被告人熊某某以其妻子鲁某名下昌九高速路西侧(万某天小区)总面积为3288.32平方米的商铺作抵押,在拉斯维加音乐会所及同洲宾馆已装修完毕的情况下,以装修并筹办拉斯维加音乐会所及同洲宾馆的名义,使用虚假的装修合同、虚构交易对象“程某”向德安县农村合作银行(现更名为共青城农村商业银行股份有限公司德安支行)申请贷款1000万元人民币,期限12个月,即2011年3月30日至2012年3月29日,利率为7.92‰(日利率为2.64‱)。第二,被告人熊某某将上述银行贷款中770万元转借给韩某,即2011年4月2日至4月20日借款本金为770万元,2011年4月20日至5月25日借款本金为420万元,其同期支付的银行利息为75,398.4元(770万元×2.64‱×18日+420万元×2.64‱×35日),从韩某处获得的利息为80万元,其共计获取的违法所得数额为724,601.6元。所以,被告人熊某某的行为符合高利转贷罪的构成要件,法院的判决是合法合理的。

二、罪名解读

【罪名解析】

> 《刑法》第175条 【高利转贷罪】以转贷牟利为目的,套取金融机构信贷资金高利转贷他人,违法所得数额较大的,处三年以下有期徒刑或者拘役,并处违法所得一倍以上五倍以下罚金;数额巨大的,处三年以上七年以下有期徒刑,并处违法所得一倍以上五倍以下罚金。
>
> 单位犯前款罪的,对单位判处罚金,并对其直接负责的主管人员和其他直接责任人员,处三年以下有期徒刑或者拘役。

高利转贷罪,是指违反国家规定,以转贷牟利为目的,套取金融机构信贷资金高利转贷他人,违法所得数额较大的行为。

在建设工程领域,由于施工企业有固定资产,如土地、厂房,可以便捷地从银行等金融机构贷款,如果施工企业没有将贷款用于申请贷款时表明的用途,而是将贷款以高利息放贷给其他个人或单位的,这种“空手套白狼”的行为就很容易构成高利转贷罪。当然，不是说只要改变了贷款的用途，就一定是高利转贷罪，还需要具备其他的特定条件，因此，准确理解该罪名应注意把握以下几点：

（一）主观上要在套取信贷资金前或当时具有转贷牟利的目的

高利转贷罪的主观方面是直接故意，且以牟利为目的。我们知道，“故意”的判断需要结合认识因素和意志因素，尤其重要的是认识因素，即必须认识到自己在实施构成要件规定的行为。那么，高利转贷罪在认识上，既要明知自己套取金融机构信贷资金的行为的危害性，也要认识到转贷他人行为的社会危害性，但不要求对具体的危害结果有认识。[1] 只要行为人实施了以非正当的手段套取金融机构的信贷资金并转贷给他人的行为，一般来说即是对危害结果有认识。如果行为人对其中一个方面缺乏认识，则不能构成本罪。例如，某甲是一家公司的财务人员，在不知该公司套取了金融机构信贷资金的情况下，将该公司从银行套取的资金高利转贷给他人做生意，获取违法所得 10 万元。显然，某甲的行为不构成本罪。虽然在客观上他转贷的资金是单位套取的信贷资金，但甲对此无认识。行为人的认识必须是明确的，即自己的行为是套取信贷资金，是违反借款合同的约定把信贷资金转贷给他人的行为。在意志因素上，行为人是希望通过套取金融机构的信贷资金转贷他人牟取非法利益。实施这种行为的故意应包括实施套取信贷资金行为和高利转贷两部分。在实施套取资金行为时，行为人的目的是获得信贷资金；高利转贷时，目的是获取非法利益。这两部分必须密切结合在一起，套取信贷资金时，行为人已具有通过转贷牟利的目的了。否则，不符合本罪主观方面的要求。进一步而言，转贷牟利的目的的产生时间应当是套取信贷资金之前，如果在获取贷款之前没有转贷牟利的犯罪目的的话，事后产生的转贷牟利的目的不能溯及之前的套取贷款行为。因此，行为人一旦通过正当程序获得贷款，便确定了这一行为的正当性，不能因事后产生的不当目的而将之否定。即使行为人此时产生了转贷牟利的意图，也不能由此当然推论出其在获取贷款时便具有该非法目的，这是一种不利于犯罪嫌疑人的有罪推定，而刑法严格禁止这种推定。[2]

---

〔1〕 刑法理论通说认为，高利转贷罪侵犯的客体是国家对信贷资金的发放及利率管理秩序。

〔2〕 参见康莹：《高利转贷罪司法适用研究》，华东政法大学 2015 年法律硕士学位论文，第 12 页。

（二）如何理解“套取”

行为人构成高利转贷罪的一个重要前提，也是本罪客观行为的一项重要组成部分即行为人着手实施犯罪，须向银行等金融机构“套取”信贷资金。

“套取”就其字义来讲，是指行为人通过实施计谋骗取了金融机构的贷款。我国《刑法》及相关司法解释并没有对“套取”作出专门的定义，那么对高利转贷罪中的套取是否只能按字面意思来理解？笔者认为，正确理解和把握“套取”的含义，要充分考虑高利转贷罪的立法原意和相关金融法律法规的规定。高利转贷罪侵犯的客体是国家的信贷管理制度，造成有限的资金不能优化利用，且处于高风险状态，给经济发展和金融安全造成危害。信贷资金的正常运作具备两个条件，即通过合法渠道取得、按照规定用途使用。二者违反其一都属于“套取”。根据规定，对于信贷资金必须按合同规定的用途使用，不得变更用途，如原贷款项目已停止，则应当由金融机构收回贷款。行为人不按规定用途使用贷款，而是转贷给他人牟利，同样是对金融机构的欺骗，其危害性与事前编造虚假理由骗取贷款的危害性并无不同。《刑法》设立高利转贷罪的主要目的是，惩治行为人将信贷资金用于转贷牟利，从而使国家信贷资金处于风险状态的行为，而并非单纯地针对获取金融机构信贷资金的方式。如果追究的只是获取信贷资金时的欺骗行为，那么直接认定贷款诈骗罪即可，没有必要再规定高利转贷罪了。

（三）如何理解“高利”

高利转贷罪在客观方面表现为套取信贷资金，高利转贷他人，违法所得数额较大的行为。其客观方面由套取信贷资金和高利转贷两个相关互联的行为组成。问题是，该怎么来理解“高利”？是不是说，只要比获取贷款的利率高就是高利呢？有观点认为，高利是“比金融机构贷款利率高出许多的利率”。也有观点认为，高利是“高于金融机构依据中国人民银行的利率规定而确定的同期同种贷款的利率幅度”。然而，司法机关从认定的便捷性角度来考虑，只要转贷的利率比当初借贷的利率高就可以认定为高利。况且，一般而言，如果转贷的利率不是高于借贷利率一定比例的话，行为人也无法获得高额的回报。高利转贷罪的数额要求是违法所得要在 5 万元以上。

(四)本罪违法所得的计算方法

高利转贷罪涉及的数额一般都比较大,而且存在两个借款合同,即贷款银行和借款人之间的合同以及借款人和实际用款人之间的合同,两个合同的利息和借款期限都可能不一样,有的借款人甚至在案发时都尚未从实际用款人处收回全部本金或者利息,所以行为人违法所得数额的计算较为困难。笔者认为,应该从以下三个方面考虑:

第一,违法所得数额的起算点和结算点。违法所得数额的起算自借款人将贷款转贷给用款人起,这点较容易判断。但结算点的判断较为复杂,我国《刑法》规定高利转贷罪侵犯的客体是国家的信贷管理制度,也就是信贷资金发放及利率的管理秩序,如果行为人用于高利转贷的资金不是金融机构的信贷金,而是自有资金,则缺少高利转贷罪的构成要件,不构成本罪。因此,违法所得数额计算时间应当截至归还银行贷款时,如果贷款一直没有归还,则计算至案发时止。具体可以分为以下三种情形:(1)如果行为人在归还银行贷款本息时,与用款人的借贷关系尚未结束,则其高利转贷的时间截至归还银行贷款本息时;(2)如果行为人归还银行贷款本息是分多次进行的,则也要对其与用款人之间的借贷关系分别计算,即在计算转贷所得利息时,将其归还给银行的贷款本金从其转贷给用款人的本金中扣除;(3)如果行为人与用款人之间的借贷关系先于行为人与贷款银行的借贷关系终止,则行为人高利转贷的时间截至用款人归还本息时。

第二,违法所得数额应当按照行为人高利转贷所得利息与其应支付给银行贷款的利息差计算。高利转贷罪的立法本意是惩戒借款人转贷牟利的行为,违法所得的数额以高利转贷所得的利息与其应支付金融机构贷款利息之差计算为宜。这也可以省略对“高利”标准的确定,不管利息的高低,只要借款人有获取非法利益的空间,就可以认定其具有违法所得。

第三,违法所得数额是实际取得或应当取得的数额,用款人是否支付本息不影响定罪。如果因为用款人经济能力差,连本金都难以偿还,就认为行为人没有实际获利而不按犯罪论处,显然不利于国家对信贷资金的管理,明显与《刑法》对此类犯罪的立法本意不符,所以,在用款人没有实际支付利息的情况下,应当以行为人转贷期间应获得的违法所得即目标利益计算。

【此罪与彼罪】

高利转贷罪、骗取贷款罪与贷款诈骗罪三罪之间有以下区别:根据我国《刑法》的规定,高利转贷罪要求“套取金融机构信贷资金高利转贷他人”,骗取贷款罪表述为“以欺骗手段取得银行或者其他金融机构贷款”,贷款诈骗罪则表述为“诈骗银行或者其他金融机构的贷款”。可知,高利转贷罪的犯罪行为必须是先“套取”金融机构信贷资金,然后再“高利转贷他人”,主观上没有非法占有贷款的目的;骗取贷款罪的犯罪行为是“以欺骗手段取得”银行或者金融机构贷款,主观上也没有非法占有贷款的目的;贷款诈骗罪的犯罪行为是“诈骗”银行或者其他金融机构的贷款,行为人主观上具有非法占有贷款的目的。因此,从行为的外在表现看,三个罪均要求行为人实施了骗贷的行为,所以要将这三个罪名准确区分开来,主要是通过比较主观上目的不同的方式来进行。首先,高利转贷罪与骗取贷款罪之间,前者是转贷牟利的目的,后者没有这方面的目的,并且两罪均不能主观上有非法占有的目的。其次,高利转贷罪与贷款诈骗罪之间,前者是转贷牟利的目的,后者是非法占有的目的。

【追诉标准】

根据最高人民检察院、公安部《关于公安机关管辖的刑事案件立案追诉标准的规定(二)》的规定,以转贷牟利为目的,套取金融机构信贷资金高利转贷他人,违法所得数额在50万元以上的,应予立案追诉。

【量刑范围】

1. 数额较大的,处3年以下有期徒刑或者拘役,并处违法所得1倍以上5倍以下罚金;

2. 数额巨大的,处3年以上7年以下有期徒刑,并处违法所得1倍以上5倍以下罚金;

3. 单位犯高利转贷罪,对单位判处罚金,并对其直接负责的主管人员和其他直接责任人员,处3年以下有期徒刑或者拘役。

三、实务操作

【对建筑施工企业的建议】

1. 建筑施工企业应当建立正规的财务制度,对贷款资金严格监管,尽量避免企业之间的拆借资金,尤其是避免将从金融机构获取的贷款拆借给他人。

2. 建筑施工企业应当设立专门的监察机构，定期对企业的人员进行廉政考核，杜绝企业负责人或者其他工作人员将企业从银行获得的贷款转贷他人牟利。

3. 建筑施工企业应当增加法律风险意识，组织专门的法律培训，通过反面教材案例警示员工尤其是项目经理不做高利转贷的行为。

4. 建筑施工企业如果发现存在高利转贷违法犯罪行为，应该聘请专业的律师为自己辩护。

【对项目经理的建议】

1. 项目经理应当遵纪守法，不做违法犯罪的事情，尤其要遵守被挂靠企业的财务管理规定。

2. 项目经理应当注意自身的信用，从正规的金融机构贷款，合法使用贷款，不将获得的贷款转贷他人牟利。

第七节　集资诈骗罪

一、案例解析

【基本案情】

被告人胡某桂系安徽华业建工集团有限公司（前身为芜湖华业建筑安装有限责任公司）铜陵分公司（以下简称安徽华业铜陵分公司）的负责人。被告人胡某桂于2004年开始承包经营安徽华业铜陵分公司，从事建筑业务。

2010～2014年，被告人胡某桂未经有关部门批准，以安徽华业铜陵分公司经营需要周转资金为由，承诺月息2分、3分、6分的高额利息，在铜陵市先后向黄某等27名不特定人员集资骗取人民币共计2275.46万元，无法偿还。

据调查，被告人胡某桂集资骗取的资金主要用于归还前期借款、支付高额利息，以及部分用于建筑项目的投资，其集资时已经明知自己不具备偿还能力。具体而言，2010年安徽华业铜陵分公司承建的铜陵市金口岭项目工程，因该工程的开发企业联合强生公司资金链断裂，投资款3750余万元及工程项目至今未见收益，2011年，被告人胡某桂以个人名义向强生公司出借2000万元；2011年10月至2012年4月，被告人胡某桂与余某以个人名义出资1170万元入股汇森实业有限公司;2012 年 3 月至 2013 年 7 月,被告人胡某桂与左某华、余某签订了一份退股协议,约定左某华用于绿源大市场三期地块的股份由安徽华业铜陵分公司接手,被告人胡某桂以安徽华业铜陵分公司名义给左某华出具借条,借款金额为 505 万元,借款日期倒签在 2012 年 4 月 20 日,月利息是 2 分,但在借条上注明左某华的股份由胡某桂、余某分享,实际损失为 500 万元。

【争议焦点】

被告人胡某桂的行为是否成立集资诈骗罪。

【各方观点】

公诉机关认为,被告人胡某桂以非法占有为目的,使用诈骗方法非法集资,数额特别巨大,其行为已构成集资诈骗罪。

被告人胡某桂对公诉机关指控的集资诈骗罪罪名和事实有异议,其辩解:(1)安徽华业铜陵分公司债权无法实现和强生公司资金链断裂的指控不是事实,因铜陵市金口岭项目工程只是暂缓开发,强生公司也没有破产。(2)资不抵债和无还款能力的指控不是事实,安徽华业铜陵分公司在 2015 年之前实际有债权 1.5 亿元以上,也做了 30 多项大工程,建筑市场调控后,安徽华业铜陵分公司与绿源等公司进行了合作,没有资不抵债的情况。(3)“借新债还旧债”方式的指控不是事实,自己是尽量满足债权人的利益。(4)其是向特定人员借的款,都是亲戚朋友、项目经理的钱,不是骗他们的钱。

被告人胡某桂的辩护人认为,被告人胡某桂不构成集资诈骗罪。被告人胡某桂在投资未能及时收回的情况下,积极履行还款义务,将个人名下的房产、车辆、股权等全部用于偿还债务,主观上没有非法占有目的。被告人胡某桂的借款行为不属于非法吸收或者变相吸收公众存款。对于已经法院判决生效的借款不应列入本案指控数额。

【法院判决】

法院认为:被告人胡某桂在公司经营期间违反有关金融法律法规,在明知自己没有偿还能力的情况下,仍以安徽华业铜陵分公司经营需要资金周转为由,承诺高额利息,采取还本付息归还部分借款的方式,进行非法集资诈骗 2275.46 万元,不能偿还,扰乱国家正常金融秩序,涉案数额特别巨大,其行为已构成集资诈骗罪。判决结果:被告人胡某桂犯集资诈骗罪,判处有期徒刑 15 年,并处罚金 40 万元。

被告人胡某桂违法所得共计2275.46万元继续予以追缴。

【案例点评】

关于被告人胡某桂是否以诈骗方法非法故意占有他人财物的事实认定意见。法院认为,(1)被告人胡某桂自2004年成立安徽华业铜陵分公司至2010年,以安徽华业建工集团有限公司的资质收取工程项目经理挂靠管理费的形式获利,除去各项费用后仅仅是略有盈余,相对于本案的巨额集资款的本息而言,安徽华业铜陵分公司及被告人胡某桂个人均无相应的经济实力足以支撑。(2)自2010年起,被告人胡某桂承包经营安徽华业铜陵分公司,从事建筑行业以来,由于个人投资项目的收益迟迟不能实现,在背负巨额债务的情况下,已无法继续维持公司相关运作和经营,但其仍进行非法集资,其所经营的业务根本不能支付借款和高息,造成亏空本金和高额利息的恶性循环,导致被害人的钱财遭受侵害,被告人胡某桂为维持其资金链,用新借的钱主要偿还以前旧的借款和利息,加上不计风险地投资导致偿还的本金和利息越来越多。(3)被告人胡某桂利用其是安徽华业铜陵分公司负责人的身份,以公司经营需要的名义对外大量非法集资,本案被借款人也是基于对安徽华业建工集团有限公司及其分公司的信任而交付资金,被告人胡某桂所借的资金除少部分用于安徽华业铜陵分公司经营外,主要资金被用于个人的投资、借款以及前期集资资金的还本付息,以维持非法集资资金链条不断裂。综上所述,被告人胡某桂明知自己没有偿还能力的情况下,以分公司经营需要资金为名,承诺高额利息,采取"借新债还旧债"的方式大量骗取资金,导致至今仍有两千余万元借款不能偿还,其主观上具有非法占有目的。

关于本案"社会公众"的事实认定意见。根据2015年安徽省高级人民法院《关于办理非法集资刑事案件若干问题的意见》第4条的规定,对亲属的认定,原则上限于夫、妻、父、母、子、女、同胞兄弟姐妹。关于朋友,应做限制性理解。对于集资对象既有亲友、单位职工等内部人员,又有其他社会人员的情形,如果均为非法集资行为指向的对象,均应纳入社会公众的范围。本案中,被告人胡某桂借款的对象有其邻居,邻居的朋友,公司员工,亲戚,朋友,朋友介绍的人,公司的项目经理,老乡。其集资对象既有亲友、员工,又有其他社会人员,应为社会公众的范围,属于社会不特定的对象。

关于被告人胡某桂、安徽华业铜陵分公司资不抵债及债权无法实现的事实认定意见。2010年以来，被告人胡某桂由于其个人并无经济实力，开始以安徽华业铜陵分公司及其个人名义，以2分、3分甚至6分不等的高息大肆对外非法集资，所集资金除少部分用于安徽华业铜陵分公司外，主要被其用于以个人或以安徽铜陵华业分公司的名义对外投资，以及其个人名义向联合强生公司借款。2012年以来，由于联合强生公司金口岭项目停工，其对外投资不但没有收益，并且大部分投资先后被用于抵偿其所欠债务，而被告人胡某桂又要对外支付巨额利息，每年光支付的利息就高达上千万元。被告人胡某桂在明知联合强生公司的债权难以实现，对外投资没有实际收益，无法承担高息集资带来的越来越多债务的情况下，为维持其前期非法集资资金链条不断裂，仍然继续以高息对外大量非法集资，最终导致非法集资的损失被不断扩大，已无力偿还巨额高息集资款。被告人胡某桂的借款和投资行为已造成巨额资金无法追回的事实。

二、罪名解读

【罪名解析】

> 《刑法》第192条　【集资诈骗罪】以非法占有为目的，使用诈骗方法非法集资，数额较大的，处三年以上七年以下有期徒刑，并处罚金；数额巨大或者有其他严重情节的，处七年以上有期徒刑或者无期徒刑，并处罚金或者没收财产。
>
> 单位犯前款罪的，对单位判处罚金，并对其直接负责的主管人员和其他直接责任人员，依照前款的规定处罚。

集资诈骗罪，是指以非法占有为目的，使用诈骗方法非法集资，数额较大的行为。

企业的发展需要资金的支持，对一个企业来说，融资的渠道至关重要，企业规模越大，资金的需求量也越大。而“融资难”的问题是各大企业尤其是民营建筑企业最为头疼的难题之一。目前，各方面的限制原因导致正常的融资途径受阻，矛盾也越来越突出，而企业的生存和发展又迫使企业负责人想方设法寻找融资渠道，有的企业缺乏法律风险防范意识，在筹集资金时不懂得区分是否合法，很可能触及法律风险的红线。特别是在建筑施工领域，建筑企业的施工项目对于资金的需求就更大了，如果不选择从正规的渠道筹集资金，极易触犯集资诈骗罪。因此，建筑施

工企业在理解集资诈骗罪时,应当注意以下几个方面:

(一)集资诈骗罪的犯罪构成

1. 客观方面:集资诈骗罪的客观方面是行为人使用诈骗方法非法集资,且数额较大的行为。首先,行为人使用了虚构事实、隐瞒真相的诈骗方法。诈骗方法,是指行为人采取了虚构集资用途,以假证明、良好的经济效益和高额回报为诱饵,骗取集资款的手段。其次,行为人实施了非法集资的行为。我国对集资有严格的管控,必须依照法定的条件和程序,通过发行股票、债券等有价证券的方法或者利用融资租赁、合资、联营等方式进行。

根据最高人民法院《关于审理非法集资刑事案件具体应用法律若干问题的解释》第2条,具体的非法集资行为有:(1)不具有房产销售的真实内容或者不以房产销售为主要目的,以返本销售、售后包租、约定回购、销售房产份额等方式非法吸收资金的;(2)以转让林权并代为管护等方式非法吸收资金的;(3)以代种植(养殖)、租种植(养殖)、联合种植(养殖)等方式非法吸收资金的;(4)不具有销售商品、提供服务的真实内容或者不以销售商品、提供服务为主要目的,以商品回购、寄存代售等方式非法吸收资金的;(5)不具有发行股票、债券的真实内容,以虚假转让股权、发售虚构债券等方式非法吸收资金的;(6)不具有募集基金的真实内容,以假借境外基金、发售虚构基金等方式非法吸收资金的;(7)不具有销售保险的真实内容,以假冒保险公司、伪造保险单据等方式非法吸收资金的;(8)以网络借贷、投资入股、虚拟币交易等方式非法吸收资金的;(9)以委托理财、融资租赁等方式非法吸收资金的;(10)以提供“养老服务”、投资“养老项目”、销售“老年产品”等方式非法吸收资金的;(11)利用民间“会”“社”等组织非法吸收资金的;(12)其他非法吸收资金的行为。

尽管上述解释列举了10种非法集资的具体手段,但可以肯定的是,这种列举并不绝对和周全,实践中肯定会存在其他新类型的非法集资手段,如2016年江苏就破获一起新类型集资诈骗案件,与其他非法集资不同,玄祥时韵公司并非以投资回报的形式返还钱款,而是创出了一套“等额本息”返还法。例如,投资者投入10万元,其每月返还本金的10%,即1万元,同时还会返还8%即8000元的“宣传费”。因为是本金和利息同时返还,投资者便觉得风险小,所以纷纷加入。根据警方的初步统计,参与投资者超过1万人,涉及投资金额超过1亿元。

2. 主观方面:集资诈骗罪要求行为人主观上具有非法占有目的,这是区分集资诈骗罪与非法吸收公众存款罪的关键要素。由于非法占有目的是一种主观要素,司法实践中只有通过客观行为来加以推定。

根据《关于审理非法集资刑事案件具体应用法律若干问题的解释》第7条第2款的规定,具备下列情形的可以认定存在非法占有目的:(1)集资后不用于生产经营活动或者用于生产经营活动与筹集资金规模明显不成比例,致使集资款不能返还;(2)肆意挥霍集资款,致使集资款不能返还;(3)携带集资款逃匿;(4)将集资款用于违法犯罪活动;(5)抽逃、转移资金、隐匿财产,逃避返还资金;(6)隐匿、销毁账目,或者搞假破产、假倒闭,逃避返还资金;(7)拒不交代资金去向,逃避返还资金;(8)其他可以认定非法占有目的的情形。另外,对集资诈骗罪中的非法占有目的,应当区分情形进行具体认定。行为人部分非法集资行为具有非法占有目的的,对该部分非法集资行为所涉集资款以集资诈骗罪定罪处罚;非法集资共同犯罪中部分行为人具有非法占有目的,其他行为人没有非法占有集资款的共同故意和行为的,对具有非法占有目的的行为人以集资诈骗罪定罪处罚。

(二)如何区分集资诈骗行为与合法融资行为

刑法打击非法集资,但是对于正规的、合法的融资行为是应该予以保护的。因此,正确区分合法融资与集资诈骗行为,应从以下几个方面着手:

第一,关于融资的目的。合法融资通常是企业为了设立或扩大再生产而进行的融资,有关法律对于集资的目的作出了明确的规定,如《公司法》规定,公司发行债券募集资金不得用于弥补公司、企业的亏损和非生产性支出;《证券法》规定公司发行新股应当在招股说明书中说明资金用途。而集资诈骗罪的犯罪分子集资的目的则是非法占有集资款项。

第二,关于融资的方法。根据我国现行法律的规定,合法融资主要是指企业通过发行股票、债券或者融资凭证,联营,合资等方式进行的行为活动,其中最常用的融资方式是发行股票和债券,合法融资所支付的利息也必须符合国家相关法律的规定。然而,与合法融资相比,在集资诈骗行为中,犯罪分子使用的集资方法通常是以经营高收益项目为借口、以支付高息作诱饵、以公司名义或虚设公司集资、合作办企业集资以及以民间借贷形式表现出来的各种非法形式等。所以,如果单纯从客观表现形式看的话,集资诈骗的行为人对于所谓的投资人的高额承诺是虚假的、不会兑现的。

(三)集资诈骗罪的管辖

对跨区域非法集资刑事案件,按照国务院《关于进一步做好防范和处置非法集资工作的意见》确定的工作原则办理。如果合并侦查、诉讼更为适宜,可以合并办理。

办理跨区域非法集资刑事案件,如果多个公安机关都有权立案侦查,一般由主要犯罪地公安机关作为案件主办地,对主要犯罪嫌疑人立案侦查和移送审查起诉;由其他犯罪地公安机关作为案件分办地根据案件具体情况,对本地区犯罪嫌疑人立案侦查和移送审查起诉。

管辖不明或者有争议的,按照有利于查清犯罪事实、有利于诉讼的原则,由其共同的上级公安机关协调确定或者指定有关公安机关作为案件主办地立案侦查。需要提请批准逮捕、移送审查起诉、提起公诉的,由分别立案侦查的公安机关所在地的人民检察院、人民法院受理。

对于重大、疑难、复杂的跨区域非法集资刑事案件,公安机关应当在协调确定或者指定案件主办地立案侦查的同时,通报同级人民检察院、人民法院。人民检察院、人民法院参照上述规定,确定主要犯罪地作为案件主办地,其他犯罪地作为案件分办地,由所在地的人民检察院、人民法院负责起诉、审判。

“主要犯罪地”包括非法集资活动的主要组织、策划、实施地,集资行为人的注册地、主要营业地、主要办事机构所在地,集资参与人的主要所在地等。

【罪与非罪、此罪与彼罪】

集资诈骗罪与非法吸收公众存款罪的区别详见本章第一节关于非法吸收公众存款罪的介绍,此不赘述。

【追诉标准】

根据最高人民法院《关于审理非法集资刑事案件具体应用法律若干问题的解释》第8条的规定,集资诈骗罪的数额标准为:

1. 集资诈骗数额在10万元以上的,应当认定为“数额较大”;数额在100万元以上的,应当认定为"数额巨大"。

2. 集资诈骗数额在 50 万元以上,同时具有该解释第 3 条第 2 款第 3 项情节的,应当认定为《刑法》第 192 条规定的"其他严重情节"。

3. 集资诈骗的数额以行为人实际骗取的数额计算,在案发前已归还的数额应予扣除。行为人为实施集资诈骗活动而支付的广告费、中介费、手续费、回扣,或者用于行贿、赠与等费用,不予扣除。行为人为实施集资诈骗活动而支付的利息,除本金未归还可予折抵本金以外,应当计入诈骗数额。

【量刑范围】

《刑法修正案(十一)》将《刑法》第 192 条修改为:"以非法占有为目的,使用诈骗方法非法集资,数额较大的,处三年以上七年以下有期徒刑,并处罚金;数额巨大或者有其他严重情节的,处七年以上有期徒刑或者无期徒刑,并处罚金或者没收财产。"

《刑法修正案(十一)》对本罪的修改体现在以下几个方面:一是将原有的三档法定刑调整为两档法定刑,取消了数额特别巨大或者有其他特别严重情节的量刑档次,只是保留"数额较大""数额巨大或者有其他严重情节"两个量刑档次。二是将主刑的设置从原来的 5 年以下有期徒刑或者拘役,修改为 3 年以上 7 年以下有期徒刑,取消了最轻的拘役主刑,这也表明该罪缓刑的适用空间将被大大的压缩。三是将原有的两档升格法定刑合并调整为一档,刑期设置变为 7 年以上有期徒刑或者无期徒刑,根据《公安机关办理刑事案件程序规定》,因该罪的升格法定刑合并,对于数额巨大或存在其他严重情节的,理论上可能判处无期徒刑,所以未来适用这个量刑档次的集资诈骗案件,对犯罪嫌疑人的讯问过程应当进行全程的同步录音录像,这也就需要我们辩护律师在未来办理该类案件时,注意审查同步录音录像,确认证据的合法性。四是附加刑方面取消了罚金的数额限制,改为无限额罚金刑,这表明司法的自由裁量权在该罪上进一步扩大。将该罪名法条的第 2 款规定了单位犯本罪的规制内容,使该罪名的刑法规制体系更加统一。

可以肯定,新一轮的《刑法》修正,表明了非法集资陷阱不仅扰乱经济金融秩序,更严重侵害人民群众财产,因而亟须调整集资诈骗罪的刑罚结构,从而加大对非法集资犯罪的惩处力度。

三、实务操作

【对建筑施工企业的建议】

1. 建筑施工企业应当合法合理经营，将筹集的资金按照集资项目计划用于拓展公司业务、扩大生产经营，制订合理的资金使用方案，并对每一笔资金进行详细、完备的财务记录。严格按照法律允许的方式进行，不能任意为之。

2. 建筑施工企业应禁止高息揽储，确定适当的融资回报率。集资诈骗行为人使用的手段中往往是承诺给他人以高息或其他巨额回报以吸引他人资金。故在实践中，尽量避免以高息为诱饵进行揽储，承诺的融资回报过高，将增加日后无法偿付而演变为犯罪的风险。同时，即使企业急需资金，也不宜向不特定人群吸收资金，要控制好借贷人数和范围。

3. 建筑施工企业融资时应把握好自己的偿还能力。在筹集资金时，一定要把握好自身的偿还能力，如果对于集资得来的资金没有把握偿还，最好不要轻易尝试。另外，就是资金用途问题，许多企业经营者将企业视为个人私产，对于企业资金随意支配，这里面就会存在巨大风险，一旦集资被认定用于个人消费，则成立本罪的可能性就很大。

4. 建筑施工企业在融资时，应签订好书面的借贷合同，明确约定好借款用途及偿还期限，同时约定好担保方式，一旦出现不能偿还借款的情况，应主动寻求法律途径解决无法履约的问题。

5. 建筑施工企业应当保证项目真实性。在拓展公司业务、扩大生产经营过程中遇到资金困难，需要进行集资时，一定要制订详细的目标和规划，而不能编造子虚乌有的项目，向投资人或借款人传递虚假资讯。

6. 建筑施工企业应诚信履行融资合同。应当按照与投资人或借款人的约定，履行融资合同，按时给当事人回报或利息。如果在企业实际运营中融资项目出现问题，可以与投资人或借款人进行协商，请求给予宽限期，或者先偿还部分本息，采取积极稳妥的方式解决，而不能消极地携款逃匿、隐匿财产。

【对项目经理的建议】

1. 企业应当建立刑事合规审查机制，提高合规审查意识，规范企业的经营制度，及时对企业的方方面面进行“体检”，降低企业的经营风险。

2. 项目经理应当注重刑事风险防控，将“亡羊补牢”的思想升级为“防微杜渐”的意识。

3. 项目经理应当注重案件的辩护和代理，在事发的第一时间积极寻找优秀的律师为自己提供法律帮助。

第八节　贷款诈骗罪

一、案例解析

【基本案情】

2011 年 5 月，被告人蔡某某以其经营的教建公司向他人高利借得 900 万元，但因其本人经营不善，导致无力归还借款。于是，被告人蔡某某隐瞒公司负债情况和贷款实际用途，通过私刻其他公司印章、伪造担保合同并虚构公司利润表的方式，以教建公司的名义从建设银行建德支行骗取 900 万元贷款，并将所得款项全部用于归还教建公司之前的借款。2012 年 1 月、2 月，蔡某某又通过伪造虚假的钢材购销合同和公司利润表，以建教公司名义三次向建设银行建德支行申请总额 1000 万元的银行承兑汇票。

2011 年 4 月，蔡某某以教建公司名义向杭州银行建德支行申请贷款未被批准。为了获取贷款，蔡某某伪造钢材销售合同等贷款资料，指使公司员工潘某、何某甲、王某乙、叶某、金某及李某乙六人向杭州银行建德支行申请每人 200 万元的个人信用贷款。2011 年 6 月、11 月和 2012 年 1 月，蔡某某虚构公司购买原材料等贷款理由，从杭州银行建德支行分别骗取贷款 400 万元、150 万元和 200 万元。

2011 年 12 月，蔡某某利用实际已抽逃出资的教建公司验资报告并且伪造公司年度利润表，以公司经营需要为名从浙江民泰商业银行杭州建德支行骗取贷款 200 万元。

经调查，蔡某某取得的上述信贷资金大部分用于归还之前的债务和支付利息，至案发时造成三家银行资金损失 3300 余万元。

【争议焦点】

被告人蔡某某是否构成贷款诈骗罪，本案是单位犯罪还是自然人犯罪。

【各方观点】

公诉机关认为，被告人蔡某某在其和教建公司负有巨额债务，明知无法归还贷款的情况下，采取私刻其他公司印章、伪造购货合同、虚构贷款理由等手段诈骗银行信贷资金，且将绝大部分用于归还民间借款本金和支付高额利息，应当构成贷款诈骗罪。

辩护人则认为，认定被告人蔡某某的行为构成贷款诈骗罪不当，应该认定为骗取贷款罪，且系单位犯罪。

【法院判决】

法院认定，被告人蔡某某犯贷款诈骗罪，判处有期徒刑 15 年，并处罚金人民币 40 万元，因其还犯有集资诈骗罪，二罪并罚，决定执行有期徒刑 20 年，并处罚金人民币 80 万元。

法院经审理认为，被告人蔡某某在明知其和教建公司均无偿还能力的情况下，仍然为获取利息更低的银行信贷资金而伪造合同、虚构贷款理由，并以教建公司或公司员工名义向多家银行申请贷款，符合贷款诈骗罪的客观要件。并且，蔡某某获得的绝大部分贷款也被用于支付高利贷本息，因此可以认定蔡某某具有非法占有银行信贷资金的目的。关于本案是否是单位犯罪，因为刑法没有将单位规定为贷款诈骗罪的行为主体，所以蔡某某辩护人提出本罪系单位犯罪的辩护意见与相关法律规定不符，法院不予采纳。

【案例点评】

本案中，认定被告人蔡某某是否构成贷款诈骗罪主要看两个方面的要件：第一，被告人蔡某某是否具有非法占有的目的；第二，被告人蔡某某是否为取得银行贷款而虚构了相关的事实或隐瞒了相关的真相。

首先，“非法占有的目的”不仅是构成贷款诈骗罪的要件之一，而且是区分骗取贷款罪和贷款诈骗罪的重要标准。在这个案子里，被告人蔡某某在向银行申请贷款前，已经陷入高利贷的债务危机，且明知自身及其公司没有实际偿还银行贷款的能力。根据最高人民法院 2001 年《全国法院审理金融犯罪案件工作座谈会纪要》的精神，对于行为人明知没有归还能力而大量骗取资金的，可以认定为具有非法占有的目的。所以，本案被告人蔡某某具有“非法占有的目的”。事实上，蔡某某在获得贷款后也未有归还的实际意愿，其将大部分贷款用于偿还民间高利贷的本息，给三家银行造成3300余万元的资金损失。因此，可以认定蔡某某具有“非法占有的目的”。

其次，被告人蔡某某是否为取得银行贷款而虚构了相关的事实或隐瞒了相关的真相。本案中，蔡某某在向银行提供申请贷款的资料时，伪造担保合同、制作虚假的公司利润表的行为属于“使用虚假的证明文件”，伪造虚假的钢材购销合同的行为属于“使用虚假的经济合同”，上述行为均属于“虚构事实”的行为。而蔡某某隐瞒公司的负债情况和贷款的实际用途，以及利用实际已抽逃出资的教建公司验资报告申请贷款，均属于“隐瞒事实”的行为，符合贷款诈骗罪关于骗取贷款的客观要件。

综上所述，被告人蔡某某不仅具有非法占有的目的，而且实施了诈骗手段获取贷款，在取得贷款后也未有偿还行为，应构成贷款诈骗罪。

二、罪名解读

【罪名解析】

《刑法》第193条　【贷款诈骗罪】有下列情形之一，以非法占有为目的，诈骗银行或者其他金融机构的贷款，数额较大的，处五年以下有期徒刑或者拘役，并处二万元以上二十万元以下罚金；数额巨大或者有其他严重情节的，处五年以上十年以下有期徒刑，并处五万元以上五十万元以下罚金；数额特别巨大或者有其他特别严重情节的，处十年以上有期徒刑或者无期徒刑，并处五万元以上五十万元以下罚金或者没收财产：

（一）编造引进资金、项目等虚假理由的；

（二）使用虚假的经济合同的；

（三）使用虚假的证明文件的；

（四）使用虚假的产权证明作担保或者超出抵押物价值重复担保的；

（五）以其他方法诈骗贷款的。

贷款诈骗罪，主要是指以非法占有为目的，采用虚构事实、隐瞒真相的方法诈骗银行或者其他金融机构的贷款，数额较大的行为。

所谓“虚构事实”，是指行为人编造客观上不存在的事实，以骗取银行或者其他金融机构的信任，如伪造合同、伪造证明文件；所谓“隐瞒真相”，是指行为人有意掩盖、隐瞒其贷款用途或影响其还款能力的某些客观事实，以便于从银行或者其他金融机构骗取贷款。需要特别说明的是，这里的“其他金融机构”，应该是指非银行金融机构，即除银行以外，经过国家金融监管机构批准设立的从事金融相关交易的机构，包括基金、小额信贷公司等。

我国《刑法》将贷款诈骗罪从一般诈骗罪中分离出来，独立成罪并归入金融诈骗罪中，虽然与《刑法》的分类标准不很一致，但这一立法模式所表明的立法意图是显而易见的。首先，通过贷款诈骗罪的设立，可以较为明确地划清贷款诈骗罪与贷款经济纠纷的界限，从而防止过去司法实践中将诈骗犯罪当作一般贷款纠纷处理的情况。其次，虽然贷款诈骗具有一般诈骗罪“虚构事实、隐瞒真相”的行为特征，但这种犯罪毕竟是在贷款过程中产生的，因而其表现手段必然具有相当的特殊性，刑法设立贷款诈骗罪，可以根据这些特殊性特点，正确判断案件性质。再次，将贷款诈骗从一般诈骗罪中分离出来独立成罪，主要也是考虑到贷款诈骗的行为人是以非法占有为目的，所以贷款诈骗者的行为必然会对财产造成损害；而且，贷款诈骗是在贷款活动中进行的，因而其必然会对国家的金融管理秩序造成破坏。最后，从完善刑事立法的角度看，细化诈骗犯罪的立法规定，无疑是一种新的尝试，这对贯彻罪刑法定原则肯定有积极的一面。[1]

建设工程领域的施工企业虽然不是贷款诈骗罪的主体，但是企业负责人、项目经理等自然人可以成为本罪的犯罪主体。在建筑领域中，因工程承包方往往需要垫付工程前期资金，故银行贷款成为大部分建筑企业或者项目经理承建工程时的重要资金来源之一，建筑企业或项目经理以贷款诈骗形式获取银行贷款的现象也屡见不鲜。但不能简单地认为，只要采取诈骗手段取得银行贷款就以贷款诈骗罪论处，如果建筑企业或项目经理虽然采取诈骗手段取得银行贷款，但不具有非法占有的目的，则不构成贷款诈骗罪。因此，准确理解贷款诈骗罪主要把握以下几个方面：

---

〔1〕 参见刘宪权：《贷款诈骗罪若干疑难问题的刑法分析》，载《甘肃政法学院学报》2008 年第 4 期。

（一）在建筑施工领域如何准确理解贷款诈骗罪的"以非法占有为目的"

区分贷款诈骗罪罪与非罪的重要标准之一是建筑企业负责人或项目经理在贷款之前是否"以非法占有为目的"。

至于如何判断是否"以非法占有为目的"，根据最高人民法院2001年发布的《全国法院审理金融犯罪案件工作座谈会纪要》的精神，对于行为人通过诈骗的方法非法获取资金，造成数额较大资金不能归还，并具有下列情形之一的，可以认定为具有非法占有的目的：（1）明知没有归还能力而大量骗取资金的；（2）非法获取资金后逃跑的；（3）肆意挥霍骗取资金的；（4）使用骗取的资金进行违法犯罪活动的；（5）抽逃、转移资金、隐匿财产，以逃避返还资金的；（6）隐匿、销毁账目，或者搞假破产、假倒闭，以逃避返还资金的；（7）其他非法占有资金、拒不返还的行为。虽然这里对贷款诈骗罪的"非法占有目的"情形采取一种列举的方式加以规定，但我们应当明白，实践中一定会出现其他的新情况，需要具体问题具体分析。在考察非法占有目的的时候，应该考虑行为人在贷款前、贷款后以及贷款到期后三个阶段的表现：

（1）贷款前主要考察行为人是否明知其不具有还款能力，如在贷款前某建筑企业负责人已经在外有大量高利贷，且资不抵债，此时其只能"拆东墙补西墙"，不具有还款的可能，应当认为其明知自身不具有还款能力，若此人仍然实施向银行等金融机构骗取大量贷款的行为，可以认定其具有非法占有的目的。

（2）获得贷款后主要考察行为人是否按照贷款用途使用所贷资金，是否有抽逃、转移资金及隐匿财产的行为。比如，建筑企业负责人在以施工企业名义获取贷款后，并未用于施工项目，而是用于归还个人借款，或者用于个人消费、挥霍，事后也确实没有归还贷款，则可以认定为具有非法占有的目的。又如，建筑企业负责人在贷款后直接携款潜逃或将贷款转移到国外，也可以认定其具有非法占有的目的。

（3）贷款到期后主要考察行为人是否积极准备偿还以及偿还的态度。如果建筑企业负责人在取得贷款后由于市场变化或自身经营不善、管理不善等原因，导致项目和公司亏损，确实无力偿还贷款，但在贷款到期后积极与银行或其他金融机构协商还款事宜，未有抽逃、转移资金，隐匿财产，隐匿、销毁账目，或者搞假破产、假倒闭等逃避行为，此时仅构成普通的借贷纠纷，不能认定为行为人有非法占有的目的，也就不成立贷款诈骗罪了。

在此有必要提醒的是，实践中经常出现一种情形甲施工企业虚拟一个项目，然后从银行骗取了巨额贷款，甲施工企业在获取银行贷款后并未将所贷资金用于该项目，而是将资金高利转贷给乙公司，以赚取高额利差。在此种情形下，虽然甲公司实施欺诈手段骗取了银行贷款，但其行为仅仅侵害了国家对银行等金融机构的贷款管理制度，甲施工企业本身不具有非法占有所贷资金的目的，所以应按照高利转贷罪定罪论处，而非认定为贷款诈骗罪。

（二）在建筑领域如何准确理解贷款诈骗罪中的“虚构事实、隐瞒真相的方法”

《刑法》第 193 条列举了五项虚构事实、隐瞒真相的主要方法，第 5 项“以其他方法诈骗贷款的”作为兜底条款，说明除了明确列举出的四种行为以外，无论行为人以何种方式骗取银行或其他金融机构的贷款，都要依本罪依法追究刑事责任。虚构事实、隐瞒真相的方法具体有：

1. 编造引进资金、项目等虚假理由。这是一种虚构事实的诈骗方法，可以分为两种情形：一是编造引进资金的虚假理由，二是编造引进项目的虚假理由。这种情形近年来屡有发生，仅在上海，一年就发生过假引资的诈骗案件几十起，案犯一般是伪造国外某财团的巨额资金或者“在美国的爱国华人”的巨额私人存款要以优惠条件存入某银行，骗取银行的贷款和手续费。[1] 具体到建筑领域，通常是建筑企业向地方政府或银行编造某外国财团要投资某优质工程项目，条件是引进企业必须具有一定的资金实力或者资金能够达到一定比例，为此引进企业向地方政府或银行许诺，待资金、项目引进后，可以立即投入生产、作业，为当地政府带来巨大经济效益或依约还本付息，从而骗取银行贷款。

2. 使用虚假的经济合同。这也是一种虚构事实的诈骗方法。因为银行在贷款之前，一般都要审查企业的经济合同，作为发放贷款的重要条件之一。在建筑施工领域中，建筑企业或项目经理往往因为自身经济状况恶化，而伪造承包合同、采购合同或出口供货合同，以此骗取银行的贷款。

3. 使用虚假的证明文件。此处的“证明文件”包括担保函、存款证明、招投标文

〔1〕 参见张军主编：《刑法（分则）及配套规定新释新解》（第 9 版），人民法院出版社 2016 年版，第 704 页。

件、中标通知书等向银行或其他金融机构申请贷款时所需要提供的一切证明性文件。如某公司通过银行内部的工作人员开具了一张虚假的存款证明，并以此来向另一家银行申请几百万元贷款。

4. 使用虚假的产权证明作担保或超出抵押物价值重复担保。使用虚假的产权证明作担保是虚构事实的诈骗方法，超出抵押物价值重复担保则是隐瞒真相的诈骗方法。这里的“产权证明”，是指能够证明行为人对房屋等不动产或者汽车、货币、可随时兑付的票据等动产具有所有权的证明性文件。建筑企业一方面不得使用上述虚假的证明文件作担保而骗取贷款，另一方面根据《民法典》的规定，不得重复担保，即已经设定抵押权的财产再次设定抵押权时，财产抵押后尚未被抵押的余额价值必须大于所担保债权。

5. 其他方法。根据同一性解释，应当认为其他方法是和前四种行为性质相一致的诈骗方法。第一，行为人须是以虚构事实或者隐瞒真相的方式采取的诈骗手段；第二，虚构或伪造的事实使银行等金融机构信以为真或者隐瞒的事实让银行等金融机构对行为人的贷款能力产生了错误的判断，并据此通过贷款申请，给行为人发放了贷款；第三，因虚构或者隐瞒的事实导致银行等金融机构不能追回贷款，遭受重大经济损失。

实务中存在一种情况，就是施工企业在合法取得贷款后，采取欺诈手段拒不归还所贷资金，如在设定抵押获取贷款后，减少、隐匿或者转移抵押财产，此时是否构成贷款诈骗罪？第一种观点认为，因其“非法占有的目的”是形成于取得贷款后，而不是贷款之前，属于事后故意，因此不能被认定为贷款诈骗罪。第二种观点认为，贷款诈骗罪的本质行为特征是通过欺诈的形式取得贷款，既然在上述情形下贷款人是合法取得贷款，则无论其是在事前、事中还是事后具有非法占有的目的，都不能构成贷款诈骗罪；至于贷款后通过欺诈手段拒不归还贷款的行为，只是一种赖账行为，与贷款诈骗罪具有本质上的不同。总之，无论是从主观方面还是从客观方面考虑，合法取得贷款后采取欺诈手段拒不归还的，不能以贷款诈骗罪论处。

（三）单位不作为贷款诈骗罪的主体

根据《刑法》的规定，可以由单位构成的金融诈骗罪中不包括贷款诈骗罪，即贷款诈骗罪的犯罪主体只能是自然人。对此，刑法学界存在不同看法：第一种观点认为，这是立法的疏忽，从立法上很难找到根据；第二种观点认为，这是受计划经济时期的影响，因为在过去能够从金融机构获得贷款的企业基本都是国有制企业。那么，对于单位实施的贷款诈骗行为应当怎么处理呢？根据最高人民法院2001年《全国法院审理金融犯罪案件工作座谈会纪要》的规定，“对于单位实施的贷款诈骗行为，不能以贷款诈骗罪定罪处罚，也不能以贷款诈骗罪追究直接负责的主管人员和其他直接责任人员的刑事责任。但是，在司法实践中，对于单位十分明显地以非法占有为目的，利用签订、履行借款合同诈骗银行或其他金融机构贷款，符合刑法第二百二十四条规定的合同诈骗罪构成要件的，应当以合同诈骗罪定罪处罚”。因此，若建筑企业以非法占有为目的，利用签订、履行借款合同骗取银行或其他金融机构贷款的，符合合同诈骗罪犯罪构成的，应以合同诈骗罪论处。

当然，理论界一直有学者呼吁要在贷款诈骗罪中增设单位作为主体，原因是，随着市场经济的快速发展，企业已经成为银行等金融机构贷款的主要对象，且贷款数额巨大，如果骗贷的话，社会危害性远超个人贷款诈骗。对此，有待立法的进一步完善。

（四）如何理解贷款诈骗罪的加重情节

《刑法》第193条贷款诈骗罪规定了本罪有“其他严重情节”“其他特别严重情节”的，应适用加重的量刑。所谓“其他严重情节”，是指：(1)为骗取贷款，向银行或者金融机构的工作人员行贿，数额较大的；(2)挥霍贷款，或者用贷款进行违法活动，致使贷款到期无法偿还的；(3)隐匿贷款去向，贷款期限届满后，拒不偿还的；(4)提供虚假的担保申请贷款，贷款期限届满后，拒不偿还的；(5)假冒他人名义申请贷款，贷款期限届满后，拒不偿还的。所谓“其他特别严重情节”，是指：(1)为骗取贷款，向银行或者金融机构的工作人员行贿，数额巨大的；(2)携带贷款逃跑的；(3)使用贷款进行犯罪活动的。

（五）如何计算贷款诈骗罪的犯罪数额

一般而言，诈骗犯罪的犯罪数额应该以行为人最终实际骗取的数额计算，即在案发前行为人已经返还的数额应从其最初诈骗时取得的数额中予以扣减。但贷款诈骗罪中由于涉及贷款利息问题，那么应当如何认定贷款诈骗的犯罪数额呢？

首先,犯罪数额的认定标准应以行为人实际骗取的数额为准,不包括未付利息部分。虽然贷款利息是银行取得利润和收益的主要来源之一,但不属于行为人实际骗取的数额,就算行为人拖欠银行本金和利息,其实际诈骗的数额仍以贷款本金计算,而不是以本金和利息的总和认定诈骗数额。

其次,如果行为人有返还情节时,应当根据返还款项的性质据实扣除返还的数额,对于行为人偿还的贷款利息不能冲抵本金在犯罪数额当中扣除,即已经偿还的本金不计入犯罪数额,已经支付的利息不能从犯罪数额中扣除。

实践中,行为人往往为了通过银行等金融机构的贷款审批或者有意拖延贷款的还款期限,以许诺高利率偿还到期利息的方式,诱使银行继续发放贷款或者放宽还款的时间,从而达到自己的诈骗目的,对此银行等金融机构应当警惕,建筑企业也应当自觉规避。

【此罪与彼罪】

1. 贷款诈骗罪和骗取贷款罪的区别

骗取贷款罪是《刑法修正案(六)》增加的罪名,罪名全称是骗取贷款、票据承兑、金融票证罪,是指以欺骗手段取得银行或者其他金融机构贷款、票据承兑、信用证、保函等,给银行或者其他金融机构造成重大损失或者有其他严重情节的行为。[1]

贷款诈骗罪和骗取贷款罪在客观方面都表现为使用欺骗手段获取贷款,主要区别在于行为人是否“以非法占有为目的”。骗取贷款罪的行为人主观上没有非法占有的目的或者证明其具有非法占有目的的证据不足,而贷款诈骗罪的行为人必须主观上以非法占有为目的。实践中,骗取贷款罪的行为人主要目的在于利用骗取而来的贷款进行再投资,但是其投资方向和使用方法尽管与贷款合同签订时的内容不同,其主观上仍然是愿意归还贷款,而非将贷款占为己有。

2. 贷款诈骗罪和合同诈骗罪的区别

贷款诈骗罪和合同诈骗罪是特殊与一般的法条竞合关系,二者的相同点是都

---

〔1〕《刑法修正案(十一)》将《刑法》第 175 条之一第 1 款修改为:“以欺骗手段取得银行或者其他金融机构贷款、票据承兑、信用证、保函等,给银行或者其他金融机构造成重大损失的,处三年以下有期徒刑或者拘役,并处或者单处罚金;给银行或者其他金融机构造成特别重大损失或者有其他特别严重情节的,处三年以上七年以下有期徒刑,并处罚金。”本次修正看似只删除“或者有其他严重情节的”这 10 个字,背后却蕴含着重大影响,这一修改将该罪名犯罪的成立标准确定为实害犯。

强调“以非法占有为目的”，行为人之间也通常签订了借贷合同，区别主要从以下几个角度把握：

第一，发生的场合不同。贷款诈骗罪仅是发生在行为人向银行或其他金融机构贷款的过程中，合同诈骗罪是发生在签订、履行合同的过程中，相对而言，合同诈骗罪发生的范围更广。

第二，侵害的对象不同。贷款诈骗罪直接侵害的对象是银行或者其他金融机构的贷款，合同诈骗罪直接侵害的对象不仅可以是银行或者其他金融机构的贷款，还可以是其他企业、个人的财物，财物的种类也不局限于资金，可以是动产或不动产，范围比贷款诈骗罪要广泛许多。

第三，犯罪主体不同。贷款诈骗罪的犯罪主体只能是自然人，合同诈骗罪的犯罪主体既可以单位，也可以是自然人。

【追诉标准】

根据最高人民检察院、公安部《关于公安机关管辖的刑事案件立案追诉标准的规定(二)》第45条：以非法占有为目的，诈骗银行或者其他金融机构的贷款，数额在5万元以上的，应予立案追诉。

【量刑范围】

1. 数额较大的：2万元以上不满5万元的，处5年以下有期徒刑或者拘役，并处2万元以上20万元以下罚金。

2. 数额巨大：5万元以上不满20万元的或者有其他严重情节的，[1]处5年以上10年以下有期徒刑，并处5万元以上50万元以下罚金。

3. 数额特别巨大：20万元以上的或者有其他特别严重情节的，[2]处10年以上有期徒刑或者无期徒刑，并处5万元以上50万元以下罚金或者没收财产。

---

〔1〕 所谓“其他严重情节”，是指：(1)为骗取贷款，向银行或者金融机构的工作人员行贿，数额较大的；(2)挥霍贷款，或者用贷款进行违法活动，致使贷款到期无法偿还的；(3)隐匿贷款去向，贷款期限届满后，拒不偿还的；(4)提供虚假的担保申请贷款，贷款期限届满后，拒不偿还的；(5)假冒他人名义申请贷款，贷款期限届满后，拒不偿还的。

〔2〕 所谓“其他特别严重情节”，是指：(1)为骗取贷款，向银行或者金融机构的工作人员行贿，数额巨大的；(2)携带贷款逃跑的；(3)使用贷款进行犯罪活动的。

三、实务操作

【对建设施工企业的建议】

实践中，比较常见的情况是民营企业负责人为了偿还其公司名下的贷款，而以其个人名义或实际控制的另外几家公司名义申请银行贷款，从而实现资金周转，但是若企业负责人的资金链断裂，则面临被控告贷款诈骗罪的刑事风险。

对此，建筑企业负责人应注意以下几点：

1. 正确认识自身的还贷能力。建筑企业负责人在贷款前应评估自身是否具备相应的偿还能力，不能在明知无法偿还的情况下盲目贷款，导致最后资不抵债。同时，企业负责人切莫高估自身的还贷能力，让企业始终处于高杠杆率状态，一旦出现市场风险或资金链断裂的情况，则面临债务危机和破产的风险。

2. 诚信担保。建筑企业负责人应当尽量提供资信情况良好的企业为贷款提供担保，担保企业名下应当有高于贷款资金的资产，必要时，建筑企业负责人也可以提供个人保证，进一步明确自身没有非法占有的目的。

3. 合法的贷款手续。银行等金融机构虽然具有审核资料形式真实性的义务，但建筑企业负责人应当自觉按照贷款银行等金融机构的要求，提供真实、有效、合法的申请资料，不得伪造、变造、虚构合同或证明文件，不得虚增企业利润或者隐瞒可能影响企业还贷能力的信息，尤其是不能为了获得贷款发放而贿赂银行从业人员。

4. 合理安排资金使用，尽早归还贷款。首先，不得肆意挥霍贷款资金，将企业的贷款资金用于个人还贷或个人消费，不得将贷款资金用于非贷款事项，“拆东墙补西墙”，不得抽逃、转移、隐匿贷款资金。其次，应当合理安排资金的使用，做好前期预算和还款计划，优化自身的经营管理模式，避免因经营不善或企业内部人员挪用资金而无力还贷。最后，即使建筑企业的资金链出现断裂，也应当及时与银行进行沟通，尽早制订还款计划，不得为了逃避责任而携款潜逃或隐匿资产。

5. 加强对项目经理申请贷款的审核。对于项目经理借企业名义进行贷款的，施工企业应当加强贷款事项的内部审核，重点审核贷款事项是否真实，项目经理是否具备偿还能力，贷款是否会影响企业的资信情况，同时必须要求项目经理提供相应的担保，必要时还应当要求项目经理提供个人保证。所得的银行贷款应当汇入企业账户由施工企业进行监管,对贷款资金的使用应当经过严格审批,并且保留相应的凭证。

6. 发现违法犯罪行为,及时移送司法机关处理。若施工企业发现项目经理或其他人员擅自使用企业的名义进行贷款诈骗,应当及时收集证据,保留相关的凭证。

【对项目经理的建议】

1. 项目经理应当诚信经营,要对挂靠的施工企业负责,不得擅自以施工企业的名义向银行等金融机构贷款。

2. 项目经理如果确实需要向银行等金融机构贷款,应当提供担保,对贷款专款专用,不得私自挪用,也不允许将贷款用于项目之外的事项,特别是不允许用于私人消费。

第九节　合同诈骗罪

一、案例解析

【基本案情】

2010 年 1 月,杨某 1 经变更登记,成为中海公司法定代表人,后杨某 1 找来杨某 2 让其到中海公司担任公司总经理职务,负责公司的全盘工作并对外洽谈业务。2010 年 4 月,杨某 2 在明知中海公司没有房地产开发资质和开发能力的情况下,委托介绍人曹某某负责洽谈西安市边家村中国科学院西安光学精密机械研究所(以下简称光机所)改造项目,且伪造了中海公司的资金证明用于证明公司的经济实力。随后,曹某某未经光机所授权便将光机所改造的有关文件交给杨某 1、杨某 2 使用,并谎称其能够取得光机所改造项目的开发权。

2010 年 3 月至 2011 年 11 月,在中海公司并没有取得光机所改造项目的情况下,中海公司向多位被害人出示伪造的资金证明及光机所改造项目的有关文件复印件,并谎称中海公司已取得光机所改造项目的开发权,骗取被害人信任,并先后与多位被害人签订了工程承包合同,收取工程“保证金”共计 893.2 万元。

经调查,中海公司收取的大量保证金均被杨某 1 个人挥霍一空。

【争议焦点】

杨某 1、杨某 2、曹某某是否构成合同诈骗罪。

【各方观点】

公诉机关认为，杨某 1、杨某 2、曹某某三人以非法占有为目的，在签订、履行合同过程中，骗取对方当事人财物，且数额特别巨大，应当以合同诈骗罪论处。

杨某 1 的辩护人认为，第一，本案中的工程项目是真实存在的，且收取的保证金已部分用于跑项目；第二，本案犯罪主体是中海公司，应以单位犯罪追究杨某 1 的刑事责任。

曹某某的辩护人认为，第一，本案中曹某某没有共同犯罪的故意；第二，曹某某对杨某 2 给其资金的来源并不知情，且资金均用于跑项目，故其行为不构成合同诈骗罪。

杨某 2 的辩护人认为，杨某 2 相信杨某 1 和曹某某所提供的光机所改造项目是真实的，才向外招募施工方，其在共同犯罪中起次要、辅助作用。

【法院判决】

一审法院认为，被告人杨某 1 犯合同诈骗罪，判处无期徒刑，剥夺政治权利终身，并处没收个人全部财产；被告人杨某 2 犯合同诈骗罪，判处有期徒刑 13 年，并处罚金人民币 90 万元；被告人曹某某犯合同诈骗罪，判处有期徒刑 12 年，并处罚金人民币 90 万元。

理由是，被告人杨某 1、杨某 2、曹某某在明知中海公司没有取得光机所改造项目的情况下，隐瞒相关事实真相，与多家施工单位签订施工合同并收取保证金，骗取共计 893.2 万元，数额特别巨大，其行为构成合同诈骗罪；且三名被告人系共同犯罪的主犯。

就本案是否应以单位犯罪论处，法院认为杨某 1 成为中海公司法定代表人后，中海公司开始从事诈骗犯罪活动，并无实际业务，依法应以个人犯罪追究其刑事责任。

【案例点评】

本案中，关于三名被告人是否构成合同诈骗罪，要看两个法定构成要件是否满足：第一，三名被告人是否“以非法占有为目的”；第二，三名被告人是否在签订、履行合同过程中，以虚构事实或者隐瞒真相的方法骗取对方当事人财物，且数额较大。

首先，关于三名被告人主观上是否具有“以非法占有为目的”。根据2001年《全国法院审理金融犯罪案件工作座谈会纪要》的精神，对于行为人通过诈骗的方法非法获取资金，造成数额较大资金不能归还，并具有下列情形之一的，可以认定为具有非法占有的目的：(1)明知没有归还能力而大量骗取资金的；(2)非法获取资金后逃跑的；(3)肆意挥霍骗取资金的；(4)使用骗取的资金进行违法犯罪活动的；(5)抽逃、转移资金、隐匿财产，以逃避返还资金的；(6)隐匿、销毁账目，或者搞假破产、假倒闭，以逃避返还资金的；(7)其他非法占有资金、拒不返还的行为。

本案中，杨某1在明知中海公司没有房地产开发资质，并未与光机所签订合作开发协议的情况下，就授意杨某2向外谎称中海公司与光机所联合开发光机所改造项目，伪造资金凭证，招募施工单位，骗取工程保证金，且收取的大量保证金均由杨某1用于个人挥霍，因此可以认定杨某1具有非法占有的目的。

被告人曹某某明知其未经光机所授权，便将光机所改造的有关文件交给杨某1、杨某2使用，并谎称能够取得光机所改造项目的开发权，骗取被害人信任签订合同，收取被害人保证金，可以认定其具有非法占有他人财物的目的。

杨某2作为中海公司的总经理，应当知道公司不具备房地产开发资质，无资金来源，也未取得光机所改造工程项目，仍以工程项目及伪造的相关资料向外界招募施工单位，因此其是本案的具体实施者，可以认定具有非法占有他人财物的目的。

第二个问题是，三人是否在签订、履行合同过程中，以虚构事实或者隐瞒真相的方法骗取对方当事人财物，且数额较大。本案中，杨某1、杨某2均隐瞒了中海公司没有开发资质和开发能力的事实，曹某某谎称能够取得光机所改造项目的开发权，同时三名被告人在明知未取得光机所改造项目的开发权的情况下，对外招募施工单位，属于“隐瞒事实”的诈骗手段。同时，三名被告人骗取多家施工单位的信任，签订施工合同并收取保证金800多万元，达到数额特别巨大的标准(50万元以上)，符合合同诈骗罪的客观构成要件。

综上所述，本案是一起骗取保证金的合同诈骗案件，三名被告人具有非法占有的目的，且实施了诈骗手段签订承包合同，骗取施工企业保证金数额特别巨大，构成合同诈骗罪。

二、罪名解读

【罪名解析】

> 《刑法》第224条 【合同诈骗罪】有下列情形之一，以非法占有为目的，在签订、履行合同过程中，骗取对方当事人财物，数额较大的，处三年以下有期徒刑或者拘役，并处或者单处罚金；数额巨大或者有其他严重情节的，处三年以上十年以下有期徒刑，并处罚金；数额特别巨大或者有其他特别严重情节的，处十年以上有期徒刑或者无期徒刑，并处罚金或者没收财产：
>
> （一）以虚构的单位或者冒用他人名义签订合同的；
>
> （二）以伪造、变造、作废的票据或者其他虚假的产权证明作担保的；
>
> （三）没有实际履行能力，以先履行小额合同或者部分履行合同的方法，诱骗对方当事人继续签订和履行合同的；
>
> （四）收受对方当事人给付的货物、货款、预付款或者担保财产后逃匿的；
>
> （五）以其他方法骗取对方当事人财物的。

合同诈骗罪，是指行为人以非法占有为目的，在签订、履行合同过程中，骗取对方当事人财物，数额较大的行为。

改革开放以来，随着我国社会主义市场经济的迅速发展，以合同诈骗形式获取非法利益的情形也逐渐增加。因此，1997年修正的《刑法》将合同诈骗罪从普通诈骗罪中分离出来，作为一个独立的罪名予以规定，对进一步规范社会主义市场经济秩序起到了重要作用。

合同作为市场交易的基本媒介之一，在许多生产经营领域中发挥了建立信用、稳定预期、明确规则、提高效率的法治作用。若利用合同实施犯罪则会造成市场诚信缺失、架空合同标的、扰乱行业秩序等危害后果。当前，工程建设领域合同诈骗犯罪仍呈高发多发态势。总的来看，工程建设领域合同诈骗犯罪涉案数额巨大，发生后会扰乱当地建筑市场秩序，给被害人造成无法挽回的损失。[1] 要准确理解这

〔1〕 参见范思力：《工程建筑领域“骗保”型合同诈骗犯罪研究》，载《贵州警官职业学院学报》2018年第3期。

个罪名,应当从以下几个方面掌握:

(一)在建设工程领域如何理解合同诈骗罪的“以非法占有为目的”

根据2001年《全国法院审理金融犯罪案件工作座谈会纪要》的精神,对于行为人通过诈骗的方法非法获取资金,造成数额较大资金不能归还,并具有下列情形之一的,可以认定为具有非法占有的目的:(1)明知没有归还能力而大量骗取资金的;(2)非法获取资金后逃跑的;(3)肆意挥霍骗取资金的;(4)使用骗取的资金进行违法犯罪活动的;(5)抽逃、转移资金,隐匿财产,以逃避返还资金的;(6)隐匿、销毁账目,或者搞假破产、假倒闭,以逃避返还资金的;(7)其他非法占有资金、拒不返还的行为。但是,在处理具体案件的时候,对于有证据证明行为人不具有非法占有目的的,不能单纯以财产不能归还就按金融诈骗罪处罚。

根据上述规定,建筑企业在判断是否存在“以非法占有为目的”时,既要考虑建设单位、分包单位、供应商在签订合同过程中是否实施了诈骗的手段,还需要考虑其在合同履行过程中是否有积极准备履行合同的行为。如果建设单位、分包单位、供应商是在有实际履行能力的前提下签订的合同,有进行经济往来的真实意图,在合同签订后也积极准备履行,那么即使最后合同没有得到完全履行,也不属于合同诈骗罪,而属于民事纠纷。但如果建设单位以采取虚构项目、谎称有开发资质和开发权、伪造项目审批文件及相关资料的方式对外招募施工单位,分包单位、供应商采取伪造相应资质、伪造合同及证明文件、冒用他人名义等欺骗手段与建筑企业签订合同,且实际未履行合同,则应当认为具有非法占有的目的。如建设单位、分包单位、供应商具备履行合同的能力,但是主观上就没有准备履行合同,将因合同获得的资金转移、挥霍或从事违法犯罪活动,也应当被认定为存在“以非法占有为目的”。

(二)在建设工程领域如何理解“在签订、履行合同过程中”

1. 必须理解本罪中的“合同”的性质。

本罪中的“合同”指的是经济合同,应当依据合同诈骗罪侵害的客体性质并结合立法目的来理解本罪的“合同”。

其一,本罪保护的是他人的财产所有权和社会主义市场经济秩序,因此涉及的合同须体现出明显的经济性特征，并且能够体现一定的市场秩序，否则与保护的法益不符。如婚姻、监护、收养、扶养等调整身份关系的合同，赠与协议，劳务协议，显然不属于本罪中的“合同”。

其二，从立法渊源上看，在《合同法》（已失效）公布之前，我国有三部独立的合同法，即《经济合同法》（已失效）、《涉外经济合同法》（已失效）、《技术合同法》（已失效）。以《经济合同法》（已失效）为依据，1996 年最高人民法院《关于审理诈骗案件具体应用法律的若干问题的解释》（已失效）使用了“经济合同诈骗”的概念。虽然 1997 年《刑法》没有沿用“经济合同”的概念，但实际指的仍是“经济合同”。另外，虽然我国民法将合同分为调整财产关系的合同和调整身份关系的合同两类，但也不是所有的调整财产关系的合同都属于本罪中的经济合同，还需要根据是否具备“扰乱市场秩序”这一特征做进一步判断。

其三，本罪中所指的“合同”必须存在于市场经济活动中。由于合同诈骗罪的客体要件之一是经济合同的管理秩序，从本罪所属章节来看，其被纳入《刑法》第三章第八节的扰乱市场秩序罪当中，因此这里的“合同”应符合市场交易性质。如果是单纯的借款合同，因利用借款合同进行诈骗相当于直接通过诈骗的手段使对方产生错误认识进而处分财物，完全符合诈骗罪的构成，应以诈骗罪论处。

其四，本罪中的“合同”必须是双务合同，即双方当事人均享有权利和承担义务，对于一方当事人仅享有权利、另一方当事人仅承担义务的单务合同，因不属于市场交易行为，不具有规制经济秩序的意义，因此也不属于合同诈骗罪的范围，如行为人伪造赠与合同骗取他人财物的，不构成合同诈骗罪，只成立诈骗罪。

其五，关于本罪中的“合同”是否包括口头合同，实践中存在争议。根据《民法典》第 469 条的规定，“合同”的形式包括书面形式、口头形式或其他形式。否定者认为，将口头合同纳入合同诈骗罪中，有架空诈骗罪的嫌疑，同时口头合同也难以印证在“签订”时的诈骗行为，造成实务中认定的困难。肯定者认为，口头合同也是契约形式的一种，在商事活动中也大量存在，如果合同诈骗罪不能包括口头合同，会造成因合同的外在表现不一致而区别定罪，也有违罪刑法定原则。笔者认为，合同诈骗罪的“合同”形式当然可以包括口头合同，但是因口头合同的证明力相对较弱，因此应当有其他证据进行佐证，保证法律适用的正确性。

在建筑施工领域比较常见的建设工程施工合同、联建合同、分包合同、采购合同、租赁合同、保证金合同等，一般都属于合同诈骗罪的“合同”范围。但在生活中也有一些不太明显的合同欺诈行为，也应被认定为合同诈骗罪，如定点医疗机构与医疗保险事业管理中心签订的服务协议在性质上应属民事合同；行为人在履行合同过程中采取“小病大医”“空挂床位”等手段，多开、虚开治疗项目和治疗费用，骗取医保资金数额较大的，构成合同诈骗罪。[1]

2. 必须是发生在“合同的签订、履行过程中”的诈骗手段，不能是在这之前或之后。

所谓合同的签订，是指自合同一方当事人提出订立合同的要约开始，在当事人之间就合同的内容经过磋商和承诺，最后对合同的内容达成合意的过程。所谓合同的履行，是指合同当事人按照合同中约定的内容，全面适时地完成其合同义务的过程。任何合同都需要经过签订和履行的过程，使合同双方的权利义务关系得以固定，并且通过履行最终实现合同目的。

而在合同诈骗犯罪的实施中，合同的签订、履行过程，实际上就是行为人实施虚构事实、隐瞒真相的过程，如行为人以虚构的单位或者冒用他人名义签订合同，以伪造、变造、作废的票据或者其他虚假的产权证明作担保等欺诈手段签订、履行合同，则最终将导致合同目的不能实现。事实上，对于合同诈骗罪的行为人而言，签订、履行合同的目的不在于使合同成立生效或顺利得到履行，而是对合同标的物或与签订、履行合同有关的财物进行非法占有，如合同标的物、定金、预付款、担保财产、货款。而被害人也正是由于受骗从而陷入错误认识，“自愿”为了保证合同订立生效或为了保证合同相对义务的履行而按照合同约定向诈骗人交付与合同内容相关的财物。如果行为人不是在合同签订、履行过程中采用欺骗手段或者是在签订、履行合同过程中以其他与合同无关的事由为借口骗取他人钱财的，都不是合同诈骗罪。

以《刑事审判参考》第 403 号案例王某军合同诈骗案为例，该案中被告人王某军谎称自己是中国石油天然气集团公司计划司“司长”，并虚构了一个“辽河石油管理局油建公司 24 号工程项目”，称不需要招标、投标，其就能够将该工程发包给核工业长沙中南建设集团公司项目负责人杨某章等人，又以办理工程批文需要活

---

[1] 参见(2011)涪法刑初字第 26 号刑事判决书。

动经费为由，先后骗取了103万元。并与杨某章所属的核工业长沙中南建设工程集团公司经理陈某荣签订了一份虚假的“24号井至主干线公路工程施工承包合同”，合同记载的工程项目总造价为5906万元。该案一审长沙市中级人民法院认定为合同诈骗罪，二审经湖南省高级人民法院改判为诈骗罪。生效裁判的理由是，被告人王某军假冒国家工作人员，伪造工程批文、假借承揽项目需要活动经费的名义骗取他人财物的行为都是在签订合同之前实施的，即在与被害人签订所谓施工承包合同之前王某军的诈骗行为已经实施完毕，被害人的财物已经被王某军非法占有，其虚构事实骗取钱财的犯罪目的已经实现；另外，被告人王某军非法获取的被害人钱财是所谓的活动经费，其骗取钱财的行为并没有伴随合同的签订、履行，其非法侵占的财物亦不是合同的标的物或其他与合同相关的财物。虽然王某军事后也与他人签订了一个虚假的工程施工承包合同，但这仅仅是掩盖其诈骗行为的手段，而不是签订、履行合同的附随结果，是否签订合同并不能影响其骗取财物行为的完成。从以上两个方面可以看出，无论是从骗取财物的手段上，还是从骗取财物的性质上，被告人王某军的行为均不符合合同诈骗罪的构成要件，不能认定为合同诈骗罪。

（三）在建设工程领域如何理解“骗取对方当事人财物”

《刑法》第224条规定了骗取对方当事人财物的五种主要表现形式：

1. 以虚构的单位或者冒用他人名义签订合同的。如行为人以非法占有为目的，虚构单位名称或者冒用他人名义签订合同，骗取财物，数额较大的，应当认为符合合同诈骗罪的构成要件。比较常见的是建筑企业员工盗用介绍信，伪造授权委托书，或者私刻、盗用公章，谎称自己有权代表公司签订购销合同或承包合同。但实践中存在一种情况，就是施工单位或实际施工人虽因资质问题冒用了他人名义签订了施工合同，但实际履行了合同，此时虽然其具有欺骗的手段，但因不具备非法占有他人财物的意图，以合同诈骗罪追究其刑事责任显然不妥，应以普通经济纠纷予以处理为妥。

2. 以伪造、变造、作废的票据或者其他虚假的产权证明作担保的。这里所称的票据，主要指能作为担保凭证的金融票据，即汇票、本票和支票等。所谓其他产权证明，包括土地使用权证，房屋所有权证，以及能证明动产、不动产的各种有效证明文件。如果建筑企业在与发包人签订合同时，发包人以非法占有为目的，在施工合同签订的过程中，以伪造、变造、作废的支票或土地使用权证、房屋所有权做担保，要求承包人预先支付投标保证金或履约保证金，则构成合同诈骗罪。但是，如果发包人仅以空头支票作为支付工程款的支付手段骗取承包人的财物，为法条竞合，应认定为票据诈骗罪。

3. 没有实际履行能力，以先履行小额合同或者部分履行合同的方法，诱骗对方当事人继续签订和履行合同的。先履行小额合同或者部分履行合同，是掩盖行为人没有实行履行能力、不打算履行合同的手段，所以，没有履行能力或者不打算履行合同却诱骗对方当事人继续签订和履行合同，才是这一类型的关键。反过来说，如果行为人具有实际履行能力，也有履行合同的打算，就不可能成立合同诈骗罪。这种行为类型表明，合同诈骗并非必须是“空手套白狼”，并非只要行为人与对方当事人实施了一定的交易行为就不成立合同诈骗罪。这是因为，诈骗罪原本大多发生在交易过程中，如果行为人具有非法占有目的，并不履行合同所要求的义务，即使表面上为被害人实施了某种行为或者存在一定的交易行为，也不能据此否认合同诈骗罪的成立。比如，甲公司通过伪造产权证明，利用合同将没有产权的住房冒充有产权的住房出售给他人的，即使客观上甲公司将房屋交付给他人，也不妨碍合同诈骗罪的成立。[1] 又如，甲公司实际不具有支付全部钢材款的能力，但为了获得供应商的信任，先支付小额定金或货款，然后让供应商供应大量钢材，实际被甲公司倒卖牟利并挥霍一空，应认定为合同诈骗罪。本项虽然只规定了以“没有实际履行能力”为前提，但如果行为人有履行能力但是没有打算实际履行，以先履行小额合同或者部分履行合同的方法，诱骗对方当事人继续签订和履行合同，也应当认定为合同诈骗罪。

4. 收受对方当事人给付的货物、货款、预付款或者担保财产后逃匿的。这里的“逃匿”，不是合同诈骗罪的构成要件行为，但能够表明行为人具有非法占有目的。本项行为应当结合合同诈骗罪的罪名理解，即必须是采取了欺诈手段收受对方当事人给付的货物、货款、预付款或者担保财产后逃匿的，才构成合同诈骗罪。如果行为人仅是在正常合同履行过程中取得了对方的财物，实际并未采取任何欺

---

〔1〕 参见张明楷：《合同诈骗罪行为类型的边缘问题》，载《东方法学》2020 年第 1 期。

诈手段,并在取得财物后产生了据为己有的想法而逃匿的,则不构成合同诈骗罪。

在建筑领域,行为人签订合同时虽然冒用了他人的名义,但提供的工程资料相对真实,也具有一定的履约能力,在与施工企业签订合同收受货物、货款、预付款或者担保财产后逃匿的,不能一概认为构成合同诈骗罪,还要看行为人是否有非法占有的目的,特别要注意区分合同诈骗罪和拒绝履约、延迟履约的民事纠纷之间的区别,不能以刑事手段插手民事纠纷。

5. 以其他方法骗取对方当事人财物的。作为兜底条款,这里所说的其他方法,是指在签订、履行经济合同过程中使用的上述四种方法以外的,以经济合同为手段、以骗取合同约定的由对方当事人交付的货物、货款、预付款,或者定金以及其他担保财物为目的的一切手段。

（四）合同诈骗罪犯罪数额的认定问题

合同诈骗罪的犯罪数额直接影响量刑标准,对于合同诈骗罪的犯罪数额,实务中存在不同观点:第一种观点认为,应当以被害人实际交付的数额作为本罪的犯罪数额,理由是合同诈骗罪的本质是从被害人处骗取财物,被害人在错误的认识下将财物交付给行为人时,表明合同诈骗罪的完成。第二种观点认为,应以被害人的实际损失作为本罪的犯罪数额,在被害人仅损失部分财物的情况,要让犯罪分子对全部合同价款承担刑事后果,会造成轻罪重罚的不利后果。第三种观点认为,应当区分本罪的既遂和未遂情形,在既遂的情况下,以行为人实际取得的数额定罪,在未遂的情形下,以行为人预期骗到的财物定罪。

对此,笔者认为,在合同诈骗既遂的情形下,应当进一步区分几种情形:(1)行为人在骗取财物后,因中途管理不善或者其他原因导致财物数额减少的,行为人的犯罪数额应以骗取财物的全部价值认定。(2)行为人在骗取财物时为取得信任,支付了定金或部分款项,则该部分款项可以予以冲抵,从犯罪数额中扣除。(3)被害人因与行为人签订、履行合同支付了费用,或丧失了与其他人订立合同的机会,造成自身损失的,参照1996年最高人民法院《关于审理诈骗案件具体应用法律的若干问题的解释》(已失效)第2条的规定,"利用经济合同进行诈骗的,诈骗数额应当以行为人实际骗取的数额认定,合同标的数额可以作为量刑情节予以考虑"。也就是说,可以在合同标的数额的范围内,适当考虑被害人的损失金额,从而认定本罪的犯罪金额。

在合同诈骗罪未遂的情况下,通常存在以下情形:第一种情形,行为人没有取得财物;第二种情形,相对人没有产生认识错误,或没有基于错误认识而处分财物。如果涉案金额全部未遂,可以按照预期利益进行量刑,但应根据《刑法》关于未遂的规定从轻或减轻处罚。

【罪与非罪】

笔者将对民事欺诈与合同诈骗罪进行区分。

实践中民事合同欺诈与合同诈骗罪的界限模糊不清这一问题是客观存在的,不仅导致了被害人的救济权利得不到及时的保护,还会导致司法裁判标准不统一,损害司法公信力。因此,处理好民事合同欺诈与合同诈骗罪的民刑交叉问题具有一定的现实性与紧迫性。

不过,人们习惯性地认为,合同诈骗与民事欺诈是罪与非罪的界限问题,于是想方设法要提出二者的区分标准。其实,民事欺诈完全包含了合同诈骗行为,二者是一种包容关系,合同诈骗只是民事欺诈的特殊情形。因此,重要的问题并非二者的界限,而是行为是否符合合同诈骗罪的犯罪构成。如果我们在判断具体行为的时候,得出肯定的结论,行为就符合了合同诈骗罪。此时,不能以行为属于民事欺诈为由,否定合同诈骗罪的成立。[1]

【此罪与彼罪】

1. 合同诈骗罪与金融诈骗罪的区分

合同诈骗罪和金融诈骗罪在主观方面都是故意犯罪,且都以非法占有为目的,在客观方面,都采用了虚构事实或隐瞒真相的方法,骗取他人的财物。

但两者存在的差异也非常明显:金融诈骗罪是《刑法》规定的破坏社会主义市场经济秩序罪中的一个犯罪类别,包括集资诈骗罪、贷款诈骗罪、票据诈骗罪、金融凭证诈骗罪、信用证诈骗罪、信用卡诈骗罪、有价证券诈骗罪、保险诈骗罪 8 个罪名。合同诈骗罪是单个罪名,其与金融诈骗罪下属的 8 个罪名虽然在手段上存在一些交叉,但金融诈骗罪破坏的是社会经济管理秩序,危害性更大。

---

〔1〕 参见张明楷:《刑法学》(第 5 版),法律出版社 2016 年版,第 834 页。

2. 合同诈骗罪与诈骗罪的区分

合同诈骗罪，是指以非法占有为目的，在签订、履行合同过程中，骗取对方当事人财物，数额较大的行为。诈骗罪，是指行为人采用虚构事实、隐瞒真相等方法，诈骗公私财物，数额较大的行为。从本质上看，合同诈骗罪也是一种具体的诈骗犯罪，其与诈骗罪是特殊与一般的关系，是法条竞合关系。它们的区别主要应从以下几个方面把握：

(1)犯罪客体不同。诈骗罪侵犯的客体具有单一性，是他人财产所有权；合同诈骗罪的客体是复杂客体，包括他人财产所有权和国家合同管理制度。

(2)犯罪客观方面不同。诈骗罪可以表现为虚构任何事实或隐瞒真相，以骗取财物；合同诈骗罪只是在经济合同的签订、履行过程中，因而欺诈手段有其特殊性，范围较诈骗罪较窄。但是，如果行为人在签订借款合同时采用欺诈手段，应当认为构成诈骗罪，而不是合同诈骗罪。

(3)犯罪主体不同。诈骗罪主体限于自然人；合同诈骗罪主体既可以是单位，也可以是自然人。

(4)合同诈骗罪与诈骗罪在法条竞合的情况下，应当遵循特别法优于一般法的原则，适用合同诈骗罪。

【追诉标准】

根据最高人民检察院、公安部《关于公安机关管辖的刑事案件立案追诉标准的规定(二)》第 69 条的规定：以非法占有为目的，在签订、履行合同过程中，骗取对方当事人财物，数额在 2 万元以上的，应予立案追诉。

【量刑范围】

1. 数额较大的，处 3 年以下有期徒刑或者拘役，并处或者单处罚金。

2. 数额巨大或者有其他严重情节的，处 3 年以上 10 年以下有期徒刑，并处罚金。

3. 数额特别巨大或者有其他特别严重情节的，处 10 年以上有期徒刑或者无期徒刑，并处罚金或者没收财产。

上述“数额较大”“数额巨大”“数额特别巨大”的具体标准，可以由各省、自治区、直辖市高级人民法院、人民检察院结合本地区经济社会发展状况，在最高人民法院、最高人民检察院发布的《关于办理诈骗刑事案件具体应用法律若干问题的解释》规定的数额幅度内，共同研究确定本地区执行的具体数额标准，报最高人民法院、最高人民检察院备案。

浙江省高级人民法院发布的《关于部分罪名定罪量刑情节及数额标准的意见》规定,合同诈骗罪的量刑标准如下:“合同诈骗数额在 2 万元以上不满 20 万元的,属于‘数额较大’,处三年以下有期徒刑或者拘役,并处或者单处罚金。合同诈骗数额在 20 万元以上不满 100 万元的,属于‘数额巨大’,处三年以上十年以下有期徒刑,并处罚金。合同诈骗达到数额较大的标准,并具有下列情形之一的,属于‘其他严重情节’,处三年以上十年以下有期徒刑,并处罚金:(1)诈骗救灾、抢险、防汛、优抚、扶贫、移民、救济、医疗款物的;(2)以赈灾募捐名义实施诈骗的;(3)诈骗残疾人、老年人或者丧失劳动能力人的财物的;(4)造成被害人自杀、精神失常或者其他严重后果的;(5)属于诈骗集团首要分子的;(6)严重情节的其他情形。合同诈骗数额在 100 万元以上的,属于‘数额特别巨大’,处十年以上有期徒刑或者无期徒刑,并处罚金或者没收财产。合同诈骗达到数额巨大的标准,并具有下列情形之一,属于‘其他特别严重情节’,处十年以上有期徒刑或者无期徒刑,并处罚金或者没收财产:(1)诈骗救灾、抢险、防汛、优抚、扶贫、移民、救济、医疗款物的;(2)以赈灾募捐名义实施诈骗的;(3)诈骗残疾人、老年人或者丧失劳动能力人的财物的;(4)造成被害人自杀、精神失常或者其他严重后果的;(5)属于诈骗集团首要分子的;(6)特别严重情节的其他情形。”

三、实务操作

【对施工企业的建议】

1. 施工企业应当建立健全内部的合同审核制度,由专门的人员对经济合同和交易项目的真实性进行审查,对交易方提供的证明文件应向有关部门进行核实、查验,必要时,还可以要求交易方配合进行尽调,及时掌握交易方的资信状况和经营状况,减少合同签订的风险。

2. 施工企业应当加强对企业内部人员的职业管理,避免企业内部人员因收受贿赂、回扣等而给交易方“开后门”,或者因竞争业绩而未对交易方和交易项目进行充分了解,盲目签订合同,支付保证金等。

3. 建立合同履行的监督制度。施工企业应当定期关注交易方的经营状况和合同履行情况,监督合同的履行进程,避免交易方携款潜逃,防止合同诈骗的发生。施工企业一旦发现合同诈骗,应当首先停止支付一切款项,并停止与之相关的交易或合同履行，及时止损。

4. 施工企业应当尽可能保留交易方进行合同诈骗的相关证据和线索（包括但不限于合同、来往函件、交易方的基本信息、银行账号），并主动携带证据向公安机关报案，争取减少自身的经济损失。

5. 施工企业应当积极配合司法机关的侦查和审判，维护自身的合法权益。施工企业应当向司法机关如实陈述相关案情，提供犯罪嫌疑人的基本资料，提交与合同诈骗罪相关的证据材料（包括但不限于合同、来往函件、交易方的基本信息、银行账号），并积极提供抓捕犯罪嫌疑人的相关线索。

【对项目经理的建议】

1. 项目经理应以交易对方是否超过经营范围为标准先判断项目的真实性，再与对方商谈合作项目。

2. 项目经理应认清合同公证和鉴定的内容，签订合同时应多留个心眼，不要轻易被合同的外在形式所蒙蔽。

3. 项目经理应核实对方人员、单位的真实性。对于首次交易的对象，厂商应通过查验身份证或前往工商局查询资料来核实对方人员、单位的真实性，防止不法分子利用虚假身份和单位行骗。

4. 项目经理应注意交易过程中的反常现象。

5. 项目经理在履行合同交易中，应尽量避免人货分离。

6. 项目经理应利用政府职能部门及金融系统资源，核实抵押物品、票据的真实性。

7. 项目经理对于不熟悉的交易相对方，应尽量避免收取交易相对方开出的“远期支票”。

第十节　保险诈骗罪

一、案例解析

【基本案情】

2013 年 2 月 4 日，被告人董某金在大理监狱工地上的工人李某 1 发生意外事故，后住院治疗，因董某金没有为工人购买保险，而在大理永平县做中缅天然气管道工程的被告人李某平为工人购买了建筑工程意外工伤保险（不记名保险），董某金和李某平合谋商量后，两人编造受伤工人李某1意外事故是发生在李某平建筑工地的虚假事实，并由被告人李某平与胡某芳取得联系后，按照被告人李某贵的指示提供了相关报保险的材料。其中，被告人董某金提供了李某1的住院资料，李某平提供了伪造的李某1在其工地受伤的证明（包括派出所证明、村委会证明、发包方证明）。随后四被告人到楚雄市大过口，由董某金与伤者李某1家属在大过口司法所补签了一份赔偿金额为21.8万元的调解协议（董某金之前就支付了伤者李某1住院期间的医疗费、生活费和伤后一次性赔偿金16.8万元，在大过口司法所签调解协议时又通过司法所转交了李某1家现金人民币3万元）。被告人李某贵、胡某芳在伤者李某1家为伤者拍照并让其在相关报保险材料上签字按印。

被告人李某贵收集了报保险材料后，被告人李某平、李某贵、胡某芳三人共谋将理赔额度提高，保费每人分点。为了提高理赔额度，被告人李某贵伪造大过口司法所调解协议书、伪造大过口司法所印章，将原来调解协议书上的调解金额由21.8万元增加到56万元。被告人胡某芳帮助李某贵在伪造的文书上签字，并帮助被告人李某平伪造工地工人的工资花名册，最终获得592,121.60元保险理赔款。李某贵从中分得13万元，胡某芳分得5万元。案发后，被告人李某平退赔涉案赃款人民币33万元，李某贵退赔涉案赃款人民币13万元，胡某芳退赔涉案赃款人民币5万元，董某金退赔涉案赃款人民币4万元。

【争议焦点】

被告人董某金、李某平、李某贵、胡某芳是否构成保险诈骗罪。

【各方观点】

公诉机关认为，被告人李某平以非法获取资金为目的，虚构李某1受伤地点，在报保险的过程中让被告人李某贵、胡某芳夸大损失程度，骗取保险金，数额特别巨大；被告人董某金以非法获取资金为目的，提议并伙同李某平虚构李某1的受伤地点，提供相关材料，骗取保险金，数额特别巨大；被告人李某贵、胡某芳以非法获取资金为目的，在报保险的过程中，虚构证明材料，夸大损失程度，骗取保险金，数额巨大，四被告人的行为触犯了《刑法》第198条的规定，应以保险诈骗罪追究其刑事责任。

被告人董某金对公诉机关指控的犯罪事实及罪名无异议，但提出其只参与了报保险的前期准备工作，对保险如何理赔及理赔金额不清楚也未参与，保险金只拿到了4万元，不应对全案犯罪金额承担刑事责任。其辩护人对公诉机关指控的罪名无异议，对事实及量刑方面提出：(1)公诉机关指控被告人李某平、董某金犯罪数额特别巨大，指控被告人李某贵、胡某芳数额巨大的认定不当。该案涉及三份赔偿协议，一步步将保险金额提高，四被告人对此都有责任，本案系共同犯罪，都属于数额特别巨大，数额划分不符合客观事实。(2)公诉机关区分主从犯的标准不公平、不公正，董某金没有参与保险理赔，在骗取保险款时，已被另外三名被告人抛弃，本案的从犯只有董某金一人，其余三人都是主犯。

被告人李某平对公诉机关指控的犯罪事实及罪名无异议，但认为其不是主犯。其辩护人对公诉机关指控的犯罪事实及罪名无异议，对量刑发表以下意见：(1)被告人李某平系本案从犯，依法应当从轻、减轻处罚。犯意系董某金提出，主犯是李某贵，其主导、指挥、积极参与整个保险诈骗犯罪的实施，李某平仅起次要和辅助作用，是从犯。(2)李某平系四被告人中最早到案人员，其到案后如实供述致使其他同案被告人先后归案，全案告破，认罪态度较好，可从轻处罚。(3)李某平到案后积极协助公安机关，以电话方式通知董某金到指定地点接受询问，其行为属于立功，依法应当从轻处罚。(4)案件发生后，李某平积极退赃，将案件损失和危害降到最低，依法可从轻处罚。综上所述，建议对被告人李某平在有期徒刑5年以下量刑。

被告人李某贵对公诉机关指控的犯罪事实及罪名无异议，未做辩解。其辩护人对公诉机关指控的犯罪事实及罪名无异议，对量刑发表以下意见：(1)被告人李某贵系从犯，依法应当减轻处罚。本案是因被告人李某平和董某金编造了虚假保险事故，并提供了虚假报保险材料，李某贵信以为真才参与到犯罪中，故其系从犯。(2)李某贵已退赔全部犯罪所得赃款，给公司、国家挽回了损失，愿意积极交纳罚金，依法可从轻处罚。(3)李某贵家中还有60多岁的老人，自幼残疾的哥哥，6岁的孩子，家庭主要生活来源完全依靠李某贵，请求法庭对其从轻处罚。(4)李某贵当庭自愿认罪，认罪态度较好，可依法从轻、减轻处罚。综上所述，建议对被告人李某贵在有期徒刑2年以下量刑并适用缓刑。

被告人胡某芳对公诉机关指控的基本犯罪事实无异议，但认为其构成职务侵占罪而非保险诈骗罪。其辩护人提出如下辩护意见:(1)公诉机关指控被告人胡某芳犯保险诈骗罪的事实不清。本案应分两个阶段进行评价:第一阶段是被告人李某平与董某金共谋虚构保险事故,第二阶段是李某平与李某贵共谋在实际赔偿数额之上提高报保额度。第一阶段李某贵、胡某芳没有参与,第二阶段胡某芳未参与共谋,只是按李某贵指示做了一些辅助事宜,所起作用极小,主观上没有骗保的故意,其主体身份及行为特征均不符合保险诈骗罪的构成特征。(2)从客观上看,胡某芳最后得到了5万元不当然说明其构成保险诈骗罪,而更符合职务侵占罪的特点。本案中被告人李某平与李某贵内外勾结,在李某贵不知是虚假理赔的情形下,利用职务便利,为李某平达到虚增理赔的目的,将保险公司不应理赔的钱款占为已有,根据相关法律规定,李某贵、胡某芳的行为应认定为侵占罪,但胡某芳主观恶性较小且属于从犯。(3)被告人胡某芳在犯罪中处于从属地位,系从犯,到案后积极交代了事情经过,如数退还犯罪所得,并愿意积极交纳罚金,又系初犯、偶犯,依法可从轻、减轻处罚。综上所述,建议法庭对其免予刑事处罚。

【法院判决】

法院认定:(1)被告人李某平犯保险诈骗罪,判处有期徒刑8年,并处罚金人民币5万元;(2)被告人李某贵犯保险诈骗罪,判处有期徒刑5年,并处罚金人民币3万元;(3)被告人董某金犯保险诈骗罪,判处有期徒刑4年,并处罚金人民币25,000元;(4)被告人胡某芳犯保险诈骗罪,判处有期徒刑3年,并处罚金人民币2万元。

理由是,被告人李某平投保后,与董某金合谋编造其投保工地未曾发生的保险事故,骗取保险金,被告人李某贵、胡某芳作为保险公司的工作人员为李某平骗保提供帮助,四被告人的行为已构成保险诈骗罪,依法应予惩处。本案系共同犯罪,其中被告人李某平参与了犯罪全过程并在犯罪中起主导作用,属于主犯,对本案所涉保险诈骗金额592,121.60元承担刑事责任,犯罪金额已达数额特别巨大;被告人董某金与李某平共谋提起了本案犯意,并积极参与了提高理赔额度之前的犯罪实施,其犯罪金额达数额巨大,依法对此部分承担刑事责任;被告人李某贵、胡某芳在与李某平共谋提高理赔金额后,积极协助李某平伪造、签署相关报保材料,让李某平得以顺利从保险公司骗保592,121.60元,其二人应对提高的骗保金额374,121.60元承担刑事责任,犯罪金额达数额巨大。公诉机关指控被告人董某金、李某贵、胡某芳、李某平的行为构成保险诈骗罪的罪名及定性理由成立,法院予以确认;但对被告人董某金指控的犯罪数额不当,以法院审理查明的事实为准。

【案例点评】

本案中,认定保险诈骗罪主要从三个方面讨论:第一,被告人是否以非法获取保险金为目的;第二,被告人是否进行了保险诈骗活动;第三,被告人是否构成从犯。

第一,李某平和董某金以非法占有为目的,合谋编造李某1投保工地未曾发生的保险事故,具有骗取保险金的故意,应认定为以非法获取保险金为目的。

第二,董某金没有为工人购买保险,而在大理永平县龙街镇做中缅天然管道工程的被告人李某平为工人购买了建筑工程意外工伤保险(不记名保险),李某平和董某金合谋商量后,两人编造受伤工人李某1意外事故是发生在李某平建筑工地的虚假事实,并由被告人李某平与胡某芳取得联系后,按照被告人李某贵的指示提供了相关报保险的材料,属于“投保人、被保险人或者受益人编造未曾发生的保险事故,骗取保险金”的诈骗手段,符合保险诈骗罪的客观要件。

第三,李某贵、胡某芳作为保险公司的工作人员为骗保提供帮助,四被告人的行为均已构成保险诈骗罪,但董某金、李某贵和胡某芳在本案犯罪中系从犯,可比照主犯李某平从轻、减轻处罚,量刑根据各被告人所起作用大小予以确定。

二、罪名解读

【罪名解析】

《刑法》第198条 【保险诈骗罪】有下列情形之一,进行保险诈骗活动,数额较大的,处五年以下有期徒刑或者拘役,并处一万元以上十万元以下罚金;数额巨大或者有其他严重情节的,处五年以上十年以下有期徒刑,并处二万元以上二十万元以下罚金;数额特别巨大或者有其他特别严重情节的,处十年以上有期徒刑,并处二万元以上二十万元以下罚金或者没收财产:

(一)投保人故意虚构保险标的,骗取保险金的;

(二)投保人、被保险人或者受益人对发生的保险事故编造虚假的原因或者夸大损失的程度,骗取保险金的;

(三)投保人、被保险人或者受益人编造未曾发生的保险事故,骗取保险金的;

> （四）投保人、被保险人故意造成财产损失的保险事故，骗取保险金的；
>
> （五）投保人、受益人故意造成被保险人死亡、伤残或者疾病，骗取保险金的。
>
> 有前款第四项、第五项所列行为，同时构成其他犯罪的，依照数罪并罚的规定处罚。
>
> 单位犯第一款罪的，对单位判处罚金，并对其直接负责的主管人员和其他直接责任人员，处五年以下有期徒刑或者拘役；数额巨大或者有其他严重情节的，处五年以上十年以下有期徒刑；数额特别巨大或者有其他特别严重情节的，处十年以上有期徒刑。
>
> 保险事故的鉴定人、证明人、财产评估人故意提供虚假的证明文件，为他人诈骗提供条件的，以保险诈骗的共犯论处。

保险诈骗罪，是指以非法获取保险金为目的，违反保险法规，采用虚构保险标的、保险事故或者制造保险事故等方法，向保险公司骗取保险金，数额较大的行为。

在现代社会，保险制度已经成为一种越来越重要的社会保障制度，它对于保证企业的正常生产经营，保障个人的生活安定，减少社会财富损失都具有重要意义。犯罪分子利用欺骗手段获取保险金的行为，不仅侵犯了保险公司的财产所有权，更加侵犯了国家的保险制度，干扰了保险业的正常发展。为准确理解保险诈骗罪，主要应把握以下几个方面：

（一）如何理解保险诈骗罪的犯罪主体

保险诈骗罪的犯罪主体是特殊主体，即投保人、被保险人、受益人。有观点认为，保险诈骗罪的主体可以是一般主体，自然人和单位均可构成保险诈骗罪。刘宪权教授认为："投保人、被保险人和受益人等都是由保险行为所产生的，是随着保险合同的存在而存在的，而利用保险合同进行诈骗是保险诈骗罪的最本质的特征，也是保险诈骗罪区别于其他诈骗犯罪的一个关键点。保险诈骗罪的成立，必须以行为人与被诈骗的保险人之间存在保险合同为前提，也就是说行为人必须具有合同关系人的特定身份才能构成保险诈骗罪，如果不具备这种合同关系人的身份，就不可能产生所谓的保险诈骗行为，但如果符合诈骗罪构成要件的，可以按照诈骗罪定罪处罚。因此，认为保险诈骗罪的主体为特殊主体是妥当的。”[1]

根据《保险法》的规定，投保人，是指与保险人订立保险合同，并按照合同约定负有支付保险费义务的人。需要注意的是，如果建筑企业是通过融资租赁的方式租用相关机械设备，而将租赁保费分摊到各期租金中以分期支付的方式全额补偿给融资租赁公司，此时虽然建筑企业不是保险合同的订立方，但建筑企业作为承租人实际缴纳了保险费用，应被认定为实质上的投保人。

被保险人，是指其财产或者人身受保险合同保障，享有保险金请求权的人。投保人可以为被保险人。在融资租赁关系中，如果建筑企业作为承租人在理赔前通过权益转让取得保险金请求权的，应认定为实质上的被保险人。

受益人，是指人身保险合同中由被保险人或者投保人指定的享有保险金请求权的人，一般受益人只涉及人身保险合同，如给企业员工、施工人员办理的人身保险合同中，可以将其家庭成员作为受益人。

对于冒名骗赔的行为人是否构成保险诈骗罪，理论和司法实务上存在争议。主流观点认为，因冒名骗赔的行为人不是投保人、被保险人和受益人，因此不能以保险诈骗罪论处，而是以诈骗罪或其他罪名处理。

（二）如何理解“以非法获取保险金为目的”

虽然《刑法》条文未写明保险诈骗罪“以非法占有为目的”，但是刑法理论上均认为应以“以非法占有为目的”作为本罪的主观要件，原因在于，本罪作为诈骗罪中的特殊罪名，应符合诈骗罪基础的构成要件特征，即以非法获取保险金为目的。

此外，保险诈骗罪中的“以非法占有为目的”，除了本人非法占有之外，还可以表现为使第三人非法占有，如投保人可能为了使被保险人或受益人获得保险金而实施诈骗行为，被保险人也可能为了使受益人获得保险金而实施保险诈骗行为。对此，实务中也应当认为行为人具有“非法占有的目的”，以保险诈骗罪论处。

（三）在建设施工领域如何理解“进行保险诈骗活动”

《刑法》第 198 条列举了五种保险诈骗的主要形式：

---

[1] 刘宪权：《刑法学名师讲演录—分论》（第 2 版），上海人民出版社 2016 年版，第 522 页。

1. 投保人故意虚构保险标的,骗取保险金。保险标的,是指作为保险对象的物质财富及其有关利益、人的生命、健康或有关利益。故意虚构保险标的,是指在与保险人订立保险合同时,故意捏造根本不存在的保险对象。建筑领域比较常见的是虚构相关机械设备、虚构工程项目进行投保,骗取保险金。

对于恶意复保险、隐瞒保险危险骗取保险金("瑕疵投保")是否应当认定为保险诈骗罪在法律上尚无规定。但是,从理论上讲,虚构保险标的可以表现为三种形式:一是将并不存在的保险标的虚构为已经存在的保险标的;二是将价值较小的保险标的虚构为价值较大的保险标的;三是将不符合保险合同要求的标的虚构为符合保险要求的标的。恶意重复投保就是行为人通过将同一保险标的向数个保险人订立保险合同,而保险总额已经超过了保险标的的实际价值,即属于将价值较小的保险标的虚构为价值较大的保险标的,从而获得远超保险价值的保险金,应认定为保险诈骗罪。隐瞒保险危险骗取保险金则是行为人通过隐瞒保险标的的真实情况,将不符合投保要求的保险标的进行投保,从而骗取保险金,比较常见的是,在健康保险合同中,行为人通过隐瞒疾病骗取保险金。

因此,施工企业应当注意,在投保的过程中,不得有虚构保险标的、恶意复投保或者隐瞒保险危险的情况,以免造成刑事风险。

2. 投保人、被保险人或者受益人对发生的保险事故编造虚假的原因或者夸大损失的程度,骗取保险金的。

对于已发生的保险事故,投保人、被保险人或者受益人存在两种诈骗手段:一是隐瞒发生保险事故的真实原因或者将非保险责任范围内的原因谎称为保险责任范围内的原因,故意隐瞒保险合同免责条款中涉及的事实。根据《保险法》的规定,保险人只对保险合同约定保险责任范围内的保险事故承担赔偿责任,如果超出了保险合同约定的保险责任范围或具备免责条款中的情况,则保险人不承担赔偿责任。比如,某建筑企业签订的保险合同约定,由于投保人、被保险人过错造成的事故损失,保险人不承担赔付责任,而该企业投保的设备是因不具备相关资质的员工操作失误而造成损坏,建筑企业为获得保险理赔,故意隐瞒了保险事故的真实原因,编造虚假的保险事故原因,向保险公司理赔,即构成保险诈骗罪。

二是故意夸大保险事故造成损失的程度,从而骗取更多的保险金。根据《保险法》的相关规定,保险事故发生后,投保人、被保险人或者受益人应当向保险人提供其所能提供的与确认保险事故的性质、原因、损失程度等有关的证明和资料。如某公司租用某场地堆放建筑材料和机械设备，因发生火灾导致办公用品、机械设备及建筑材料烧毁，后该公司为获得更多的保险理赔，通过虚增设备及建材数量的手段，夸大损失程度，骗取保险金。

3. 投保人、被保险人或者受益人编造未曾发生的保险事故，骗取保险金的。

保险事故，是投保人、被保险人或受益人能向保险人提出索赔以及保险人依合同约定的责任进行赔偿的前提条件。如果没有发生合同约定的保险事故，就不能借此索赔，以谎称保险事故发生而取得赔偿的，即属违反诚实信用、最大善意原则的保险欺诈行为。所谓编造未曾发生的保险事故，是指在保险事故实际没有发生的情况下，采取虚构、捏造事实的方法，欺骗保险人，谎称保险事故已发生而骗取保险金的行为，如把并没有丢失的参加保险的财产谎称已经丢失，或把并没有发生的保险财产被毁的事件谎称为因保险事故被毁。例如，某参加保险的汽车，在车库爆炸失火时被及时转移并未损坏，却谎称已被爆炸完全被毁而骗取保险金的，就是这种编造保险事故发生而骗取保险金的行为。《保险法》第 27 条第 1 款规定，被保险人或者受益人在没有发生保险事故的情况下，谎称发生了保险事故，向保险人提出赔偿或者给付保险金请求的，保险人有权解除保险合同，并不退还保险费，即要行为人承担实施此项欺诈行为尚未骗得保险金的民事上的法律责任。如果利用此种谎称保险事故发生的欺诈行为实际取得了数额较大的保险金，则属本罪客观之行为，即构成本项所规定的保险诈骗犯罪。

4. 投保人、被保险人故意造成财产损失的保险事故，骗取保险金的。

根据《保险法》第 27 条第 2 款的规定，投保人、被保险人故意制造保险事故的，保险人不承担赔偿或者给付保险金的责任。作为一种经济补偿的保险法律制度，其意旨是抵御并防范灾害。保险人进行保险经营，就是为了减少或避免各种各样的自然灾害与意外事故的发生，即使发生了，也要尽量抑制其蔓延而造成损失的扩大。如果本来没有发生保险事故，却通过故意的人为办法而加以制造，致使财物遭受损失，无疑是一种为法律所禁止的行为，构成犯罪的，还应依法追究其有关的刑事责任。倘若又借此向保险人索赔而骗取保险金，显然又有悖于保险制度的本质与宗旨，因而也为保险法律制度所不容许。

制造保险事故而故意造成财产损失骗取保险金的，要为此行为造成的实际损失承担各种法律责任，如制造火灾、爆炸保险事故的，应分别承担放火罪、爆炸罪的刑事责任；违反交通法规，故意破坏交通工具、交通设施的，则应分别承担破坏交通工具罪、破坏交通设施罪的刑事责任等。而且，还应承担骗取保险金的各种责任，如《保险法》第 27 条规定的经济责任、《刑法》规定的本罪之刑事责任等。

所谓故意造成财产损失的保险事故，是指在保险合同的有效期限内，故意造成使保险标的出险的保险事故，致使保险财产损失，从而骗取保险金的行为。如因违章导致翻车，为索取保险金，使用炸药使车彻底破坏并谎称是他人炸毁而骗取保险金的，就是这种犯罪行为。值得注意的是，这种制造保险事故发生的犯罪行为，只有出于故意时才能构成本罪。由于过失而后又骗取保险金的，就保险法律制度而言，则属于编造保险事故发生的原因骗取保险金的违法犯罪行为，不构成犯罪时，只承担民事责任，如不能获得保险赔偿。构成犯罪的，则构成本罪，同时也不排除因过失致财产损失这一行为而应承担的其他刑事责任。

5. 投保人、受益人故意造成被保险人死亡、伤残或者疾病，骗取保险金的。

所谓故意造成被保险人死亡、伤残或者疾病，骗取保险金，是指投保人、受益人采取故意杀害、故意伤害、虐待、遗弃、爆炸、放火、投放危险物质以及其他方法故意制造人身保险事故，致使被保险人死亡、伤害或疾病，骗取保险金的行为。对于过失致人死亡、伤害或疾病的行为，如过失引起爆炸、水灾、失火、交通肇事、重大责任事故、过失致人伤害等行为致人死亡、伤残或疾病，即使骗取保险金，一般也不为此项行为的犯罪。此时构成本罪，往往也是编造保险事故发生的原因那种情况的犯罪。当然，不管是否以此行为而骗取保险金，都不排除可以构成因过失行为致人死亡、重伤或疾病的有关犯罪，如失火罪、过失投放危险物质罪、过失爆炸罪、重大责任事故罪、交通肇事罪、过失致人死亡罪、过失致人重伤罪等。

（四）如何理解“有前款第四项、第五项所列行为，同时构成其他犯罪的，依照数罪并罚的规定处罚”

行为人在采取保险诈骗手段时可能会触犯其他罪名，构成另一独立的犯罪，这种情况在刑法理论上称为牵连犯，对于牵连犯，除我国《刑法》已有规定的外，从一重罪论处。但是，本罪中规定了两种例外情况，第一种是投保人、被保险人故意造成财产损失的保险事故，骗取保险金的；第二种是投保人、受益人故意造成被保险人死亡、伤残或者疾病，骗取保险金的。对于这两种情况，应数罪并罚，不是从一重罪处断。

（五）如何理解保险诈骗罪中的共同犯罪

《刑法》第 198 条第 4 款规定：保险事故的鉴定人、证明人、财产评估人故意提供虚假的证明文件，为他人诈骗提供条件的，以保险诈骗的共犯论处。本条规定属于注意规定，而非特别规定。所谓注意规定，是指在《刑法》已有相关规定的前提下，为避免歧义，提示司法人员注意的规定。事实上，即使没有该注意规定，保险事故的鉴定人、证明人、财产评估人故意提供虚假的证明文件，为行为人提供便利条件的，也应当根据共同犯罪的相关原理，认定为共犯。要理解本款注意规定，应当注意以下几点：

1. 除了保险事故的鉴定人、证明人、财产评估人故意提供虚假的证明文件，为他人诈骗提供条件，以共犯论处外，其他行为人只要符合《刑法》总则规定的共犯成立条件，也应以保险诈骗罪的共犯论处。

2.《刑法》第 229 条规定了中介人员提供虚假证明文件罪，本款规定提示司法人员注意不得将本款规定之情形认定为中介人员提供虚假证明文件罪。

3. 根据《刑法》第 183 条：“保险公司的工作人员利用职务上的便利，故意编造未曾发生的保险事故进行虚假理赔，骗取保险金归自己所有的，依照本法第二百七十一条的规定定罪处罚。国有保险公司工作人员和国有保险公司委派到非国有保险公司从事公务的人员有前款行为的，依照本法第三百八十二条、第三百八十三条的规定定罪处罚。”保险公司的工作人员利用职务便利骗取保险金的，构成职务侵占罪，国有保险公司工作人员利用职务便利骗取保险金的，构成贪污罪。因此，根据共同犯罪的原理，如果保险诈骗行为人与保险公司的工作人员勾结骗取保险金的，保险诈骗行为人既可能构成保险诈骗罪的主犯，又可能构成职务侵占罪或贪污罪的共犯。

【追诉标准】

根据最高人民检察院、公安部《关于公安机关管辖的刑事案件立案追诉标准的规定（二）》第 51 条，进行保险诈骗活动，数额在 5 万元以上的，应予立案追诉。

【量刑范围】

1. 进行保险诈骗活动，数额较大的，处 5 年以下有期徒刑或者拘役，并处 1 万元以上 10 万元以下罚金。

2. 进行保险诈骗活动,数额巨大或者有其他严重情节的,处 5 年以上 10 年以下有期徒刑,并处 2 万元以上 20 万元以下罚金。

3. 进行保险诈骗活动,数额特别巨大或者有其他特别严重情节的,处 10 年以上有期徒刑,并处 2 万元以上 20 万元以下罚金或者没收财产。

浙江省高级人民法院发布的《关于部分罪名定罪量刑情节及数额标准的意见》规定的保险诈骗罪的量刑标准如下:“个人进行保险诈骗,数额在 1 万元以上不满 10 万元,单位进行保险诈骗,数额在 5 万元以上不满 50 万元的,属于‘数额较大’,处五年以下有期徒刑或者拘役,并处一万元以上十万元以下罚金。个人进行保险诈骗,数额在 10 万元以上不满 50 万元,单位进行保险诈骗,数额在 50 万元以上不满 250 万元的,属于‘数额巨大’,处五年以上十年以下有期徒刑,并处二万元以上二十万元以下罚金。个人或者单位进行保险诈骗,达到数额较大的标准,并具有下列情形之一的,属于‘其他严重情节’,处五年以上十年以下有期徒刑,并处二万元以上二十万元以下罚金:(1)为骗取保险金而对保险公司工作人员、鉴定人、证明人、财产评估人等行贿的;(2)以故意造成保险事故的方式骗取保险金 3 次以上,尚未构成其他犯罪的;(3)严重情节的其他情形。个人进行保险诈骗,数额在 50 万元以上,单位进行保险诈骗,数额在 250 万元以上的,属于‘数额特别巨大’,处十年以上有期徒刑,并处二万元以上二十万元以下罚金或者没收财产。个人或者单位进行保险诈骗,达到数额巨大的标准,并具有下列情形之一的,属于‘其他特别严重情节’,处十年以上有期徒刑,并处二万元以上二十万元以下罚金或者没收财产:(1)为骗取保险金而对保险公司工作人员、鉴定人、证明人、财产评估人等行贿的;(2)以故意造成保险事故的方式骗取保险金 3 次以上,尚未构成其他犯罪的;(3)特别严重情节的其他情形。”

三、实务操作

【对施工企业的建议】

1. 施工企业应选择大型有正规资质的保险公司,应审核保险合同的相关理赔和免责条款,明确投保的范围,可以理赔的事由以及相关免责情况。

2. 施工企业在办理保险合同时,应提供真实的保险标的,并且向保险公司提供真实有效的证明文件。

3. 施工企业在发生保险事故时应依据真实的保险事故原因和实际损失进行索赔,不得编造保险事故原因或夸大损失,更不得与他人串通,为获得保险理赔而故意制造保险事故。

4. 如果施工企业在遇到他人为获得保险理赔而故意制造与施工企业的保险事故,使施工企业遭受损失,施工企业也应当积极维权,向公安机关进行举报。施工企业可以向公安机关提供如下资料:书面报案材料并加盖单位公章,签订的保险合同原件或者复印件,犯罪嫌疑人(单位)的基本情况,索赔申请材料,已支付的保险金相关凭证,保险事故调查报告,可以证明行为人保险诈骗的相关证据。

【对项目经理的建议】

1. 项目经理应加强对《刑法》与《保险法》的学习,增强保险意识和法治观念。

2. 项目经理应加强内部管理,严格执行各项规章制度。

3. 项目经理应严格按照《劳动合同法》的规定,为企业员工购买保险,依法依规进行理赔,严禁实施保险诈骗犯罪行为。

第十一节　诈　骗　罪

一、案例解析

【基本案情】

2003 年 7 月 1 日,上海京厦房地产发展有限公司与华鹏公司就“中兴村”旧改项目达成意向协议,该协议由京厦公司代表谢某某签字,约定华鹏公司为表示承接施工的诚意,前期支付 100 万元保证金到京厦公司账户。

2008 年 11 月 7 日,被告人傅某某因个人借款向谢某某支付了 50 万元,后虚构自己曾代华鹏公司垫付 50 万元保证金给京厦公司的事实,向绍兴市柯桥区人民法院提起诉讼要求华鹏公司归还 50 万元,并向法院提交了其伪造的华鹏公司《委托书》和《确认书》。根据《委托书》,华鹏公司委托傅某某依照协议书向京厦公司支付前期保证金 50 万元,落款日为 2004 年 2 月 9 日,并有华鹏公司印章,原系上海京厦房地产发展有限公司员工的孙某还在上面签署了“以上文件收到属实,孙某,

2004年2月12日”字样;根据《确认书》,华鹏公司确认傅某某为其垫付京厦公司“中兴村”旧城改造项目保证金50万元,华鹏公司承诺于2007年5月30日前归还给傅某某,承担垫付期间10%年利息并支付给傅某某,落款日为2004年6月9日,并有华鹏公司印章。

被告人傅某某又通过许诺钱财的方式让签署《委托书》的孙某出庭帮其作伪证,导致绍兴市柯桥区人民法院作出“华鹏公司应归还傅某某借款50万元,并支付相应利息”的民事判决,华鹏公司不服向绍兴市中级人民法院上诉,绍兴市中级人民法院作出维持原判的判决,后华鹏公司被迫向绍兴市柯桥区人民法院交纳50万元执行款。

【争议焦点】

被告人傅某某是否构成诈骗罪。

【各方观点】

公诉机关认为,被告人傅某某以非法占有为目的,采用虚构事实的方法,骗取他人财物,数额特别巨大,应当以诈骗罪追究其刑事责任。

辩护人认为,被告人傅某某的行为不构成诈骗罪。理由如下:一是傅某某主观上无诈骗华鹏公司钱财的故意,傅某某系受华鹏公司委托支付50万元保证金给京厦公司谢某某;二是《委托书》和《确认书》上加盖的华鹏公司印鉴是真实的,不能认定《委托书》和《确认书》是伪造的;三是该伪造行为不应认定为诈骗犯罪。

【法院判决】

法院认定,被告人傅某某犯诈骗罪,判处有期徒刑6年,并处罚金人民币1万元。

理由是:根据付款凭证、续借凭证、证人证言等证据,可以认定傅某某支付给谢某某的50万元现金系谢某某向傅某某的个人借款,而非替华鹏公司向京厦公司交纳的保证金。被告人傅某某明知该款系个人借款,仍虚构自己曾替华鹏公司垫付50万元保证金给京厦公司的事实向法院提起民事诉讼,提供伪造的证据,使法院作出对其有利的判决,其行为符合诈骗罪的法定犯罪构成,应以诈骗罪定罪处罚。同时,傅某某已经着手实行犯罪,但因意志以外的原因未能得逞,属犯罪未遂,比照既遂犯予以减轻处罚。

【案例点评】

本案是典型的诉讼诈骗,所谓诉讼诈骗,是指行为人将被害人作为被告向法院提起虚假的诉讼,使法院产生判断上的错误,进而获得胜诉判决,使被害人交付财产或者由法院通过强制执行将被害人的财产转移给行为人或者第三者所有。在《刑法修正案(九)》颁布以前,理论上认为,诉讼诈骗是典型的三角诈骗,应当认定为诈骗罪,但是《刑法修正案(九)》颁布以后,由于新增了"虚假诉讼罪",部分学者认为《刑法修正案(九)》否定了诉讼诈骗属于诈骗罪的观点,但也有学者认为,《刑法修正案(九)》增设虚假诉讼罪,并不是因为诉讼诈骗行为不构成诈骗罪,而是因为没有骗取财物和骗免债务的行为不成立诈骗罪。[1] 本案在《刑法修正案(九)》之前判决,所以不涉及上述争论,仍以诈骗罪论处。

二、罪名解读

【罪名解析】

> 《刑法》第266条 【诈骗罪】诈骗公私财物,数额较大的,处三年以下有期徒刑、拘役或者管制,并处或者单处罚金;数额巨大或者有其他严重情节的,处三年以上十年以下有期徒刑,并处罚金;数额特别巨大或者有其他特别严重情节的,处十年以上有期徒刑或者无期徒刑,并处罚金或者没收财产。本法另有规定的,依照规定。

诈骗罪,是指以非法占有为目的,用虚构事实或者隐瞒真相的方法,骗取数额较大的公私财物的行为。诈骗罪的基本构造是:行为人实施欺骗行为—对方受骗产生错误认识—对方基于错误认识处分财产—行为人或者第三人取得财产—被害人遭受财产损失。可以从以下几个方面理解诈骗罪:

(一)建筑领域如何理解"诈骗公私财物"

首先,行为人实施了欺诈行为。欺诈行为从形式上分为两类:第一种是虚构事实,第二种是隐瞒真相。两类欺诈行为的本质都是使被害人陷入错误认识从而作出错误的财产处分的行为。建筑施工领域比较常见的欺诈行为有以下几种:

---

[1] 《刑法》第307条之一规定了虚假诉讼罪。其第3款规定,有第1款行为,非法占有他人财产或者逃避合法债务,又构成其他犯罪的,依照处罚较重的规定定罪从重处罚。

1. 项目经理通过私刻施工企业项目部印章，以分包工程的名义骗取实际施工人的履约保证金。

2. 项目经理与材料商相互串通，虚构材料的实际用量，骗取施工企业多余的材料款。

其次，欺诈行为必须达到能够使人产生错误认识的程度。如果供应商只是对自己出手的商品进行夸大宣传，没有超出一般人认识的范围，则不能认定为欺诈行为。

最后，欺诈行为要求是使对方陷入错误认识后作出财产处分的行为。第一，欺诈行为的对方（被骗人）必须是有处分财产权限或者地位的人，但不一定要求是财物的所有人或者占有人，如典型的三角诈骗的情形中，被害人和被骗人不是同一人。第二，财产处分包括处分的行为和处分的意思，表现为直接交付财产或者承诺行为人取得财产、转移财产性利益等。

（二）如何理解诈骗罪与其他罪名之间的关系

1. 诈骗罪和集资诈骗罪、贷款诈骗罪、金融票证诈骗罪、信用证诈骗罪、信用卡诈骗罪、有价证券诈骗罪、保险诈骗罪、合同诈骗罪的关系。

诈骗罪与其他诈骗类型的犯罪属于一般和特殊的关系，它们在主观方面和客观方面均有相同或相似之处，但在犯罪主体、犯罪手段、犯罪对象上均有差别，因此，《刑法》在诈骗罪条款的最后规定，“本法另有规定的，依照规定”，即遵循特别法优于一般法的基本原则，在能够适用特殊诈骗罪名的时候，优先适用特殊诈骗罪名。

2. 诈骗罪与盗窃罪之间的关系。

盗窃罪，是指以非法占有为目的，秘密窃取公私财物的行为。关于盗窃与诈骗交织型犯罪，即既采取秘密窃取手段又采取欺骗手段非法占有他人财物行为的定性，应从行为人所采取的主要手段和被害人有无处分财物意识方面区分盗窃与诈骗。如果行为人获取财物时起决定性作用的手段是秘密窃取，诈骗行为只是为盗窃创造条件或做掩护，被害人也没有“自愿”交付财物，就应当认定为盗窃；如果行为人获取财物时起决定性作用的手段是诈骗，被害人基于错误认识而“自愿”交付财物，盗窃行为只是辅助手段，就应当认定为诈骗。最高人民法院发布的第 27 号指导性案例就指出，行为人利用信息网络，诱骗他人点击虚假链接而实际通过预先植入的计算机程序窃取财物构成犯罪的，以盗窃罪定罪处罚；行为人虚构可供交易的商品或者服务，欺骗他人点击付款链接而骗取财物构成犯罪的，以诈骗罪定罪处罚。

【追诉标准】

根据最高人民法院、最高人民检察院《关于办理诈骗刑事案件具体应用法律若干问题的解释》的规定，“诈骗公私财物价值三千元至一万元以上、三万元至十万元以上、五十万元以上的，应当分别认定为刑法第二百六十六条规定的‘数额较大’、‘数额巨大’、‘数额特别巨大’。各省、自治区、直辖市高级人民法院、人民检察院可以结合本地区经济社会发展状况，在前款规定的数额幅度内，共同研究确定本地区执行的具体数额标准，报最高人民法院、最高人民检察院备案”。

浙江省高级人民法院、浙江省人民检察院《关于我省执行诈骗罪“数额较大”、“数额巨大”、“数额特别巨大”标准的意见》规定的办理诈骗罪执行的具体数额标准确定如下，“诈骗公私财物价值人民币 6000 元以上不满 10 万元的、10 万元以上不满 50 万元的、50 万元以上的，应当分别认定为刑法第二百六十六条规定的‘数额较大’、‘数额巨大’、‘数额特别巨大’”。

【量刑范围】

1. 诈骗公私财物，数额较大，处 3 年以下有期徒刑、拘役或者管制，并处或者单处罚金。

2. 诈骗公私财物，数额巨大或者有其他严重情节的，处 3 年以上 10 年以下有期徒刑，并处罚金。

3. 诈骗公私财物，数额特别巨大或者有其他特别严重情节的，处 10 年以上有期徒刑或者无期徒刑，并处罚金或者没收财产。

三、实务操作

【对施工企业的建议】

1. 施工企业应完善包括人员管理、财务管理、项目管理在内的管理体系，加强对企业关键人员的管理。

2. 施工企业应加强普法教育，对常见的诈骗手段定期进行汇总、分享，进行警示教育，提高企业人员的法律意识和防范意识。

3. 施工企业如果被骗，应当向司法机关报案，提供相关的证据材料。

【对项目经理的建议】

1. 项目经理应当遵纪守法，不实施违法犯罪行为，尤其不得诈骗他人财物。

2. 项目经理应对施工人员加强管理，进行普法教育，以反面教材来警示相关人员不实施诈骗犯罪行为。

3. 项目经理应当对施工企业负责，不骗取项目工程款等费用。

第十二节　重大责任事故罪

一、案例解析

【基本案情】

2012 年 10 月 9 日 16 时 10 分许，在西安市莲湖区昆明路工农村中基怡馨苑项目 A#楼施工现场，施工人员田某某、李某某、蔡某某、杨某某、田某在该楼东侧采光井自制整体提升脚手架（位于 22～25 层之间）上进行外墙面修补及更换排水管道作业时，所处架体突然坠落，致使在场施工人员随作业平台一同下坠至地面，上述施工人员五人当场死亡。2013 年 1 月 28 日，西安市安全生产监督管理局出具关于莲湖区工农村中基怡馨苑项目“10·9”较大建筑施工事故处理决定，并对涉案工程的何某、侯某某、兰某、姚某、王某甲、孙某进行事故责任认定：西安国胜建筑劳务有限责任公司第二项目部项目经理侯某某及二次装修负责人何某不具备建筑从业资格和相应技术能力，违规组织整体提升脚手架搭设；安全员兰某职责履行不到位，明知劳务分包单位存在重大安全隐患，没有对劳务单位的违规作业行为进行制止；项目经理姚某不具备担任该工程项目经理的资格，安全管理职责履行不到位；王某甲监理职责履行不到位，没有对其违规作业行为采取必要的监理措施，也未向当地建设主管部门报告；孙某作为项目分管负责人，明知作业人员在组织搭设整体提升脚手架过程中，存在重大安全隐患，仍允许施工人员安装使用。上述六人对事故发生均负有主要责任。

【争议焦点】

何某、侯某某等六人是否构成重大责任事故罪。

【各方观点】

公诉机关认为,六人在生产、作业中,违反有关安全管理的规定,因而发生重大伤亡事故,造成五人死亡的严重后果,情节特别恶劣,其行为均已构成重大责任事故罪,依法均应予以惩处。

辩护人认为,何某是质量监察员,而非现场负责人;他没有参与脚手架的搭设;发生事故的其中两名工人不是他安排的。侯某某没有安排工人对脚手架进行拆卸,不能将五名工人的死亡结果由劳务公司全部承担。兰某曾在开会时提出过脚手架存在安全隐患,一定程度上履行了职责。王某甲并未被书面委托为总监代表;不主管A号楼,不应当承担责任。

【法院判决】

法院经审理判决:被告人何某犯重大责任事故罪,判处有期徒刑3年零6个月;被告人侯某某犯重大责任事故罪,判处有期徒刑3年;被告人兰某犯重大责任事故罪,判处有期徒刑3年;被告人姚某犯重大责任事故罪,判处有期徒刑2年零10个月,缓刑3年;被告人王某甲犯重大责任事故罪,判处有期徒刑2年零8个月,缓刑3年;被告人孙某犯重大责任事故罪,判处有期徒刑2年零6个月,缓刑3年。

理由是,被告人何某、侯某某、兰某、姚某、王某甲、孙某在生产、作业中违反有关安全管理规定,发生安全生产事故造成五人死亡,情节特别恶劣,其行为均已触犯《刑法》第134条第1款之规定,构成重大责任事故罪。

【案例点评】

因近年来建设工程领域安全事故频发,重大责任事故罪成为建筑领域比较常见的罪名。重大责任事故罪的主体仅限于自然人,且必须是参与生产、作业的从业人员。根据最高人民法院、最高人民检察院《关于办理危害生产安全刑事案件适用法律若干问题的解释》,重大安全事故罪的主体包括对生产、作业负有组织、指挥或者管理职责的负责人、管理人员、实际控制人、投资人等人员,以及直接从事生产、作业的人员。重大责任事故罪的主体可以分为两类:第一类是直接从事生产、作业的从业人员,如工地上的操作工人、装修工人、班组长、包工头;第二类是管理人员,包括项目经理、监理人员、安全主管,甚至是主管项目的企业管理人员。根据最高人民法院《关于进一步加强危害生产安全刑事案件审判工作的意见》,对于负有安全生产管理、监督职责的工作人员,应根据其岗位职责、履职依据、履职时间等,综合考察工作职责、监管条件、履职能力、履职情况等，合理确定罪责。

本案中，西安国胜建筑劳务有限责任公司第二项目部项目经理侯某某及二次装修负责人何某、项目经理姚某、项目分管负责人孙某作为管理人员，没有履行其安全管理职责，违规组织整体提升脚手架搭设，对架体倒塌负有直接责任，应以重大责任事故罪论处。

安全员兰某、监理人王某甲作为直接从事生产、作业的安全监督人员，未按照相关工程安全规范和安全守则履行其职责，在明知涉案工程存在重大安全隐患的情况下，没有对劳务单位的违规作业行为及时制止，对事故发生负有直接责任，应以重大责任事故罪论处。

二、罪名解读

【罪名解析】

《刑法》第 134 条第 1 款　【重大责任事故罪】在生产、作业中违反有关安全管理的规定，因而发生重大伤亡事故或者造成其他严重后果的，处三年以下有期徒刑或者拘役；情节特别恶劣的，处三年以上七年以下有期徒刑。

（第 134 条之一　在生产、作业中违反有关安全管理的规定，有下列情形之一，具有发生重大伤亡事故或者其他严重后果的现实危险的，处一年以下有期徒刑、拘役或者管制：

（一）关闭、破坏直接关系生产安全的监控、报警、防护、救生设备、设施，或者篡改、隐瞒、销毁其相关数据、信息的；

（二）因存在重大事故隐患被依法责令停产停业、停止施工、停止使用有关设备、设施、场所或者立即采取排除危险的整改措施，而拒不执行的；

（三）涉及安全生产的事项未经依法批准或者许可，擅自从事矿山开采、金属冶炼、建筑施工，以及危险物品生产、经营、储存等高度危险的生产作业活动的。）

重大责任事故罪，是指在生产、作业中违反有关安全管理的规定，因而发生重大伤亡事故或者造成其他严重后果的行为。当前，全国安全生产状况呈现总体稳定、持续好转的发展态势，但形势依然严峻，企业安全生产基础依然薄弱；非法、违法生产，忽视生产安全的现象仍然十分突出；重特大生产安全责任事故时有发生，个别地方和行业重特大责任事故上升。一些重特大生产安全责任事故举国关注，相关案件处理不好，不仅起不到应有的警示作用，不利于生产安全责任事故的防范，也损害党和国家形象，影响社会和谐稳定。理解本罪时可从以下几个方面把握：

（一）在建筑施工领域如何理解重大安全事故罪的主体

根据最高人民法院、最高人民检察院《关于办理危害生产安全刑事案件适用法律若干问题的解释》，重大安全事故罪的主体包括对生产、作业负有组织、指挥或者管理职责的负责人、管理人员、实际控制人、投资人等人员，以及直接从事生产、作业的人员。根据最高人民法院《关于进一步加强危害生产安全刑事案件审判工作的意见》，对于负有安全生产管理、监督职责的工作人员，应根据其岗位职责、履职依据、履职时间等，综合考察工作职责、监管条件、履职能力、履职情况等，合理确定罪责。

从上述规定可以看出，重大责任事故罪对其主体有一定的身份要求，必须是在“生产、作业中”从事某项业务的人，而且这项业务需对事故的发生有一定影响。所谓“生产、作业中”从事某项业务的人，不仅仅是指直接参与生产、作业的施工人员，而且包括建设单位、施工单位、监理单位、劳务单位等负有组织、指挥或者管理职责的负责人、管理人员、实际控制人、投资人。

以江西丰城发电厂“11·24”冷却塔施工平台坍塌特大事故为例，江西丰城电厂作为国家“九五”期间的重点工程，总投资额76.7亿元。2016年11月24日，江西丰城发电厂三期扩建工程发生冷却塔施工平台坍塌特大事故，最终造成73人死亡、2人受伤，直接经济损失10,197.2万元。经调查，事故的主要原因是建设单位在未经论证、评估的情况下，违规大幅度压缩合同工期，同时施工单位编制并经总承包项目部、项目监理部、工程建设指挥部审查同意的《7号冷却塔筒壁施工方案》存在严重缺陷，未制定针对性的拆模作业管理控制措施，导致施工人员在混凝土强度不足的情况下违规拆除模板，造成筒壁混凝土和模板体系连续倾塌坠落，坠落物冲击与筒壁内侧连接的平桥附着拉索，平桥整体倒塌。

2020 年 4 月 24 日，江西省宜春市中级人民法院和丰城市人民法院、奉新县人民法院、靖安县人民法院对“11・24”事故所涉 9 件刑事案件进行了公开宣判，对 28 名被告人和 1 个被告单位依法判处刑罚，其中，江西投资集团党委委员、工会主席、丰电三期扩建工程建设指挥部总指挥人员邓某某，施工单位河北亿能公司法定代表人、董事长张某某，丰电三期扩建工程 D 标段项目部执行经理吴某某，中南电力设计院丰电三期扩建工程总承包项目部总工程师王某，上海斯耐迪公司丰城发电厂项目监理部总监理工程师胡某某，丰电三期工程部土建专业工程师廖某某等 14 人均构成重大责任事故罪。

（二）在建筑施工领域如何理解“违反有关安全管理的规定”

根据最高人民法院《关于进一步加强危害生产安全刑事案件审判工作的意见》，认定相关人员是否违反有关安全管理规定，应当根据相关法律、行政法规，参照地方性法规、规章及国家标准、行业标准，必要时可参考公认的惯例和生产经营单位制定的安全生产规章制度、操作规程。所以，可以将安全管理规定分为以下三种形式：一是国家颁布的一系列法律、法规，如《安全生产法》《矿山安全法》《森林防火条例》。二是地方性法规、规章及国家标准、行业标准。建设工程领域主要包括《房屋建筑和市政基础设施工程施工安全监督规定》《危险性较大的分部分项工程安全管理规定》《建筑施工企业主要负责人、项目负责人和专职安全生产管理人员安全生产管理规定实施意见》《既有建筑幕墙安全维护管理办法》等。三是公认的惯例和生产经营单位制定的安全生产规章制度、操作规程。所谓公认的惯例，是指虽无明文规定但却反映了生产、科研、设计、施工中安全操作的客观规律，已为人所公认的操作习惯和惯例等。所谓安全生产规章制度，是指企业、事业单位及上级管理机关在内部制定的反映安全生产客观规律并涉及工艺技术、生产操作、技术监督、劳动保护、安全管理等方面的规程、规章、章程、守则。

（三）如何理解“发生重大伤亡事故或者造成其他严重后果的”与“情节恶劣”

重大责任事故罪是过失犯，它的主观要件是过失，即行为人应当预见到自己的行为可能导致重大伤亡事故或者造成其他严重后果，因其疏忽大意而没有预见或者已经预见而轻信能够避免。

根据最高人民法院、最高人民检察院《关于办理危害生产安全刑事案件适用法律若干问题的解释》第 6 条、第 7 条，具有下列情形之一的，属于发生重大伤亡事故或者造成其他严重后果：(1)造成死亡一人以上，或者重伤三人以上的；(2)造成直接经济损失 100 万元以上的；(3)其他造成严重后果或者重大安全事故的情形。在生产、作业中违反有关安全管理的规定，因而发生安全事故，具有下列情形之一的，属于情节恶劣：(1)造成死亡三人以上或者重伤十人以上，负事故主要责任的；(2)造成直接经济损失 500 万元以上，负事故主要责任的；(3)其他造成特别严重后果、情节特别恶劣或者后果特别严重的情形。

(四)如何理解重大责任事故罪的“从重”情节

根据最高人民法院、最高人民检察院《关于办理危害生产安全刑事案件适用法律若干问题的解释》第 12 条，在生产、作业中违反有关安全管理的规定，因而发生安全事故，具有下列情形之一的，从重处罚：(1)未依法取得安全许可证件或者安全许可证件过期、被暂扣、吊销、注销后从事生产经营活动的；(2)关闭、破坏必要的安全监控和报警设备的；(3)已经发现事故隐患，经有关部门或者个人提出后，仍不采取措施的；(4)1 年内曾因危害生产安全违法犯罪活动受过行政处罚或者刑事处罚的；(5)采取弄虚作假、行贿等手段，故意逃避、阻挠负有安全监督管理职责的部门实施监督检查的；(6)安全事故发生后转移财产意图逃避承担责任的；(7)其他从重处罚的情形。

根据最高人民法院《关于进一步加强危害生产安全刑事案件审判工作的意见》，相关犯罪中，具有以下情形之一的，依法从重处罚：(1)国家工作人员违反规定投资入股生产经营企业，构成危害生产安全犯罪的；(2)贪污贿赂行为与事故发生存在关联性的；(3)国家工作人员的职务犯罪与事故存在直接因果关系的；(4)以行贿方式逃避安全生产监督管理，或者非法、违法生产、作业的；(5)生产安全事故发生后，负有报告职责的国家工作人员不报或者谎报事故情况，贻误事故抢救，尚未构成不报、谎报安全事故罪的；(6)事故发生后，采取转移、藏匿、毁灭遇难人员尸体，或者毁灭、伪造、隐藏影响事故调查的证据，或者转移财产，逃避责任的；(7)曾因安全生产设施或者安全生产条件不符合国家规定，被监督管理部门处罚或责令改正，1 年内再次违规生产致使发生重大生产安全事故的。

《刑法修正案(十一)》对本罪的修改主要体现在以下几个方面:一是原法条需要以发生重大伤亡事故或者其他严重后果为入罪的门槛,而此次修改后,以出现现实具体的危险为入罪条件,即不再需要造成实质事故或者相应严重后果就可以构成本罪;二是增加"现实危险"类型化的行为表述,以往可能仅被行政处罚的行为,已经被纳入刑事处罚的范围,入罪门槛显著降低;三是在现实危险被法律条文通过类型化表述的方式规定后,企业在日后的安全生产管理中就不得有任何与该类型化表述中相同或者类似行为,否则就构成该罪,这对企业安全管理合规提出了新的要求。

【此罪与彼罪】

1. 重大责任事故罪与工程重大安全事故罪的区别。

工程重大安全事故罪,是指建设单位、设计单位、施工单位、工程监理单位违反国家规定,降低工程质量标准,造成重大安全事故的行为。重大责任事故罪与工程重大安全事故罪的区别在于:

第一,犯罪主体不同。工程重大安全事故罪的犯罪主体是建设单位、设计单位、施工单位、工程监理单位,本罪属于单位犯罪;重大责任事故罪的主体是工厂、矿山、林场、建筑企业或者其他企业、事业单位的职工,本罪属于自然人犯罪。

第二,客观方面的表现不同。工程重大安全事故罪表现为违反国家规定,降低工程质量标准,造成重大安全事故的行为;重大责任事故罪则表现为违反安全管理规定,因而发生重大伤亡事故或者造成其他严重后果的行为。

2. 重大责任事故罪与重大劳动安全事故罪的区别。

重大劳动安全事故罪,是指安全生产设施或者安全生产条件不符合国家规定,因而发生重大伤亡事故或者造成其他严重后果的行为。重大责任事故罪与重大劳动安全事故罪的区别在于:

第一,犯罪主体不同。重大劳动安全事故罪的犯罪主体是包括建筑企业在内的单位负责主管与直接管理劳动安全设施的人员,一般不包括普通职工;重大责任事故罪的犯罪主体较重大劳动安全事故罪范围要广,除了直接从事领导、指挥的人员,还包括一般职工。

第二,行为方式不同。重大劳动安全事故罪表现为对经有关部门或单位职工提出的事故隐患不采取措施,应当作为而不作为,是不作为犯罪;重大责任事故罪表现为企业违反安全管理规定进行生产、作业,或者生产作业的领导、指挥人员强令工人违章冒险作业，是作为犯罪。

【追诉标准】

根据最高人民法院、最高人民检察院《关于办理危害生产安全刑事案件适用法律若干问题的解释》，在生产、作业中违反有关安全管理的规定因而发生安全事故，具有下列情形之一的，应予以立案追诉：（1）造成死亡一人以上，或者重伤三人以上的；（2）造成直接经济损失 100 万元以上的；（3）其他造成严重后果或者重大安全事故的情形。因此，发生安全事故，具有下列情形之一的，属于情节特别恶劣：（1）造成死亡三人以上或者重伤十人以上，负事故主要责任的；（2）造成直接经济损失 500 万元以上，负事故主要责任的；（3）其他造成特别严重后果、情节特别恶劣或者后果特别严重的情形。

需要特别注意的是，《刑法修正案（十一）》对本罪的修改显著降低了重大责任事故罪的入罪门槛。

【量刑范围】

1. 犯重大责任事故罪，一般处 3 年以下有期徒刑或者拘役。

2. 犯重大责任事故罪，情节特别恶劣的，处 3 年以上 7 年以下有期徒刑。

三、实务操作

【对施工企业的建议】

1. 加强施工过程管理，包括全过程的施工控制，进行科学设计、科学施工、科学管理。严格按照法律法规和行业标准执行施工技术，对于达到一定规模的危险性较大的分部分项工程，应加强风险管控和风险排查。对于建设单位不合理压缩工期、强令违规施工的行为应及时上报监督管理部门，严格遵循科学施工的理念，保障建设工程施工安全。

2. 施工企业应强化安全生产内部管理体系，认真落实安全生产责任制。施工单位的项目负责人和安全管理人员需经考核合格后方可任职，杜绝无证上岗。

3. 施工企业应加强安全教育工作，定期开展施工安全知识培训，熟练掌握施工期间可能出现的一些危险因素和应当避免的违规操作。从社会热点事件中，积极总结施工中发生安全事故的成因，定期开展安全教育讲座，防患于未然。

4. 施工企业应当加强对劳务分包单位的管理。一方面，由于目前大量存在自然人挂靠劳务分包单位承揽工程的情况，施工企业应严格审核劳务分包队伍的人员和相关技术施工人员的相应资质，严格监控劳务分包单位更换劳务队伍的交接手续和技术交底；另一方面，应在劳务分包合同中细化安全责任制度，加强对劳务分包单位的施工人员的安全培训，加强对违规施工的处罚力度，并且定期检查、定期考核，对施工要求和实际施工过程采取文字、影像等记录形式。

5. 施工企业发生安全事故后，应积极采取救援措施，并立即上报上级主管部门。不得拖延、拒绝施救，或者采取转移、藏匿、毁灭遇难人员尸体，毁灭、伪造、隐藏影响事故调查的证据，或者转移财产，逃避责任。不得瞒报、谎报安全事故情况，不得为了隐瞒安全事故或推卸责任，贿赂相关国家机关工作人员。

【对项目经理的建议】

1. 项目经理要牢固树立安全生产意识，重视生产作业中的细节问题。重大责任事故罪是过失犯罪，重大责任事故往往是由于人员疏忽大意、习惯性违章造成的。一些看似细小轻微的、习以为常的违规违章行为及不良习惯，往往是发生重大责任事故的导火索。

2. 安全生产，人人有责。重大责任事故罪的犯罪主体是非常广泛的，任何参与工程项目建设的主体及个人，只要违反了有关安全管理的规定，导致发生安全事故，均可能触犯《刑法》，受到刑事处罚。在工程建设中，所有的参与主体均应高度重视安全生产工作，从我做起，严格履行安全管理职责，杜绝事故的发生。

3. 项目经理应严格遵守安全生产有关法律法规、行业规范、规则，严格遵守企业的安全生产规章制度，养成良好的工作习惯。

4. 项目经理在发生安全事故后，要及时报告。《生产安全事故报告和调查处理条例》对于事故报告程序和内容做了非常明确的要求，事故发生后，事故现场有关人员应当立即向本单位负责人报告；单位负责人接到报告后，应当于 1 小时内向事故发生地县级以上人民政府安全生产监督管理部门和负有安全生产监督管理职责的有关部门报告。

第十三节　单位行贿罪

一、案例解析

【基本案情】

2007年，温岭市石华建筑装饰工程有限公司承接了温岭市经济开发区实业有限公司（该公司为温岭市经济开发区管理委员会下辖的国有独资公司）发包的温岭市阳光大道绿化等工程，因施工过程中工程量增加，导致工程竣工后无法结算工程款，后通过违规拆解工程改签合同的手段顺利结算工程款。为感谢时任温岭市经济开发区管委会工作委员会副书记（主持经济开发区工作）的应某某在其工程承接、工程款结算、支付等方面的帮忙和关照，2007年年底，温岭市石华建筑装饰工程有限公司股东、被告人杨某某在温岭市金王朝大酒店楼下送给应某某人民币15万元。

2008年，温岭市石华建筑装饰工程有限公司挂靠曙光控股集团有限公司中标温岭市经济开发区实业有限公司发包的标准厂房工程（法雷奥工程），应某某以其姐应某甲的名义入股该项目。2009年年初，时任中共温岭市市委常委、中共温岭市经济开发区党工委书记的张某1指派翁某召集政府相关部门进行协调会议，并在会上将未经公开招投标的法雷奥附属工程指定给原中标方继续承揽施工。

为感谢张某1在该项目上的帮助和关照，作为温岭市石化建筑装饰工程有限公司的股东被告人杨某某和应某某商定，由杨某某提供大额现金人民币及高档香烟，应某某出面前往张某1的家，并送给张某1的妻子谢某人民币20万元及中华香烟，事后谢某将上述事实告知张某1，张某1知悉后没有退还。

【争议焦点】

温岭市石华建筑装饰有限公司是否构成单位行贿罪。

【各方观点】

公诉机关认为，被告单位温岭市石华建筑装饰工程有限公司、被告人杨某某的行为均构成单位行贿罪。

辩护人认为，温岭市阳光大道绿化等工程的时间晚于行贿时间；法雷奥工程中被告单位为谋取不正当利益的证据欠充分，受贿人张某1并未掌控协调会，协调会的最终结果是集体意志的一种表现。

【法院判决】

法院认定，被告单位温岭市石华建筑装饰工程有限公司犯单位行贿罪，判处罚金人民币35万元；被告人杨某某犯单位行贿罪，判处有期徒刑1年。

理由是，温岭市阳光大道绿化等工程具体工程的承接时间、完工时间、分解合同签订的过程、工程款的结算方式等事实有证人应某某、张某2的证言所证实，与被告人杨某某在侦查阶段的供述及在案其他证据相印证，法院对公诉机关指控的事实予以采信。法雷奥工程属于应该公开招标的工程，张某1指派翁某通过协调会议的方式未经公开招投标将法雷奥附属工程指定给原中标方继续承揽施工，被告单位及被告人杨某某为谋取上述不正当利益而行贿张某1，感谢张某1在上述工程中对其的关照，其行为构成单位行贿罪。

【案例点评】

单位行贿罪，是指单位为了谋取不正当利益而给予国家工作人员以财物，或者违反国家规定，给予国家工作人员以回扣、手续费，情节严重的行为。《刑法》是根据因行贿取得的利益归属来区分单位行贿罪和行贿罪的，因此，私营企业的负责人为了给企业谋取不正当利益，将个人财物贿赂给国家工作人员的，应该认定为单位行贿罪。本案中，温岭市石华建筑装饰工程有限公司给予应某某、张某1财物的理由都是"感谢"，看似不是为了谋取不正当利益，但实际是为了承揽工程采取的事后回报的行贿方式，符合单位行贿罪的构成。公司股东、被告人杨某某作为直接负责的主管人员，根据《刑法》第393条之规定，已构成单位行贿罪。

二、罪名解读

【罪名解析】

《刑法》第393条 【单位行贿罪】单位为谋取不正当利益而行贿，或者违反国家规定，给予国家工作人员以回扣、手续费，情节严重的，对单位判处罚金，并对其直接负责的主管人员和其他直接责任人员，处五年以下有期徒刑或者拘役，并处罚金。因行贿取得的违法所得归个人所有的，依照本法第三百八十九条、第三百九十条的规定定罪处罚。

单位行贿罪，是指单位为谋取不正当利益而行贿，或者违反国家规定，给予国家工作人员以回扣、手续费，情节严重的行为。这里的“单位”，包括公司、企业、事业单位、机关、团体，且不限于各种所有制形式的公司、企业。

单位行贿罪是建设工程领域常见的刑事犯罪之一，承建工程本身并不违反法律、法规、国家政策及部门规章之规定，获取的利益也绝非不正当利益，但是如果建筑施工企业采取行贿的方式承建工程，则所得利益将会被评定为不正当利益，也即构成单位行贿罪。因此，建筑施工企业一定要依法合规经营，避免触碰刑法的“高压线”。理解本罪需要从以下几个方面把握：

（一）在建筑施工领域，如何理解单位行贿罪中的“单位”

单位行贿罪对“为谋取不正当利益”的界定与行贿罪大体相同，区别是单位行贿罪行为人获得的利益应当属于单位。2001年《全国法院审理金融犯罪案件工作座谈会纪要》对单位犯罪进行了界定：以单位名义实施犯罪，违法所得归单位所有的，是单位犯罪。《刑法》第393条也明确，因行贿取得的违法所得归个人所有的，依照行贿罪规定定罪处罚。至于单位内部组织、分支机构是否可以构成单位行贿罪，根据2001年《全国法院审理金融犯罪案件工作座谈会纪要》关于单位犯罪的相关规定，只要利用分支机构或者内设机构、部门名义，利益亦归分支机构或者内设机构、部门所有，就应认定为单位犯罪。

在建筑领域中，因施工企业常常涉及承包合伙体、内部承包和挂靠中的项目经理、实际施工人，故对个人行贿行为与单位行贿行为之间的性质认定易出现争议。司法实践认为，在建筑领域区分个人行贿和单位行贿的关键是判断行贿主体、行贿意志、行贿利益归属这三个方面。具体而言：

其一，承包合伙不是单位行贿罪的主体，合伙成员实施的行贿行为属于个人行贿。根据最高人民法院《关于审理单位犯罪案件具体应用法律有关问题的解释》的有关规定，单位一般是指公司、企业、事业单位、机关、团体等。有观点认为，根据我国《民法典》与《合伙企业法》的规定，合伙企业无法独立承担民事责任；最高人民法院1999年6月18日通过的《关于审理单位犯罪案件具体应用法律有关问题的解释》对“单位”的三种解释中，也未将合伙企业纳入其中，可见合伙企业不是适格的单位犯罪主体。[1] 也有观点认为,单位行贿罪中的犯罪主体不必要求具有法人资格,不能否定合伙企业具有区别于合伙人的相对独立性,在合伙企业实施行贿行为、利益归属合伙企业的情况下,将其作为单位行贿罪的主体具有合理性。笔者赞成第二种观点,合伙企业可以构成单位犯罪的主体。但如果承包合伙虽有股权确认书等协议,但未登记注册成立合伙企业,此时因为承包合伙仍不具有明显的企业特征,人员松散且具有不特定性,因而不能成为单位犯罪的主体,承包合伙中的个人可以构成(个人)行贿罪。

其二,在内部承包中,个人与施工单位订立内部承包合同,如果施工单位在涉案工程中没有实际出资,没有参与管理,只是按照内部承包的约定收取固定的承包费,违法利益均归个人所有,则不能认定为单位行贿罪;如果施工单位在发包期间实际参与了经营管理,并且根据涉案工程的盈利情况收取承包费用,在这种情况下,因施工单位与承包个人的利益直接挂钩,对此应认定为单位行贿罪。

其三,在挂靠关系中,挂靠人如果是个人,借用挂靠单位的名义参与招投标或直接承揽工程,挂靠单位不参与经营,仅收取固定的挂靠费和管理费,违法收益归挂靠人个人所有,则不认为是单位犯罪,挂靠人构成行贿罪。如某单位借用挂靠单位的资质承揽工程,则该挂靠人构成单位行贿罪。

(二)在建筑领域如何理解"为谋取不正当利益而行贿"

单位行贿中,常见的谋取不正当利益通常是为了公司承揽某项工程而行贿,行贿所得的大部分利益归属于公司。同时,如果施工企业企图在诉讼或其他争议解决过程中逃脱责任,而通过中间人或直接向国家机关人员行贿,也应认定为谋取不正当利益。

比如,在中建装饰集团深圳海外装饰工程有限公司(以下简称深圳海外公司)、马某单位行贿、受贿、贪污一案中,招标评委会在查验公司原始资料过程中,发现排名前二的两家公司项目管理人员有重叠,怀疑两家公司串标,便将此情况上报合肥公管局督查处进行进一步核查,担任深圳海外公司总经理的马某为了顺利拿到项目,找到了督查处处长胡某某帮忙,并给了他一张银行卡,卡内余额95.8万元。一

[1] 刘俊海:《合伙企业不应属于单位犯罪主体》,载《检察日报》2019年9月11日,第7版。

审法院认定马某构成单位行贿罪，深圳海外公司不服提起上诉，二审认为代表公司参与竞标并非个人行为，且行贿所得大部分利益归属于公司，行贿款也是从项目部以材料费名义支付的，深圳海外公司与特艺达签订的劳务分包合同也是由公司董事长徐某签订，应认定为单位行贿行为。

另外，根据上述案例可知，所谓的“行贿”，就是给予国家工作人财物，该财物一般是公司、企业、事业单位、机关、团体的财物，而非某个人的财物。同时，该财物不局限于物质利益，还包括一些具有财产性质的利益，如国内外旅游、送子女出国留学。

（三）如何理解“违反国家规定，给予国家工作人员以回扣、手续费，情节严重的”

这里和个人行贿罪相似，主要是针对经济往来中以回扣、手续费为名变相行贿的行为，不再赘述。

（四）在建筑领域，如何理解“直接负责的主管人员和其他直接责任人员”

单位行贿的处罚主体不仅包括单位，还包括对其直接负责的主管人员和其他直接责任人员。这里的“直接负责的主管人员”，一般是指在单位承担领导和管理职责并且对单位负有直接责任的管理人员，如施工企业的法定代表人或实际控制人。“其他直接责任人员”的范围则要广泛得多，不仅包括单位的经营管理人员，还包括对犯罪负有直接责任的普通雇员。但是，对在单位行贿中迫于领导压力、受指派参与行贿的人员，因其不具备行贿的主观故意，一般不追究其刑事责任。

司法实践中，对单位直接负责的主管人员和其他直接责任人员通常不再区分主从犯关系，而是依据责任人员在犯罪过程中所处的地位、职权、行为表现以及影响，在量刑时予以充分考虑。因此，施工企业要尤其注意，不要认为以单位名义行贿可以免除个人的责任；恰恰相反，在认定直接负责的主管人员的犯罪金额时，往往不是按照其明确授意、默许、放纵或知道的行贿金额认定，而是按照单位行贿的总金额承担刑事责任。

（五）单位行贿罪中如何认定单位自首

2009 年最高人民法院、最高人民检察院《关于办理职务犯罪案件认定自首、立功等量刑情节若干问题的意见》对单位犯罪的自首认定予以专门规定,明确了四个要点:一是单位可以成立自首;二是单位自首要求投案人代表单位意志;三是单位自首的效果可及于个人,但以个人如实交代为条件;四是个人自首的成立不以单位自首为条件,但个人自首的效果不及于单位。具体而言,单位自首的要求是由能够代表企业意志的直接负责的主管人员投案或由企业集体研究决定委派其他自然人投案并如实交代单位所实施的全部罪行,认定为单位自首;单位自首的,个人同样需要如实交代自己的罪行,才能认定为个人自首;如果不具有代表单位意识的个人自首,直接负责的主管人员拒不到案或到案后不如实交代罪行,不能认定为单位自首。

【追诉标准】

根据最高人民检察院《关于人民检察院直接受理立案侦查案件立案标准的规定(试行)》,对单位行贿罪涉嫌下列情形之一的,应予立案:

1. 个人行贿数额在 10 万元以上、单位行贿数额在 20 万元以上的;

2. 个人行贿数额不满 10 万元、单位行贿数额在 10 万元以上不满 20 万元,但具有下列情形之一的:(1)为谋取非法利益而行贿的;(2)向 3 个以上单位行贿的;(3)向党政机关、司法机关、行政执法机关行贿的;(4)致使国家或者社会利益遭受重大损失的。

【量刑范围】

对单位判处罚金,并对其直接负责的主管人员和其他直接责任人员处 5 年以下有期徒刑或者拘役,并处罚金。

三、实务操作

【对施工企业的建议】

1. 施工企业在经营过程中经常会遇到各种障碍,个别施工企业的管理者往往因为法治观念薄弱,寄希望于采取非法手段去化解眼前问题,主动采取贿赂手段进行"打点""打招呼",结果就是管理者既将单位置于法律风险当中,又让自己面临牢狱之灾。因此,施工企业应加强自身法治意识,牢固树立法治信仰,遵纪守法,恪守公平竞争的原则,切不可抱侥幸心理。

2. 施工企业应加强内部管理,尤其是对内部承包人和挂靠人进行严格监管。

要在内部承包和挂靠协议中明确约定禁止在承揽和施工过程中发生行贿行为，对以企业名义进行竞标的项目，施工企业应严格审查竞标资料和竞标流程，遵守招投标的法律法规，严禁协助、默许或放任实际施工人对国家机关工作人员行贿。

3. 施工企业应严格审查涉案工程资金的流向，防止项目经理借材料款之名用企业资金行贿，对于发现项目经理、实际施工人资金动向异常的，也应及时介入调查，发现有行贿行为或者嫌疑的，应及时制止，并劝当事人投案自首。

4. 施工企业应加强对项目经理、实际施工人的法律警示教育，举办定期的法律培训，加强内部人员的法律意识和法治理念。

【对项目经理的建议】

1. 项目经理应结合个案预防，通过宣传栏、宣传海报、宣传短片、讲座、培训等形式积极开展对相关人员的法制教育、廉政教育和警示教育，营造有利的社会环境和氛围，促使相关人员提高职业素养，增强遵纪守法的自觉性。

2. 项目经理应该积极检举揭发单位行贿犯罪行为，营造公平健康的市场竞争环境。

第四章　建筑施工领域“黄灯罪名”的解读及刑事风险防控

第一节　失　火　罪

一、案例解析

【基本案情】

2016年5月22日上午8时许，被告人郑某六和李某利（已判刑）到慈溪市某汽车用品有限公司，在李某利未经专门的安全技术培训、未取得《特种作业操作证》的情况下，修理该公司厂房一层西南角大门，由郑某六负责指挥作业，李某利进行电焊操作。李某利虽意识到电焊作业可能引起周围海绵着火，但在郑某六的劝说下，仍违规作业，后在施工过程中，因高温焊渣掉落引燃废旧海绵等可燃物，引发火灾，致使某汽车用品有限公司财物受损。经鉴定，某汽车用品有限公司财产损失共计价值人民币1,352,571.81元。经慈溪市公安消防大队火灾事故认定，起火原因系李某利在一层厂房西南角大门电焊时，高温焊渣掉落引燃废旧海绵等可燃物。

【争议焦点】

被告人郑某六是否成立失火罪。

【各方观点】

公诉机关认为：被告人郑某六因为过失引发火灾，造成严重后果，其行为构成失火罪。

被告人郑某六对本案的事实和罪名无异议。

【法院判决】

法院判决：被告人郑某六犯失火罪，判处有期徒刑1年，缓刑1年6个月。

理由是:被告人郑某六已经意识到李某利的施工行为可能引发火灾而轻信能够避免,仍指令未经专门的安全技术培训、未取得《特种作业操作证》的李某利违规施工,后引发火灾,致使公私财产遭受重大损失,危害公共安全,其行为已构成失火罪。

【案例点评】

失火罪是一种常见的危害公共安全类犯罪,按照法律规定,失火行为是否造成严重后果,是区分罪与非罪的标准。司法实践中,失火的情况非常复杂,要准确认定本罪,首先需要查明行为人的行为与失火事件的发生之间有没有刑法上的因果关系。行为与结果之间有无因果关系要用条件说为标准加以判断,也就是说,当能确定没有失火行为就没有火灾的发生,就可以肯定因果关系存在。具体到本案,李某利未经专门的安全技术培训,未取得《特种作业操作证》,被告人郑某六对此是明知的,其指挥李某利进行电焊操作,是已经意识到李某利的施工行为可能引发火灾而轻信能够避免,仍指令未经专门的安全技术培训、未取得《特种作业操作证》的李某利违规施工,后引发火灾,致使公私财产遭受重大损失。以上事实可以证明被告人郑某六实施的失火行为与火灾发生之间具有刑法上的因果关系,其需要对此承担刑事责任。

二、罪名解读

【罪名解析】

《刑法》第 115 条　【失火罪】放火……致人重伤、死亡或者使公私财产遭受重大损失的,处十年以上有期徒刑、无期徒刑或者死刑。

过失犯前款罪的,处三年以上七年以下有期徒刑;情节较轻的,处三年以下有期徒刑或者拘役。

失火罪,是指由于行为人过失引起火灾,致人重伤、死亡或者使公私财产遭受重大损失,危害公共安全的行为。1979 年《刑法》(已被修改)首次规定了失火罪,1997 年《刑法》在此基础上对失火罪的法定刑作出了更为细致的划分,并沿用至今。除前述失火罪的沿革外,为准确理解失火罪这一罪名,还需把握以下要件:

(一)如何理解失火罪的“过失”

失火罪在主观上要求行为人必须是过失,即行为人应当预见自己的行为会发生引起火灾的危害后果,因疏忽大意而没有预见或者已经预见但轻信能够避免。失火罪在主观方面的过失主要包括两种:一是疏忽大意型的过失,即行为人应当预见自己的行为会引起火灾,因疏忽大意而没有预见,因而造成严重后果。在这种情况下,行为人在主观上有预见的义务,但是由于疏忽大意而没有预见,在主观上处于一种无认识的状态,可以说是对自己应当预见的注意义务的违反;正是行为人无认识的行为造成了严重后果并危害公共安全,才要求行为人对自己的行为承担刑事责任。二是过于自信型的过失,即行为人应当预见自己的行为会引起火灾,已经预见但轻信能够避免,因而造成严重后果。在这种情况下,行为人在主观上已经预见自己行为的后果,只是由于当时行为人对自己的能力以及其所处的环境和条件的错误判断,才发生火灾并造成严重后果危及公共安全。在此种过失情形下,行为人在主观上存在一种认识上的错误,其在履行了预见义务的前提下,对自身能力以及周围环境和条件进行了错误判断,是一种认识错误的过失。无论是无认识的过失还是认识错误的过失,在认识因素上,行为人都在主观上对自己行为导致的危害后果具有一种应当预见的注意义务;在意志因素上,行为人都对自身行为导致的危害后果持一种否定的态度,都积极地反对危害结果的发生,因而危害后果的发生都违背了行为人的意志。对预见的注意义务的违反是行为人承担刑事责任的主观基础,正是由于行为人违反了应当预见的注意义务,同时在客观上造成了严重后果并危及公共安全,行为人才对自己的行为承担刑事责任。

(二)如何理解失火罪的行为与结果

首先,成立失火罪必须有引起火灾的行为。失火一般发生在日常生活中,如吸烟入睡引起火灾、取暖做饭用火不慎引起火灾、做饭不照看火炉引起火灾、安装炉灶不合规引起火灾、在森林中乱烧荒引起火灾等造成重大损失。还有的情况是,在工作中严重不负责任或擅离职守,或者在生产中违章作业、强令他人违章作业,引发火灾。在前述案例中,被告人郑某六已经意识到李某利的施工行为可能引发火灾而轻信能够避免,仍指令未经专门的安全技术培训、未取得《特种作业操作证》的李某利违规施工,后引发火灾,致使公私财产遭受重大损失,危害公共安全,其行为已构成失火罪。从火灾发生的因果关系的角度来说,必须是行为人的过失行为引起火灾从而造成严重损失,如果火灾这个结果不是行为人的过失行为造成的,而是自然原因或者介入了其他关键因素的话,就不构成失火罪。所以,关于失火罪的行为方式,《刑法》没有作具体的规定,只要这种行为具有引发火灾的现实性就可以成立失火罪。

其次,失火罪是过失犯,也是结果犯。也就是说,行为人的过失行为必须造成了严重的后果,即致人重伤、死亡或者使公私财产遭受重大损失。如果仅仅有失火行为,没有引起严重后果,或者危害后果不严重,不构成失火罪,只是作为一般的失火行为按照民事纠纷解决即可。根据最高人民检察院、公安部《关于公安机关管辖的刑事案件立案追诉标准的规定(一)》第 1 条第 1 款的规定,过失引起火灾,涉嫌下列情形之一的,应予立案追诉:(1)造成死亡 1 人以上,或者重伤 3 人以上的;(2)造成公共财产或者他人财产直接经济损失 50 万元以上的;(3)造成 10 户以上家庭的房屋以及其他基本生活资料烧毁的;(4)造成森林火灾,过火有林地面积 2 公顷以上,或者过火疏林地、灌木林地、未成林地、苗圃地面积 4 公顷以上的;(5)其他造成严重后果的情形。

【此罪与彼罪】

1. 失火罪与放火罪的区别。

失火罪和放火罪都是危害公共安全的犯罪,但是两罪在具体的犯罪构成要件要素上却存在很大的差异:(1)犯罪的客观方面不同。失火罪是结果犯,严重的危害结果是构成失火罪的必备要件之一,因此,必须造成严重后果,即致人重伤、死亡或使公私财产遭受重大损失的,才能构成失火罪;放火罪是危险犯,不以造成上述严重后果为构成要件,只要行为人的行为足以危害公共安全就可以构成放火罪,如果致人重伤、死亡或者使公私财产遭受重大损失的,则属于放火罪的结果加重犯。(2)犯罪的主体不同。失火罪的犯罪主体是年满 16 周岁具有刑事责任能力的自然人;而放火罪的犯罪主体是年满 14 周岁具有刑事责任能力的自然人。(3)犯罪的主观方面不同。失火罪的主观方面是过失,包括疏忽大意的过失和过于自信的过失;而放火罪在主观方面是故意,包括直接故意和间接故意。(4)犯罪形态不同。失火罪以发生严重的后果作为法定要件,不存在犯罪未遂的问题;放火罪存在犯罪既遂与犯罪未遂。

2. 失火罪与重大责任事故罪的区别。

在实践中，重大责任事故罪可以以火灾的形式出现，失火罪与以火灾形式出现的重大责任事故罪都是过失犯罪，其在客观上都是以火灾的形式致人重伤、死亡或者使公私财产遭受巨大的损失，但是二者存在明显的区别：（1）犯罪的客观方面不同。重大责任事故罪必须是发生在生产、作业过程中，表现为行为人不服从管理、违反规章制度，因而发生重大伤亡事故或者其他严重后果；而失火罪可以发生在任何时间和地点，如果火灾是发生在工厂、矿山、林场、建筑企业或者其他企业、事业单位的生产、作业过程中，并与生产、作业活动密切相关，则二者之间是特殊法条与一般法条的关系，构成重大责任事故罪而不是失火罪，在其他一般情况下则构成失火罪。（2）犯罪主体不同。失火罪的主体是一般主体，即年满 16 周岁的具有刑事责任能力的自然人；而重大责任事故罪的主体是特殊主体，即必须是工厂、矿山、林场、建筑企业或者其他企业、事业单位的职工或者管理人员。（3）犯罪的客体不同。失火罪与重大责任事故罪都是危害公共安全的犯罪，但是二者侵害的直接客体不同，失火罪侵害的客体是不特定或者多数人的生命财产安全，而重大责任事故罪侵害的直接客体则是工厂、矿山、林场、建筑企业或者其他企业、事业单位正常的生产安全。

在具体实践中，界定重大责任事故罪与失火罪的关键在于：工厂、矿山、林场、建筑企业或者其他企业、事业单位的职工或者管理人员在生产、作业过程中发生的与生产、作业密切相关的重大伤亡或者其他严重损失，只有行为人的行为符合上述条件，才能构成重大责任事故罪，否则就将构成其他相关犯罪。

【追诉标准】

1. 过失引起火灾，具有下列情形之一的，应以《刑法》第 115 条第 2 款之规定，处 3 年以上 7 年以下有期徒刑：（1）导致死亡 3 人以上；（2）重伤 10 人或者死亡、重伤 10 人以上；（3）造成直接财产损失 100 万元以上；（4）烧毁 30 户以上且直接财产损失总计 50 万元以上；（5）过火有林地面积为 50 公顷以上或防护林、特种用途林 10 公顷以上；（6）人员伤亡、烧毁户、直接财产损失虽不足规定数额，但情节严重，使生产、教学、生活受到重大损害的。

2. 过失引起火灾，具有下列情形之一的，应以《刑法》第 115 条第 2 款规定之

“情节较轻”，处3年以下有期徒刑或者拘役：(1)导致死亡1人以上或者重伤3人以上；(2)造成直接财产损失30万元以上；(3)烧毁15户以上且直接财产损失总计25万元以上；(4)过火有林地面积为2公顷以上。

三、实务操作

【对建筑施工企业的建议】

1. 建筑施工企业在危险品的生产、作业、储存、运输等各个环节中，应依据规定、规程进行，特别注意容易引起火灾的环节。关注危险品生产、储存、运输、使用的每个环节，做到各个环节配备有相应防火安全设备和管理人员，时刻预防火灾的发生。

2. 建筑施工企业应格外注意预防容易引起火灾的施工工艺、环节，并应有相应消防预案，防患于未然，避免因为突发性失火事件的发生造成不必要的重大损失。

3. 建筑施工企业购买的炸药等危险物品来源必须合法，质量应有保障，要严格按照规定使用。

4. 建筑施工企业对于存放有易燃物品的施工现场及生活区，应禁止吸烟、明火及明火作业。

【对项目经理的建议】

1. 项目经理应当增强消防安全意识。只有提高了防火安全意识，才会时刻留意身边的火灾隐患，控制一切火源；才会把预防火灾放在首位，时刻保持高度警惕；才会主动学习消防知识，掌握防范措施，减少火灾事故的发生。

2. 项目经理应当遵守施工企业制定的消防安全制度。对于存放易燃物品的施工现场及生活区，应禁止吸烟、明火及明火作业。

3. 项目经理应当做好火灾预防宣传，不能存有无所谓或侥幸之心理。

第二节　强令违章冒险作业罪

一、案例解析

【基本案情】

2018年10月初，被告人贾某虎以金顺德机械设备租赁有限公司的名义承接成都高新区益州东一街120号“茉莉花开”酒店5楼燃气改装施工所需吊篮的安装、拆卸作业。在此期间，有人提醒贾某虎该项目存在风险。

2018年10月12日上午，被告人贾某虎驾车搭载未取得《特种作业操作证》的临时工唐某安、蒲某、蒲某忠、张某见到该酒店安装施工用吊篮。贾某虎在施工现场未检查安全生产周边环境、未设置安全警示标志，工人提醒斜拉吊篮可能存在风险后，贾某虎未排查生产安全事故隐患，4名临时工在贾某虎的安排下斜拉吊篮，致使吊篮将五楼楼顶支架拉垮，支架配重石块掉落，将站在酒店门口的被害人周某砸伤。后周某经医院抢救无效身亡。

【争议焦点】

被告人贾某虎是否构成强令违章冒险作业罪。

【各方观点】

公诉机关认为，被告人贾某虎强令他人违章冒险作业，造成一人死亡，其行为构成强令违章冒险作业罪。

辩护人认为，(1)本案中被告人贾某虎并不明知有风险，更未强令工人施工，其行为不构成强令违章冒险作业罪，应当构成重大责任事故罪；(2)贾某虎与施工工人之间并无职责上的强制性特征，无法对施工工人施加任何影响及心理强制。综上所述，贾某虎不构成强令违章冒险作业罪。

【法院判决】

法院判决：被告人贾某虎犯强令违章冒险作业罪，判处有期徒刑2年零3个月。

理由是：首先，在案证据中，同案被告人蒲某忠、唐某安、张某见、蒲某的证言均相互印证证实，4人受贾某虎雇请从事该次吊篮安装作业，作业现场未设置警示标志，在进行具体操作前已向贾某虎明确提醒过不能斜拉吊篮，但贾某虎仍然指挥继续作业，4人因受雇于贾某虎，工资亦由其支付，只能听从其安排；其次，强令他人违章冒险作业中的“强令”，不一定表现在恶劣的态度、强硬的语言或行动，只要是能够对工人产生精神强制，使其不敢违抗命令，不得不违章冒险作业的，均构成“强令”。综上所述，被告人贾某虎利用其系该次作业的组织者、管理者的职权，强制受雇者违章作业，因而发生重大伤亡事故，其行为已构成强令违章冒险作业罪。

【案例点评】

2019年4月16日,应急管理部、公安部、最高人民法院、最高人民检察院联合印发《安全生产行政执法与刑事司法衔接工作办法》。该办法明确了7种案件为涉嫌安全生产犯罪案件,其中第二种就是强令违章冒险作业罪。强令违章冒险作业罪即企业、工厂、矿山等单位的领导者、指挥者、调度者等在明知确实存在危险或者已经违章,工人的人身安全和国家、企业的财产安全没有保证,继续生产会发生严重后果的情况下,仍然不顾相关法律规定,以解雇、减薪以及其他威胁,强行命令或者胁迫下属进行作业,造成重大伤亡事故或者严重财产损失的。《刑法修正案(六)》增设了强令违章冒险作业罪,法定最高刑为有期徒刑15年,是危害生产安全犯罪中的重罪,但实践中适用率偏低,主要问题在于对"强令"一词理解不当,将某些强令违章冒险作业行为错误认定为普通责任事故犯罪,导致处刑过低,不利于严惩犯罪。最高人民法院、最高人民检察院《关于办理危害生产安全刑事案件适用法律若干问题的解释》明确,明知存在事故隐患、继续作业存在危险,仍然违反有关安全管理的规定,利用组织、指挥、管理职权强制他人违章作业,或采取威逼、胁迫、恐吓等手段强制他人违章作业,或故意掩盖事故隐患组织他人违章作业的,均应认定为"强令他人违章冒险作业"。并且,在本案的事实中,4名工人因受雇于被告人贾某虎,工资亦由其支付,只能听从其安排。因此,强令他人违章冒险作业中的"强令",不一定表现在恶劣的态度、强硬的语言或行动,只要能够对工人产生精神强制,使其不敢违抗命令均构成"强令"。

二、罪名解读

【罪名解析】

> 《刑法》第134条第2款　【强令违章冒险作业罪】强令他人违章冒险作业,或者明知存在重大事故隐患而不排除,仍冒险组织作业,因而发生重大伤亡事故或者造成其他严重后果的,处五年以下有期徒刑或者拘役;情节特别恶劣的,处五年以上有期徒刑。

强令违章冒险作业罪,是指企业、工厂、矿山等单位的领导者、指挥者、调度者等在明知确实存在危险或者明知存在重大事故隐患而不排除,仍冒险组织作业,造成重大伤亡事故或者严重财产损失的行为。1979 年《刑法》(已被修改)中,强令违章冒险作业罪属于重大责任事故罪中的一种情形,且该罪主体范围有明确限制,即“工厂、矿山、林场、建筑企业或者其他企业、事业单位的职工”,后来 1997 年《刑法》(已被修改)沿用了这一规定,直至 2006 年《刑法修正案(六)》对该罪主体范围作出了重大修改,区分了对管理者和一般人员的规定。2019 年 4 月 16 日,应急管理部、公安部、最高人民法院、最高人民检察院联合印发《安全生产行政执法与刑事司法衔接工作办法》,规定涉嫌安全生产犯罪案件主要有 7 类:重大责任事故案件;强令违章冒险作业案件;重大劳动安全事故案件;危险物品肇事案件;消防责任事故、失火案件;不报、谎报安全事故案件;非法采矿,非法制造、买卖、储存爆炸物,非法经营,伪造、变造、买卖国家机关公文、证件、印章等涉嫌安全生产的其他犯罪案件。因此,为准确理解本罪,需要把握以下几个要件:

(一)如何理解本罪的“强令”

从语义上理解,“强”为强迫,“令”为命令,所以强令就是指,通过某些手段强迫命令他人实施一定行为或不实施一定行为。强令违章冒险作业罪的“强令”,表现为他人不愿听从指挥、管理人员违章冒险作业的命令,管理人员强迫他人服从而不得不违章作业。作业的领导者、指挥者、调度者明确发出的强令既可以是以解雇、减薪以及其他威胁的形式,也可以是暴力、暴力威胁或其他与职权无关的威胁。没有任何威胁的言辞或行为,当事人的行为也可以因为作业的领导者、指挥者、调度者身份原因而被认定属于强令。不能机械地把“强令”理解为必须有说话态度强硬或者大声命令等外在表现,强令者也不一定必须在生产、作业现场,而应将其理解为强令者发出的信息内容所产生的影响,达到了使他人不得不违心继续生产、作业的心理强制程度,如他人如果拒绝服从,会面临扣工资、辞退等后果,使他人产生畏惧而不得不继续工作。

(二)如何理解本罪的“他人”

强令违章冒险作业罪中犯罪主体是通过对“他人”强令违章冒险作业而实施犯罪行为的,该罪的犯罪对象就是犯罪主体强令的对象,即“他人”。需要明确的是,并不是所有的“他人”都可以成为强令违章冒险作业罪的犯罪对象。关于这里的“他人”的范围如何界定、与犯罪主体之间是何关系，在法律适用上存在一定的分歧，试举一例以说明：甲将其承包的外墙粉刷工程转包给乙，乙为节省成本，在未给工人配备安全设施情况下强令工人进行高空作业，导致工人丙在施工过程中坠落身亡。在该案中，转包人甲对实际施工人乙完成工作成果的活动无义务承担监督管理职责，其行为与乙从事作业活动中的生产安全之间没有直接因果关系，也就不应当对丙的死亡后果承担刑事责任。因此，乙不能成为甲的强令对象，甲的行为不构成强令违章冒险作业罪，但是丙能成为乙的强令对象，乙的行为构成强令违章冒险作业罪。所以，笔者认为强令违章冒险作业罪的犯罪对象必须是与生产、作业主体具有从属关系的劳动者和雇工，即具有劳动关系或者雇佣关系，并且这种关系主体承担组织、管理、指挥的职责，并非任何人都能成为强令行为的对象。

（三）如何理解本罪的“强令他人违章作业”

在建筑领域，强令工人冒险作业首先表现为工人不愿听从管理人员违章冒险作业的命令，其次是生产指挥、管理人员明知违章并存在很大的危险而仍然强迫工人进行作业。对于强令工人冒险作业可从以下方面进行理解：

第一，行为人应明知其强令作业行为可能造成重大伤亡事故或者严重财产损失后果，因疏忽大意而没有预见或已经预见而轻信能够避免。

第二，被命令的人也是必须明知其所从事的作业具有重大安全隐患，不愿听从管理人员违章冒险作业的命令，而以明示或者暗示的方式拒绝施工作业。

第三，必须有强行命令或者胁迫的行为。在施工作业中，工人并未被生产指挥、管理人员强行命令或者受到胁迫，则不属于“强令工人冒险作业”。

第四，不要求强令者一定在施工、作业现场。例如，施工企业的生产指挥、管理人员在施工现场外对施工现场作业的命令，也可以属于“强令工人冒险作业”。

依据最高人民法院、最高人民检察院《关于办理危害生产安全刑事案件适用法律若干问题的解释》第5条的规定：“明知存在事故隐患、继续作业存在危险，仍然违反有关安全管理的规定，实施下列行为之一的，应当认定为刑法第一百三十四条第二款规定的‘强令他人违章冒险作业’：（一）利用组织、指挥、管理职权，强制他人违章作业的；（二）采取威逼、胁迫、恐吓等手段，强制他人违章作业的；（三）故意掩盖事故隐患，组织他人违章作业的；(四)其他强令他人违章作业的行为。”

(四)如何理解本罪的“违章”

要正确理解“违章”，应当明确本罪中的“规章制度”的定义和范围。首先，强令违章冒险作业罪中所谓的“规章制度”，是指与保障安全生产、作业有关的规章制度，即指国家颁发的各种规范性文件，以及企业事业单位及其上级管理机关制定的反映安全生产客观规律的各种规章制度，包括工艺技术、生产操作、技术监督、劳动保护、安全管理等方面的规章和制度等，它们都具有不同的约束力和法律效力。同时它还包括那些虽无明文规定，却反映了生产科学技术施工中安全操作的客观规律与要求，长期为群众所公认的行之有效的正确的操作习惯与惯例。其次，违反规章制度是造成事故的原因，也是构成强令违章冒险作业罪的必要条件，但是，大家对于规章制度的范围则有不同的认识。通说认为，这里的规章制度不是指一切规章制度，而是指同保障生产、作业安全管理有关的规章制度，如劳动纪律、保安规程、技术操作规程、作业规程以及劳动保护法规等。所谓违反规章制度，是指职工违反国家颁布的各种与安全生产、作业有关的法律、法规和企业、事业单位及其上级管理机关制定的反映安全生产规律的规章制度。

(五)如何理解本罪的犯罪主体

根据最高人民法院、最高人民检察院《关于办理危害生产安全刑事案件适用法律若干问题的解释》第2条的规定，《刑法》第134条第2款规定的犯罪主体，包括对矿山生产、作业负有组织、指挥或者管理职责的负责人、管理人员、实际控制人、投资人等人员。根据上述司法解释，可以涉嫌构成强令违章冒险作业罪的人员是具有强令工人作业资格的人，包括对生产、作业负有组织、指挥或者管理职责的负责人、管理人员、实际控制人、投资人等人员，通常情况下是生产、作业的领导者、指挥者、调度者。

【追诉标准】

1. 强令他人违章冒险作业，因而发生重大伤亡事故或者造成其他严重后果的，处5年以下有期徒刑或者拘役。

2. 强令他人违章冒险作业，因而发生重大伤亡事故或者造成其他严重后果，情节特别恶劣的，处 5 年以上有期徒刑。

根据最高人民检察院、公安部《关于公安机关管辖的刑事案件立案追诉标准的规定（一）》第 9 条的规定，强令他人违章冒险作业，涉嫌下列情形之一的，应予立案追诉：(1)造成死亡 1 人以上，或者重伤 3 人以上；(2)造成直接经济损失 50 万元以上的；(3)发生矿山生产安全事故，造成直接经济损失 100 万元以上的；(4)其他造成严重后果的情形。

根据最高人民法院《关于进一步加强危害生产安全刑事案件审判工作的意见》，上述的“情节特别恶劣”主要是指：(1)非法、违法生产的；(2)无基本劳动安全设施或未向生产、作业人员提供必要的劳动防护用品，生产、作业人员劳动安全无保障的；(3)曾因安全生产设施或者安全生产条件不符合国家规定，被监督管理部门处罚或责令改正，1 年内再次违规生产致使发生重大生产安全事故的；(4)关闭、故意破坏必要安全警示设备的；(5)已发现事故隐患，未采取有效措施，导致发生重大事故的；(6)事故发生后不积极抢救人员，或者毁灭、伪造、隐藏影响事故调查的证据，或者转移财产逃避责任的；(7)其他特别恶劣的情节。

三、实务操作

【对建筑施工企业的建议】

建筑施工企业管理人员因强令违章冒险作业罪被判刑的在实务中不多见，但是也有相关的判例。为避免涉嫌该罪名，建筑施工企业管理人员应注意以下问题：

1. 学习、了解施工安全、施工工艺、操作流程等方面的法律法规及专业知识，避免盲目指挥，避免指挥违章作业。

2. 对于自己不懂或拿不准的施工作业环节，不要随意发号施令。

3. 不能因赶工期、赶时间、赶检查、赶形象、赶进度等，冒违章作业风险指挥施工作业。

【对项目经理的建议】

项目经理作为工程现场负有管理、指挥责任及职权之人，系强令违章冒险作业罪可能的犯罪主体。为避免涉嫌该罪名，项目经理应注意以下问题：

1. 项目经理应主动学习设计施工安全的法律法规，了解自身可能存在的刑事犯罪风险，加强防范意识。

2. 项目经理应当遵守施工企业制定的关于安全生产方面的规章制度，不可以任意违反。

3. 项目经理在施工中不能感情用事、意气用事，冒违章作业风险指挥施工作业。

4. 项目经理在存在违章或可能违章情况下，不能强令工人施工作业，应当坚持安全生产是第一位的要求。

第三节　重大劳动安全事故罪

一、案例解析

【基本案情】

2013 年 6 月，赵某明以青岛和众建筑工程有限公司平度分公司名义，承包了青岛德信工业制品有限公司车间建设工程。2014 年 2 月，赵某明将该工程的彩钢结构屋面板安装施工项目转包给了侯某堂。同月，侯某堂又将此项目工程再转包给了无施工资质、未依法登记的被告人赵某。后赵某组织未取得高处安装作业资质的工人十余人从事高空作业施工。在施工过程中，被告人赵某负责施工、施工安排、工人出勤记录、支付工资和工人伙食，以及从侯某堂处支取工程钱款等事务。施工过程中，被告人赵某既未采取安全防范措施，也未对工人进行安全教育培训。2014 年 3 月 31 日 9 时许，施工工人郭某友在钢结构车间屋顶安装彩钢瓦时，从屋顶摔落致死。

【争议焦点】

被告人赵某是否构成重大劳动安全事故罪。

【各方观点】

公诉机关认为，被告人赵某作为项目工程的承包者，从事建筑安装工程项目施工，进行市场经济活动，未经工商登记，实属非法项目承包个体经济组织。其是承包项目工程的负责人，对于项目工程施工中，应当具备的基本安全生产设施、安全生产条件负有直接责任。其明知自己无施工资质，还对施工场所未采取安全防范措施，未对施工工人进行安全培训，即组织施工，导致发生重大伤亡事故，致 1 人死亡,其行为构成重大劳动安全事故罪。

辩护人认为:(1)赵某不是包工头,也非施工企业的工作人员,只是工友们为便于干活推选的对外联系的临时负责人,其不符合该罪的犯罪主体要件;(2)从生产设施上讲,赵某所干工程是清工,劳动生产设施并未伤害郭某友;(3)从生产安全条件上讲,临时性组合施工不是清工承包者的义务,赵某没有义务对郭某友进行培训,他因不慎从房顶上掉下而死亡,赵某客观上不具有犯罪要件。故赵某不构成重大劳动安全事故罪。

【法院判决】

法院判决:被告人赵某犯重大劳动安全事故罪,判处有期徒刑1年,缓刑2年。

理由是,第一,被告人赵某作为承包合同的相对方承包了此次项目施工工程,从事市场经济活动,其没有经过依法登记,实属非法的项目承包个体经济组织。实际活动中,其并非合伙人,也非被推选的代表,而是该项目的承包者。第二,从立法宗旨看,本罪客体就是保护劳动者的生命、健康和重大公私财产的安全。正是其在施工过程中,无劳动安全生产设施,劳动安全生产条件不符合国家关于《建筑安装工人从事安全技术操作规程》的要求,导致工人高坠致死的后果。第三,其作为项目工程施工的负责人,对于项目工程施工中,应当具备的基本劳动安全生产设施,劳动安全生产条件负有直接责任。其明知自己无施工资质,对施工场所未采取安全防范措施,未对施工工人进行安全培训,即组织施工,导致发生重大伤亡事故,致1人死亡的后果。因此,被告人赵某的行为符合重大劳动安全事故罪的构成要件。

【案例点评】

本案中,认定被告人赵某是否构成重大劳动安全事故罪,主要取决于以下两个法定要件是否满足:第一,赵某是不是该事故对应安全生产设施或安全生产条件的直接责任人员;第二,该事故的发生是否系该工地上安全生产设施或安全生产条件不满足相关规定导致的。

关于犯罪主体问题,虽然赵某辩称其并非案涉工程包工头,仅系工友共同推选的主要负责对外联系的临时负责人,但赵某在涉案工程转包合同中署名,且根据涉案工程第一层、第二层转包人证言,赵某系涉案工程实际施工人。此外,根据涉案工程工人的证言,赵某在实际施工过程中负责施工任务的分配、工资的发放、工人管理等,系涉案工程负责人,因此,赵某符合重大劳动事故罪的犯罪主体要件。

关于本案被害人死亡事故的发生，赵某主张被害人系因不慎从房顶掉落而死亡，并非因安全生产设施致死。但依据《建筑安装工人安全技术操作规程》第27条的规定："没有安全防护设施，禁止在屋架的上弦、支撑、桁条、挑架的挑梁和未固定的构件上行走或作业"，且依据本案工人的证言，赵某在实际施工过程中未要求工人佩戴安全帽，未提供其他安全设施，显然违反前述规程，是导致本案被害人死亡的原因。因此，应认定赵某构成重大劳动安全事故罪。

二、罪名解读

【罪名解析】

> 《刑法》第135条　【重大劳动安全事故罪】安全生产设施或者安全生产条件不符合国家规定，因而发生重大伤亡事故或者造成其他严重后果的，对直接负责的主管人员和其他直接责任人员，处三年以下有期徒刑或者拘役；情节特别恶劣的，处三年以上七年以下有期徒刑。

重大劳动安全事故罪，是指安全生产设施或者安全生产条件不符合国家规定，因而发生重大伤亡事故或者造成其他严重后果的行为。

随着建设工程的增多，如何避免工地伤亡事故的发生，维护劳动者的安全成为建筑施工企业面临的一个重大问题。项目施工过程中，一旦发生重大伤亡事故或者造成其他严重后果，安全监察、司法机关就会调查工程施工的安全生产设施、条件是否符合国家规定，施工企业项目管理人员将有可能被调查是否构成重大劳动安全事故罪。因此，施工企业项目管理人员应该对此给予足够的重视。

根据1994年《劳动法》（已被修改）第92条的规定，用人单位的劳动安全设施和劳动卫生条件不符合国家规定并导致发生重大事故的，造成劳动者生命和财产损失的，应对负责人按照玩忽职守罪处罚，1997年《刑法》（已被修改）将上述行为正式入刑，2006年《刑法修正案（六）》对该罪的法律规定进行了调整。因此，为了准确理解重大劳动安全事故罪，还需要从以下几个方面展开分析：

（一）如何理解本罪"直接负责的主管人员和其他直接责任人员"

最高人民法院、最高人民检察院《关于办理危害生产安全刑事案件适用法律若干问题的解释》第3条规定:“刑法第一百三十五条规定的‘直接负责的主管人员和其他直接责任人员’,是指对安全生产设施或者安全生产条件不符合国家规定负有直接责任的生产经营单位负责人、管理人员、实际控制人、投资人,以及其他对安全生产设施或者安全生产条件负有管理、维护职责的人员。”

具体到建筑施工领域,前述司法解释中规定的“负责人”应指该工程的项目经理。“对安全生产设施或者安全生产条件负有管理、维护职责的人员”这一类主体是实际保障安全生产设施和条件符合国家规定的执行者,他们通过自己的职业技能检查、修缮和维护生产设备,判断具体的生产条件是否满足相关要求;对此负有直接责任的,主要包括安全生产设施检查者、保养者、电工,发生重大劳动安全事故时该生产设施的实际操作者等。因此,重大劳动安全事故罪的犯罪主体为特殊主体,即单位中对排除事故隐患、防止事故发生负有职责义务的主管人员。

(二)如何理解“安全生产设施或者安全生产条件不符合国家规定”

就重大劳动安全事故罪而言,其行为方面主要表现为“安全生产设施或者安全生产条件不符合国家规定”,具体包括两种情形:第一种情形是根本没有装备安全生产设施或根本不具备安全生产条件;第二种情形是虽然装备了安全生产设施或具备安全生产条件,但是还没有达到国家规定的要求。

首先,何为安全生产设施?所谓安全生产设施,是指为了防止和消除生产过程中的伤亡事故,防止生产设备遭到破坏,用以保障劳动者安全的技术设备、设施和各种用品。其主要包括:防护装置,即用屏护方法使人体与生产中危险部分相隔离的装置;保险装置,即能自动消除生产中由于设备事故和部件损害而引起人身事故危害的装置,如安全阀、自动跳闸、卷扬限制器等;信号装置,即应用信号警告、预防危险的装置,如信号灯、电器指示灯等;危险牌示和识别标志,即危险告示标志和借助醒目颜色或图形判断是否安全的标志。

其次,何为安全生产条件?所谓安全生产条件,是指施工企业给予施工人员提供的防止事故发生的工作条件以及配备专职安全生产管理人员等。如给在有危害健康气体、蒸汽或者粉尘场所操作的工人发口罩、防护眼镜和防毒面具;给在有噪声、强光辐射热和飞溅火花碎片、刨屑的场所操作的工人发护耳器、防护眼镜、面具或帽盔;给从事电器操作的工人发绝缘革化、绝缘手套;给在高空作业的工人配备安全带;给机器设备的危险部分安装防护装置;给压力机械的施压部分安装安全装置。

最后,何为不符合国家规定?国家法律、法规及部门规章就有关工程施工的安全生产设施、条件有很多的具体规定,如《气瓶安全监察规程》、《关于防止沥青中毒的办法》、《工业企业噪声卫生标准》、《工业企业照明设计标准》、《工业企业设计卫生标准》、国务院《关于加强防尘防毒工作的决定》、《建筑安装工程安全技术规程》、《矿山安全法实施条例》、《矿山安全法》等。不符合这些安全生产设施、条件的规定,即为"不符合国家规定"。如新建、改建、扩建工程的安全设施未审查批准投入生产或使用,不为工人提供必要的劳动、防护用品,被关责令停产、停业或者取缔后继续生产经营等。

(三)如何理解"重大伤亡事故或者其他严重后果"与"情节特别恶劣"

最高人民法院、最高人民检察院《关于办理危害生产安全刑事案件适用法律若干问题的解释》第 6 条第 1 款规定:"实施刑法第一百三十二条、第一百三十四条第一款、第一百三十五条、第一百三十五条之一、第一百三十六条、第一百三十九条规定的行为,因而发生安全事故,具有下列情形之一的,应当认定为'造成严重后果'或者'发生重大伤亡事故或者造成其他严重后果',对相关责任人员,处三年以下有期徒刑或者拘役:(一)造成死亡一人以上,或者重伤三人以上的;(二)造成直接经济损失一百万元以上的;(三)其他造成严重后果或者重大安全事故的情形。"

上述司法解释的第 7 条第 1 款规定:"实施刑法第一百三十二条、第一百三十四条第一款、第一百三十五条、第一百三十五条之一、第一百三十六条、第一百三十九条规定的行为,因而发生安全事故,具有下列情形之一的,对相关责任人员,处三年以上七年以下有期徒刑:(一)造成死亡三人以上或者重伤十人以上,负事故主要责任的;(二)造成直接经济损失五百万元以上,负事故主要责任的;(三)其他造成特别严重后果、情节特别恶劣或者后果特别严重的情形。"

【罪与非罪】

首先,如果负有职责的行为人对事故隐患积极采取了有效的安全防范措施,但由于不可抗拒的原因仍然导致安全事故的发生,且造成重大人员伤亡或其他严重后果,那么负有职责的行为人不构成本罪。如果负有职责的行为人对存在的安全隐患没有采取措施或者采取的措施不足以消除安全隐患，致使安全生产设施或安全生产条件不符合国家规定而造成重大伤亡事故或其他严重后果，那么负有职责的行为人应当构成本罪。

其次，本罪是结果犯，只有犯罪行为而没有犯罪结果就不构成本罪。因此，即便不符合国家规定的安全生产设施或安全生产条件，并因此而发生了生产安全事故，但未造成重大伤亡事故或其他严重后果，此种情况也不成立本罪，不予追究刑事责任。

最后，对于本罪罚则规定的单位直接负责的主管人员而言，如果其就怎样采取措施或者采取什么措施来消除事故隐患，已向安全生产设施的直接管理人员进行了安排布置，但安全设施的直接管理人员因自身原因未落实或者未按照要求落实到位，而直接负责的主管人员也未进行核查，或虽然进行核查但明知没有按照自己的要求采取措施仍置若罔闻，此种情况下，如发生事故造成重大人员伤亡或其他严重后果，直接负责的主管人员应承担刑事责任；如果直接负责的主管人员不仅安排安全设施的直接管理人员采取有效措施排除事故隐患，而且进行了监督整改，在发生重大伤亡事故时，就不应该让其承担刑事责任。

【此罪与彼罪】

重大责任事故罪与重大劳动安全事故罪同为危害劳动安全的过失犯罪，且均造成了严重的后果。两者的区别主要在于：首先，犯罪主体不同。重大责任事故罪的主体是自然人，只要在生产、作业中违反相关规定，造成了严重后果的个人均可构成此罪，但单位并不能成为此罪的主体；重大劳动安全事故罪应当是单位犯罪，但仅处罚直接责任人员。其次，侵害的客体不同。重大责任事故罪侵害的客体是生产安全以及劳动者的职业安全；重大劳动安全事故罪侵害的客体是劳动者的职业安全。再次，客观方面不同。重大责任事故罪是在生产、作业中违反有关规定，造成了严重的后果；重大劳动安全事故罪的客观方面是安全生产设施或条件违规，从而发生重大伤亡等严重后果。最后，行为表现不同。重大责任事故罪既包括积极的作为，如实施违规的生产、作业行为，也包括消极的不作为；重大劳动安全事故罪一般表现为不作为的方式，如对事故隐患视而不见。

【追诉标准】

前文在论述“重大伤亡事故或者其他严重后果”与“情节特别恶劣”的时候已

经具体说明,此处不赘述。

三、实务操作

【对建筑施工企业的建议】

1. 建筑施工企业应建立完善的安全生产管理制度,使安全生产设施、安全生产条件保持符合国家规定。

2. 建筑施工企业应当建立必要的安全技术、劳动保护措施,配备足够的安全管理人员。

3. 建筑施工企业如进行工程分包、转包,一定要选择具有相应资质的单位,优先选择施工安全记录良好者,明确安全生产、作业责任,控制、避免层层转包,杜绝挂靠情形。

【对项目经理的建议】

1. 项目经理应当学习有关安全生产设施、安全生产条件的法律法规等规定,结合施工情况解决用以保障劳动者安全的技术设备、设施和各种用品不符合规定的问题。

2. 项目经理应当加强施工机械设备养护、运行管理,确保这方面不出安全问题。

第四节　危险物品肇事罪

一、案例解析

【基本案情】

被告人朱某书、刘某分别担任山东省临沂市沂州化工有限责任公司(以下简称沂化公司)副总经理和经营二部经理,负责公司生产的剧毒化学品液氯的销售与审批工作,并负责核查外来购买液氯车辆的有关安全证件。2005 年 3 月 29 日,山东济宁远达石化有限公司安排驾驶员兼押运员康某永和王某(另案处理)驾驶罐式半挂车到沂化公司购买液氯。该车行驶证核定载重为 15 吨,山东省质量技术监督局锅炉压力容器安全监察处核准该槽罐安全技术要求为最大充装量 30 吨。然而,二被告人却未审查该车任何证件。被告人刘某制订销售液氯40吨计划单，报经被告人朱某书审批后对该车充装液氯，最终为该车严重超限充装液氯40.44吨。2005年3月29日18时40分许，该车行驶过程中，汽车左前轮胎爆裂，车辆方向失控后侧翻在行车道内。后车因避让不及，与该车碰刷，导致发生液氯泄漏。事故发生后，周边29人因氯气中毒死亡，400余人中毒住院治疗，1800余人门诊留观，1万余名村民被迫疏散转移，数千头（只）家畜、家禽死亡，大面积农作物绝收或受损，同时还造成大量的树木、鱼塘、村民的食用粮、家用电器受污染、腐蚀等巨大经济损失。

【争议焦点】

被告人朱某书、刘某是否构成危险物品肇事罪。

【各方观点】

公诉机关认为，被告人朱某书、刘某作为生产企业中分管和主管剧毒化学品液氯销售、审批工作的直接责任人员，违反国家有关液氯充装应审查危险品运输车辆的安全证件及不准超装超载的规定，为鲁H0××××号车超装液氯，使该车超载行驶，引发交通事故后造成液氯泄漏，29人因氯气中毒死亡。根据交通事故认定书认定，鲁H0××××号罐车发生特大交通事故的直接原因之一是该车严重超载，因此，二被告的行为均构成危险物品肇事罪，且属于后果特别严重。

被告人朱某书、刘某及朱某书的辩护人对起诉指控事实均不表异议。但被告人刘某的辩护人认为：第一，《刑法》规定，在生产、储存、运输、使用危险物品中发生重大事故才构成危险物品肇事罪。本案被告人刘某是负责液氯销售工作的，不符合危险物品肇事罪的主客观要件。第二，鲁H0××××号罐车不存在超装的问题。根据该车制造厂设计要求及国家装载液氯的规定，该车液氯最大装载量是45吨。不能将行驶证核准的15吨和液化气体罐车使用证上核准的30吨作为确定是否超载的标准。第三，从因果关系上，鲁H0××××号罐车发生事故的直接原因是左前轮爆胎。被告人刘某负责制订液氯销售计划与发生事故之间无刑法上的因果关系。因此，被告人刘某的行为不构成危险物品肇事罪。

【法院判决】

法院判决：被告人朱某书犯危险物品肇事罪，判处有期徒刑3年零6个月。被告人刘某犯危险物品肇事罪，判处有期徒刑3年零6个月。

理由是，根据沂化公司的文件及经营部岗位职责规定，刘某系经营二部经理，具体负责来厂客户登记、审查和考核;在分管副总被告人朱某书安排下,制订本部门工作计划,上报副总审批。这些规定表明,二被告人负有危险品运输车辆的核查义务。从公司的具体实施过程看,二被告人对液氯的充装数量也具有绝对的决定权。根据《液化气体汽车罐车安全监察规程》第 50 条第 7 项的规定,汽车罐车严禁超装,否则严禁驶离充装单位。本案的被告人却违反国家有关液氯充装不准超装超载的规定,向充装工人下达超装指令,引发交通事故后致液氯泄漏,造成了 29 人死亡的特别严重后果,二人是致车辆超装的直接责任人员,其行为已严重危害了国家公共安全,且该行为与危害后果之间具有刑法上的因果关系,依法应受刑事处罚,不属于行政处罚范畴。对《刑法》条文中关于危险物品肇事罪表述的“在生产、储存、运输、使用中”的理解,不能狭义理解为在危险物品生产、作业活动中的 4 种行为,而应理解为危险物品生产、作业活动中的 4 个阶段,充装是运输的必然程序,不是国家危险品管理规定的独立阶段,显然应包含在危险物品肇事罪的运输阶段。故对辩护人相应辩护意见不予采纳。

【案例点评】

本案认定被告人刘某是否构成危险物品肇事罪,主要取决于刘某的行为是否符合《刑法》第 136 条关于危险物品肇事罪的规定。

从立法原意上说,《刑法》设定危险物品肇事罪的目的在于规范危险物品管理秩序,维护公共安全,因此,立法设定本罪目的在于规范危险物品使用的整个过程。那么,就不应当孤立地将危险物品的“生产、储存、运输、使用”理解为单独的生产行为或储存行为,而应理解为一个生产过程、储存过程、运输过程、使用过程的整体动态体系。换言之,危险物品肇事行为必须发生在生产、储存、运输、使用上述危险物品的过程中。因此,立足于危险物品使用的整个过程应当是本罪立法原意,也是本案法律适用上应当解决的理论前提。

本案中,被告人朱某书、刘某作为生产企业中分管和主管剧毒化学品液氯销售、审批工作的直接责任人员,二人对氯气运装直接负有审批权,构成了液氯运输中的重要一环。我国的《氯气安全规程》和《液化气体汽车罐车安全监察规程》明确规定,运送液氯要审核装运车辆的安全证件,严禁超装超载的车辆驶离充装单位。被告人朱某书、刘某却违反自己负有的安全证件审查责任及不准超装、超载的规定,为案涉车辆超装液氯,使该车超载行驶最终发生事故。二人的行为既属于宏观的生产过程,又属于运输前的审批环节,在客观行为要件上完全符合危险物品肇事罪的时空要件。故二被告人构成危险物品肇事罪。

二、罪名解读

【罪名解析】

> 《刑法》第136条　【危险物品肇事罪】违反爆炸性、易燃性、放射性、毒害性、腐蚀性物品的管理规定,在生产、储存、运输、使用中发生重大事故,造成严重后果的,处三年以下有期徒刑或者拘役;后果特别严重的,处三年以上七年以下有期徒刑。

危险物品肇事罪,是指违反爆炸性、易燃性、放射性、毒害性、腐蚀性物品的管理规定,在生产、储存、运输、使用中发生重大事故,造成严重后果的行为。

我们知道,危险物品本身具有高度危险性,施工企业在生产、储存、运输、使用危险物品的过程中,如果使用、管理不当,就可能发生重大事故,造成严重后果,危害公共安全。而且,一旦发生这样的事故,施工企业及其项目管理人员就有可能会被有关部门调查是否构成危险物品肇事罪。因此,施工企业及项目管理人员应该对危险物品的生产、储存、运输、使用予以足够重视,避免酿成事故而涉嫌构成危险物品肇事罪。因此,为准确理解危险物品肇事罪,还应把握该罪的以下要件:

(一)如何理解本罪的"危险物品"

根据《安全生产法》第117条的规定,危险物品,是指易燃易爆物品、危险化学品、放射性物品等能够危及人身安全和财产安全的物品。危险物品范围包括:(1)爆炸性物品,是指雷管、导火线、导爆管、非电导爆系统等各种起爆器材,雷汞、雷银、三硝基间苯二酚铅等各种起爆药,硝基化合物类炸药、硝基胺类炸药、硝酸类炸药、高能混合炸药、爆破剂等各类炸药,以及烟火剂、民用信号弹、烟花爆竹等;(2)易燃性物品,如汽油、酒精、液化气、煤气、氢气、胶片以及其他易燃液体、易燃固体、自燃物品等;(3)放射性物品,是指通过原子核裂变时放出的射线发生伤害作用的物质,如镭、铀、钴等放射性化学元素;(4)毒害性物品,如甲胺磷、磷化铝、砒霜、五氯酚、氯化钾、氰化钠、氧化乐果、敌敌畏、敌百虫等;(5)腐蚀性物品,如硫酸、盐酸、硝酸等。

(二)如何理解本罪的"违反爆炸性、易燃性、放射性、毒害性、腐蚀性物品的管理规定"

为了保障安全生产、储存、运输、使用上述危险物品,国家有关部门陆续颁发了一系列有关危险物品的管理规定,如《刑法》《民法典》《职业病防治法》《消防法》《安全生产法》《特种设备安全监察条例》《民用爆炸物品安全管理条例》《危险化学品安全管理条例》《放射性同位素与射线装置放置安全和防护条例》《核材料管制条例》《民用核设施安全监督管理条例》《医疗用毒性药品管理办法》《农药安全使用规定》《汽车危险货物运输规则》《烟花爆竹安全管理条例》等。对于上述法律、法规、规章有关危险物品管理的规定,施工企业应予了解、学习。

(三)如何理解本罪中的"生产、储存、运输、使用"

对于本罪中的"生产、储存、运输、使用",通常的理解是,所谓生产,是指对危险物品的加工、制作活动,也包括为生产进行的实验活动;所谓储存,是指对危险物品的存放、保管活动;所谓运输,是指对危险物品的运送、携带活动;所谓使用,是指将危险物品用于一定生产、生活目的的活动。一般而言,这种解释并没有太大的问题。但是,从全面、准确认定本罪的范围方面考虑,上述解释还存在不足。在笔者看来,在涉及本罪中的"生产、储存、运输、使用"活动的理解问题时,还有以下问题应当明确:对保障生产、储存、运输、使用危险物品活动安全的劳动安全设施的管理、维护活动,是否属于危险物品的生产、储存、运输、使用。

对于危险物品的管理,法律、法规规定必须装备劳动安全设施而不装备,或者对已经装备但不符合规定的劳动安全设施不更换或不维修,客观上就是违反危险物品管理规定的行为,而且劳动安全设施的管理、维护与保障危险物品的生产、储存、运输、使用安全密切相关。因此,这种对劳动安全设施的管理、维护活动完全可以认定为广义的危险物品的生产、储存、运输、使用活动。

【此罪与彼罪】

笔者将对危险物品肇事罪与非法携带危险物品危及公共安全罪的界限进行分

析。本罪与非法携带危险物品危及公共安全罪都属于危害公共安全的犯罪,其对象都是爆炸性、易燃性、放射性、毒害性、腐蚀性物品,都具有违反有关规定而运输危险物品的行为,犯罪主体均为一般主体。但是,两者有相当程度上的区别:第一,犯罪主体有所不同。前者的主体通常是企业、事业单位的职工,但也包括其他一般的公民;后者的主体通常是一般公民。第二,犯罪主观方面有所不同。前者在主观上只能是过失;后者在主观上只能是故意。第三,犯罪客观方面有所不同。前者涉及的面更广,是生产、储存、运输、使用过程中危险物品肇事;后者只涉及携带环节。

【追诉标准】

1. 违反爆炸性、易燃性、放射性、毒害性、腐蚀性物品的管理规定,在生产、储存、运输、使用中发生重大事故,造成严重后果的,处 3 年以下有期徒刑或者拘役。

2. 违反爆炸性、易燃性、放射性、毒害性、腐蚀性物品的管理规定,在生产、储存、运输、使用中发生重大事故,后果特别严重的,处 3 年以上 7 年以下有期徒刑。

根据最高人民检察院、公安部《关于公安机关管辖的刑事案件立案追诉标准的规定(一)》第 12 条规定,违反爆炸性、易燃性、放射性、毒害性、腐蚀性物品的管理规定,在生产、储存、运输、使用中发生重大事故,涉嫌下列情形之一的,应予立案追诉:(1)造成死亡 1 人以上,或者重伤 3 人以上;(2)造成直接经济损失 50 万元以上的;(3)其他造成严重后果的情形。

根据最高人民法院、最高人民检察院《关于办理危害生产安全刑事案件适用法律若干问题的解释》的规定,实施《刑法》第 136 条规定的行为,因而发生安全事故,具有下列情形之一的,对相关责任人员,处 3 年以上 7 年以下有期徒刑:(1)造成死亡 3 人以上或者重伤 10 人以上,负事故主要责任的;(2)造成直接经济损失 500 万元以上,负事故主要责任的;(3)其他造成特别严重后果、情节特别恶劣或者后果特别严重的情形。

三、实务操作

【对建筑施工企业的建议】

1. 建筑施工企业在危险物品生产、储存、运输、使用的任一环节中,需要向有关部门申请、上报的,必须依据规定进行,一定不要省略、忽视。对于申请、上报、批复等有关资料应完整归档,妥善保存,以备核查。

2. 建筑施工企业对危险物品生产、储存、运输、使用的每个环节均需依据法律法规等规定进行。

3. 建筑施工企业应当关注危险物品生产、储存、运输、使用的每个环节，做到各个环节均配备相应设备、管理人员。

4. 建筑施工企业应当对危险物品生产、储存、运输、使用的每个环节有管理措施、应急方案。

【对项目经理的建议】

1. 项目经理应学习、了解有关危险物品管理的法律法规等规定。

2. 项目经理必须从心理上敬畏危险物品及危险物品肇事罪，不能存有无所谓或侥幸之心理。

3. 项目经理购买的炸药等危险物品来源必须合法，质量应有保障。对于购入、运输危险物品合同等资料应完整归档，妥善保存，以备核查。

第五节　消防责任事故罪

一、案例解析

【基本案情】

2014 年 4 月 25 日，晋中市榆次区华钜商城东门通道 B165 号杨某经营的精品拖鞋店内发生火灾，火灾造成不同程度受灾户共 7 户，烧损建筑面积约 500 平方米，经晋中市物价局价格认证中心对火灾所造成的损失进行价格鉴定，直接财产损失为人民币 1,211,501 元。经榆次区公安消防大队侦查，该火灾之所以造成重大的经济损失是由于华钜商城物业管理部负责人刘某没有对消防大队在日常检查中提出的消防隐患进行有效整改，致使火灾发生初期不能得到有效的处置。此次火灾发生的直接原因为杨某经营的精品拖鞋店内连接插座线路短路，引起整条线路过热起火，引燃附近可燃物。起火地点二楼的疏散通道上设有的摊位及悬挂的大量可燃性广告牌，使火情快速蔓延至周边商铺且起火地点附近消火栓夜间无水致使火情不能得到有效控制。针对华钜商城存在的上述火灾隐患，榆次区消防大队自 2013 年 6 月 1 日至 2014 年 4 月 25 日发生火灾之前，对华钜商城进行了多次检查，并针对存在的火灾隐患共下发了3次《责令限期改正通知书》，责令华钜商城物业管理部门按要求整改，华钜商城消防管理部门（华钜商城物业管理部）在接到整改文书后未按照要求一一予以整改，对此次火灾的发生负有重大责任。

【争议焦点】

被告人刘某是否构成消防责任事故罪。

【各方观点】

公诉机关认为，刘某系案涉商场物业管理部的负责人，符合《刑法》规定的消防责任事故罪的犯罪主体要件；从本罪客观方面来看，刘某负责的涉案商场物业管理部在接到当地消防大队的整改通知后，未按照要求一一进行整改，对造成此次火灾负有重大责任。因此，被告人刘某构成消防责任事故罪。

辩护人认为，案发时，刘某在医院接受治疗因而无法对涉案商场的物业进行管理，不具有在法律上承担消防责任事故罪的主体资格；在接到当地消防大队的整改通知后，刘某已安排涉案商场物业管理部对商场存在的火灾隐患进行了整改，起诉书指控其拒绝执行消防管理机构的整改通知书与实际不符。

【法院判决】

法院判决：被告人刘某犯消防责任事故罪，判处有期徒刑2年，缓刑2年。

理由是，被告人刘某作为华钜商城物业管理部的负责人违反消防管理法规，经消防监督机构通知采取改正措施而拒绝执行，致使引起火灾，造成直接财产损失人民币1,211,501元，已造成严重后果，其行为已构成消防责任事故罪，应依法惩处。

【案例点评】

本案中，认定刘某是否构成消防责任事故罪，主要取决于以下两个要件是否满足：(1)刘某是否符合本罪的犯罪主体要件，即是否系负责消防整改的直接责任人员。(2)刘某的行为是否属于“经消防监督机构通知采取改正措施而拒绝执行”。

关于犯罪主体要件，根据商场职工的证言，刘某系涉案商场物业管理部的主任，商户缴纳的物业管理费如何支出均由刘某负责，故刘某系落实消防整改措施的负责人，符合本罪的犯罪主体要件。至于辩护人主张的刘某在案发时正在医院接受治疗，无法对商场物业进行管理，因按照消防部门整改通知进行对商场的整改应于火灾事故发生前而非发生时落实，故该抗辩无法成立。

关于刘某及其负责管理的涉案商场物业管理部是否“拒绝执行”消防监督机构

的整改通知，根据本案证人证言及相关证据，在接到当地消防大队的整改通知后，涉案商场对存在的消防隐患进行了一部分整改，但其未对《责令限期改正通知书》中所载明的需整改事项进行全部整改，在案发时仍存在包括疏散通道上设有摊位及悬挂有大量的可燃性广告牌、部分消火栓夜间无水致使无法使用等消防隐患，而正是前述消防隐患导致火情无法得到及时有效控制，最终导致火灾损失的扩大。而本罪中"拒绝执行"消防整改措施，不仅包括未执行任何消防整改措施，也包括执行了部分改正措施，但仍未能消除消防隐患的情形。故刘某仅执行部分消防整改措施的行为，符合本罪的客观要件，应认定其构成消防责任事故罪。

二、罪名解读

【罪名解析】

《刑法》第 139 条 【消防责任事故罪】违反消防管理法规，经消防监督机构通知采取改正措施而拒绝执行，造成严重后果的，对直接责任人员，处三年以下有期徒刑或者拘役；后果特别严重的，处三年以上七年以下有期徒刑。

消防责任事故罪，是指违反消防管理法规，经消防监督机构通知采取改正措施而拒绝执行，造成严重后果的行为。

1979 年《刑法》(已被修改)未规定消防责任事故罪，1984 年《消防条例》(已失效)规定，违反该条例造成火灾的，对有关责任人员依法追究刑事责任，但因未明确所依据的"法"为何，该规定也仅限于原则性规定，难以运用于司法实践。1997 年修订的《刑法》规定了消防责任事故罪，并沿用至今。罪名的产生过程和构成要件是准备理解罪名的有效途径，准确理解消防责任事故罪必须要把握以下几个要件：

(一)如何理解本罪的"消防监督机构"

《消防法》第 4 条规定，"国务院应急管理部门对全国的消防工作实施监督管理。县级以上地方人民政府应急管理部门对本行政区域内的消防工作实施监督管理，并由本级人民政府消防救援机构负责实施"。该法第 53 条第 1 款规定："消防救援机构应当对机关、团体、企业、事业单位等遵守消防法律、法规的情况依法进行监督检查。公安派出所可以负责日常消防监督检查、开展消防宣传教育，具体办法由国务院公安部门规定。”所以，本罪相应《刑法》条文中所指的“消防监督机构”应包括各级人民政府消防救援机构及公安派出所。

（二）如何理解本罪的“通知”

根据公安部《消防监督检查规定》第19条第1款，“在消防监督检查中，公安机关消防机构对发现的依法应当责令立即改正的消防安全违法行为，应当当场制作、送达责令立即改正通知书，并依法予以处罚；对依法应当责令限期改正的，应当自检查之日起三个工作日内制作、送达责令限期改正通知书，并依法予以处罚”。根据该规定第21条，消防监督检查中，对影响公共安全的重大火灾隐患，还应当在确定之日起3个工作日内制作、送达重大火灾隐患整改通知书，即对于本罪中客观要件所包含的消防监督机构的“通知”，应当局限于书面形式，口头形式的通知不能适用于本罪的认定。

（三）如何理解本罪的“拒绝执行”

关于“拒绝执行”的认定，学界中存在两种不同的观点。第一种观点从字面意思解释，将“拒绝执行”理解为不按要求采取改正措施，无论是公然拒绝，还是口头答应接受，但实际上不执行，都属于拒绝执行行为。第二种观点认为，“拒绝执行”包括两种情况：一种情况是行为人接到消防监督机构的通知后根本不采取任何改正措施；另一种情况是行为人接到消防监督机构的通知后虽采取了一定的改正措施，但该措施不足以有效地防止严重后果的发生。

笔者赞同第二种观点。第一种观点忽略了行为人虽然在表面上采取了一定的措施，但实际上是敷衍塞责，并不足以消除安全隐患的情形，若按该观点理解，则无法将本罪适用于前述情形，在一定程度上放纵了犯罪。而第二种观点则较为妥当，即“拒绝执行”应当既包括形式上的明确拒绝执行，也包括形式上不拒绝执行而实质上拒绝执行。实际上，在司法实践中仅极少数行为人会在收到消防监督机构通知后明确拒绝执行，实际触犯本罪的绝大部分都属于第二种观点的后一种情形。

（四）如何理解“造成严重后果”

最高人民法院、最高人民检察院《关于办理危害生产安全刑事案件适用法律若干问题的解释》第 6 条第 1 款规定：“实施刑法第一百三十二条、第一百三十四条第一款、第一百三十五条、第一百三十五条之一、第一百三十六条、第一百三十九条规定的行为，因而发生安全事故，具有下列情形之一的，应当认定为‘造成严重后果’或者‘发生重大伤亡事故或者造成其他严重后果’，对相关责任人员，处三年以下有期徒刑或者拘役：（一）造成死亡一人以上，或者重伤三人以上的；（二）造成直接经济损失一百万元以上的；（三）其他造成严重后果或者重大安全事故的情形。”

【追诉标准】

1. 违反消防管理法规，经消防监督机构通知采取改正措施而拒绝执行，造成严重后果的，对直接责任人员，处 3 年以下有期徒刑或者拘役。

2. 违反消防管理法规，经消防监督机构通知采取改正措施而拒绝执行，后果特别严重的，对直接责任人员，处 3 年以上 7 年以下有期徒刑。

三、实务操作

【对建筑施工企业的建议】

1. 建筑施工企业人员应学习《消防法》等消防管理法律法规，了解不能违反的内容有哪些。

2. 建筑施工企业应建立完善的消防安全管理制度体系，形成有效的联动机制；这是法律法规所要求的，也确实是必要的。

3. 建筑施工企业配备必要的消防设备、器材，建立必要的消防设施，并定期检查、更新，使消防设备、器材、设施保持良好状态。

4. 建筑施工企业应按照国家有关规定，保持消防通道、安全出口畅通。

5. 建筑施工企业不能在设有车间或者仓库的建筑物内设置员工集体宿舍。

【对项目经理的建议】

1. 项目经理不能违反《消防法》的相关规定，擅自降低消防技术标准施工；不能使用防火性能不符合国家标准或者行业标准的建筑构件和建筑材料或者不合格的装修、装饰材料施工。

2. 项目经理在危险品的生产、作业、储存、运输等各个环节中，应依据规定、规程进行，特别注意容易引起火灾的环节。

3. 项目经理应当关注危险品生产、储存、运输、使用的每个环节，做到各个环节配备有相应防火安全设备和管理人员，时刻预防火灾的发生。

4. 项目经理对于容易引起火灾的施工工艺、环节，应格外注意预防火灾，并应有相应消防预案。

5. 重视消防安全宣传工作，增强施工人员消防安全意识。

第六节 不报、谎报安全事故罪

一、案例解析

【基本案情】

2016 年 3 月 2 日 16 时左右，金昌煤矿井下发生事故，井下负责人梁某营（另案处理）等接到事故报告后入井组织井下工人进行清淤救援，金昌煤矿董事长兼矿长王某远和金昌煤矿生产矿长申某彬、技术矿长兼总工程师张某东、机电矿长魏某峰、安全矿长李某全、金昌煤矿实际控制人委派的直接管理人杨某亮接到金昌煤矿调度室报告发生事故后，16 时至 17 时先后赶到金昌煤矿调度室，金昌煤矿实际控制人韩某旺、金昌煤矿股东兼副董事长樊某生随后也赶到矿上。为了解事故具体情况，申某彬、杨某亮、李某全先后下井进行查看，梁某营及采煤班长蒲某等人向申某彬、杨某亮报告经过清点井下人数事故造成 7 人被困。申某彬、杨某亮在 18 时到 20 时之间分别向王某远、张某东、魏某峰、李某全、樊某生、韩某旺告知了井下 7 人被困的事故情况，韩某旺、樊某生向王某远、杨某亮表示不上报事故，金昌煤矿“五职矿长”也商量了事故上报和处理事宜但一直未决定上报事故。后金昌煤矿监管站分别向新密市煤炭管理局、新密市西大街办事处报告了金昌煤矿发生事故、事故具体情况不明的消息，新密市西大街办事处向新密市煤炭管理局及新密市人民政府主管煤矿安全的副市长、分管金昌煤矿的市领导做了报告。

2 日晚 22 时 20 分左右，新密市煤炭管理局通知新密市安全生产应急救援中心出动抢险，22 时 55 分救护队员入井抢险，先后发现 2 名遇难人员，并将 2 名遇难人员尸体于3日3时左右运送出井。2日22时30分左右，新密市政府、市煤炭管理局相关领导先后赶到金昌煤矿，要求金昌煤矿尽快核实事故伤亡人数并上报。3日零时10分，郑新公司相关领导也赶到金昌煤矿，并督促金昌煤矿尽快核实事故伤亡人数并上报。王某远和樊某生最后商定上报2人，经杨某亮、申某彬、张某东、魏某峰、李某全明示或者默示同意后，于3日1时左右分别以书面、电话形式向新密市煤炭管理局、郑新公司上报了事故情况，上报内容为“2016年3月2日下午四点，郑煤集团兼并重组煤矿郑新金昌煤业有限公司发生顶板事故，经初步核查，当班入井6人，其中2人被困井下，目前正在全力救援”。

3日上午，韩某旺安排杨某亮、梁某营开始组织人员搜寻剩余的5名遇难人员。3日四点班找到2人，4日零点班找到2人，4日八点班找到最后1人。

4日上午，金昌煤矿“五职矿长”、安监科科长闫某、调度室主任代某以及事故当班部分下井工人等人员在金昌煤矿开会，会上要求统一口径“事故当天6人在井下，2人死亡”，并交代发放矿灯人员不要乱说，同时安排人员转移处理发灯记录等有关资料。之后王某远每天召开碰头会商量如何应对事故调查。

3月13日，新密市煤炭管理局经过核实确认事故造成7人死亡并向上级机关进行了上报。截至3月13日，金昌煤矿“五职矿长”、樊某生、梁某营等人在接受事故调查和公安机关调查询问中，均称“事故发生当天只有6人在井下，2人死亡”。

【争议焦点】

8名被告人是否构成不报、谎报安全事故罪。

【各方观点】

公诉机关认为，王某远、樊某生、韩某旺、杨某亮、申某彬、张某东、李某全、魏某峰分别作为在金昌煤矿负有组织、指挥或者管理职责的负责人、管理人员、实际控制人、投资人，在金昌煤矿发生造成7人死亡的重大伤亡事故后，8人共同商定后串通，明知井下被困7人仍谎报成2人，致使事故抢救未能及时有效开展，贻误事故抢救的情节严重，8人行为均构成不报、谎报安全事故罪。

技术矿长兼总工程师张某东、安全矿长李某全、生产矿长申某彬的辩护人均认为，张某东、李某全、申某彬在事故发生后已经及时向矿长王某远报告，向主管机关报告不是其职责，故其不符合本罪的主体要件；机电矿长魏某峰、直接管理人杨某亮的辩护人均认为其委托人不是负有报告职责的主体；实际控制人韩某旺的辩护人认为其委托人不负有报告职责，也一直不在场没有参与谎报行为。此外，8 名被告人的辩护人均认为，不报、谎报安全事故罪要求行为造成事故后果扩大或贻误抢救时机，本案事故为冒顶事故，井下被困矿工直接被掩埋很快死亡，无生还可能，且无证据证明系因此贻误抢救而造成死亡后果增加，不符合该罪名的规定。

【法院判决】

法院判决：被告人王某远犯不报、谎报安全事故罪，判处有期徒刑 2 年。被告人樊某生犯不报、谎报安全事故罪，判处有期徒刑 2 年。被告人韩某旺犯不报、谎报安全事故罪，判处有期徒刑 9 个月。被告人杨某亮犯不报、谎报安全事故罪，判处有期徒刑 6 个月。被告人申某彬犯不报、谎报安全事故罪，判处有期徒刑 6 个月。被告人张某东犯不报、谎报安全事故罪，判处有期徒刑 6 个月。被告人李某全犯不报、谎报安全事故罪，判处有期徒刑 6 个月。被告人魏某峰犯不报、谎报安全事故罪，判处有期徒刑 9 个月。[1]

理由是，被告人王某远、樊某生、韩某旺、杨某亮、申某彬、张某东、李某全、魏某峰作为在金昌煤矿负有组织、指挥或者管理职责的负责人、管理人员、实际控制人、投资人，在安全生产事故发生后，负有报告职责，符合本罪主体要件。本案事故发生后，3 月 2 日 18 时到 20 时，申某彬、杨某亮已经明确向王某远、张某东、魏某峰、李某全、樊某生、韩某旺告知井下 7 人被困，但直到 3 月 3 日 1 时左右，经王某远、樊某生商定，杨某亮、申某彬、张某东、魏某峰、李某全明示或默示同意，按照井下被困 2 人上报，随后，已经赶赴井下进行救援的新密市安全生产应急救援中心救护队员在发现井下 2 名遇难人员遗体后运送出井，抢险工作结束，救援人员撤离，剩余 5 名遇难人员直至 3 月 4 日遗体才全部找到。其间，8 名被告人在接受事故调查时组织矿上人员编造谎言对抗调查，始终隐瞒真实情况不予上报。事故发生后，本应当第一时间上报真实情况，以便有效组织人员、力量全力抢险救援，用百倍的努力，争取千分之一、万分之一的希望。而本案中 8 名被告人的不报、谎报行为，考虑的是据实上报之后会被追责，基于被告人自己对事故中被困人员在泥浆、渣石溃出后已

〔1〕 需要特别说明的是，本案 8 名被告人还构成重大责任事故罪，详见（2017）豫 0183 刑初 63 号刑事判决书。

经不可能生还的个人判断，直接剥夺了事故被困人员虽然渺茫但谁也不敢说绝对不可能的"生"的希望和可能，致使专业救援力量基于错误信息而结束救援撤离，阻碍了及时有效开展事故抢救，贻误了最好的救援时机。故此，8名被告人的不报、谎报安全事故行为，情节严重，均构成不报、谎报安全事故罪。

【案例点评】

本案中，认定8名被告人是否构成不报、谎报安全事故罪，主要取决于以下两个法定要件是否满足：第一，8名被告人是否系负有报告安全事故情况的人员；第二，8名被告人谎报安全事故情况的行为是否构成"贻误事故抢救"。

关于犯罪主体问题，王某远、张某东、申某彬、李某全、魏某峰系涉案煤矿的"五职矿长"，是对煤矿生产、作业负有相应组织、指挥或者管理职责的负责人，樊某生、韩某旺、杨某亮分别系涉案煤矿的投资人、实际控制人、直接管理人，均对煤矿发生的安全事故情况负有报告职责，均符合本罪的犯罪主体要件。

关于对"贻误事故抢救"的理解，8名被告人的辩护人均认为本案事故发生后，遇难矿工被直接掩埋，无生还可能，故谎报行为不构成"贻误事故抢救"。但在本案中，8名被告人均明知煤矿发生事故存在人员被困情况，甚至明确知道被困人数7人。而至2016年3月2日22时新密市煤炭管理局工作人员赶到金昌煤矿时，"五职矿长"王某远等人仍在商量、研究事故如何处理善后事宜，其间仅安排煤矿人员自行展开救援，在事故发生后5个多小时期间，8名被告人均未主动及时向相关政府部门报告发生事故情况，不报、迟报行为明显，使事故专业抢救行为未及时开展，这样必然在一定程度上贻误了必须争分夺秒救援的行动开展。在煤炭管理局工作人员赶到后，要求报告和提供事故被困人数的情况时，王某远、樊某生等人商量后仍决定隐瞒井下被困真实人数，按照2人上报，杨某亮、申某彬、张某东、李某全、魏某峰对此明知仍同意并配合统一上报口径，串通谎报事故的共同故意和行为明显，致使救援队实施救援发现2名被困人员尸体后停止救援行动。

8名被告人决定不报、谎报事故情况的行为，不仅使专业救援行动未及时开展，且在已开展后未进展到对全部人员实施救援就戛然而止，已经符合最高人民法院、最高人民检察院《关于办理危害生产安全刑事案件适用法律若干问题的解释》第8条第2项的规定，应认定构成不报、谎报安全事故罪。

二、罪名解读

【罪名解析】

> 《刑法》第 139 条之一 【不报、谎报安全事故罪】在安全事故发生后，负有报告职责的人员不报或者谎报事故情况，贻误事故抢救，情节严重的，处三年以下有期徒刑或者拘役；情节特别严重的，处三年以上七年以下有期徒刑。

不报、谎报安全事故罪，是指在安全事故发生后，负有报告职责的人员不报或者谎报事故情况，贻误事故抢救，情节严重的行为。

1997 年《刑法》未规定不报、谎报安全事故罪，2002 年发布实施的《安全生产法》第 91 条对生产经营单位主要负责人对生产安全事故隐瞒不报、谎报或者拖延不报的行为加以规制，后 2006 年《刑法修正案（六）》将相应行为增加规定为本罪。除本罪的立法沿革外，为准确掌握本罪，还应了解以下几个方面的内容：

（一）如何理解本罪的“负有报告职责的人员”

最高人民法院、最高人民检察院《关于办理危害生产安全刑事案件适用法律若干问题的解释》第 4 条规定：“刑法第一百三十九条之一规定的‘负有报告职责的人员’，是指负有组织、指挥或者管理职责的负责人、管理人员、实际控制人、投资人，以及其他负有报告职责的人员。”

问题在于，“其他负有报告职责的人员”还有哪些？事故单位的工人是否属于“其他负有报告职责的人员”？《安全生产法》第 83 条第 1 款规定：“生产经营单位发生生产安全事故后，事故现场有关人员应当立即报告本单位负责人。”《生产安全事故报告和调查处理条例》第 4 条第 1 款规定：“事故报告应当及时、准确、完整，任何单位和个人对事故不得迟报、漏报、谎报或者瞒报。”似乎可以认为事故现场的工人也有报告的义务。但是，笔者认为，此义务非彼义务。事故现场工人的报告义务限于向本单位负责人报告，至于向政府部门报告，则是道义上的义务，而不是法律上的义务。即使“情况紧急时”，法律也只是规定“事故现场有关人员可以直接向事故发生地县级以上人民政府安全生产监督管理部门和负有安全生产监督管理职责的有关部门报告”,既然使用了“可以”这一表示授权的动词,就意味着其并非规定义务的命令性规范。

(二)如何理解本罪的“不报或者谎报事故情况”

《刑法》将本罪的行为规定为不报事故情况和谎报事故情况,两者系选择性的行为,即行为人只要具有其中一种行为,就具备了本罪的行为要素。

所谓事故情况,根据《生产安全事故报告和调查处理条例》第12条的规定,应当包括:(1)事故发生单位概况;(2)事故发生的时间、地点以及事故现场情况;(3)事故的简要经过;(4)事故已经造成的或者可能造成的伤亡人数(包括下落不明的人数)和初步估计的直接经济损失;(5)已经采取的措施;(6)其他应当报告的情况。

所谓不报事故情况,是指没有及时向有关负责人员报告事故的情况,既包括对事故情况根本不做任何报告,也包括只报告了部分情况。而没有报告事故的全部情况,还包括能及时报告而不及时报告即拖延报告时间,以及在第一次报告后,不报告又出现的事故新情况。

所谓谎报事故情况,是指虽然向有关负责人员报告发生了安全事故,但对事故的有关情况作了不真实的报告,如缩小伤亡的人数或者遭受的财产损失等。此外,对于应当报告的部分隐瞒不报的,也属于谎报。

(三)如何理解本罪的“贻误事故抢救”

关于对“贻误事故抢救”的理解,学界有不同看法。有的学者认为,贻误事故抢救,是指由于不报或者谎报事故,导致失去抢救时机,使事故后果进一步扩大;有的学者认为,贻误事故抢救,是指不报或者谎报事故情况的行为导致贻误了事故抢救的最佳时机;还有的学者认为,应将“贻误事故抢救”理解为造成事故抢救不及时,同时也包含了导致事故得不到有效抢救的含义。

笔者认为,贻误事故抢救,是指安全事故发生后,还可以对事故进行抢救,避免事故后果进一步扩大,但因不报或者谎报事故情况,使事故失去了有效抢救的时机,导致了事故后果的扩大。这里应注意不报或者谎报事故情况的行为与贻误事故抢救之间的因果关系。如果贻误事故抢救不是有关责任人员不报或者谎报事故情况导致的，而是有关负责人漠不关心或抢救不当、抢救不力等原因导致的，则不构成本罪。

【追诉标准】

1. 安全事故发生后，负有报告职责的人员不报或者谎报事故情况，贻误事故抢救，情节严重的，处 3 年以下有期徒刑或者拘役。

2. 安全事故发生后，负有报告职责的人员不报或者谎报事故情况，贻误事故抢救，情节特别严重的，处 3 年以上 7 年以下有期徒刑。

最高人民法院、最高人民检察院《关于办理危害生产安全刑事案件适用法律若干问题的解释》第 8 条规定：“在安全事故发生后，负有报告职责的人员不报或者谎报事故情况，贻误事故抢救，具有下列情形之一的，应当认定为刑法第一百三十九条之一规定的‘情节严重’：（一）导致事故后果扩大，增加死亡一人以上，或者增加重伤三人以上，或者增加直接经济损失一百万元以上的。（二）实施下列行为之一，致使不能及时有效开展事故抢救的：1. 决定不报、迟报、谎报事故情况或者指使、串通有关人员不报、迟报、谎报事故情况的；2. 在事故抢救期间擅离职守或者逃匿的；3. 伪造、破坏事故现场，或者转移、藏匿、毁灭遇难人员尸体，或者转移、藏匿受伤人员的；4. 毁灭、伪造、隐匿与事故有关的图纸、记录、计算机数据等资料以及其他证据的。（三）其他情节严重的情形。具有下列情形之一的，应当认定为刑法第一百三十九条之一规定的‘情节特别严重’：（一）导致事故后果扩大，增加死亡三人以上，或者增加重伤十人以上，或者增加直接经济损失五百万元以上的；（二）采用暴力、胁迫、命令等方式阻止他人报告事故情况，导致事故后果扩大的；（三）其他情节特别严重的情形。”第 9 条规定：“在安全事故发生后，与负有报告职责的人员串通，不报或者谎报事故情况，贻误事故抢救，情节严重的，依照刑法第一百三十九条之一的规定，以共犯论处。”第 10 条规定：“在安全事故发生后，直接负责的主管人员和其他直接责任人员故意阻挠开展抢救，导致人员死亡或者重伤，或者为了逃避法律追究，对被害人进行隐藏、遗弃，致使被害人因无法得到救助而死亡或者重度残疾的，分别依照刑法第二百三十二条、第二百三十四条的规定，以故意杀人罪或者故意伤害罪定罪处罚。”

三、实务操作

【对建筑施工企业的建议】

1. 建筑施工企业应了解安全事故范围和等级划分。

2. 建筑施工企业应清楚“负有报告职责的人员”有哪些。

3. 建筑施工企业应知晓应报告的安全事故情况内容有哪些。

4. 建筑施工企业在安全事故发生后，应在有条件报告的情况下按相关法律法规的规定及时准确地上报安全事故，不能故意隐瞒不报或者谎报安全事故的具体情况。

【对项目经理的建议】

1. 项目经理不能故意隐瞒事故真相，对安全事故进行压级报告，将本来属于特别重大的安全事故报告为重大的安全事故或者一般安全事故。

2. 项目经理不能隐瞒真相，对安全事故进行夸大报告，将本来属于一般安全事故的情形报告为重大安全事故或者是特别重大的安全事故。

3. 项目经理不能只报告安全事故的部分情况，而不报告事故的全部情况。

4. 项目经理在安全事故发生后必须及时采取有效的抢救措施，避免事故结果扩大，力争将损失降到最小。

第七节　隐匿、故意销毁会计凭证、会计账簿、财务会计报告罪

一、案例解析

【基本案情】

被告人兰某宁在任中铁二十五局集团柳州公司副总经理兼黄织项目部经理期间，安排有关人员以虚假的工程或劳务计价，通过施工作业队套取工程款，套取的工程款由黄织项目部综合部副部长周某明负责管理。2007 年 7 月，兰某宁任中铁二十五局集团柳州公司总经理，当年 9 月被告人兰某宁将周某明保管的账外资金的有关报销凭证、单据、记账本等要走并烧毁。经查，被烧毁的凭证、单据、账册涉及金额达人民币 524 万余元。

【争议焦点】

被告人兰某宁是否构成故意销毁会计凭证、会计账簿罪。

【各方观点】

公诉机关认为,被告人兰某宁担任项目部经理期间以虚假计价方式从项目部套取工程款,设立账外资金后,又将有关该账外资金的会计资料销毁,构成故意销毁会计凭证、会计账簿罪。

辩护人认为,被告人兰某宁烧毁的主要是一些无法入账的白条和收据,非正规账,不是正式的会计凭证、会计账簿,所以不构成故意销毁会计凭证、会计账簿罪。

【法院判决】

法院判决:被告人兰某宁犯故意销毁会计凭证、会计账簿罪,判处有期徒刑1年,并处罚金人民币2万元。

理由是,被告人兰某宁任黄织项目部经理期间以虚假计价方式从项目部套取工程款,设立的账外资金系项目部公款,且用于了项目部的生产经营业务支出。根据相关法律规定,各单位必须依法设置会计账簿,并保证其真实、完整。必须根据实际发生的经济业务事项进行会计核算,填制会计凭证,登记会计账簿,编制财务会计报告。会计资料应当建立档案,妥善保管。法律这样要求的目的在于准确反映单位的经营状况,以备核查,并依法予以监督。账外资金的会计资料与其他应当依法保存的会计资料一样,记载了项目部一定时期的部分经营活动情况,都是应当保存的。销毁这些会计资料,就是销毁项目部这部分经营活动情况的真实、完整的书面记载,从而规避有关部门对此依法进行的监督检查。因此,被告人及辩护人的上述辩解意见不能成立,不予采纳。被告人兰某宁的行为构成故意销毁会计凭证、会计账簿罪。

【案例点评】

随着经济生活不断发展,财务管理越来越规范。由于账簿和凭证等财务材料能够反映真实的财务和经营状况,越来越受到人们的重视,但也引起不法之徒的觊觎,他们往往从这些财务资料入手,进行逃税、非法经营等违法犯罪活动。而其中最常见的手段莫过于隐匿、故意销毁会计凭证、会计账簿、财务会计报告的行为。隐匿、故意销毁会计凭证、会计账簿、财务会计报告罪的犯罪对象是决定单位财务基本状况和财产情况的主要财务资料，其基本构成成分是会计凭证、会计账簿、财务会计报告三大类别。它们是进行会计核算的最主要的骨干部分，是对单位的经营活动、财产变动状况的情况进行记录的基本数据资料。从《刑法修正案》第1条对《刑法》第162条补充的规定可以看出，只有隐匿、故意销毁会计凭证、会计账簿、财务会计报告才构成本罪。如果行为的对象不是反映单位财务基本状况的会计凭证、会计账簿、财务会计报告，而是其他一般性会计资料，就不构成本罪。具体到本案，账外资金的会计资料与其他应当依法保存的会计资料一样，记载了项目部一定时期的部分经营活动情况，都是应当保存的。销毁这些会计资料，就是销毁项目部这部分经营活动情况的真实、完整的书面记载，从而规避有关部门对此依法进行的监督检查。因此，被告人的行为属于故意销毁会计凭证、会计账簿罪规定的范围。

二、罪名解读

【罪名解析】

> 《刑法》第162条之一 【隐匿、故意销毁会计凭证、会计帐簿、财务会计报告罪】隐匿或者故意销毁依法应当保存的会计凭证、会计帐簿、财务会计报告，情节严重的，处五年以下有期徒刑或者拘役，并处或者单处二万元以上二十万元以下罚金。
>
> 单位犯前款罪的，对单位判处罚金，并对其直接负责的主管人员和其他直接责任人员，依照前款的规定处罚。

隐匿、故意销毁会计凭证、会计账簿、财务会计报告罪，是指故意隐匿、故意销毁有法定保存义务的会计凭证和账簿、财务报告，情节严重的行为。

1997年《刑法》（已被修改）未规定隐匿、故意销毁会计凭证、会计账簿、财务会计报告罪，1999年《刑法修正案（一）》将相应行为增加规定为犯罪。除本罪的立法沿革外，为准确掌握本罪，还应对以下问题进行分析：

（一）行为人构成本罪以违反有关财会管理法律、法规为前提

根据《会计法》的规定，会计凭证、会计账簿、财务会计报告和其他会计资料，应

当按照国家有关规定建立档案,妥善保管。会计档案的保管期限和销毁办法应按照国务院、财政部或有关部门制定的标准办理。行为人隐匿或故意销毁依法应当保存的财会凭证,其行为触犯了国家会计管理法律、法规,因而具有违法性,这也是行为人构成本罪的前提条件。

（二）会计凭证、会计账簿、财务会计报告的含义

会计凭证是记录经济业务、明确经济责任、按一定格式编制的据以登记会计账簿,用来记载经济业务的发生,明确经济责任,作为记账根据的书面证明。按照填制程序和用途一般可以分为原始凭证和记账凭证两类;前者是在经济业务最初发生之时即行填制的原始书面证明,包括销货发票、款项收据等各种原始的凭证,后者是以原始凭证为依据,作为记入账簿内各个分类账户的书面证明,包括收款凭证、付款凭证、转账凭证等其他凭证。

会计账簿是由具有一定格式、相互联系的账页组成的,用来序时、分类地全面记录一个企业、单位经济业务事项的会计簿籍。按照用途,会计账簿一般可以分为:日记账簿,即按照经济业务发生或完成时间的先后顺序逐日逐笔进行登记的账簿;分类账簿,即对全部经济业务事项按照会计要素的具体类别而设置的分类账户进行登记的账簿;辅助账簿,即对某些在序时账簿和分类账簿等主要账簿中都不予登记或登记不够详细的经济业务事项进行补充登记时使用的账簿。

财务会计报告,是指单位会计部门根据经过审核的会计账簿记录和有关资料,编制并对外提供的反映单位某一特定日期财务状况和某一会计期间经营成果、现金流量及所有者权益等会计信息的总结性书面文件。

（三）本罪的客观行为

本罪的客观行为主要表现为两个方面:一是隐匿财会凭证的行为。即以各种方式将公司、企业的有关财会凭证转移、藏匿或隐瞒起来的行为。根据《会计法》第35条的规定:“各单位必须依照有关法律、行政法规的规定,接受有关监督检查部门依法实施的监督检查,如实提供会计凭证、会计帐簿、财务会计报告和其他会计资料以及有关情况,不得拒绝、隐匿、谎报。”二是故意销毁财会凭证的行为。即未经有关部门批准、不按会计档案的保管期限和销毁办法擅自毁掉应当保留的财会

凭证的行为。根据《会计法》第23条的规定:"各单位对会计凭证、会计帐簿、财务会计报告和其他会计资料应当建立档案,妥善保管。会计档案的保管期限和销毁办法,由国务院财政部门会同有关部门制定。"

(四)本罪属于情节犯

行为人犯罪情节是否严重是构成本罪的法定要件。只有那些情节严重的隐匿、故意销毁财会凭证行为才能构成本罪,情节较轻的隐匿、故意销毁财会凭证行为一般不以犯罪论处。

【罪与非罪】

隐匿、故意销毁会计凭证、会计账簿、财务会计报告罪与一般违法行为的区别在于犯罪情节。只有情节严重的隐匿、故意销毁财会凭证行为,才以犯罪论定;一般情节轻微或危害不大的隐匿、故意销毁财会凭证行为应以违法行为论,并通过行政手段加以处罚。实践中,如果行为人既有隐匿行为,又有销毁行为,则只要其中之一所涉账面金额或者二者相加额在50万元以上(包括本数)的,即应予追诉。如果会计资料涉及境外货币,应依照有关规定折算成人民币。

【此罪与彼罪】

隐匿、故意销毁会计凭证、会计账簿、财务会计报告罪与相关犯罪的区别如下:逃税罪、职务侵占罪、贪污罪等犯罪中都可能存在隐匿、故意销毁会计凭证、会计账簿、财务会计报告的情况,其目的是掩盖其上述犯罪行为,对此不实行数罪并罚,而只定其主罪,隐匿、故意销毁会计凭证、会计账簿、财务会计报告行为应作为从重情节予以考虑。在无法查证行为人隐匿、故意销毁会计凭证、会计账簿、财务会计报告所要掩饰的犯罪或者该犯罪由于其隐匿、故意销毁会计凭证、会计账簿、财务会计报告行为而无法查清时,可以对行为人直接以隐匿、故意销毁会计凭证、会计账簿、财务会计报告罪定罪处罚。此外,实践中,还要注意区分拒不交出会计资料行为与妨害公务罪的界限,如果以暴力,威胁方法拒不交出会计资料,阻碍有关国家机关工作人员依法执行职务,应以妨害公务罪进行追诉。

【追诉标准】

1. 隐匿或者故意销毁依法应当保存的会计凭证、会计账簿、财务会计报告,情节严重的,处5年以下有期徒刑或者拘役,并处或者单处2万元以上20万元以下罚金。

2. 单位犯前款罪的，对单位判处罚金，并对其直接负责的主管人员和其他直接责任人员，依照《刑法》第 162 条之一第 1 款的规定处罚。

根据最高人民检察院、公安部《关于公安机关管辖的刑事案件立案追诉标准的规定(二)》第 8 条的规定，隐匿或者故意销毁依法应当保存的会计凭证、会计账簿、财务会计报告，涉嫌下列情形之一的，应予立案追诉：隐匿、故意销毁的会计凭证、会计账簿、财务会计报告涉及金额在 50 万元以上的；依法应当向监察机关、司法机关、行政机关、有关主管部门等提供而隐匿、故意销毁或者拒不交出会计凭证、会计账簿、财务会计报告的；其他情节严重的情形。

三、实务操作

【对建筑施工企业的建议】

1. 建筑施工企业应当依法向司法机关、行政机关、有关主管部门等提供会计凭证、会计账簿、财务会计报告的，应予提供，不能隐匿、故意销毁或者拒不交出。

2. 建筑施工企业应当诚实合法经营，切实履行自身的义务，不要触碰法律的红线。

3. 建筑施工企业应当对会计凭证、会计账簿、财务会计报告妥善保管，预防丢失、被盗或损毁。

【对项目经理的建议】

1. 项目经理应当自觉遵守法律、法规关于公司财会管理方面的规定，不做隐匿、销毁财会资料的行为。

2. 项目经理应当合法合规经营，妥善保管公司财会资料，以备监管机构检查。

第八节　对非国家工作人员行贿罪

一、案例解析

【基本案情】

2015 年年底，被告人叶某通过挂靠浙江新东阳建设集团有限公司向浙江星飞置业有限公司承包了名为“东艺名园”项目工程。因双方无法确定工程造价，浙江星飞置业有限公司的老板顾某要求叶某等人提交工程预算书，同时口头委托蒋某负责该工程的预算审核工作。叶某委托审计师事务所作出该项目工程预算价为7657万余元的工程预算书后提交给蒋某。蒋某在审核中发现该工程预算书中漏算了一部分费用。得到消息后，叶某遂找蒋某进行私下商议。随后，双方确认将工程预算价定在7880万元左右，即叶某伙同蒋某在预算书中增加了漏算的部分，还虚报了一些费用。之后，叶某指使审计人员重新做了一份预算价为7872万余元的预算书，该预算书通过虚增工程数量，将预算费用提高了。而蒋某在明知该价格不是一般正常价格的情况下仍予以审核通过，并以此确定工程造价，促使顾某以此为基础签订了建筑施工合同。叶某为了感谢蒋某在增加预算费用过程中提供的帮助，于2016年1月某天，从公司财务处领出50万元现金交由第三人，再由第三人送给蒋某。

至查获时，叶某等人已根据工程进度获取工程款7250万元。叶某也于2019年7月16日被依法抓获。

【争议焦点】

被告人叶某是否构成对非国家工作人员行贿罪。

【各方观点】

公诉机关认为，被告人叶某伙同他人，为谋取不正当利益，给予公司工作人员以财物，根据《刑法》第164条，犯罪事实清楚，证据充分，应当以对非国家工作人员行贿罪，追究其刑事责任。而被告人叶某归案后，如实供述自己的犯罪事实，系坦白，故应同时适用《刑法》第25条第1款、第67条第3款，可以从轻处罚。

被告人对事实和罪名无异议，认罪认罚（蒋某另案处理）。

【法院判决】

被告人叶某犯对非国家工作人员行贿罪，判处有期徒刑1年，缓刑1年零6个月，并处罚金人民币12万元。

理由是，本案中，认定被告人叶某能否构成对非国家工作人员行贿罪主要看以下几个法定要件是否满足：第一，叶某行贿的行为是否谋取了不正当利益；第二，叶某行贿的对象是否属于非国家工作人员的范围；第三，叶某的行贿金额是否达到追诉标准。

关于第一个问题,叶某送财物给蒋某是因为作为预算审核人员的蒋某在审核时,帮助叶某虚增工程数量,提高预算费用,并且在明知的情况下仍通过了叶某提交的预算书。虽然叶某的行贿行为发生在后,但是由于预算书的通过,至案发时,叶某已经根据工程进度领取了工程款7250万元,符合为谋取不正当利益的目的。

关于第二个问题即受贿人员蒋某是否属于非国家工作人员,根据《刑法》第164条及其司法解释,蒋某作为浙江星飞置业有限公司的“东艺名园”工程的预算审计人员,受浙江星飞置业有限公司的委托对工程预算书进行审计。而该项目的审计小组属于“为其他正当活动而成立的组委会、筹委会、工程承包队等非常设性的组织”,是其他单位,所以,蒋某在本案中为“其他单位的工作人员”,不是国家工作人员。

关于第三个问题即叶某的行贿金额是否达到追诉标准,根据最高人民检察院、公安部《关于公安机关管辖的刑事案件立案追诉标准的规定(二)》第11条,为谋取不正当利益,给予公司、企业或者其他单位的工作人员以财物,个人行贿数额在3万元以上的,单位行贿数额在20万元以上的,应予立案追诉。本案中,叶某从财务处领出50万元现金送给蒋某,无论从个人还是单位的标准上来看,都已达到追诉标准。

【案例点评】

在认定向公司、企业人员行贿罪时,要注意划清与请客送礼的界限。礼尚往来的请客送礼,一般都以公开的方式进行,且礼品的价值一般较小,行为人没有明显的、直接的谋取不正当利益的动机和目的,这与对非国家工作人员行贿罪的行贿行为有本质区别,并不构成犯罪。具体到本案,被告人叶某为了追求自身的利益,给予了蒋某人民币50万元,数额远远超出了一般的请客送礼的界限,应当认定为犯罪行为。

二、罪名解读

【罪名解析】

《刑法》第164条　【对非国家工作人员行贿罪】为谋取不正当利益,给予公司、企业或者其他单位的工作人员以财物,数额较大的,处三年以下有期徒刑或者拘役,并处罚金;数额巨大的,处三年以上十年以下有期徒刑,并处罚金。

> ……
>
> 单位犯前两款罪的，对单位判处罚金，并对其直接负责的主管人员和其他直接责任人员，依照第一款的规定处罚。
>
> 行贿人在被追诉前主动交待行贿行为的，可以减轻处罚或者免除处罚。

对非国家工作人员行贿罪，是指为了谋取不正当利益，向非国家工作人员进行贿赂，且数额较大的行为。

该条文先后共经过三次修改，本条第1款于2006年6月29日由《刑法修正案（六）》第8条修订。1997年《刑法》（已被修改）原文第1款为："为谋取不正当利益，给予公司、企业的工作人员以财物，数额较大的，处三年以下有期徒刑或者拘役；数额巨大的，处三年以上十年以下有期徒刑，并处罚金。"本条第2款"对外国公职人员、国际公共组织官员行贿罪"（与本文无关联，故不赘述）为2011年2月25日全国人大常委会《刑法修正案（八）》第29条所增设的。《刑法修正案（八）》相应地将该条第2款、第3款修改为现在的第3款、第4款。由上述修改可见，《刑法》对本罪在原有的刑罚方式上增加了"并处罚金"，增加财产刑的规定，进一步提高了惩治行贿犯罪的力度，使犯罪分子在受到人身处罚的同时，在经济上也受到制裁。在理解对非国家工作人员行贿罪时，需要注意以下几个方面：

（一）本罪的"非国家工作人员"的范围

可以采取排除法来认定本罪的"非国家工作人员"的范围。根据《刑法》第93条的规定，国家工作人员，是指国家机关中从事公务的人员。国有公司、企业、事业单位、人民团体中从事公务的人员和国家机关、国有公司、企业、事业单位委派到非国有公司、企业、事业单位、社会团体从事公务的人员，以及其他依照法律从事公务的人员，以国家工作人员论。除上述人员外的工作人员都是本罪的"非国家工作人员"。

（二）本罪中的"其他单位"的含义

2008年11月20日，最高人民法院、最高人民检察院发布了《关于办理商业贿赂刑事案件适用法律若干问题的意见》。根据该意见第2条的规定，《刑法》第163条、第164条规定的"其他单位"，既包括事业单位、社会团体、村民委员会、居民委员会、村民小组等常设性的组织，也包括为组织体育赛事、文艺演出或者其他正当活动而成立的组委会、筹委会、工程承包队等非常设性的组织。

（三）如何理解本罪的“为谋取不正当利益”

根据最高人民法院、最高人民检察院《关于在办理受贿犯罪大要案的同时要严肃查处严重行贿犯罪分子的通知》的规定，“谋取不正当利益”，是指谋取违反法律、法规、国家政策和国务院各部门规章规定的利益，以及要求国家工作人员或者有关单位提供违反法律、法规、国家政策和国务院各部门规章规定的帮助或者方便条件。

（四）本罪的“财物”范围

根据最高人民法院、最高人民检察院颁布的《关于办理商业贿赂刑事案件适用法律若干问题的意见》的规定，商业贿赂中的财物，既包括金钱和实物，也包括可以用金钱计算数额的财产性利益，如提供房屋装修、含有金额的会员卡、代币卡（券）、旅游费用等。具体数额以实际支付的资费为准。

【此罪与彼罪】

对非国家工作人员行贿罪与行贿罪，在主观上，行为人均为直接故意，且均为谋取不正当利益；在客观上，行为人均向受贿人实施了给予财物且数额较大的行为。但两罪在本质上是不同的：(1)对非国家工作人员行贿罪的犯罪主体为商品经济的经营者，具有特定性；而行贿罪的犯罪主体为一般主体，其范围较对非国家工作人员行贿罪主体更广泛。(2)对非国家工作人员行贿罪的行贿对象是公司、企业人员；而行贿罪的对象是国家工作人员。(3)非国家工作人员行贿罪侵犯的是公司、企业人员职务的廉洁、公正制度以及公司、企业的正常业务及管理活动，更为主要的是侵犯社会主义市场经济的公平竞争秩序；而行贿罪侵犯的是国家工作人员职务的廉洁性制度以及国家机关的正常活动。

【追诉标准】

1. 为谋取不正当利益，给予公司、企业或者其他单位的工作人员以财物，数额较大的，处 3 年以下有期徒刑或者拘役，并处罚金。

2. 为谋取不正当利益，给予公司、企业或者其他单位的工作人员以财物，数额巨大的，处 3 年以上 10 年以下有期徒刑，并处罚金。

3. 单位犯对非国家工作人员行贿罪的，对单位判处罚金，并对其直接负责的主管人员和其他直接责任人员，依照《刑法》第164条第1款的规定处罚。

4. 行贿人在被追诉前主动交待行贿行为的，可以减轻处罚或者免除处罚。

三、实务操作

【对建筑施工企业的建议】

1. 建设工程施工企业应多加注意，增强法律风险意识，为谋取不正当利益，给予招标方、业主、设计单位、监理、检测单位、鉴定机构、总承包方或者其他单位的工作人员财物，将可能涉嫌对非国家工作人员行贿罪。

2. 建筑施工企业应当建立企业廉政制度，规范企业员工的行为。

【对项目经理的建议】

1. 项目经理应当自觉遵纪守法，不为了追求个人的利益，向非国家工作人员行贿。

2. 项目经理在逢年过节时，注意与业主、设计单位及监理单位人员的礼尚往来，不要涉嫌对非国家工作人员行贿罪。

第九节　逃　税　罪

一、案例解析

【基本案情】

浙江美X置业有限公司（以下简称美X公司）是一家独立核算的有限责任公司，成立于1997年12月23日，法定代表人系被告人叶某某。在叶某某的经营管理下，美X公司于2014年8月、9月、11月预售X柏大厦房产，收取金某的房屋预售款人民币141.118万元，但未按规定进行税务申报，少缴营业税人民币70,559元、城市维护建设税人民币4939.13元、土地增值税人民币42,335.4元；2015年，美X公司收取余某X柏大厦的房屋预售款人民币350万元，但未按规定进行税务申报，少缴营业税人民币175,000元、城市维护建设税人民币12,250元、土地增值税人民币105,000元。其中，2015年度，美X公司逃避缴纳税款占该纳税年度应纳税总额的20.67%（其中营业税、城市维护建设税各占34.48%、34.48%）。2017年2月28日至2018年2月2日，金华市地方税务局稽查局（以下简称金华地税）对美X公司进行税务调查。2018年3月16日，金华地税对美X公司作出税务处理决定书并给予行政处罚，依法向美X公司追缴涉案税款、滞纳金及罚款，并于3月19日进行了送达。2018年5月，金华地税将美X公司涉嫌逃税案移交公安机关处理。截至2018年6月27日公安机关立案，美X公司仍未补缴应纳税款，也未缴纳滞纳金和行政罚款。2018年6月27日，被告人叶某某被公安机关传唤归案；7月，美X公司缴纳所欠全部税款共计人民币410,083.53元、滞纳金人民币227,852.14元，但仍未缴纳罚款。

【争议焦点】

被告单位美X公司、被告人叶某某是否成立逃税罪。

【各方观点】

公诉机关认为，美X公司在2014年8月、9月、11月及2015年预售X柏大厦房产时，收取房屋预售款后，未按规定进行税务申报。2015年度，美X公司逃避缴纳税款占该纳税年度应纳税总额的20.67%。被告人叶某某、被告单位美X公司的行为均已构成逃税罪，提请法院依法判处。

辩护人认为，本案事实不清，证据不足，被告人叶某某不构成逃税罪。理由是，被告人叶某某以及美X公司都不存在偷逃税款的主观故意。美X公司是有税务担保的，即纳税人应于2015年8月15日前缴清应纳税款，否则由纳税担保人负责于担保期限届满后15日内缴纳税款，纳税担保人未履行担保义务，由税务机关强制执行。而美X公司用于纳税担保的房子，到目前为止没有进行处置，仍然在原来的地方，它的权属土地使用权以及房屋所有权的权属是完整的，没有受到任何的损害。证据证实税务单位多次停开发票，所以不是公司不交，而是有一段时间没有发票可以开，也就无从进行纳税。

【法院判决】

法院判决，被告单位美X公司犯逃税罪，判处罚金人民币10万元。被告人叶某某犯逃税罪，判处有期徒刑1年8个月，并处罚金人民币5万元。

理由是，美X公司在经营过程中对从他人处收取的房屋预售款不进行纳税申报，逃避缴纳税款数额较大并且占应纳税额10%以上；被告人叶某某作为该公司的法定代表人,系直接负责的主管人员,其行为均已构成逃税罪。美 X 公司及叶某某采取隐瞒的方式不申报,逃避缴纳税款数额达到构罪标准,其行为已符合逃税罪的构成要件。

【案例点评】

税务行政处罚程序是刑事追诉程序的前置程序,即司法机关不能在未经税务机关处罚的情况下直接对行为人进行刑事追诉。只有税务行政机关下发缴税通知,而行为人拒不补缴的,司法机关才可以启动刑事追诉程序。如果纳税人在收到税务机关作出的缴税通知书后,按要求补缴了应纳税款、缴纳了滞纳金、接受了行政处罚,就不能再追究其刑事责任了。具体到本案来说,金华地税对美 X 公司作出税务处理决定书并给予行政处罚,依法向美 X 公司追缴涉案税款、滞纳金及罚款,并于 3 月 19 日进行了送达。但是,被告单位和被告人仍然没有补缴税款和滞纳金等,反而继续不履行纳税义务,其行为成立逃税罪。

二、罪名解读

【罪名解析】

《刑法》第 201 条　【逃税罪】纳税人采取欺骗、隐瞒手段进行虚假纳税申报或者不申报,逃避缴纳税款数额较大并且占应纳税额百分之十以上的,处三年以下有期徒刑或者拘役,并处罚金;数额巨大并且占应纳税额百分之三十以上的,处三年以上七年以下有期徒刑,并处罚金。

扣缴义务人采取前款所列手段,不缴或者少缴已扣、已收税款,数额较大的,依照前款的规定处罚。

对多次实施前两款行为,未经处理的,按照累计数额计算。

有第一款行为,经税务机关依法下达追缴通知后,补缴应纳税款,缴纳滞纳金,已受行政处罚的,不予追究刑事责任;但是,五年内因逃避缴纳税款受过刑事处罚或者被税务机关给予二次以上行政处罚的除外。

逃税罪,是指为纳税人采取各种手段逃避缴纳税款,且数额较大的行为。

鉴于公民纳税涉及个人与国家利益分配问题,认定为逃税行为属偷窃行为欠妥，以及原偷税罪数额标准太低等原因，2009 年 2 月 28 日，第十一届全国人大常委会第七次会议审议通过了《刑法修正案（七）》。该修正案对《刑法》第 201 条偷税罪做了重大修改，对犯罪手段、量刑的标准、罚金的倍数、免责的条款等进行了全面修改、补充，罪名由偷税罪改为了逃税罪。在理解逃税罪时需要注意以下几点：

（一）纳税人、扣缴义务人的范围

这里规定的“纳税人”，是指根据法律和行政法规的规定负有纳税义务的单位和个人。“扣缴义务人”，是指根据不同的税种，由有关的法律、行政法规规定的，负有代扣代缴、代收代缴税收义务的单位和个人。他们所代扣代缴和代收代缴的税款，应依法上缴税务机关。

（二）逃税行为具体表现

逃税行为，主要通过虚假纳税申报或者不申报手段进行。其中，“虚假纳税申报”，是指纳税人在进行纳税申报过程中，制造虚假情况，如不如实填写或者提供纳税申报表、财务会计报表及其他的纳税资料等。实践中，虚假纳税申报主要有以下手段：（1）伪造、变造、隐匿和擅自销毁账簿、记账凭证，如设立虚假的账簿、记账凭证；对账簿、记账凭证进行挖补、涂改等；未经税务主管机关批准而擅自将正在使用中或尚未过期的账簿、记账凭证销毁处理等行为。（2）在账簿上多列支出或者不列、少列收入，如在账簿上大量填写超出实际支出的数额以冲抵或减少实际收入的数额。“不申报”，是指应依法办理纳税申报的纳税人，不按照法律、行政法规的规定办理纳税申报的行为。

（三）“不予追究刑事责任”的特殊规定是什么

根据《刑法》第 201 条第 4 款的规定，任何逃税案件必须经过税务机关处理，司法机关才能追究行为人的刑事责任。通常而言，存在以下两种情况：第一种是在税务机关依法下达追缴通知后，行为人已按通知补缴应缴税款或者滞纳金的，司法机关才可能不追究刑事责任；第二种是税务机关只要求行为人补缴，而不给予行政处罚的，行为人已经补缴了，司法机关就不应该追究刑事责任。总之，只要行为人接受了税务机关的处理，无论处理是否全面，司法机关都不应该追究刑事责任。概言之，行为人超过了税务机关的规定期限或者不接受税务机关的处理的，司法机关才能追究其刑事责任。行为人在进入司法程序后进行补缴并接受行政处罚的，仍将被追究刑事责任。

【此罪与彼罪】

逃税罪与逃避追缴欠税罪的区别。逃税罪，是指纳税人采取欺骗、隐瞒手段进行虚假纳税申报或者不申报，逃避缴纳税款数额较大并且占应纳税额10%以上的；或者扣缴义务人采取欺骗、隐瞒手段，不缴或者少缴已扣、已收税款，数额较大的行为。逃避追缴欠税罪，是指纳税人欠缴应纳税款，采取转移或者隐匿财产的手段，致使税务机关无法追缴欠缴的税款，且数额较大的行为。构成逃避追缴欠税罪必须具备以下四个条件：一是有欠税事实的存在，即行为人没有按照规定的期限纳税。二是行为人为了不缴纳欠缴的税款，实施了转移或者隐匿财产的行为，如转换开户行、提走存款、运走商品、隐匿存货等。三是行为人转移或者隐匿财产的行为致使税务机关无法追缴到其欠缴的税款。四是税务机关无法追缴的欠缴税款数额必须在1万元以上。两罪的最大区别是主体不一样，逃税罪的主体是纳税人和扣缴义务人，而逃避追缴欠税罪的主体是纳税人，不包括扣缴义务人。其次是行为方式不同，逃税罪的行为方式是通过采取欺骗、隐瞒手段进行虚假纳税申报或者不申报的方式进行逃税，而逃避追缴欠税罪的行为方式是采取转移或者隐匿财产的手段达到不缴纳税款的目的。

【追诉标准】

1. 纳税人采取欺骗、隐瞒手段进行虚假纳税申报或者不申报，逃避缴纳税款数额较大并且占应纳税额10%以上的，处3年以下有期徒刑或者拘役，并处罚金。

2. 纳税人采取欺骗、隐瞒手段进行虚假纳税申报或者不申报，逃避缴纳税款数额巨大并且占应纳税额30%以上的，处3年以上7年以下有期徒刑，并处罚金。

3. 扣缴义务人采取前款所列手段，不缴或者少缴已扣、已收税款，数额较大的，依照《刑法》第201条第1款的规定处罚。

4. 对多次实施逃税行为，未经处理的，按照累计数额计算。

根据最高人民检察院、公安部《关于公安机关管辖的刑事案件立案追诉标准的规定(二)》，逃税罪的立案追诉标准为，“(一)纳税人采取欺骗、隐瞒手段进行虚假纳税申报或者不申报，逃避缴纳税款，数额在十万元以上并且占各税种应纳税总额百分之十以上,经税务机关依法下达追缴通知后,不补缴应纳税款、不缴纳滞纳金或者不接受行政处罚的;(二)纳税人五年内因逃避缴纳税款受过刑事处罚或者被税务机关给予二次以上行政处罚,又逃避缴纳税款,数额在十万元以上并且占各税种应纳税总额百分之十以上的;(三)扣缴义务人采取欺骗、隐瞒手段,不缴或者少缴已扣、已收税款,数额在十万元以上的。纳税人在公安机关立案后再补缴应纳税款、缴纳滞纳金或者接受行政处罚的,不影响刑事责任的追究”。

三、实务操作

【对建筑施工企业的建议】

1. 建筑施工企业应按规定及时缴纳税款,避免出现麻烦。

2. 建筑施工企业应在法律法规允许的情况下进行合理的抵扣,享受合法的政策优惠。

3. 建筑施工企业若不小心存在逃税行为,应及时补缴税款或者缴纳滞纳金,并及时处理税务机关的通知与行政处罚。

【对项目经理的建议】

1. 项目经理不得强迫、指使财务人员进行虚假纳税申报或者不进行纳税申报。

2. 项目经理可以建立财务人员定期考核办法,加强对财务人员的业务培训和管理。

3. 项目经理应当加强对账簿、记账凭证的管理,任何人不得伪造、变造、隐匿、擅自销毁相关财务凭证,不得在账簿上多列支出或者不列、少列收入。

4. 项目经理不能采取欺骗、隐瞒手段进行虚假纳税申报或者不申报,逃避缴纳税款。

第十节 抗 税 罪

一、案例解析

【基本案情】

2010年4月,被告人王某以其姐夫高某的名义开办淮滨县华中驾校。2010年

7月至9月，淮滨县地税局多次给华中驾校下发催缴税款通知等相关文书。2010年9月16日，淮滨县地税局向华中驾校送达了《催交税款通知书》，核定2010年4月至8月的税款为5000元，限2010年9月18日前缴纳。2010年10月，淮滨县地税局工作人员杜某峰、饶某怀带着行政处罚告知书来到华中驾校，王某拒不在通知书上签字，并威胁说："你们回去告诉邬某军，等回头我安排手下几个小弟到学校帮他接小孩。"事后，饶某怀将王某威胁的话告诉局长邬某军。2010年11月，王某交给饶某怀1300元，称是华中驾校1年的税款。截至案发，华中驾校没有再缴过税。

【争议焦点】

被告人王某是否成立抗税罪。

【各方观点】

公诉机关认为，被告人王某身为纳税义务人，以威胁方法拒不缴纳税款，构成抗税罪。

被告人王某认为，起诉书指控的抗税不属实，自己是按照税务部门要求交税的，只是说话难听。

【法院判决】

被告人王某身为纳税义务人，以威胁方法拒不缴纳税款，其行为已构成抗税罪。公诉机关指控王某犯抗税罪的罪名成立。被告人王某犯抗税罪，判处有期徒刑6个月，并处罚金人民币1万元。

理由是，认定上述事实的证据有经庭审出示、质证的证人杜某峰、饶某怀、邬某军的证言，证实税局工作人员多次找王某征收税款，均被王某拒绝，且王某对税务征收人员实施言语威胁，拒不交税；证人喻某某、李某某、任某某、胡某某、高某某、王某某、李某某、岳某某的证言证实华中驾校实为王某所有；另有淮滨县地税局《责令限期改正通知书》《应纳税款核定通知书》《责令限期改正通知书》《催缴税款通知书》《税务行政处罚事项告知书》等书证能够予以佐证，证实王某拒绝向税务机关缴纳税款并对纳税人员言语威胁的事实。

【案例点评】

抗税罪，是指负有缴纳税款义务的纳税义务人，以暴力、威胁方法拒不缴纳税款的犯罪。《刑法》规定的"以暴力方法拒不缴纳税款"，是指行为人对税务人员采用暴力方法，包括殴打、推搡、伤害等直接侵害人身安全的暴力方法拒不缴纳税款的行为;“以威胁方法拒不缴纳税款”,是指纳税人采用威胁的方法拒不缴纳税款,如扬言以拼命的威胁方法拒交税款,或扬言对税务人员及亲属的人身、财产的安全采取伤害、破坏手段,以威胁税务人员,达到拒不缴税的目的。其中,威胁方法包括当面直接威胁,也包括采取其他间接的威胁方法,如打恐吓电话、寄恐吓信件等。具体到本案而言,被告人王某对税务征收人员实施言语威胁,拒不交税,其行为构成抗税罪。

二、罪名解读

【罪名解析】

《刑法》第 202 条　【抗税罪】以暴力、威胁方法拒不缴纳税款的,处三年以下有期徒刑或者拘役,并处拒缴税款一倍以上五倍以下罚金;情节严重的,处三年以上七年以下有期徒刑,并处拒缴税款一倍以上五倍以下罚金。

抗税罪,是指负有纳税义务或者代扣代缴、代收代缴义务的个人或者企业事业单位的直接责任人员,故意违反税收法规,以暴力、威胁方法拒不缴纳税款的行为。

(一)本罪的犯罪主体

本罪的行为主体必须是纳税人;非纳税人单独以暴力、威胁方法阻碍税务机关工作人员履行税收职责的,成立妨害公务罪;非纳税人与纳税人共同故意抗税的,成立抗税罪的共犯。

(二)本罪的暴力、威胁行为的具体表现

本罪的暴力包括两种情况:一是对人暴力,即对履行税收职责的税务人员的人身不法行使有行力,如殴打、推搡、伤害等,使其不能正常履行职责;二是对物暴力,即冲击、打砸税务机关,使税务机关不能从事正常的税收活动。本罪中的威胁,是指对履行税收职责的税务人员实行恐吓,使其不敢或者难以正常履行税收职能。

(三)如何理解本罪的“情节严重”

本罪中所说的“情节严重”,主要是指暴力抗税的方法特别恶劣、造成严重后果

或者抗税数额巨大等。根据最高人民法院《关于审理偷税抗税刑事案件具体应用法律若干问题的解释》第5条的规定，具有下列情形的属于《刑法》第202条规定的“情节严重”：(1)聚众抗税的首要分子；(2)抗税数额在10万元以上的；(3)多次抗税的；(4)故意伤害致人轻伤的；(5)具有其他严重情节。

抗税罪与一般拒不缴纳税款行为的区别如下：抗税罪，是采取暴力、威胁方法拒不缴纳税款的行为，而一般拒不缴纳税款的行为并没有采取暴力、威胁的方法进行。两者的区别在于情节是否轻微；暴力程度、后果、威胁的内容，以及拒缴税款数额大小及抗税次数的多少，是确定的主要因素。

【罪与非罪】

抗税罪与妨害公务罪在客观方面都表现为以暴力、威胁方法的手段，主观上都出于故意，其不同之处在于：(1)犯罪主体不同。抗税罪的犯罪主体要件是特殊主体，只有负有纳税义务或者代扣代缴、代收代缴税款义务的个人或单位的直接责任人员才可以构成此罪；妨害公务罪的犯罪主体要件是一般主体，凡达到刑事责任年龄且具有刑事责任能力的自然人都可以构成此罪。(2)犯罪目的不同。抗税罪目的在于逃避缴纳税款而非法获利；妨害公务罪的目的在于使国家工作人员不能依法执行职务。(3)犯罪对象不同。抗税罪侵害的对象是执行税收征管任务的税务人员；而妨害公务罪侵害的对象则是执行职务的国家工作人员。后者范围较广，前者属于后者的一种。(4)犯罪客体不同。抗税罪侵犯的是国家的税收管理制度；妨害公务罪侵犯的是国家机关的公务活动。

【追诉标准】

1.以暴力、威胁方法拒不缴纳税款的，处3年以下有期徒刑或者拘役，并处拒缴税款1倍以上5倍以下罚金。

2.以暴力、威胁方法拒不缴纳税款情节严重的，处3年以上7年以下有期刑，并处拒缴税款1倍以上5倍以下罚金。

根据最高人民检察院、公安部《关于公安机关管辖的刑事案件立案追诉标准的规定(二)》第53条的规定，以暴力、威胁方法拒不缴纳税款，涉嫌下列情形之一的，应予立案追诉：(1)造成税务工作人员轻微伤以上的；(2)以给税务工作人员及其亲友的生命、健康、财产等造成损害为威胁，抗拒缴纳税款的；(3)聚众抗拒缴纳税款的；(4)以其他暴力、威胁方法拒不缴纳税款的。

三、实务操作

【对建筑施工企业的建议】

1. 建筑施工企业应当依法足额、及时纳税，留存相应已纳税凭证资料。

2. 建筑施工企业在出现纳税争议时，应当通过合法的途径解决。对于纳税项目、纳税数额存在争议的，应当在缴纳全部税款之后，按照法律规定程序向有关部门提出行政复议或者向人民法院提起诉讼。

【对项目经理的建议】

1. 项目经理不要出现以暴力、威胁方式抗拒缴纳税款情形。

2. 项目经理应当学习了解《税收征收管理法》等税收方面的法律法规。

第十一节　逃避追缴欠税罪

一、案例解析

【基本案情】

2012 年 8 月 8 日，被告人朱某某与他人合伙成立天邑大厦项目部，朱某某作为该项目部负责人，被该公司法定代表人朱某民授权全权代表公司经营管理天邑大厦开发项目。该项目部挂靠金城置业公司的开发资质，在监利县独立进行天邑大厦项目的房地产开发。该项目部具有独立的生产经营权，在财务上独立核算，独立建账（不与金城置业公司并账核算），自负盈亏，只定期向金城置业公司上缴挂靠资质使用服务费。

2015 年 3 月 14 日，朱某某以天邑大厦项目部名义在监利县地方税务局办理纳税登记证。

2016 年 3 月至 4 月，监利县地方税务局对天邑大厦项目部涉税情况进行税务稽查，发现金城置业公司（天邑大厦项目部）2013 年 1 月 1 日至 2015 年 12 月 31 日未缴或少缴营业税 1,738,220.55 元，城市维护建设税 86,911.01 元，印花税 30,130.80元，城镇土地使用税 76,551.45 元，合计 1,931,813.81 元。2016 年 6 月 21 日，监利县地方税务局依法作出处理决定并下达《税务处理决定书》，责令天邑大厦项目部于15日内缴纳税款1,931,813.81元及滞纳金54,090.79元。因天邑大厦项目部逾期未缴纳，监利县地方税务局于2016年7月19日下达《税务行政处罚决定书》，并分别于2016年8月10日、10月31日、11月15日依法采取税收强制执行措施。

朱某某作为天邑大厦项目部负责人，于2016年6月21日17时许被税务机关送达《税务处理决定书》后，为逃避税务机关追缴欠税，多次安排刘某某转移公司纳税账户款项，刘某某作为财务人员多次按朱某某的安排转移公司纳税账户款项，致使税务机关多次采取税收强制执行措施而未果。

【争议焦点】

被告单位天邑大厦项目部，被告人朱某某、刘某某的行为是否构成逃避追缴欠税罪。

【各方观点】

公诉机关认为，被告单位天邑大厦项目部，被告人朱某某、刘某某作为纳税人欠缴应纳税款，采取转移财产的手段，致使税务机关无法追缴欠缴的款项，数额达193万余元，其行为触犯了《刑法》第203条，犯罪事实清楚，证据确实、充分，应当以逃避追缴欠税罪追究其刑事责任。

被告单位天邑大厦项目部辩称，其不构成逃避追缴欠税罪。

被告人朱某某辩称，其不是公司股东，也不是项目部负责人。天邑大厦项目部取得建设用地、设立纳税账户、办理税务登记证等事项均不是由其经手；对起诉书指控的资金流向没有异议，但不是为了逃避追缴欠税；自2016年6月起，以金城置业公司名义在税务机关纳税100多万元；其被公安机关控制后，金城置业公司法定代表人朱某兰与税务机关协商，以商铺抵账的方式缴清了税款，其行为不构成逃避追缴欠税罪。

朱某某辩护人提出的辩护意见是：天邑大厦项目部不是纳税人，朱某某系天邑大厦项目的投资人，受金城置业公司的授权代为项目的建设和销售，但不是天邑大厦项目部的工作人员，对于天邑大厦项目开发过程中产生的税款没有缴纳的职责；朱某某没有逃避追缴欠税的主观故意，也没有实施转移或隐匿资产的行为，且没有使国家税款落空，故朱某某不构成逃避追缴欠税罪。

被告人刘某某没有提出辩护意见。其辩护人提出的辩护意见是：(1)刘某某对公司是否欠税款不明知，受朱某某的安排将账户中的资金转出，不知道是为了逃避纳税，故刘某某不构成逃避追缴税款罪；（2）如果认定刘某某构成犯罪，其具有自首情节；（3）刘某某将其在天邑大厦的房产退回公司，帮助公司向税务机关提供纳税担保，避免给国家带来经济损失。

【法院判决】

被告单位天邑大厦项目部犯逃避追缴欠税罪，判处罚金195万元；被告人朱某某犯逃避追缴欠税罪，判处有期徒刑3年零6个月，并处罚金195万元；被告人刘某某犯逃避追缴欠税罪，免予刑事处罚。[1]

理由是，本案中，被告单位天邑大厦项目部挂靠金城置业公司从事生产经营活动，上交一定比例的管理费，开发天邑大厦的经营成果全部归项目部所有，其具有独立的生产经营权，且税务机关也为天邑大厦项目部办理了税务登记证，因此天邑大厦项目部是纳税义务人。被告人朱某某对案涉相关账户的资金流向并无异议，被告人刘某某明知天邑大厦项目部因欠缴税款被税务机关处理、处罚，仍然按被告人朱某某的指令，从相关账户将资金转出，致使税务机关只从相关账户中扣缴了1723.13元税款，导致天邑大厦项目的其余税款未能及时扣缴，被告单位天邑大厦项目部，被告人朱某某、刘某某的行为符合逃避追缴欠税罪的法定构成要件，本案立案后，被告人刘某某协助被告单位天邑大厦项目部向税务机关提供纳税担保，税务机关已查封了相应资产，不影响本案逃避追缴欠税罪的构成，但可对被告单位天邑大厦项目部，被告人朱某某、刘某某酌情从轻处罚，故上述辩称和辩护意见法院均不予采纳。

【案例点评】

《税收征收管理法实施细则》第49条第1款规定，承包人或者承租人有独立的生产经营权，在财务上独立核算，并定期向发包人或者出租人上缴承包费或者租金的，承包人或者承租人应当就其生产、经营收入和所得纳税，并接受税务管理；但是，法律、行政法规另有规定的除外。

挂靠经营法律关系的出现通常具有复杂的因素，较为常见的挂靠经营类型包括借用资质、共享“垄断利益”、轻资产经营等。我国税法并没有明确针对挂靠经营

[1] 本案还涉及其他罪名，详细内容参见（2019）鄂1023刑初83号刑事判决书。

法律关系中纳税义务人的确定问题进行规定,国家税务总局针对个别税种就这一问题作出过明确。笔者认为,挂靠经营中纳税义务主体的确定应当根据所涉税种的具体税收法律法规关于纳税义务人的规定以及挂靠经营法律关系的具体情况确定。

例如,在增值税方面,目前根据国家税务总局的有关规定,挂靠经营人以被挂靠人名义对外经营的,通常以被挂靠人为纳税义务人。如《营业税改征增值税试点实施办法》第2条规定,“单位以承包、承租、挂靠方式经营的,承包人、承租人、挂靠人(以下统称承包人)以发包人、出租人、被挂靠人(以下统称发包人)名义对外经营并由发包人承担相关法律责任的,以该发包人为纳税人。否则,以承包人为纳税人”。又如,国家税务总局在其网站发布的《关于〈国家税务总局关于纳税人对外开具增值税专用发票有关问题的公告〉的解读》中指出,“如果挂靠方以被挂靠方名义,向受票方纳税人销售货物、提供增值税应税劳务或者应税服务,应以被挂靠方为纳税人……如果挂靠方以自己名义向受票方纳税人销售货物、提供增值税应税劳务或者应税服务,被挂靠方与此项业务无关,则应以挂靠方为纳税人”。具体到本案,被告单位天邑大厦项目部挂靠金城置业公司从事生产经营活动,上交一定比例的管理费,开发天邑大厦的经营成果全部归项目部所有,具有独立的生产经营权,且税务机关也为天邑大厦项目部办理了税务登记证,因此天邑大厦项目部是纳税义务人。

二、罪名解读

【罪名解析】

《刑法》第203条 【逃避追缴欠税罪】纳税人欠缴应纳税款,采取转移或者隐匿财产的手段,致使税务机关无法追缴欠缴的税款,数额在一万元以上不满十万元的,处三年以下有期徒刑或者拘役,并处或者单处欠缴税款一倍以上五倍以下罚金;数额在十万元以上的,处三年以上七年以下有期徒刑,并处欠缴税款一倍以上五倍以下罚金。

逃避追缴欠税罪,是指负有纳税义务的单位或个人,故意逃避税务机关追缴欠税款的犯罪。为准确理解逃避追缴欠税罪必须要把握以下几个要件：

（一）本罪的成立前提是有欠税的事实

欠税事实是本罪赖以成立的前提条件，如果行为人不欠税，就谈不上追缴，无追缴也就谈不上逃避追缴。欠税，是指纳税单位或个人超过税务机关核定的纳税期限，没有按时缴纳、拖欠税款的行为。在认定行为是否"欠税"时，必须查明其欠税行为是否已过法定期限，只有超过了法定的纳税期限，其欠税行为才是逃避追缴欠税罪所要求的"欠税"事实。至于具体的法定期限，各个税种规定不尽一致，应依据具体的税收法规来加以确定。在考虑欠税事实的时候，必须考虑到欠税的原因，究竟是行为人财力不支、资金短缺，还是拥有纳税能力而故意拖欠。《税收征收管理法》第 31 条第 2 款规定："纳税人因有特殊困难，不能按期缴纳税款的，经省、自治区、直辖市国家税务局、地方税务局批准，可以延期缴纳税款，但是最长不得超过三个月。"这说明因合法理由欠税是允许的。所以，逃避追缴欠税罪的行为显然是指故意拖欠。

（二）本罪中的"采取转移或者隐匿财产的手段"该如何判定

这里所说的"采取转移或者隐匿财产的手段"，是指负有纳税义务的单位或个人在欠缴应纳税款的情况下将其所有的财产转移或隐藏起来，使税务机关无法根据法律、行政法规的有关规定，对其采取相应的行政强制措施而追缴其欠缴的税款。转移财产，主要是指行为人从开户银行或者有关金融机构将存款转入他人账号或者提走存款，或者将其商品、产品、货物或者其他财产转移至通常存放地点以外的地点。隐匿财产，是指行为人将其财产隐藏，使税务机关难以或者不能发现。

（三）本罪的"数额"具体如何理解

本罪是结果犯，如果涉案金额不足 1 万元，即使具备了逃避欠税致使税务机关无法追缴等情节，也不构成犯罪。这里所说的"数额"，是指税务机关无法追回的欠税数额，即国家税款的损失数额，不是指行为人转移或隐藏的财产数量，也不是行为人的实际欠税金额；这一点一定要注意。这三个数额有时候是相同的，有时候是不同的,必须准确把握。

【此罪与彼罪】

1. 逃避追缴欠税罪与逃税罪的区别。(1)逃避追缴欠税罪的犯罪主体只能由纳税人构成;而逃税罪的犯罪主体除纳税人外还包括扣缴义务人。(2)逃避追缴欠税罪是意图达到逃避税务机关追缴其所欠缴的应纳税款的目的;而逃税罪则是意图通过欺骗、隐瞒税务机关,达到不缴或者少缴应纳税款为目的。(3)逃避追缴欠税罪表现为行为人采取转移或者隐匿财产的手段致使税务机关无法追缴欠缴的税款的行为;逃税罪则为表现为采取伪造、变造、隐匿、擅自销毁账簿、记账凭证,在账簿上多列支出或者不列、少列收入,经税务机关通知申报而拒不申报或者进行虚假的纳税申报的手段,不缴或少缴应纳税款的行为。前者具有公开性,后者具有欺骗性、隐瞒性。(4)逃避追缴欠税罪要求数额较大的才构成犯罪;逃税罪要求情节严重的才构成犯罪。情节严重既包括因逃税被二次行政处罚又逃税的情况,也包括逃税数额较大的情况,同是由数额较大构成犯罪的,逃避追缴欠税罪只要求数额在1万元以上即可,逃税罪则还要求逃税数额须占应纳税额的10%以上才能构成犯罪。

2. 逃避追缴欠税罪与抗税罪的区别。(1)逃避追缴欠税罪表现为采取转移或者隐匿财产的手段致使税务机关无法追缴欠缴的税款的行为;抗税罪则表现为以暴力、威胁方法拒不缴纳税款的行为。前者的行为方式是秘密的,而后者则是公开的。(2)妨碍追缴税款数额较大的才构成犯罪;而抗税罪不要求具备数额较大,只要以暴力、威胁方法拒不缴纳税款的,就构成犯罪。

【追诉标准】

1. 纳税人欠缴应纳税款,采取转移或者隐匿财产的手段,致使税务机关无法追缴欠缴的税款,数额在1万元以上不满10万元的,处3年以下有期徒刑或者拘役,并处或者单处欠缴税款1倍以上5倍以下罚金;数额在10万元以上的,处3年以上7年以下有期徒刑,并处欠缴税款1倍以上5倍以下罚金。

2. 单位犯本罪的,对单位判处罚金,并对其直接负责的主管人员和其他直接责任人员,依照《刑法》第203条的规定处罚。

根据《关于公安机关管辖的刑事案件立案追诉标准的规定(二)》第54条的规定:纳税人欠缴应纳税款,采取转移或者隐匿财产的手段,致使税务机关无法追缴欠缴的税款,数额在 1 万元以上的,应予立案追诉。

三、实务操作

【对建筑施工企业的建议】

1. 建筑施工企业在有拖欠应纳税款情形时,应积极补缴。

2. 建筑施工企业不得转移资金、改变账户、从公开账户提走存款,或运走商品、隐匿存货,转移财产逃避追缴。

【对项目经理的建议】

1. 项目经理应当学习、了解税收方面的法律、法规。

2. 项目经理应当在税务机关核定的纳税期限内,按时缴纳税款,不拖欠税款。

第十二节　虚开增值税专用发票、抵扣税款发票罪

一、案例解析

【基本案情】

2017 年 9 月至 11 月,被告人唐某某通过挂靠中 X 建设集团有限公司,承建了山西省太原市“太原万科城项目四期及 V – LINK”建设工程。为取得增值税进项专用发票,其到中 X 建设集团有限公司结算工程款。在没有实际业务往来的情况下,经与被告人王某某事先商量,由被告人唐某某支付票面金额 12% 左右的开票费(被告人王某某从中非法获利合计 463,475 元),被告人王某某联系他人从天津宣豪机电设备制造有限公司开具受票单位为中 X 建设集团有限公司的增值税专用发票共计 76 份,价税合计人民币 8,108,700 元,税额合计人民币 1,178,187.17 元。中 X 建设集团有限公司于 2017 年 11 月申报抵扣上述发票。

案发后,被告人王某某主动投案并如实供述了上述事实。被告人唐某某到案后未能如实供述涉案事实。中 X 建设集团有限公司已于 2018 年 4 月补缴了涉案税款。在案件审理过程中,被告人王某某向法院退缴了现金 463,475 元。

【争议焦点】

被告人唐某某和王某某是否构成虚开增值税专用发票罪。

【各方观点】

公诉机关认为,被告人唐某某让他人为自己虚开增值税专用发票,被告人王某某介绍他人虚开增值税发票,税额较大,二人行为均构成虚开增值税专用发票罪。

两被告人对本案的事实与罪名均无异议。辩护人认为,被告人唐某某有自首情节,被告人王某某系从犯。

【法院判决】

被告人唐某某犯虚开增值税专用发票罪,判处有期徒刑 3 年,缓刑 5 年,并处罚金人民币 30 万元。被告人王某某犯虚开增值税专用发票罪,判处有期徒刑 2 年 6 个月,缓刑 3 年,并处罚金人民币 20 万元。被告人王某某退缴在法院的人民币 463,475 元,予以没收。

理由是,被告人唐某某让他人为自己虚开增值税专用发票,被告人王某某介绍他人虚开增值税发票,税额较大,其行为均构成虚开增值税专用发票罪。公诉机关指控的罪名成立,应予支持。虽然被告人唐某某主动到案,但其在公安机关已经掌握了充分证据证实其涉案的情况下,仍未如实供述自己的罪行,其不具有自首情节。被告人王某某系介绍他人虚开增值税专用发票,其并非与他人成立共同犯罪,区分主从犯于法无据,不采纳辩护人提出的被告人王某某系从犯的意见。

【案例点评】

一般而言,介绍行为是帮助行为,可以与实行行为构成任意共犯,但《刑法》第 205 条第 4 款将"介绍虚开"规定为虚开增值税专用发票行为之一,即虚开(实行)行为。介绍行为一旦被《刑法》规定为实行行为,就失去其帮助地位,一般不能与其相关的虚开行为成立共犯关系。理由在于:(1)立法之所以将介绍行为规定为虚开行为,是针对现实生活中出现的为牟取非法利益,纯粹的、游走于双方之间的职业化中介人,对介绍虚开的行为直接认定虚开行为并予以独立定罪,排除对《刑法》总则共同犯罪的适用。否则,《刑法》第 205 条第 4 款的特别规定则失去意义。(2)帮助行为附属于实行行为,不具有独立性,而"介绍他人虚开"是虚开行为的具体表现之一,具有独立性。(3)将行为人主观上无共同犯罪故意的联络,客观上又各自实施《刑法》规定的独立的实行行为认定是共同犯罪是错误的。同理,"让他人为自己虚开"和"为他人虚开"都被立法规定为是虚开行为的具体表现之一,可以推论出,《刑法》分则的特别规定可以看作是《刑法》总则规定的例外,旨在表明上述四种行为方式都是虚开行为的具体表现之一，每种行为均可直接认定为虚开行为并予独立定罪。因此，虚开增值税专用发票中的四种虚开行为不成立共同犯罪关系，不适用《刑法》总则有关共同犯罪的规定，应当直接以《刑法》分则的规定定罪处罚。

二、罪名解读

【罪名解析】

《刑法》第205条　【虚开增值税专用发票、用于骗取出口退税、抵扣税款发票罪】虚开增值税专用发票或者虚开用于骗取出口退税、抵扣税款的其他发票的，处三年以下有期徒刑或者拘役，并处二万元以上二十万元以下罚金；虚开的税款数额较大或者有其他严重情节的，处三年以上十年以下有期徒刑，并处五万元以上五十万元以下罚金；虚开的税款数额巨大或者有其他特别严重情节的，处十年以上有期徒刑或者无期徒刑，并处五万元以上五十万元以下罚金或者没收财产。

单位犯本条规定之罪的，对单位判处罚金，并对其直接负责的主管人员和其他直接责任人员，处三年以下有期徒刑或者拘役；虚开的税款数额较大或者有其他严重情节的，处三年以上十年以下有期徒刑；虚开的税款数额巨大或者有其他特别严重情节的，处十年以上有期徒刑或者无期徒刑。

虚开增值税专用发票或者虚开用于骗取出口退税、抵扣税款的其他发票，是指有为他人虚开、为自己虚开、让他人为自己虚开、介绍他人虚开行为之一的。

虚开增值税专用发票、用于骗取出口退税、抵扣税款发票罪，是指负有纳税义务的单位或个人，采用虚开发票的手段，达到少缴纳税款目的的行为。由于《刑法》还规定了虚开发票罪，因此本罪还可被称为虚开专用发票罪。

1995年10月30日，为打击以采取虚开增值税专用发票的方法骗取国家税款的行为，全国人大常委会通过了《关于惩治虚开、伪造和非法出售增值税专用发票犯罪的决定》。1997年，《刑法》修改时增设了虚开增值税专用发票罪。我们在理解虚开增值税专用发票、用于骗取出口退税、抵扣税款发票罪时，应当注意以下几个方面的内容：

(一)本罪中的发票范围如何判定

本罪中的“增值税专用发票”,是指国家税务部门根据增值税征收管理需要,兼记货物或劳务所负担的增值税税额而设定的一种专用发票。根据全国人大常委会《关于〈中华人民共和国刑法〉有关出口退税、抵扣税款的其他发票规定的解释》,“出口退税、抵扣税款的其他发票”,是指除增值税专用发票以外的,具有出口退税、抵扣税款功能的收付款凭证或者完税凭证。

目前,在我国的税收征管制度中,除增值税专用发票以外,还有几种其他发票也具有抵扣税款的功能,主要是农林牧水产品收购发票、废旧物品收购发票、运输发票以及海关出具的代征增值税专用缴款书等;还有征课消费税的产品出口所开具的发票也可以作为出口退税的凭证。

(二)本罪中的“虚开”具体如何理解

本罪中的“虚开”主要有两种情况:一种是根本不存在商品交易,无中生有,虚构商品交易内容和税额开具发票,然后利用虚开的发票抵扣税款;另一种是虽然存在真实的商品交易,但是以少开多,达到偷税的目的。

根据最高人民法院《关于适用〈全国人民代表大会常务委员会关于惩治虚开、伪造和非法出售增值税专用发票犯罪的决定〉的若干问题的解释》的规定,虚开专用发票,包括为他人虚开、为自己虚开、让他人为自己虚开、介绍他人虚开专用发票的四种情况。具体表现为:(1)没有货物购销或者没有提供或接受应税劳务而为他人、为自己、让他人为自己、介绍他人开具增值税专用发票;(2)有货物购销或者提供或接受了应税劳务但为他人、为自己、让他人为自己、介绍他人开具数量或者金额不实的增值税专用发票;(3)进行了实际经营活动,但让他人为自己代开增值税专用发票。

(三)如何认定以“挂靠”有关公司名义实施经营活动并让有关公司为自己虚开增值税专用发票行为的性质

从目前来看,整个建筑服务行业都比较混乱,受建设资质等条件限制,建筑企业挂靠经营现象普遍,往往表现为资质较低或没有资质的施工企业,获取了工程项目,由于资质不够,便挂靠(借用)资质较高企业的资质,并向其交纳一定的管理费用,但被挂靠方提供资质收取管理费后,并不参与挂靠方的经营活动。

“货物流”“资金流”“票据流”三流一致的情况下,才能够抵扣税款,挂靠方开展经营活动而由被挂靠方开具发票,挂靠行为常常也就会“三流不一致”,税务执法机关有极大可能认定为被挂靠企业虚开增值税专用发票。那么,在这种以挂靠行为开展经营活动的情况下,“三流不一致”的情形是否会涉嫌虚开增值税专用发票?

根据国家税务总局公告2014年第39号,“纳税人通过虚增增值税进项税额偷逃税款,但对外开具增值税专用发票同时符合以下情形的,不属于对外虚开增值税专用发票:一、纳税人向受票方纳税人销售了货物,或者提供了增值税应税劳务、应税服务;二、纳税人向受票方纳税人收取了所销售货物、所提供应税劳务或者应税服务的款项,或者取得了索取销售款项的凭据;三、纳税人按规定向受票方纳税人开具的增值税专用发票相关内容,与所销售货物、所提供应税劳务或者应税服务相符,且该增值税专用发票是纳税人合法取得、并以自己名义开具的。受票方纳税人取得的符合上述情形的增值税专用发票,可以作为增值税扣税凭证抵扣进项税额”。

按照上述公告的内容,可以这么解读挂靠行为:

第一,如果挂靠方以被挂靠方名义,向受票方纳税人销售货物、提供增值税应税劳务或者应税服务,应以被挂靠方为纳税人。被挂靠方作为货物的销售方或者应税劳务、应税服务的提供方,按照相关规定向受票方开具增值税专用发票,就不属于虚开增值税专用发票。

第二,如果挂靠方以自己名义向受票方纳税人销售货物、提供增值税应税劳务或者应税服务,被挂靠方与此项业务无关,则应以挂靠方为纳税人。这种情况下,被挂靠方向受票方纳税人就该项业务开具增值税专用发票,属于虚开增值税专用发票。

(四)本罪是目的犯

从《刑法》分则罪状规定看,《刑法》第205条规定的虚开增值税专用发票罪属于故意犯。由于该法条并未规定有特定主观要件,理论上一般认为其属于行为犯,即只要实施了虚开增值税专用发票的行为就可成立本罪,但关于构成本罪是否要求特定犯罪目的,则存在肯定说与否定说的争论。但是,从最高人民法院颁布的典型案例的立场来看，虚开增值税专用发票罪需要有骗取税款的目的。最高人民法院在复核张某强虚开增值税专用发票案时明确指出，张某强借用他人公司的名义与购买方签订买卖合同，让购买方将货款汇入他人公司账户中，并由他人公司开具增值税发票，其行为从主观上不存在偷逃税的目的，国家的税款也未受到损失，因此不构成虚开增值税专用发票罪。笔者认为，从《刑法》规定本罪的目的来看，虚开增值税发票的初衷是重点打击偷逃国家税款的行为，没有偷逃税款犯意的虚开增值专用发票的行为不应该是本罪的打击对象。因此，认为本罪是目的犯，就能从构成要件层面限缩本罪的适用范围。

（五）介绍他人虚开增值税专用发票犯罪中主从犯的认定

虚开增值税专用发票罪，是指为了牟取非法经济利益，故意违反国家发票管理规定，虚开增值税专用发票的行为。我国《刑法》第 205 条规定，为他人虚开、为自己虚开、让他人为自己虚开、介绍他人虚开的行为属于虚开增值税专用发票。介绍他人虚开的行为能否认定从犯，法学界存在不同的意见。例如，甲单位经乙某的介绍向丙单位虚开了增值税专用发票数张，虚开税款的数额在 50 万元以上，乙某将丙单位开票的费用人民币 40 万元经手转给甲单位，并从中获利 1 万余元。关于甲单位与乙某是否构成共犯，乙某能否认定从犯，审判实践中有不同的意见。一种意见认为，甲单位与乙某构成共同犯罪，乙某的介绍虚开行为应认定为从犯。理由是乙某的介绍行为是一种帮助行为。乙某介绍他人虚开的目的在于促成甲单位、丙单位虚开行为的完成，其犯罪的故意依附于甲单位、丙单位双方，不具有单独的价值。另一种意见认为，乙某的介绍虚开行为不应认定为从犯。理由是乙某的介绍虚开行为独立构成犯罪，从犯罪构成上讲不依附于甲单位、丙单位双方，与甲单位不能认定共同犯罪。笔者同意第二种意见，甲单位与乙某的行为依法不能成立共犯关系，乙某的介绍虚开行为不能认定为从犯。我国《刑法》第 205 条明确将介绍虚开行为规定为四种虚开增值税专用发票的实行行为之一，也就是说，介绍虚开行为不再是帮助行为，其本身就是实行行为，可直接认定为虚开行为并予以独立定罪。立法之所以作出这样的规定，是为了严厉打击那些牟取非法利益的职业中介人，因此排除了对《刑法》总则共同犯罪的适用。同理，虚开增值税专用发票中的四种虚开行为不成立共同犯罪关系，均可独立定罪处罚。

【追诉标准】

1. 虚开增值税专用发票或者虚开用于骗取出口退税、抵扣税款的其他发票的，处 3 年以下有期徒刑或者拘役，并处 2 万元以上 20 万元以下罚金；虚开的税款数额较大或者有其他严重情节的，处 3 年以上 10 年以下有期徒刑，并处 5 万元以上 50 万元以下罚金；虚开的税款数额巨大或者有其他特别严重情节的，处 10 年以上有期徒刑或者无期徒刑，并处 5 万元以上 50 万元以下罚金或者没收财产。

2. 单位犯虚开增值税专用发票、用于骗取出口退税、抵扣税款发票罪的，对单位判处罚金，并对其直接负责的主管人员和其他直接责任人员，处 3 年以下有期徒刑或者拘役；虚开的税款数额较大或者有其他严重情节的，处 3 年以上 10 年以下有期徒刑；虚开的税款数额巨大或者有其他特别严重情节的，处 10 年以上有期徒刑或者无期徒刑。

根据最高人民检察院、公安部《关于公安机关管辖的刑事案件立案追诉标准的规定（二）》第 56 条的规定，虚开增值税专用发票或者虚开用于骗取出口退税、抵扣税款的其他发票，虚开的税款数额在 10 万元以上或者致使国家税款被骗数额在 5 万元以上的，应予立案追诉。

最高人民法院下发通知指出，在新的司法解释颁行前，对虚开增税专用发票刑事案件定罪量刑的数额标准，可以参照最高人民法院《关于审理骗取出口退税刑事案件具体应用法律若干问题的解释》第 3 条的规定执行。即虚开的税款数额在 5 万元以上的，认定为《刑法》第 205 条规定的“数额较大”；虚开的税款数额在 50 万元以上的，认定为《刑法》第 205 条规定的“数额巨大”；虚开的税款数额在 250 万元以上的，认定为《刑法》第 205 条规定的“数额特别巨大”。

三、实务操作

【对建筑施工企业的建议】

1. 建筑施工企业应当规范开票行为，企业财务要做好把控，帮他人代开时，要提高警惕，避免诱惑，不做违法的事。

2. 建筑施工企业应当学习并遵守有关发票开具管理的相关法律法规，树立依法纳税观念，按照实际情况如实开具增值税专用发票。

3. 建筑施工企业对于有疑点的增值税发票，及时向税务机关求助查证。

【对项目经理的建议】

1. 项目经理应当学习、了解税务相关的法律法规。

2. 项目经理不能在没有货物购销或者没有提供或接受应税劳务的情况下为他人、为自己、让他人为自己、介绍他人开具增值税专用发票。

3. 项目经理不能在有货物购销或者提供或接受了应税劳务的情况下，为他人、为自己、让他人为自己、介绍他人开具数量或者金额不实的增值税专用发票。

4. 项目经理不能在进行了实际经营活动情况下，让他人为自己代开增值税专用发票。

第十三节　持有伪造的发票罪

一、案例解析

【基本案情】

2013 年 11 月 26 日，张某利用河南省濮阳县居民张某某的身份信息，在环县工商行政管理局注册登记了“××皮革制品公司”，于次日在环县国家税务局办理税务登记证，租用环县×小区 3 号楼 2 单元 301 室作为办公地点，开展皮革制品销售，农副产品收购、销售的业务。2014 年 7 月、8 月，公司经营状况不佳，张某通过熟人购买伪造的《山东省国家税务局通用机打发票》2 份（票号××××××74、票面金额 1,500,030 元；票号××××××28、票面金额 623,500 元）分两次交给会计王某，让王某向环县国税局申报抵扣税款，共计抵扣销项税 276,058.9 元，该公司当年应缴税款 298,697.7 元，占应纳税额的 92%。

同年 9 月，环县国家税务局在专项核查工作中发现了××皮革制品公司申报抵扣税款的上述 2 份假发票，遂对该企业 9 月取得的增值税抵扣发票进行全面核查，查获张某交给王某伪造的《山东省国家税务局通用机打发票》4 份（票号分别为××××××06、××××××07、××××××63、××××××64，票面金额共计 3,112,615 元）。2014 年 10 月 11 日，环县国家税务局将该案移送环县公安局，环县公安局于同日立案侦查。

【争议焦点】

被告人张某是否构成持有伪造的发票罪。

【各方观点】

公诉机关认为:张某在公司经营状况不佳的情况下,明知发票是伪造的还进行购买与使用,且数额已达到立案标准,该行为已触犯《刑法》第210条之一第1款之规定,构成持有伪造的发票罪。

张某辩称,××皮革制品公司是李某办的,其只负责看门、打扫卫生,对公司经营等事务一概不知情。辩护人提出:张某不构成持有伪造的发票罪。本案中,公司法定代表人李某未到案,现有证据无法证明张某主观上对其所持有的发票系伪造是明知的,故公诉机关的指控不能成立。

【法院判决】

法院认定,张某犯持有伪造的发票罪,判处有期徒刑1年,并处罚金1万元。

理由是,张某明知是伪造的发票而持有,数量较大,其行为已构成持有伪造的发票罪,应当依法惩处。

【案例点评】

本案中,认定被告人张某能否构成持有伪造的发票罪主要看以下法定构成要件是否满足:第一,被告人张某是否具有故意,即是否明知持有的是伪造的发票;第二,被告人张某持有的伪造的发票是否数额较大。

对于第一个问题,本案中被告人张某作为××皮革制品公司的实际负责人,对外开展业务,其将公司未发生实际业务的票据交给王某,欲申报抵扣税款,故其对该票据系伪造主观上是明知的。

从数额来看,根据法律规定,明知是伪造的发票而持有,具有下列情形之一的,应予立案追诉:(1)持有伪造的增值税专用发票或者可以用于骗取出口退税、抵扣税款的其他发票50份以上且票面额累计在25万元以上的;(2)持有伪造的增值税专用发票或者可以用于骗取出口退税、抵扣税款的其他发票票面税额累计在50万元以上的;(3)持有伪造的第1项规定以外的其他发票100份以上且票面金额在50万元以上的;(4)持有伪造的第1项规定以外的其他发票票面金额累计在100万元以上的。张某持有的伪造的发票票面金额为人民币5,236,145元,已满足上述第3项要求,属于数额较大,应予立案追诉。因此,张某构成持有伪造的发票罪。

二、罪名解读

【罪名解析】

> 《刑法》第 210 条之一 【持有伪造的发票罪】明知是伪造的发票而持有，数量较大的，处二年以下有期徒刑、拘役或者管制，并处罚金；数量巨大的，处二年以上七年以下有期徒刑，并处罚金。
>
> 单位犯前款罪的，对单位判处罚金，并对其直接负责的主管人员和其他直接责任人员，依照前款的规定处罚。

持有伪造的发票罪，是指明知是伪造的发票而持有，数量较大的行为。

在建设工程领域，特别是在施工过程中对水泥、黄沙、石子等采购时，常常存在出售非法制造的发票、逃税等涉票违法行为，施工单位管理人员及分包单位管理人员的身上、住所或者交通工具上经常会携带大量的假发票，这需要引起建筑施工企业的重视，因为这就属于持有伪造发票的行为。在这种情况下，公安机关往往会查明被告人持有这些伪造发票的目的。一旦查明犯罪嫌疑人持有这些假发票的目的，就会按照出售非法制造的发票罪、逃税罪等相关的罪名来进行查处。有的企业会抱有侥幸心理，认为只要自己做得足够小心就可以逃脱侦查。有时公安机关确实因为查处的时机不合适或者犯罪嫌疑人采取了一定的反侦查措施，缺乏以出售非法制造发票、逃税等罪名追责的证据，无法查清被告人持有此类假发票的目的。在这种情况下，虽然不能认定被告人实施了出售非法制造发票、逃税的行为，但若认定被告人持有伪造发票的证据是确实、充分的，便可以以持有伪造的发票罪来定罪量刑。换句话说，就是在具体犯罪目的不明确的情况下，建筑施工企业仍然会被惩处。

《刑法修正案（八）》将"数额较大"作为持有伪造的发票罪的构成要件之一。根据这一规定，本罪是数额犯，持有伪造的发票的行为，并不是都要追究刑事责任，只有达到"数额较大"的程度，才可以作为犯罪处理；对于发票面额较小的违法行为，可由税务机关依法给予行政处罚。所以，建筑施工企业要准确理解持有伪造的发票罪必须要把握以下几个要件：

(一)持有伪造的发票罪的犯罪主体包括单位与自然人

建筑施工企业及其员工都可以成为非法持有伪造的发票罪的主体,建筑施工企业容易构成持有伪造的发票罪的情况主要包括以下四种:

一是建筑施工企业利用假发票偷逃税款。部分建筑施工企业为了获取高利润,通过偷逃税款来降低成本,于是就通过在施工材料采购过程中购买假发票以虚列企业开支的方式来降低缴纳企业所得税等税种的纳税数额。如果购买假发票的数额较大,又没有构成逃税罪(偷逃税款的数额未达到应缴税款的10%),就构成持有伪造的发票罪。

二是建筑施工企业利用假发票列支非法支出。一些建筑施工企业在日常活动中存在商业贿赂等无法取得发票的非法支出,就通过购买假发票的方式在会计核算中列支这些非法支出,实现账目平衡。

三是建筑施工企业人员特别是项目经理利用假发票来挪用、侵占单位资金。这类情况在建筑施工企业项目经理犯罪中常见。一些建筑施工企业的项目经理会通过购买假发票,向单位虚报支出,骗取、侵占单位资金,从而走上犯罪道路。

四是建筑施工企业利用假发票来套取财政资金。一些建筑施工企业通过购买假发票入账等方式违规建立小金库,套取财政资金,进行发放职工补贴等违法违纪活动。

(二)建筑施工企业构成持有伪造的发票罪一定在主观上存在直接故意

建筑施工企业由于施工周期长,分包项目多,往往会担心在无意识的情况下不小心持有了伪造的发票,从而构成了持有伪造的发票罪。事实上这种担心并无必要。持有伪造发票的犯罪为直接故意,即行为人明知是伪造的发票而持有。间接故意和过失不能构成本罪。

若并非明知是假发票而持有,建筑施工企业的行为就不具有本罪所欲规制行为的社会危害性,也就没有必要作为犯罪处理。此外,发票的印制并非全国统一,即使在同一地方发票也可能由不同的单位印制,加之不同的发票印制标准也不同,让建筑施工企业鉴别发票真伪要求也未免过高。

(三)建筑施工企业持有伪造的发票是否需要以牟利为目的

关于建筑施工企业持有伪造发票的犯罪是否必须以牟利为目的,有不同的意见。一种意见认为,《刑法》条文没有规定以非法牟利为目的,因此,本罪不以非法牟利目的为构成要件,只要伪造的发票面额达到数额要求或者伪造的发票达到数量要求,就应定罪处罚。另一种意见认为,不能一概而论。持有伪造发票不是违法者的最终目的,往往只是实施其他非法牟利犯罪的桥梁和中介,行为人最终是以谋取非法经济利益为目的的。由于持有伪造的发票罪主要侵害的是国家税收征管秩序,如果没有牟利的目的,那么持有伪造发票的行为对国家税款的征收就没有威胁,也不会对国家税收征管秩序造成大的影响,其社会危害性不大。特别是在不知是伪造发票的情况下获得了伪造的发票,事后发现发票系伪造,但依然持有,也没有利用伪造发票实施其他违法行为的情形,就属于情节显著轻微的情形,不宜以犯罪论处。因此,虽然《刑法修正案(八)》没有将"以营利为目的"或者"为牟取经济利益"作为持有伪造的发票罪的主观要件,但是不以牟利为目的的持有伪造发票行为是否能认定为本罪需要审慎认定,笔者倾向于要以牟利为目的,这一点也可以作为建筑施工企业遭遇该刑事危机时的一个辩点。

但是,需要特别提醒的是,对于建筑施工企业来说,不可抱着侥幸心理,认为持有伪造的发票但并没有牟利的目的就可以逃脱法律的制裁。事实上若无牟利的目的,建筑施工企业在正常情况下并无购买伪造发票的必要。即便建筑施工企业持有伪造的发票确实无牟利目的,但实践中存在两种观点,建筑施工企业应当以更为严格的观点来要求自身,才能最大限度地规避风险,保护自身利益。故建筑施工企业应当抱有无论牟利与否,都有可能构成本罪的态度来进行企业管理。

【此罪与彼罪】

持有伪造的发票罪是一种持有型犯罪,其行为性质本身决定本罪的特殊性。行为人在伪造、买卖伪造的发票(包括增值税专用发票、用于出口退税、抵扣税款的其他发票、普通发票)时,必然会有持有发票的行为,持有行为就变成其他犯罪的手段行为或者犯罪结果。因此,需要对持有伪造的发票罪与伪造、出售伪造的增值税专用发票罪以及非法制造、出售非法制造的发票罪等犯罪进行认定,做到准确区分罪名。

1. 持有伪造的发票罪与伪造、出售伪造的增值税专用罪的界限。两罪的主要区别在客观行为上。持有伪造的发票罪的客观表现为持有行为；而伪造、出售伪造的增值税专用发票罪客观上表现为伪造或者出售行为。

2. 持有伪造的发票罪与非法制造、出售非法制造的发票罪的界限。两罪主要有以下区别：(1)在行为方式上。持有伪造的发票罪表现为持有行为；而非法制造、出售非法制造的发票罪表现为非法制造或者出售行为。(2)在犯罪对象方面。持有伪造的发票罪的犯罪对象是伪造的发票；而非法制造、出售非法制造的发票罪的犯罪对象既可以是伪造的发票，也可以是真的发票。

【追诉标准】

根据最高人民检察院、公安部《关于公安机关管辖的刑事案件立案追诉标准的规定(二)的补充规定》，明知是伪造的发票而持有，涉嫌下列情形之一的，应予立案追诉：(1)持有伪造的增值税专用发票或者可以用于骗取出口退税、抵扣税款的其他发票 50 份以上且票面税额累计在 25 万元以上的；(2)持有伪造的增值税专用发票或者可以用于骗取出口退税、抵扣税款的其他发票票面税额累计在 50 万元以上的；(3)持有伪造的第 1 项规定以外的其他发票 100 份以上且票面金额在 50 万元以上的；(4)持有伪造的第 1 项规定以外的其他发票票面金额累计在 100 万元以上的。

【量刑范围】

1. 明知是伪造的发票而持有，数量较大的，处 2 年以下有期徒刑、拘役或者管制，并处罚金。

2. 数量巨大的，处 2 年以上 7 年以下有期徒刑，并处罚金。

3. 单位犯罪的，对单位判处罚金，并对其直接负责的主管人员和其他直接责任人员，依照《刑法》第 210 条之一第 1 款处罚。

三、实务操作

【对建筑施工企业的建议】

在目前的大环境下，许多建筑施工企业与分包单位为节省成本，往往会忽视对工程项目上发票的管理及要求，但一旦被公安机关查处，进入刑事程序，事实上是得不偿失的。所以建筑施工企业应当在保障自身风险的前提下考虑如何更好地节省成本,创造效益。那么,建筑施工企业应当在哪些方面进行防范呢?

首先,建筑施工企业应当建立发票管理制度,加强对项目部发票的监督与审核。同时,应当规范管理人员特别是项目经理及采购人员对发票的领购、开具、取得和保管等行为。以灵活的培训机制,针对不同的人员开展不同内容的发票知识培训。

其次,建筑施工企业需要有合理的流程设置。建立和优化费用报销流程和发票审核流程,明确相关人员职责,规范发票管理,防范发票风险。建立责任追究机制。对业务人员、财务人员和合作单位分别采取不同的责任追究措施,督促其规范发票管理。

【对项目经理的建议】

无论是使用假发票还是虚开发票都属于违法行为甚至涉嫌刑事犯罪,项目经理务必通过合法途径获取发票,并合法合规开具发票。

1. 合作前的准备工作。交易前,应做好对合作方的调查工作,了解对方企业的基本信息、经营模式和规模等,要对合作企业拥有充足的认识,提前做好风险评估。要求合作方提供货物的证明资料,并对资料的真实性进行核实。对方的企业信息可在"全国组织机构统一社会信用代码数据服务中心"进行查询。

2. 合作中的检查工作。合作中,双方的财务往来尽量通过银行账户进行划拨。划拨过程中,可审查合作方所提供银行账户是否与发票上注明信息相符合。如发现信息不符,最好暂缓付款,先与合作公司进一步沟通。

3. 收票时的核对工作。收到合作方提供的发票时,需谨慎核对开票信息与真实情况是否相符,以下几点需要格外注意:

第一,核对税务登记证、出库单、银行账户、发票的企业名称等基本信息是否与合作方提供的一致;

第二,核对发票、物流以及资金是否一致;

第三,核对开票人与收票人、付款人与收款人、发货方与收货方是否一一对应;

第四,查询合作方是否具备一般纳税人资格;

第五,通过"国家税务总局全国增值税发票查验平台"等官方查询平台,对收到的发票进行查验。

第十四节　非法转让、倒卖土地使用权罪

一、案例解析

【基本案情】

2007年3、4月，金某以港资企业的名义申请土地，收购了朋友在我国香港特区注册成立的雅宜集团有限公司（以下简称雅宜公司）。金某在明知该公司无实际资产，也不具备投资经营内地企业的能力，所申报项目亦无法进行正常投资经营的前提下，虚构了快热式电热水器电控模块等这一高新、环保鼓励类项目，并以雅宜公司的名义向袍江管委会申请工业用地，准备在该土地上新建厂房后用于倒卖获利。2007年5月，金某以雅宜公司的名义成立绍兴双合电子科技有限公司（以下简称双合公司），并于同年10月以人民币470万元的价格取得面积为15,505平方米的袍江工业区4-2号地块，从中享受优惠地价，并获取袍江管委会实到奖励款人民币4.13万元。2009年4月，经袍江管委会同意，双合公司更名为浙江得能电子有限公司（以下简称得能电子公司）。金某在得能电子公司厂房新建完成之后，并未按其项目申报材料及工业企业落户协议要求，积极落实项目生产经营，而是物色买家欲将该土地倒卖给他人用于管业生产，并向袍江管委会提出变更经营范围等申请。2010年1月，金某通过将雅宜公司股权整体转让的方式，将得能电子公司土地及厂房以人民币3000万元的价格转让给毛某菊，并于2010年4月经袍江管委会同意，将得能电子公司变更为“浙江得能管业有限公司”。

经评估，得能电子公司的房屋建筑价值人民币1885.4219万元；土地成本为人民币484.1万元；土地成本的利息费用为人民币78.3110万元。综上所述，金某从中获利人民币552.1671万元。

金某在得能电子公司项目尚未实际投入生产经营的情况下，为非法取得绍兴市袍江工业区土地使用权用于倒卖获利，再次以雅宜公司名义虚构了LED及相关产品投资建设这一高新、环保鼓励类项目，向袍江管委会申请工业用地土地使用权。2009年8月，金某以雅宜公司的名义成立绍兴天其环保科技有限公司（以下简称天其公司），并于同年12月以人民币378万元的价格取得面积为10,951平方

米的袍江工业区 M－1 号地块，从中享受优惠地价，并获取袍江管委会实到奖励款人民币 8.9318 万元。2010 年 4 月，因双合公司、天其公司登记投资方均为雅宜公司，为顺利倒卖双合公司名下土地使用权，金某向袍江管委会提出天其公司投资方变更申请，经袍江管委会同意，将天其公司投资方变更为“香港天其集团有限公司”。金某在天其公司厂房新建完成之后，并未按其项目申报材料及工业企业落户协议所要求，积极落实项目生产经营，而是再次物色买家欲将土地使用权转卖给他人从事纺机生产，并向袍江管委会提出变更经营范围等申请。2011 年 11 月 17 日，金某通过将香港天其集团股权整体转让的方式，将天其公司土地及厂房以人民币 3080 万元的价格转让给陈某丙，并经袍江管委会同意，将天其公司变更为“浙江陈传纺机有限公司”。

经评估，天其公司的房屋建筑物价值人民币 1856.1372 万元，土地成本 389.34 万元；土地成本的利息费用为 58.6722 万元。综上所述，金某从中获利人民币 775.8506 万元。

2011 年下半年，金某为获取袍江工业区的土地使用权进行倒卖获利，与袍江管委会原副主任陈某、国际投资合作局原局长朱某经合谋，欲以共同合作的方式骗取袍江工业区的土地。2012 年 5 月，金某在陈某、朱某的帮助下，采用虚构项目的方式，以绍兴金絮公司、宝力得公司、得格公司的名义向袍江管委会提出工业用地土地使用权申请，并顺利通过袍江管委会进区预审，签订了工业企业落户意向协议。后因陈某离开袍江管委会，袍江管委会发现了这一情况并出面进行制止，上述三个项目最终被陆续终止。

【争议焦点】

金某是否构成非法转让、倒卖土地使用权罪。

【各方观点】

公诉机关认为：金某为达到倒卖土地获利的目的，以成立虚假港资企业，虚构高新、环保鼓励类项目等方式，向袍江管委会申请工业土地使用权，在顺利取得土地后，金某并未按要求进行实际开发、生产、经营，而是在该土地上新建厂房后即以股权转让的方式将土地及厂房出售获利，非法获利达人民币 1328.0177 万元，并骗取袍江管委会实到奖励人民币 13.0618 万元。

辩护人认为：（1）公诉机关并无证据证明金某违反了土地管理法规规定，法律并未规定土地厂房必须待地方项目投资到位后方可转让，也未规定在取得土地使用权证并开发投资达25%以上后仍不得转让土地；(2)金某转让土地厂房时，都依法办理了变更登记手续，且均根据有关部门的要求办理了登记变更及审批手续；(3)金某在转让土地厂房时，均已建造厂房完成，符合了土地出让金付清、已领取《国用土地使用证》、完成投资总额25%以上的条件，依据土地管理法规及《国有土地使用权出让合同》约定可以转让土地使用权；(4)企业在转让后仍履行了落户协议，金某的行为只是袍江开发区建设初期招商引资期间出现的一种中介行为。同时，对于事实部分辩护人认为：(1)绍兴天其公司以人民币378万元价格获得的土地面积为10,951平方米，其他1000余平方米是代征土地，并不属于金某转让土地厂房的范畴；(2)2012年后，金某虽以绍兴金絮公司、宝力得公司、得格公司的名义提出了土地使用权申请，但是自己主动申请撤回了土地申请，而并非袍江管委会制止的；(3)公诉机关提交的评估报告书，没有调取施工资料进行建筑成本的具体评估，没有对厂房已有的装饰装潢进行评估，也没有考虑财务成本、建筑的利润情况，不应作为定案依据。即使作为定案依据，在认定金某的获利数额时也应考虑建筑物本身的溢价获利，该获利是金某的合法所得。

【法院判决】

法院认定，金某犯非法倒卖土地使用权罪，判处有期徒刑4年，并处罚金人民币350万元。

理由是，金某以牟利为目的，违反土地管理法规，非法倒卖土地使用权，情节特别严重，其行为已构成非法倒卖土地使用权罪。

【案例点评】

关于金某是否构成非法倒卖土地使用权罪的问题，首先，金某具有骗取土地使用权的主观故意和客观行为。

一是金某设立的雅宜公司、双合公司、天其公司等均系虚假的港资企业。第一，金某为以港资企业的名义申请袍江工业用地，临时收购了在我国香港特区注册登记的雅宜公司，并将内地资金兑换后转至香港特区，再由香港特区转入双合公司、天其公司完成验资，故上述公司不是符合案发时相关规定的港资企业。第二，即使该投资方式符合“返程投资”的外在形式(境内居民直接或间接通过特殊目的公司对境内开展的直接投资活动，即通过新设、并购等方式在境内设立外商投资企业或项目,并取得所有权、控制权、经营管理权等权益的行为),但根据国家外汇管理局关于返程投资的相关规定,境内居民以境内外合法资产或权益向特殊目的公司出资前,应向外汇局申请办理境外投资外汇登记手续,后方可办理后续业务,故上述公司亦不符合返程投资的相关规定。第三,雅宜公司、双合公司、天其公司等均系为了享受土地优惠政策而设立的,本质上不符合袍江工业区招商引资促进地区经济发展的初衷。故上述公司属于虚假的港资企业。

二是金某不具有实际经营高新、环保鼓励类项目的能力。其以双合公司申请的电子产业项目,除购买土地和建造厂房外,仍需巨额资金的支持,还需要设备、人员或者专利等技术支持,特别是金某在双合公司签订落户协议后 1 年之内再次以天其公司的名义申请项目,其在资金上或技术实力、经营能力上都不具备同时经营两个项目的条件,事实上其也没有为上述项目的实际经营进行先期及后续的准备。

三是金某具有倒卖土地使用权的行为。双合公司、天其公司项目的厂房建成后,金某并未按照落户协议的规定进行其他投资,而是逐步进行公司名称、股东成员、经营范围等项目的变更,通过股权整体转让的形式,将土地及厂房出售给他人,从中获取巨额差价。这也从客观上印证了金某获取土地使用权的初衷并非正常经营项目,而是从倒卖土地中获利。另外,金某倒卖土地使用权的行为违反了土地管理法规的规定。根据《土地管理法》第 77 条第 1 款的规定,未经批准或者采取欺骗手段骗取批准,非法占用土地的,根据具体情况处罚;构成犯罪的,依法追究刑事责任。可见,金某通过设立虚假港资公司,申报高新、环保鼓励类项目,以此迎合袍江管委会的落户政策,骗取土地使用权后再倒卖获利的行为,不符合《土地管理法》的规定。

综上所述,金某的行为符合非法倒卖土地使用权罪的构成要件。

二、罪名解读

【罪名解析】

《刑法》第228条 【非法转让、倒卖土地使用权罪】以牟利为目的,违反土地管理法规,非法转让、倒卖土地使用权,情节严重的,处三年以下有期徒刑或者拘役,并处或者单处非法转让、倒卖土地使用权价额百分之五以上百分之二十以下罚金;情节特别严重的,处三年以上七年以下有期徒刑,并处非法转让、倒卖土地使用权价额百分之五以上百分之二十以下罚金。

非法转让、倒卖土地使用权罪,是指以牟利为目的,违反土地管理法规,非法转让、倒卖土地使用权,情节严重的行为。

我国土地属于国家或集体所有,法律禁止转让土地所有权,土地使用权只可依法转让。土地使用权转让,是指将依法取得的土地使用权进行再度转让给他人的行为。国家为防止恶意炒卖哄抬地价、抑制房地产泡沫和规范房地产市场管理秩序对土地使用权转让进行限制,禁止非法流转土地使用权,转让土地使用权必须符合法律规定的条件和履行严格手续,否则即非法转让。在建设工程领域中,建设单位更容易构成该罪。那么,要判断是否构成非法转让、倒卖土地使用权罪,需要注意以下几个方面:

(一)非法转让、倒卖土地使用权罪客观方面的要求

1.必须是违反土地管理法规的行为。土地管理法规,是指以《土地管理法》为代表的一系列土地管理法律法规。如《土地管理法》、《城镇国有土地使用权出让和转让暂行条例》、《土地管理法实施条例》等。《宪法》第10条第3款规定:任何组织或者个人不得侵占、买卖或者以其他形式非法转让土地。土地的使用权可以依法律的规定转让。土地使用权只可依法转让,国家对转让土地使用权又作出严格的限制性规定,目的是要加强对土地资源的管理和利用,以及控制房地产开发市场秩序和风险。

根据我国土地使用权转让相关法律、法规规定,违法转让、倒卖土地使用权的

行为有以下几种:(1)没有经批准的转让;(2)没有经批准改变土地使用用途的转让;(3)违法转让法律、法规禁止转让的土地。以出让形式取得土地使用权的,只有满足两个条件才能转让。在不满足两个条件的情况下,以转让股权形式转让土地使用权是第三种违反转让禁止转让的土地使用权。从土地管理规定看,这种限制规定是对土地使用权转让的强制规定,违反本规定就是违法转让行为。

2. 必须是非法转让、倒卖土地使用权的行为。《土地管理法》规定,中华人民共和国实行土地的社会主义公有制,即全民所有制和劳动群众集体所有制。任何单位和个人不得侵占、买卖或者以其他形式非法转让土地,国有土地和集体所有的土地的使用权可以依法转让。土地使用权转让应当严格依法进行。

所谓土地使用权转让,是指土地使用者将土地使用权再转移的行为,包括出售、交换和赠送。未按土地使用权出让合同规定的期限和条件投资开发、利用土地的,土地使用权不得转让。土地使用权转让应当签订转让合同。土地使用权转让时,土地使用权出让合同和登记文件中所载明的权利、义务随之转移,土地使用权转让时,其地上建筑物、其他附着物的所有权转让,应当依照规定办理过户登记。土地使用权和地上建筑物、其他附着物所有权分割转让的,应当经市、县人民政府土地管理部门和房产管理部门批准,并依法办理过户登记。土地使用权转让须符合上述规定,否则即为非法转让。

所谓倒卖土地使用权,是指将土地使用权非法出卖给他人,或者为了出卖而向他人收买、租借土地使用权等。有的是明码标价予以出卖;有的则是以某种形式掩盖其土地的买卖,如明里购买他人的厂房,暗里则是购买厂房所占地的土地使用权,或借买他人住宅之名行占他人住宅基地使用权之实等。

需要注意的是,本罪属情节犯,非法转让、倒卖土地使用权的行为必须达到情节严重,才能构成本罪。情节严重,主要是指多次实施本罪行为的;非法转让、倒卖土地使用权数量较大的;牟取非法利益较大的;造成土地严重破坏或荒芜的;等等。

(二)单位与个人都有可能构成非法转让、倒卖土地使用权罪的主体

本罪的主体为一般主体。凡达到刑事责任年龄,具备刑事责任能力的自然人均可成为本罪主体。依照《刑法》的规定,单位亦能构成本罪。单位犯本罪的,对单位判处罚金,对其直接负责的主管人员和其他直接责任人员依本条追究刑事责任。

也就是说，建设单位犯本罪的，直接负责人员也将可能被追究刑事责任。

（三）建设单位主观上为故意且以牟利为目的是构成该罪的必要条件

本罪在主观方面表现为故意，并且以牟利为目的；不以牟利为目的，不构成本罪。牟利不仅是行为人谋取金钱上的利益，而且也指行为人谋取其他不正当的利益，如为了办理护照、为了升官等。

（四）以股权转让形式转让土地使用权的行为定性

我国《公司法》的立法目的在于规范公司的组织和行为，保护公司、股东和债权人的合法权益，维护社会经济秩序，促进社会主义市场经济的发展。可见，维护社会经济秩序也是公司法的一项重要任务。而良好的社会经济秩序也是社会公共利益的一个重要组成部分，社会经济秩序也必然包括了房地产市场经济秩序。《公司法》虽然未对以股权转让形式进行土地使用权转让作出明确禁止性的规定，但不得滥用权利原则也是民商事活动应遵循的基本原则。如果行为人在目标公司取得土地使用权后未按规定进行土地开发就进行实质的土地使用权转让行为，使房地产法的强制性管理规定形同虚设，必然导致国家对房地产法律政策调控的落空，对房地产市场秩序健康发展造成消极影响，从而违背了公司法的立法本意。即使是（2016）最高法民终222号案中，最高人民法院对名为股权转让实为土地使用权转让合同效力做了有效的认定，但其对该案中一方当事人因股权转让行为被下级法院刑事裁决构成非法倒卖土地使用权罪一事没有作出否定的表态。因此，在某种程度上，最高人民法院也实际上承认了名为股权转让、实为土地使用权转让之行为是构成犯罪的。

【罪与非罪】

1. 非法转让、倒卖土地使用权与非法出租土地使用权的界限。土地使用权出租，是指土地使用者作为出租人将土地使用权随同地上建筑物、其他附着物租赁给承租人使用，由承租人向出租人支付租金的行为。土地使用权出租必须符合法定条件，否则就是非法出租土地使用权。根据《城镇国有土地使用权出让和转让暂行条例》的规定，非法出租土地使用权的情形有两种：一是未按土地使用权出让合同规定的期限和条件投资开发、利用土地便出租土地使用权的；二是出租人和承租人没有按照土地使用权出让合同规定的目的使用土地使用权,而是改变出让合同规定的土地使用用途。

非法出租土地使用权与非法转让、倒卖土地使用权有明显的不同。非法转让、倒卖土地使用权,是行为人非法将土地使用权让与他人,其结果是土地使用权彻底转移给他人,土地使用者与土地所有者在出让、划拨土地使用权合同中所确定的权利和义务,完整地转移给新的土地使用权人;而非法出租土地使用权,是指土地使用权人在保留自己对土地使用权最终支配的情况下,将土地使用权非法租赁给他人使用,其结果是承租人只是有限地使用土地,对土地使用权没有处置权,土地使用的处置权仍然由原土地使用权人享有。可见,非法转让、倒卖土地使用权与非法出租土地使用权是不同的。

2. 非法转让、倒卖土地使用权与非法抵押土地使用权的界限。土地使用权的抵押,是指抵押人以不转移占有土地使用权的方式将土地使用权向抵押权人提供债务履行担保,在债务人不履行债务时,抵押权人有权依法以抵押的土地使用权折价、变卖或拍卖的价款优先受偿。《城镇国有土地使用权出让和转让暂行条例》对土地使用权抵押做了一些规定:土地使用权抵押时,其地上建筑物,其他附着物随之抵押;土地使用权抵押,抵押人与抵押权人应当签订抵押合同;抵押人到期未能履行债务或者在抵押合同期间宣告解散、破产的,抵押权人有权依照国家法律、法规和抵押合同的规定,处分抵押财产。

非法抵押土地使用权则指对能够用以抵押的土地使用权没有依法进行抵押,或者将不能够抵押的土地使用权抵押给他人。非法抵押土地使用权与非法转让、倒卖土地使用权的联系在于:当抵押人不能履行债务时,抵押权人有权依法将抵押的土地使用权折价、变卖或拍卖,此时实质上等同于土地使用权的非法转让;不同之处在于:土地使用权的抵押只是作为履行债务担保的一种方式,土地使用权仍由土地使用者支配,当土地使用权履行债务后,土地使用权抵押消失,权属又恢复原状。这显然与将土地使用权非法完全转让、交与他人的非法转让、倒卖土地使用权的行为不同。

3. 非法转让、倒卖土地使用权与非法以土地使用权入股、投资的界限。非法以土地使用权入股、投资,是在保留对土地使用权支配的情况下,非法将土地使用权入股、投资,并从中享受利益分配。这种投资、入股的土地使用权一般折抵股份、投资比例,作为个人将来在分配盈余和利润时的根据,行为人并不丧失原有的土地使用权。但是,非法转让、倒卖土地使用权则是一次性将土地使用权让与他人,并一次性收取土地使用权转让费,此后便不再与原土地使用权有任何联系。可见,将土地使用权入股、投资并不是真正地转让土地使用权,二者有本质的不同。

【追诉标准】

根据最高人民法院《关于审理破坏土地资源刑事案件具体应用法律若干问题的解释》的规定,以牟利为目的,违反土地管理法规,非法转让、倒卖土地使用权,涉嫌下列情形之一的,应予立案追诉:(1)非法转让、倒卖基本农田 5 亩以上的;(2)非法转让、倒卖基本农田以外的耕地 10 亩以上的;(3)非法转让、倒卖其他土地 20 亩以上的;(4)非法获利 50 万元以上的;(5)非法转让、倒卖土地接近上述数量标准并具有其他恶劣情节的,如曾因非法转让、倒卖土地使用权受过行政处罚或者造成严重后果等。具有下列情形之一的,属于非法转让、倒卖土地使用权“情节特别严重”:(1)非法转让、倒卖基本农田 10 亩以上的;(2)非法转让、倒卖基本农田以外的耕地 20 亩以上的;(3)非法转让、倒卖其他土地 40 亩以上的;(4)非法获利 100 万元以上的;(5)非法转让、倒卖土地接近上述数量标准并具有其他恶劣情节,如造成严重后果等。

【量刑范围】

犯本罪情节严重的,处 3 年以下有期徒刑或者拘役,并处或者单处非法转让、倒卖土地使用权价额 5% 以上 20% 以下罚金;情节特别严重的,处 3 年以上 7 年以下有期徒刑,并处非法转让、倒卖土地使用权价额 5% 以上 20% 以下罚金。

二、实务操作

【对建筑施工企业的建议】

1. 建筑施工企业应当完善企业内法律事务机构。有条件的企业可设专职高管人员担任企业总法律顾问,并设置法律事务部门,配备具有企业法律顾问资格的员工专职从事法律事务工作,从组织上保证企业依法经营与维权,防止非法转让、倒卖土地使用权的情况发生。

2. 建筑施工企业应把法律工作的重心从事后补救转移到事前防范,加大法律咨询论证的工作力度。应由被动参与向主动参与转变。法律事务部门应注意跟踪法律环境变化,根据项目的特点和交易规则,在企业进行土地使用权转让时主动提出研究论证意见。

3. 建筑施工企业强化合同监控，能够大大减少企业法律风险。企业应当实行合同集中管理。特别是大型集团企业，要重点加强所属成员单位具有独立法人资格企业的合同管理，将土地使用权转让等交易由集团按规定程序进行审批，从源头上防止经济纠纷产生。

【对项目经理的建议】

1. 项目经理应当具有刑事合规意识，要严格按照规定用途使用土地，不随意改变项目土地用途，更不能为了谋取私利，擅自将土地使用权流转、倒卖。

2. 土地使用权转让应当依法进行，在转让时，委托专门人员或者律师，调查对方的资信情况。合同当事人的资信状况，是其能否充分履行合同的基础。寻找一个具有房地产开发经营资质、资金充足、实力雄厚、信誉良好的受让人，是土地使用权转让中转让人应该全力做到的最重要的事情；同样，一个诚信度高、资金雄厚、资信良好的转让人，才可能充分履行出让合同，减少受让人的风险。

3. 要进行风险评估，对转让前和转让过程中存在的上述各种风险进行全面调查，尽可能地将风险指数降低。

第十五节　故意伤害罪

一、案例解析

【基本案情】

2017 年 11 月 13 日 14 时许，高某某（七建劳务公司的技术员）在榆林市福田建设工程有限公司横山电厂项目部技术总工办公室内，与周某（七建劳务公司的劳务工）因发放工程款签字问题发生争吵，后周某在高某某脸上打了一巴掌，高某某也在周某脸上打了一巴掌，随后两人厮打，致周某受伤住院治疗。

2018 年 1 月 31 日，经陕西省榆林市公安司法鉴定中心鉴定：周某左侧下颌骨骨折属轻伤二级。

【争议焦点】

被告人高某某是否构成故意伤害罪。

【各方观点】

公诉机关认为:被告人高某某的行为触犯了《刑法》第234条之规定,应当以故意伤害罪追究其刑事责任。

被告人高某某对公诉机关指控的犯罪事实供认不讳,称其已经认识到了自己的错误,并且民事方面已经调解,且已经得到了被害人的谅解,希望从轻处罚。

【法院判决】

法院认定,被告人高某某犯故意伤害罪,判处有期徒刑6个月。

理由是,高某某故意伤害他人身体,致一人轻伤,其行为触犯了《刑法》之规定,构成故意伤害罪,依法应予惩处。公诉机关指控的犯罪事实清楚,证据确实、充分,指控罪名成立,应予支持。高某某能如实供述其犯罪事实,认罪态度较好,且其积极赔偿了被害人的经济损失,取得了谅解,故其从轻处罚之观点予以采纳,可对其从轻处罚。

【案例点评】

本案的事实较为清楚,被告人高某某与被害人周某因工程款签字问题发生争吵,高某某将周某打成轻伤二级。高某某对其故意伤害他人且构成轻伤的行为供认不讳,已构成故意伤害罪。笔者就曾遇到项目经理为管理项目地工人,对工人中所谓的"带头闹事者"进行处罚,在寒冬腊月将两个工人殴打后赤膊关在工地现场的笼子里,最终导致两个工人伤残的案例;这就是典型的发生在施工现场的故意伤害行为。

二、罪名解读

【罪名解析】

> 《刑法》第234条 【故意伤害罪】故意伤害他人身体的,处三年以下有期徒刑、拘役或者管制。
>
> 犯前款罪,致人重伤的,处三年以上十年以下有期徒刑;致人死亡或者以特别残忍手段致人重伤造成严重残疾的,处十年以上有期徒刑、无期徒刑或者死刑。本法另有规定的,依照规定。

故意伤害罪，是指故意伤害他人身体的行为。在建设工程施工过程中，故意伤害类案件也十分常见。那么，如何才能准确理解故意伤害罪呢？建筑施工企业必须要把握以下几个要件：

（一）施工现场人员要有损害他人身体的行为

损害他人身体的行为的方式，既可以表现为积极的作为，也可以表现为消极的不作为。前者如拳打脚踢、刀砍枪击、棒打石砸、火烧水烫等；后者则如负有保护幼儿责任的保姆不负责任，见幼儿拿刀往身上乱戳仍然不管，结果幼儿将自己眼睛刺瞎的行为，就可构成本罪。损害他人身体的行为既可以由自己实施，又可以利用他人如未成年人、精神病人实施，还可以利用驯养的动物如毒蛇、狼犬等实施；既可以针对人身的外表，造成外部组织的残缺或容貌的毁坏，又可以针对人体的内部，造成内部组织、器官的破坏，妨碍其正常的功能活动。总之，无论是由本人直接实施还是间接实施，亦无论是针对何种部位，采取什么样的方式，只要出于故意，能造成他人的人身健康伤害，即可构成本罪。

（二）施工现场人员损害他人身体的行为必须是非法进行的

如果某种致伤行为为法律所允许，就不能构成故意伤害罪，如正当防卫造成伤害而未过当的、医生对病人截肢治病等。关于经被害人同意的伤害是否合法，要做具体分析。如果被害人的同意是为了达到危害社会的目的，这种同意不能排除伤害行为的非法性；如果这种同意是出于有益于社会的目的，则可以排除他人伤害行为的非法性。对于具有激烈对抗性的体育运动项目中发生的伤害行为是否具有合法性，也应做具体分析。如果这种致伤动作本身为该项运动项目的规则所允许，这种伤害一般不能认为具有刑法上的非法性。如在足球比赛时，依据“合理冲撞规则”所实施而引起伤害的动作，一般不认为是伤害罪。如果比赛中动作粗鲁，明显违反规则要求，具有伤害他人身体故意，也应按故意伤害罪论处。

当然，在我们建筑施工领域，损害他人身体的行为多数以打架斗殴的方式体现，所以绝大多数情况都是具有非法性的。

（三）施工现场人员损害他人身体的行为必须已造成了他人人身一定程度的损害，才能构成本罪

只是一般性的拳打脚踢、推拉撕扯，不会造成伤害结果的，则不能以本罪论处。伤害结果的表现多种多样，有的是破坏了他人组织的完整性，如咬去鼻子、砍断手脚；有的是损害了他人器官的正常功能，如听觉、视觉、味觉丧失，精神失常等。但就结果的严重程度而言，则有 3 种形态，即轻伤、重伤或死亡。如果没有造成轻伤以上的伤害，如没有达到伤害等级或虽达到等级却属轻微伤，则不能以本罪论处。

所谓轻伤，是指由于物理、化学及生物等各种外界因素作用于人体，造成组织、器官结构的一定程度的损害或部分功能障碍，尚未构成重伤又不属于轻微伤害的损伤。鉴定应当以外界因素对人体直接造成的原发性损害及后果包括损伤当时的伤情、损伤后引起的并发症和后遗症等全面分析、综合评定。

所谓重伤，是指使人肢体残疾或者毁人容貌，丧失听觉、视觉或者其他器官功能以及其他对于人身健康有重大损害的伤害。

（四）故意伤害罪主观上要求是故意

本罪在主观方面表现为故意，即行为人明知自己的行为会造成损害他人身体健康的结果，而希望或放任这种结果的发生。在一般情况下，行为人事先对于自己的伤害行为能给被害人造成何种程度的伤害，不一定有明确的认识和追求。无论造成何种程度的结果都在其主观犯意之内；这是一种概括故意，所以，一般可按实际伤害结果来确定是故意轻伤还是故意重伤。故意伤害轻伤的犯罪还存在犯罪未遂问题，但对重伤意图非常明显，如企图严重毁容，并已着手实施的行为，由于意志以外的原因而未得逞的，即使未造成任何实际伤害，也应按故意伤害罪（重伤，未遂）定罪量刑。

在故意伤害致死的情况下，行为人主观上存在混合罪过形式，即同时具有伤害故意和致人死亡的过失，这是区别故意伤害致死同故意杀人、故意伤害致死同过失致人死亡的主要标志。

【罪与非罪】

1. 故意伤害与一般殴打行为的区别。关于故意伤害罪与非罪的区别，重点应把握故意伤害与一般殴打行为的界限。故意伤害，是指伤害他人身体健康的行为，

表现为两种情况，一种是对人体组织完整性的破坏，另一种是对人体器官机能的损害。而一般的殴打行为，通常只造成人体暂时性的疼痛或神经轻微刺激，并不伤及人体的健康。当然，殴打行为不伤及人体的健康并非绝对，而只能是相对而言的。例如，朝人鼻子打一拳，有可能造成鼻青脸肿的后果；用手撕一下，也可能造成表皮损伤。但这些行为都不属于犯罪，不能以故意伤害罪论处，而只能依照《治安管理处罚条例》予以行政处罚。

需要指出的是，有时殴打行为与伤害行为在外表形式及后果方面没有什么区别。如拳打脚踢，有时只造成轻微疼痛或一点表皮损伤、皮下出血，有时则可能造成伤害甚至死亡结果。那么，在这种情况下如何甄别行为人的行为的性质呢？在笔者看来，不能仅以后果为标准，也就是说不能简单地认为，造成伤害他人身体甚至死亡结果的就是故意伤害罪，而没有造成伤害的就是一般殴打行为。而是应该综合全案情况，考察主观、客观各方面的因素，着重看行为人是否具有伤害他人的故意，是有意伤害他人，还是只出于一般殴打的意图而意外致人伤害或死亡。司法实践中尤其应当注意的是，不能唯结果论，不能把凡是打一拳、踢一脚造成后果的行为都认定为故意伤害罪。

2. 轻伤害与轻微伤害的区分标准。区分故意伤害罪中罪与非罪的界限，还应注意轻伤害与轻微伤害的界限。故意伤害罪的构成，除未遂形态外，都必须以造成被害人伤害为前提。本条对故意伤害罪的规定，只在第 2 款明确规定了“重伤”的一种情形，第 1 款实际上指的是故意伤害造成轻伤的情形，有些人认为，损伤程度凡是未达到《刑法》第 95 条规定的重伤标准的就是轻伤；有伤害没有造成重伤的，就是造成轻伤的故意伤害罪；这是不正确的。因为对人体的损伤除了重伤害外，还包括轻伤害和轻微伤害两种情况。故意伤害罪中的伤害并不包括轻微伤害。一般情况下，对被害人造成的损伤是轻伤还是轻微伤，决定了对于伤害者应否追究刑事责任，应否认定为故意伤害罪。因此，区分轻伤害与轻微伤害的界限是有重要意义的。

区分轻伤害和轻微伤害主要应根据以下原则来进行：凡是损伤伴有轻度器官功能障碍，受伤当时或治疗过程中对生命均无危险，或治疗后只使劳动能力有轻度下降的，都属于轻伤；凡是损伤仅仅引起机体暂时和轻微的反应，基本不影响器官功能，一般均能自行修复的，就属于轻微伤害（表皮擦伤、剥脱、小范围的皮下血肿以及一些极轻微的骨折等），轻伤害与轻微伤害区别的主要标志之一，就是看其能否自行修复。一般来说,轻微伤害不需要专门的手术治疗,人体通过自身的代偿功能便能使其复原,或者仅采取简单的医疗手段和护理就能使伤势很快痊愈。而轻伤害在通常情况下都必须进行专门的治疗,有时还需要特殊护理。否则伤势就有可能恶化、感染或引起其他严重的并发症和后遗症。司法实践中,司法机关都会针对伤势做一个伤残鉴定,以此来确定是轻微伤、轻伤还是重伤。

【此罪与彼罪】

1. 本罪与故意杀人罪的界限。故意伤害罪侵害的是他人的身体权,故意杀人罪侵害的是他人的生命权。但在以下两种情况下区别就比较困难:一是故意伤害致死和故意杀人既遂。二者主观上都是故意犯罪,且客观上都造成了被害人死亡的结果。二是故意伤害和故意杀人未遂。二者在主观上也同属故意犯罪,但客观上都没有造成被害人死亡的结果。

区别故意杀人罪同故意伤害罪的关键,就在于两罪犯罪故意内容不同。故意杀人罪的故意内容是剥夺他人生命,希望或放任他人死亡结果的发生,而故意伤害罪的故意内容只是损害他人身体,并不是剥夺他人的生命。即使伤害行为客观上造成被害人的死亡,也往往是由于行为时出现未曾料到的原因而致打击方向出现偏差,或由伤势过重等情况引起的。行为人对这种死亡后果既不希望,也不放任,完全是出于过失。因此,不能将故意伤害致死同故意杀人等同。同样,也不能将杀人未遂同故意伤害混为一谈。对于故意杀人未遂来说,没有将人杀死,并非由于行为人主观上不愿作为,而是因意志以外的原因而不能作为。被害人没有死亡是出于意料之外,完全违背其主观意愿的。而在故意伤害情况下,被害人没有死亡,完全是在行为人的意料之中的。

判断犯罪人主观故意内容,不能单凭口供,或仅根据某事实就下结论,而应在调查研究基础上,全面分析案情。根据发案原因、行为发展过程、犯罪工具、行凶手段、打击部位、打击强度、行凶情节、作案时间、地点、环境、犯罪人与被害人平时关系、致人死亡或未死亡的原因、犯罪分子一贯表现和犯罪后的态度等,进行综合分析判断。对于那些目无法纪、逞胜好强、动辄行凶、不计后果一类的侵害人身权利的行为,尽管犯罪人与被害人之间往往没有利害关系,犯罪人主观上也没有明确的杀人动机和目的,但行为人在行凶时,对行为可能造成的后果持有一种漠不关心的态度。所以,应按行为客观造成的实际损害的性质确定危害行为的性质。致人死亡的，就构成故意杀人罪；损害他人身体的，就构成故意伤害罪。

2. 故意伤害致死与过失致死罪的界限。二者在客观上都造成了被害人死亡的结果，主观上对死亡结果均出于过失，区分关键是行为人主观上有无伤害的故意。过失致死时，行为人主观上既无杀人故意，也无伤害故意。故意伤害致死显然以具有伤害的故意为前提。过失造成的死亡结果，则是故意伤害罪的加重情节。因此，不能把所有的“故意”殴打致人死亡的案件，认定为故意伤害致死。殴打不等于伤害，一般生活上的“故意”不等于刑法上的故意，如果行为人只具有一般殴打的意图，并无伤害的故意，出于某种原因或条件引起死亡结果，就不能认定为故意伤害致死。如果行为人主观上对死亡结果具有过失，就应认定为过失致人死亡罪。所以，要区分故意伤害致死与过失致人死亡，就必须弄清“伤害”与“故意”在刑法上的意义。

【追诉标准】

1. 故意伤害他人身体的，处 3 年以下有期徒刑、拘役或者管制。

2. 故意伤害他人身体，致人重伤的，处 3 年以上 10 年以下有期徒刑。

3. 故意伤害他人身体，致人死亡或者以特别残忍手段致人重伤造成严重残疾的，处 10 年以上有期徒刑、无期徒刑或者死刑。

【量刑范围】

根据最高人民法院《关于常见犯罪的量刑指导意见（试行）》的规定，构成故意伤害罪的，可以根据下列不同情形在相应的幅度内确定量刑起点：（1）故意伤害致 1 人轻伤的，可以在 2 年以下有期徒刑、拘役幅度内确定量刑起点。（2）故意伤害致 1 人重伤的，可以在 3 年至 5 年有期徒刑幅度内确定量刑起点。（3）以特别残忍手段故意伤害致 1 人重伤，造成六级严重残疾的，可以在 10 年至 13 年有期徒刑幅度内确定量刑起点。依法应当判处无期徒刑以上刑罚的除外。

在量刑起点的基础上，可以根据伤害后果、伤残等级、手段残忍程度等其他影响犯罪构成的犯罪事实增加刑罚量，确定基准刑。故意伤害致人轻伤的，伤残程度可在确定量刑起点时考虑，或者作为调节基准刑的量刑情节。

三、实务操作

【对建筑施工企业的建议】

要避免出现故意伤害类案件在施工现场发生，建筑施工企业就需要加强施工现场管理，将安保措施责任细化，以防止故意伤害事件的发生。同时，加强对施工现场人员法律道德意识的培养，进行普法教育，宣传违法犯罪的法律后果，以起到警示作用。在制度上，建筑施工企业也应当制定完善的安全保护机制，从预防到事后惩处机制都进行严格管理，在制度层面上对施工现场人员可能的故意伤害犯罪进行预防。

故意伤害事件发生后，受害人及其家属往往还会请求附带民事赔偿。下面附上故意伤害罪民事赔偿标准，供建筑施工企业进行参考：

在我国，目前故意伤害的赔偿标准和交通事故的赔偿标准完全一样，主要按照《民法典》和最高人民法院《关于审理人身损害赔偿案件适用法律若干问题的解释》等计算。故意伤害类案件主要赔偿以下费用：

1. 因就医治疗支出的各项费用以及因误工减少的收入，包括医疗费、误工费、护理费、交通费、住宿费、住院伙食补助费、必要的营养费等。

2. 受害人因伤致残的，其因增加生活上需要所支出的必要费用以及因丧失劳动能力导致的收入损失，包括残疾赔偿金、残疾辅助器具费、被扶养人生活费，以及因康复护理、继续治疗实际发生的必要的康复费、护理费、后续治疗费等。

3. 受害人死亡的，赔偿义务人除应当根据抢救治疗情况赔偿第 1 条规定的相关费用外，还应当赔偿丧葬费、被扶养人生活费、死亡补偿费以及受害人亲属办理丧葬事宜支出的交通费、住宿费和误工损失等其他合理费用。

4. 受害人或者死者近亲属遭受精神损害，赔偿权利人向人民法院请求赔偿精神损害抚慰金的，适用最高人民法院《关于确定民事侵权精神损害赔偿责任若干问题的解释》予以确定。但是如果构成刑事犯罪，则没有精神损失费。

至于赔偿的具体数额，需要根据本人的实际损失、证据、造成的后果（伤残还是死亡）、年龄、户口、被抚养人情况、本人及护理人收入情况、当地统计数据等综合计算。

【对项目经理的建议】

1. 项目经理要带头遵纪守法，遇到问题要用正当的方式解决，不能头脑发热，实施对他人人身伤害的行为。

2. 项目经理要对施工的工人进行法律、法规的培训，招聘人员的时候要严格把关，对于一些平时品行不良的人员禁止招录，避免在今后的施工活动中发生侵权事件。

第十六节 过失致人死亡罪

一、案例解析

【基本案情】

2019年6月30日8时许，张某同刘某发、张某某、李某斌等人在××镇××村岗上修建人畜饮水工程，刘某发和李某斌在蓄水池里负责垒石头，张某和张某某负责供应石料。施工期间，张某明知蓄水池有人正在施工，一时疏忽大意，未通知下边工人提前避让，在距蓄水池斜上方约0.9米一缓坡处，使用钢钎撬动石头，在石头向下滚落过程中，张某才急忙通知下边干活的工人避让，在蓄水池干活的刘某发未来得及躲避被滚石砸伤，在送医院途中死亡。经丹凤县公安司法鉴定中心鉴定：刘某发系身体背臀部遭钝性外力损伤全身多处致创伤性休克死亡。

案发后，在丹凤县××镇人民调解员张某中的调解下，被害人近亲属已与工程建设方、承包方达成调解协议，由工程建设方、承包方赔付被害人近亲属各种经济损失共计29万元，被害人近亲属对张某表示谅解，请求司法机关对张某从宽处理。

【争议焦点】

被告人张某是否构成过失致人死亡罪。

【各方观点】

公诉机关认为：被告人张某在劳动作业中，因疏忽大意致一人死亡，情节较轻，应当以过失致人死亡罪追究刑事责任。被告人张某归案后，如实陈述犯罪事实，有坦白情节，可依法从轻处罚；已赔偿被害人经济损失，取得谅解，可酌情从轻处罚；自愿认罪认罚，可从宽处理。

被告人张某对指控事实、罪名及量刑建议均没有异议且签字具结，在开庭审理过程中亦无异议。

【法院判决】

法院认定，张某犯过失致人死亡罪，判处有期徒刑6个月。

理由是，公诉机关指控张某犯过失致人死亡罪事实清楚，证据确实、充分，指控罪名成立，量刑建议适当，应予采纳。

【案例点评】

本案的事实较为清楚，被告人张某明知蓄水池有人正在施工，一时疏忽大意，未通知下边工人提前避让，便使用钢钎撬动石头，石头向下滚落致使刘某发死亡。张某犯过失致人死亡罪事实清楚，证据确实、充分，已构成过失致人死亡罪。

本案中，被告人张某属于疏忽大意的过失致人死亡，区别于意外事件。在行为当时，刘某发和李某斌在蓄水池里负责垒石头，对此被告人张某是知道的，在他使用钢钎撬动石头的时候，应当通知处在蓄水池里的刘某发和李某斌赶紧离开而没有通知，对于造成死亡的结果是应当预见到的，结果却由于疏忽大意没有预见，属于过失致人死亡。假设此案是由于不能预见的原因造成人员死亡的，就是《刑法》规定的意外事件，相关行为人就不应该承担刑事责任。

二、罪名解读

【罪名解析】

> 《刑法》第233条　【过失致人死亡罪】过失致人死亡的，处三年以上七年以下有期徒刑；情节较轻的，处三年以下有期徒刑。本法另有规定的，依照规定。

过失致人死亡罪，是指过失致人死亡的行为。为准确理解过失致人死亡罪必须要把握以下几个要件：

（一）建筑施工企业人员要构成过失致人死亡罪必须满足三个条件

1. 施工现场必须发生致他人死亡的实际后果。这是本罪成立的前提，过失犯罪一定有结果发生，否则不能追究刑事责任。

2. 施工现场人员必须实施过失致人死亡的行为。行为人的行为可能是有意识的，或者说是故意的，但对致使他人死亡结果发生是没有预见的，是过失。本罪属结果犯，行为的故意并不影响其对结果的过失。这点同有意识地实施故意剥夺他人生命行为的故意杀人罪是不同的。过失致人死亡行为可以分为作为的过失致人死亡行为和不作为的过失致人死亡行为两种情况。

3. 施工现场的过失行为与被害人死亡的结果之间必须具有间接的因果关系，即被害人死亡是由于行为人的行为造成的。这里死亡包括当场死亡和因伤势过重或者当时没有救活的条件经抢救而死亡，否则行为人不应承担过失致人死亡罪的刑事责任。如果行为人的过失行为致人重伤，但由于其他人为因素的介入（如医师未予积极抢救或伤口处理不好而感染）致使被害人死亡的，只应追究行为人过失重伤罪的刑事责任。

（二）建筑施工企业人员构成过失致人死亡罪必须已满 16 周岁

本罪的主体要件为一般主体，凡达到法定责任年龄且具备刑事责任能力的自然人均能构成本罪。已满 14 周岁不满 16 周岁的自然人不能成为本罪主体。首先，无论从行为人的主观恶性、客观行为，还是社会危害性上看，本罪均不是严重破坏社会秩序的犯罪。其次，对过失致人死亡的结果的预见，要求行为人具有一定的认识能力和辨别能力。年满 14 周岁不满 16 周岁的未成年人，由于身心发育尚不成熟，知识水平及对客观事物的观察和认识能力、对自身行为可能造成的危害结果的认识，都有一定局限性，所以，他们是限制行为能力（含责任能力）人，法律上不要求他们对过失行为负刑事责任。

（三）建筑施工企业人员要构成过失致人死亡罪主观上须存在过失，而非故意

本罪的行为人对自己的行为结果一定抱有过失的心理状态，包括疏忽大意的过失和过于自信的过失。

疏忽大意的过失，是指行为人主观上对自己的行为可能造成他人死亡的结果应当预见而没有预见。应当预见是法律对行为人实施某种有意识的行为时，可能造成他人死亡结果的主观认识上的要求。根据一般人的能力和行为时的客观条件，行为人能够预见并防止危害结果的发生，只是因为其疏忽大意才未预见，以致发生严重危害结果的，就应当对此结果负法律责任。

过于自信的过失，是指行为人对自己的行为可能造成被害人死亡的结果已经预见，却轻信能够避免这种结果的发生。由于行为人已预见自己的行为可能发生他人死亡的结果，进而产生了避免这种结果发生的责任，却没有有效地防止他人死亡结果的发生，没有尽到自己应尽的责任。因此，行为人应对自己因主观上的过于

自信所造成的危害结果负刑事责任。

【罪与非罪】

疏忽大意的过失致人死亡与意外事件的共同点在于:客观上行为人的行为都引起了他人死亡的结果;主观上行为人都没有预见这种结果的发生。区分这两者的关键在于要查明行为人在当时的情况下,对死亡结果的发生,是否应当预见:如果应当预见,但是由于疏忽大意的过失而没有预见,则属于过失致人死亡;如果是不能预见的原因引起死亡的,就是刑法上的意外事件,行为人对此不应负刑事责任。

【此罪与彼罪】

根据司法实践经验,区别过失致人死亡罪与故意杀人罪,主要应注意以下几个问题:

1. 过于自信的过失致人死亡与间接故意杀人。

过于自信的过失致人死亡,是指行为人已经预见到自己的行为可能发生他人死亡的结果,但凭借一定的自认为能够避免他人死亡的结果发生的因素,如行为人自身能力方面的技术、经验、知识、体力等因素,或他人的行为预防措施,以及客观条件或自然力方面的有利因素等,轻信他人死亡的结果不会发生,以致他人死亡的结果最终发生了。间接故意杀人,是指行为人明知自己的行为可能发生他人死亡的结果,但对这种结果的发生采取听之任之、有意放任的态度,从而导致他人死亡的行为。

过于自信的过失致人死亡与间接故意杀人的相似点在于:两者都发生了被害人死亡的结果;行为人都认识到自己的行为可能导致他人死亡的结果,且都不希望这种结果发生。两者的显著区别在于:

第一,在认识因素上,对他人死亡结果发生的主观估计不同。二者虽然都是预见自己的行为可能使他人死亡,但间接故意杀人,中行为人对他人死亡的可能性转化为现实性并未发生错误的认识和估计,因而在可能性转化为现实性即他人死亡结果发生的情况下,行为人的主观认识与客观结果之间并未发生错误,主客观相一致;而过于自信的过失致人死亡中,基于行为人的出身、能力、技术、经验及外部条件,其主观上认为,实施行为时他人死亡的结果可以避免,即对可能性转化为现实性的客观事实发生了错误认识,在他人死亡结果发生的情况下,主客观不一致。

第二，在意志因素上有重要区别。过于自信的过失致人死亡与间接故意杀人中的行为人虽然都不希望发生他人死亡的结果，但二者对他人死亡结果的态度是有明显差别的。间接故意杀人的行为人虽然不希望发生他人死亡的结果，但是对于他人死亡结果的发生并不持有反对态度，而是听之任之。过于自信的过失致人死亡罪中，行为人不仅不希望他人死亡结果的发生，同时也不放任该结果发生，而是希望这种结果不要发生，希望避免这种结果发生，即排斥、反对他人死亡结果的发生。

2. 过失致人死亡罪同“误杀”的故意杀人行为。

过失致人死亡罪的犯罪构成要求的是行为人对其行为造成被害人死亡的结果存有过失心理态度。在司法实践中，不应将行为人在故意杀人中因打击错误误杀其“针对对象”（行为人追求的杀害对象）以外之人的行为认定为过失致人死亡罪。

3. 不作为致人死亡行为的定性。

不作为致人死亡不仅可以成立故意杀人罪，也可以成立过失致人死亡罪。区分这两者的关键在于，行为人对其不作为行为导致他人死亡的结果是否具有故意心态，包括直接故意和间接故意。在司法实践中，尤其要注意这样一种情况，即行为人先前意外地或过失地导致发生让他人死亡的危险，行为人能抢救而不抢救，放任他人死亡结果发生的，对行为人不应以过失致人死亡罪定性，更不能认为是意外事件而认定行为人无罪，而应对其以间接故意杀人罪追究刑事责任。再从犯罪客观方面来看，行为人的伤害行为造成了被害人可能死亡的危险状态时，行为人就负有防止这种危害结果发生的特定义务，但他基于上述心理因素，不仅不采取积极的抢救措施，反而一声不吭，甚至一走了之，从而导致被害人因贻误抢救时间而死亡，此时，行为人就会成立故意杀人罪。

4. 过失致人死亡后，行为人为逃避罪责又将尸体误以为活人加以“杀害”以灭口的行为。

传统观点认为，这种情况不应只定过失致人死亡罪或故意杀人罪一罪，而应对行为人以过失致人死亡罪和故意杀人罪（对象不能犯未遂）定罪，实行数罪并罚。但是持结果无价值论的张明楷教授对此表示异议：受害人基于行为人的过失行为死亡以后，行为人后面的误以为被害人没有死亡而继续“杀人灭口”行为，属于对象不能犯未遂，以过失致人死亡罪从重处罚即可，而没有必要并罚，因为尸体根本不可能成为“杀人”的对象,不是故意杀人罪的法益保护对象。

【追诉标准】

1. 过失致人死亡的,处3年以上7年以下有期徒刑。

2. 过失致人死亡,情节较轻的,处3年以下有期徒刑。

三、实务操作

【对建筑施工企业的建议】

1. 建筑施工企业应当加大普法培训力度。要全方位、多角度、分层级、有重点地抓好全员的法治教育,组织法律事务工作人员、经营管理人员,特别是项目管理人员参加典型案件公开庭审活动,以生动真实的案例提高管理人员的法律意识和整体法律素质。

2. 建筑施工企业应将案件处理与改进管理有机结合,把侧重点转移到防范和控制上来,以案说法,把案例教育作为诉讼后的重要工作,避免同一性质、类型案件再次发生。

【对项目经理的建议】

项目经理应当对施工人员进行专业培训,除了法律、法规的培训,还要有施工操作规范的培训。在施工过程中要严格遵守相关安全制度。

第十七节 过失致人重伤罪

一、案例解析

【基本案情】

2017年5月30日14时许,受安徽大国工匠建设工程有限公司雇用,孔某无证驾驶挖掘机,在阜南县方集镇向阳路米线厂附近路段挖掘下水道。其间,孔某在操作挖掘机臂时,未注意观察周边安全状况,挖斗撞到驾驶两轮摩托车行经该路段的被害人郑某,致被害人郑某颅骨骨折、硬脑膜外血肿、颈椎滑脱。

经鉴定,被害人郑某颅脑损伤构成重伤二级,颈椎滑脱构成轻伤二级。

另经阜南县公安局交警大队认定,孔某负此事故全部责任。

2017 年 11 月 27 日，孔某到公安机关投案，供述了其驾驶挖掘机致人受伤的事实经过。

同时查明，案发后，被害人郑某就医所支出的医疗费等经济损失，经诉讼程序审结，安徽大国工匠建设工程有限公司和孔某等责任人，也全部履行了判决确定的赔偿义务。

2018 年 6 月 25 日，孔某与被害人郑某自愿达成调解协议，孔某给付被害人郑某补偿款 4.3 万元，并已履行完毕。被害人郑某对孔某的行为表示谅解。

阜南县司法局另经调查评估认为，孔某符合社区矫正条件。

【争议焦点】

被告人孔某是否构成过失致人重伤罪。

【各方观点】

公诉机关认为：2017 年 5 月 30 日 14 时许，孔某驾驶挖掘机在阜南县方集镇向阳路米线厂南 100 米左右路段施工。因操作不当，挖掘机机臂与由北向南驾驶摩托车的郑某发生碰撞，导致郑某头部受伤。经鉴定，被害人郑某颅脑损伤构成重伤二级，颈椎滑脱构成轻伤二级。阜南县公安局交警大队出具的非道路事故成因分析意见书认定，孔某负事故全部责任，郑某无责任。孔某驾驶挖掘机，遇情况操作不当，致一人重伤，其行为触犯了《刑法》第 235 条之规定，犯罪事实清楚，证据确实、充分，应当以过失致人重伤罪追究其刑事责任

被告人孔某对公诉机关指控的事实及罪名均无异议。

【法院判决】

法院认定，孔某犯过失致人重伤罪，判处有期徒刑 1 年，缓刑 2 年。

理由是，孔某无证驾驶挖掘机在非公共道路上施工过程中，因疏忽大意，操作不当，致 1 人重伤，其行为已构成过失致人重伤罪，应负刑事责任。孔某主动向公安机关投案，如实供述犯罪事实，具有自首情节，依法可从轻处罚。孔某积极赔偿被害人经济损失，并在诉讼过程中对被害人给予经济补偿，取得被害人谅解，可酌情从轻处罚。

【案例点评】

本案的事实较为清楚，被告人孔某在操作挖掘机臂时，未注意观察周边安全状况，挖斗撞击到驾驶两轮摩托车行经该路段的被害人郑某，致被害人郑某颅脑损伤

构成重伤二级，颈椎滑脱构成轻伤二级。孔某犯过失致人重伤罪事实清楚，证据确实、充分，已构成过失致人重伤罪。

《刑法》规定的过失犯罪，都是结果犯罪；也就是说，只有发生了一定的危害结果，才对行为人因为主观上存在过失而予以刑事处罚。这与故意犯罪不同，故意犯罪存在未完成形态，原则上对于犯罪预备、犯罪未遂和犯罪中止都是要加以刑事处罚的。

二、罪名解读

【罪名解析】

《刑法》第235条　【过失致人重伤罪】过失伤害他人致人重伤的，处三年以下有期徒刑或者拘役。本法另有规定的，依照规定。

过失致人重伤罪，是指过失伤害他人致人重伤的行为。准确理解过失致人重伤罪必须要把握以下几个要件：

（一）建筑施工企业人员构成过失致人重伤罪需要满足相关条件

本罪在客观方面表现为不法损害他人身体健康的行为。认定非法损害他人身体健康的行为需要满足以下两个条件：

其一，构成过失致人重伤罪，法律不仅要求行为人的行为必须造成他人实际的伤害结果，而且只有这种伤害达到重伤的程度，才构成犯罪。如果过失致人轻伤，则不构成犯罪，行为人只承担民事赔偿责任。这也是本罪和故意伤害罪的重要区别之一。对重伤的认定，应当依照《刑法》第95条的规定，由法医加以鉴定。过失重伤罪的鉴定依据、鉴定程序、审查原则和认定标准同故意伤害罪中对重伤的鉴定是相同的。

其二，构成过失致人重伤罪，还要求行为人的行为与结果之间有直接因果关系。行为人的行为直接地、必然地造成了这种重伤结果，行为人的行为是造成这一重伤结果的决定性的、根本的原因。如果重伤结果的产生，并不是由该行为人的行为直接决定的，也就不能追究行为人过失重伤罪的刑事责任。

(二)建筑施工企业人员构成过失致人重伤罪主观上存在过失,而非故意

建筑施工企业人员要构成本罪,其主观方面需要表现为过失,包括疏忽大意的过失和过于自信的过失。前者指应当预见自己的行为可能发生被害人重伤的结果,由于疏忽大意而没有预见;后者指已经预见而轻信能够避免,以致发生被害人重伤的结果。过失重伤罪的本质特征在于:行为人既没有杀人的故意,也没有伤害的故意,只是由于疏忽大意或者过于自信,才造成被害人重伤的结果,如果事实证明行为人对自己行为引起的重伤结果的发生并没有预见,而且根据实际情况也不可能预见,则属于意外事件,行为人主观上没有罪过,因而对重伤不负刑事责任。

【罪与非罪】

过失致人重伤与意外事件致人重伤的区别关键在于行为人对他人重伤的结果是否能够预见、应否预见。这需要根据行为人的实际认识能力和行为当时的情况来考察。意外事件,是指行为人在客观上虽然造成了损害结果,但不是出于行为人的故意或过失,而是由于不能预见的原因引起的。意外事件有三个特征:一是行为人的行为在客观上造成了损害结果;二是行为人主观上没有故意或过失;三是损害结果是由不能预见的原因造成的。[1]

【此罪与彼罪】

1. 过失致人重伤罪与过失致人死亡罪的区别。在司法实践中,有人往往将过失伤害致人死亡的案件定为过失伤害致死,尤其是对于因过失当场致人重伤,但由于伤势过重经抢救无效而死亡的案件,更容易被认定为“过失重伤(致死)罪”。笔者认为这种做法不仅于法无据,而且也不符合犯罪构成原理。“过失伤害致人死亡”,实质上就是过失致人死亡罪,无非是在这种案件中,行为人对他人重伤、死亡的结果都存在过失。过失致人重伤罪与过失致人死亡罪的区别,在于过失行为最终引起的结果是重伤还是死亡:是重伤的定过失致人重伤罪,是死亡的定过失致人死亡罪。

2. 过失致人重伤罪与故意伤害罪的区别。如果行为人以轻伤为故意,而过失地导致了他人重伤,应认定为故意伤害罪,而不应以过失致人重伤罪对行为人

[1] 参见高铭暄、马克昌主编:《刑法学》,中国华侨出版社 2007 年版,第 128 页。

定性。

【追诉标准】

过失伤害他人致人重伤的，处3年以下有期徒刑或者拘役。《刑法》另有规定的，依照规定处理。

重伤，是指有下列情形之一的伤害：(1)使人肢体残疾或者毁人容貌的；(2)使人丧失听觉、视觉或者其他器官机能的；(3)其他对于人身健康有重大伤害的。

三、实务操作

【对建筑施工企业的建议】

1. 建筑施工企业应当搞好个案自我过错分析。加强对新发案件和可能引发案件的事项进行分析研究。对因企业违约、侵权导致的纠纷，认真分析企业自身出错原因，有针对性地采取防范措施。

2. 建筑施工企业应当由随意型向制度型转变。企业应从强化制度建设入手，明确企业员工的法律意识，使企业员工自觉地知法守法，并实现法律咨询工作制度化、规范化和常态化。

【对项目经理的建议】

1. 项目经理应当对施工人员进行专业培训，除了法律、法规的培训，还要有施工操作规范的培训，在施工过程中要严格遵守相关安全制度。

2. 项目经理应当加强人员管理，营造和谐的用工环境，让员工之间有矛盾的找项目经理处理，严禁私下发生侵权事件。

第十八节　强迫劳动罪

一、案例解析

【基本案情】

被告人杨某与丛某某、母某系雇佣关系。2016年春节，被告人杨某以扣发杜某某、耿某某、张某某等雇佣人员工资的方式，胁迫他们给其扭秧歌挣钱。后又将雇佣人员分别带至河北省石家庄市、黑龙江省尚志市亚布力镇火车站电气化改造工地及尚志市一面坡镇铁路红色基地建筑工地干活。

其间,被告人杨某指使丛某某、母某看管工人,并伙同丛某某、母某以暴力、扣发工资、扣留身份证等手段限制工人人身自由,强迫杜某某、耿某某、张某某等人从事体力劳动。

被告人杨某、丛某某、母某于2016年5月26日被公安机关在尚志市一面坡镇抓获。

【争议焦点】

被告人杨某、丛某某、母某是否构成强迫劳动罪。

【各方观点】

公诉机关认为:2016年春节开始,杨某以扣发工资方式胁迫杜某某、耿某某、张某某等人给其扭秧歌挣钱。而后,在石家庄市、尚志市亚布力镇火车站电气化改造工地及尚志市一面坡镇铁路红色基地建筑工地期间,伙同丛某某、母某二人以暴力、扣发工资、扣留身份证等手段限制工人人身自由,强迫杜某某、耿某某、张某某等人从事体力劳动。杨某伙同丛某某、母某以暴力及限制人身自由的方法强迫他人劳动,应当以强迫劳动罪追究三被告人的刑事责任。本案系共同犯罪,三被告人均系主犯。

被告人杨某对公诉机关指控的罪名无异议,对指控的事实有异议,辩称其没有指使丛某某、母某看管工人及殴打他们,同时其不构成累犯;被告人丛某某、母某对公诉机关指控的罪名无异议,但对指控的事实有异议,认为其均没有打骂工人及限制工人的人身自由。

【法院判决】

法院认定,杨某犯强迫劳动罪,判处有期徒刑2年,并处罚金人民币1万元;丛某某犯强迫劳动罪,判处有期徒刑1年零6个月,并处罚金人民币1万元;母某犯强迫劳动罪,判处有期徒刑1年零6个月,并处罚金人民币1万元。

理由是,杨某伙同丛某某、母某以暴力和限制人身自由的方法强迫他人劳动,三被告人的行为均已构成强迫劳动罪。本案系共同犯罪,杨某在共同犯罪中起主要作用,系主犯,依法应予惩处;丛某某、母某在共同犯罪中起次要辅助作用,系从犯,依法应当从轻处罚。杨某曾因抢劫被判处有期徒刑,在刑罚执行完毕5年以内再犯应当判处有期徒刑以上刑罚之罪,系累犯,依法应当从重处罚。

【案例点评】

本案中，被告人杨某伙同丛某某、母某以暴力、扣发工资、扣留身份证等手段限制工人人身自由，强迫张某某、杜某某、耿某某等人从事体力劳动。三人犯强迫劳动罪事实清楚，证据确实、充分，已构成强迫劳动罪。

根据《劳动法》第96条第1款的规定，"用人单位有下列行为之一，由公安机关对责任人员处以十五日以下拘留、罚款或者警告；构成犯罪的，对责任人员依法追究刑事责任：(一)以暴力、威胁或者非法限制人身自由的手段强迫劳动的；(二)侮辱、体罚、殴打、非法搜查和拘禁劳动者的"。强迫劳动罪的客观方面是以暴力、威胁或者限制人身自由方法强迫他人劳动的行为，本案被告人通过扣押证件、扣发工资等方式限制他人人身自由，并强迫其劳动，符合强迫劳动罪的犯罪构成。

二、罪名解读

【罪名解析】

> 《刑法》第244条　【强迫劳动罪】以暴力、威胁或者限制人身自由的方法强迫他人劳动的，处三年以下有期徒刑或者拘役，并处罚金；情节严重的，处三年以上十年以下有期徒刑，并处罚金。
>
> 明知他人实施前款行为，为其招募、运送人员或者有其他协助强迫他人劳动行为的，依照前款的规定处罚。
>
> 单位犯前两款罪的，对单位判处罚金，并对其直接负责的主管人员和其他直接责任人员，依照第一款的规定处罚。

强迫劳动罪，是指以暴力、威胁或者限制人身自由的方法强迫他人劳动的行为。在《刑法修正案(八)》出台之前，本罪名为"强迫职工劳动罪"。《刑法修正案(八)》将本罪改为"强迫劳动罪"。为准确理解强迫劳动罪必须要把握以下几个要件：

(一)强迫劳动罪的犯罪主体既可以是建筑施工企业，也可以是负责人个人

本罪的主体在《刑法修正案(八)》出台之前为特殊主体，即用人单位。所谓用

人单位,是指与劳动者签订劳动合同形成劳动关系的单位。建筑施工企业可以构成本罪,但项目经理等管理人员因为属于自然人,在《刑法修正案(八)》出台前因为主体不符并不会构成本罪。但《刑法修正案(八)》的出台将“用人单位”这一特殊主体的要求进行了修改,目前自然人和用人单位均可以构成强迫劳动罪主体。那么项目经理等管理人员也有可能构成本罪,这一点需要引起建筑施工企业负责人及项目经理等管理人员的高度重视。

(二)企业负责人或管理人员在不知情的情况下能否构成本罪

关于强迫劳动罪,建筑施工企业的负责人或管理人员会担心施工项目往往会有许多分包单位及班组成员,工人数量巨大,要进行细致的统一管理有一定的难度。如果在建筑施工企业不知情的情况下,分包单位或班组强迫工人进行劳动,建筑施工企业是否会受到牵连?事实上,本罪在主观方面必须出于直接故意,即明知自己的行为违反劳动管理法规会产生限制他人人身自由的危害后果,但仍以暴力、威胁或者限制人身自由的方法强迫他人劳动。从这个意义上来说,如果可以证明建筑施工企业对于其他人强迫劳动行为确实不知情,则不构成本罪。

(三)建筑施工企业构成强迫劳动罪的要件

强迫劳动罪在客观方面表现为违反劳动管理法规,以暴力、威胁或者限制人身自由的方法强迫他人劳动,情节严重的行为。

1. 建筑施工企业有违反劳动管理法规的行为。所谓违反劳动管理法规,是指违反国家调整劳动关系的法律或者其他行政法规的有关规定。

2. 建筑施工企业以暴力、威胁或者限制人身自由的方法强迫他人劳动。使用暴力、胁迫的方法,如施以伤害或以杀害、伤害进行威胁等,强迫他人劳动。限制他人人身自由的方法,是指采取监视、禁止出入等方法而将职工限制在一定的场所、区域内强迫他人劳动。强迫劳动,是指违背他人的意志,迫使其进行劳动。至于劳动是有偿的,还是无偿的,则不影响本罪成立。

3. 建筑施工企业强迫他人劳动必须情节严重。所谓情节严重,主要是指长时间无偿强迫他人劳动的;强迫多人无偿劳动的;因强迫劳动致使发生重大劳动安全事故的;采用暴力、胁迫、侮辱等手段非法限制他人人身自由强迫劳动,情节恶劣的;等等。

【罪与非罪】

首先,本罪是由有特定含义的“用人单位”实施的犯罪,这些用人单位仅限于经济组织。实践中,对于机关、事业单位或团体强迫招用职工劳动的,不应以本罪论处。其次,本罪构成要有以暴力、威胁或者限制人身自由的方式,违背职工的意志,强迫其劳动的行为。如果用人单位并没有使用这种特定的方法,只是对职工进行严格要求,或者职工自己认为是超时间、超负荷地劳动,用人单位并未对其进行强迫的,不能以犯罪论处。

【此罪与彼罪】

1. 强迫劳动罪与非法拘禁罪的界限。用人单位的直接责任人员如果以剥夺人身自由的方法强迫职工劳动,应当以非法拘禁罪定罪处罚。这里要注意的是,两罪的区别在于:一个是限制自由,且强迫他人劳动;另一个是剥夺自由,实施拘禁。

2. 强迫劳动罪的一罪与数罪问题。实践中,在强迫职工劳动过程中,行为人如果对职工又实施了其他故意犯罪行为,如故意伤害、侮辱等,对行为人应当实行数罪并罚。如果行为人以强迫劳动为目的限制职工人身自由,职工因人身自由受到限制不堪忍受而自杀,行为人对此结果有过失,对行为人应按《刑法》第 232 条规定的过失致人死亡罪定罪处罚。

【追诉标准】

根据最高人民检察院、公安部《关于公安机关管辖的刑事案件立案追诉标准的规定(一)》第 31 条的规定,用人单位违反劳动管理法规,以限制人身自由方法强迫职工劳动,涉嫌下列情形之一的,应予立案追诉:(1)强迫他人劳动,造成人员伤亡或者患职业病的;(2)采用殴打、胁迫、扣发工资、扣留身份证件等手段限制人身自由,强迫他人劳动的;(3)强迫妇女从事井下劳动、国家规定的第四级体力劳动强度的劳动或者其他禁忌从事的劳动,或者强迫处于经期、孕期和哺乳期妇女从事国家规定的第三级体力劳动强度以上的劳动或者其他禁忌从事的劳动的;(4)强迫已满 16 周岁未满 18 周岁的未成年人从事国家规定的第四级体力劳动强度的劳动,或者从事高空、井下劳动,或者在爆炸性、易燃性、放射性、毒害性等危险环境下从事劳动的;(5)其他情节严重的情形。

上述立案追诉标准是在《刑法修正案(八)》之前作出的,对于修正后的《刑法》

第244条第2款并未规定立案追诉标准。因此,应在《刑法修正案(八)》第38条的基础上理解、适用上述立案追诉标准。

三、实务操作

【对建筑施工企业的建议】

1. 建筑施工企业要重视法律纠纷案件的责任追究制度。不仅对进行强迫劳动行为的人要追究刑事责任,对于没有犯罪但对项目负有管理监督责任的负责人,也要实行严厉的内部责任追究。

2. 建筑施工企业要重视日常的普法宣传。聘请专业的企业法律顾问。专业的法律顾问知识广博,对相关领域的法律事务尤为精通,能够有针对性地处理好企业面临的各种法律问题,尤其在刑事犯罪案件预防等方面,更显其重要作用。聘请法律顾问可以做到未雨绸缪,防患于未然。

【对项目经理的建议】

1. 项目经理应当加强自身的法律、法规方面知识的学习,尤其需要关注劳动法、刑法方面的规定。

2. 项目经理应当制定规范的用工作息时间制度,保障施工人员的休息权,不得强迫劳动者劳动。

第十九节　雇用童工从事危重劳动罪

一、案例解析

【基本案情】

被告人陈某是汕头市××建筑有限公司法定代表人、总经理。2007年3月11日,被告人陈某非法雇用童工被害人李某某(案发时14周岁)到某工地井下作业,在明知该工地井下地势复杂且存在易燃的沼气和危险化学气体的情况下,仍安排被害人李某某进入井下作业。被害人李某某在无任何安全保护措施之下持续作业。同年4月15日下午2时许,被害人李某某在井下作业时,因操作不慎导致矿井轻微爆炸、燃烧且火势蔓延,造成自己受伤。

经广东省汕头市劳动能力鉴定委员会鉴定:被害人李某某的伤残等级为三级。

【争议焦点】

被告人陈某是否构成雇用童工从事危重劳动罪。

【各方观点】

公诉机关认为:被告人陈某非法雇用童工被害人李某某(14 岁)到某工地井下作业,违反劳动管理法规,雇用未满 16 周岁的未成年人从事超强度体力劳动,或者从事高空、井下作业,或者在爆炸性、易燃性、放射性、毒害性等危险环境下从事劳动,情节严重,应当以雇用童工从事危重劳动罪追究被告陈某的刑事责任。

被告人陈某对公诉机关指控雇用童工从事危重劳动的主要事实无异议。

【法院判决】

法院认定,被告人陈某犯雇用童工从事危重劳动罪,判处有期徒刑 3 年,缓刑 3 年零 6 个月,并处罚金人民币 3000 元。

理由是,被告人陈某作为企业负责人,违反劳动管理法规,雇用未满 16 周岁的未成年人在易燃性危险环境下从事劳动,致被害人三级伤残,其行为已触犯刑事法律,构成雇用童工从事危重劳动罪,属于情节特别严重。

鉴于陈某是初犯,归案后如实供述自己的罪行,当庭自愿认罪,并已对被害人进行赔偿,取得被害人的谅解,主动向国家预缴罚金,有悔罪表现,符合法律规定的可以适用非监禁刑的条件,对其依法可以从轻处罚并宣告缓刑。

【案例点评】

《禁止使用童工规定》第 2 条规定:"国家机关、社会团体、企业事业单位、民办非企业单位或者个体工商户(以下统称用人单位)均不得招用不满 16 周岁的未成年人(招用不满 16 周岁的未成年人,以下统称使用童工)。禁止任何单位或者个人为不满 16 周岁的未成年人介绍就业。禁止不满 16 周岁的未成年人开业从事个体经营活动。"第 11 条规定:"拐骗童工,强迫童工劳动,使用童工从事高空、井下、放射性、高毒、易燃易爆以及国家规定的第四级体力劳动强度的劳动,使用不满 14 周岁的童工,或者造成童工死亡或者严重伤残的,依照刑法关于拐卖儿童罪、强迫劳动罪或者其他罪的规定,依法追究刑事责任。"

本案中,被告人陈某非法雇用未满 16 周岁的被害人李某某,在明知工地井下地势复杂且存在易燃的沼气和危险化学气体的情况下,仍安排被害人李某某进入井下作业，最终造成李某某三级伤残。陈某犯雇用童工从事危重劳动罪事实清楚，证据确实、充分，已构成雇用童工从事危重劳动罪。

二、罪名解读

【罪名解析】

《刑法》第 244 条之一 【雇用童工从事危重劳动罪】违反劳动管理法规，雇用未满 16 周岁的未成年人从事超强度体力劳动的，或者从事高空、井下作业的，或者在爆炸性、易燃性、放射性、毒害性等危险环境下从事劳动，情节严重的，对直接责任人员，处三年以下有期徒刑或者拘役，并处罚金；情节特别严重的，处三年以上七年以下有期徒刑，并处罚金。

有前款行为，造成事故，又构成其他犯罪的，依照数罪并罚的规定处罚。

雇用童工从事危重劳动罪，是指违反劳动管理法规，雇用未满 16 周岁的未成年人从事超强度体力劳动，或者从事高空、井下作业，或者在爆炸性、易燃性、放射性、毒害性等危险环境下从事劳动，情节严重的行为。要想准确理解雇用童工从事危重劳动罪必须要把握以下几个要件：

（一）建筑施工企业雇用未满 16 周岁的未成年人可能构成本罪

建筑施工企业如果实施了本罪，侵犯的是未成年人的身心健康。《刑法》规定，本罪的犯罪对象是童工。童工，是指未满 16 周岁，与单位或者个人发生劳动关系，从事有经济收入的劳动或者从事个体劳动的少年儿童。

（二）建筑施工企业构成本罪的表现形式

本罪在客观方面表现为违反劳动管理法规，雇用未满 16 周岁的未成年人从事超强度体力劳动，或者高空、井下作业，或者在爆炸性、易燃性、放射性、毒害性等危险环境下从事劳动、情节严重的行为。其中，违反劳动管理法规，是指违反《劳动法》及其他劳动行政法规，这是本罪构成的前提条件。

本罪是行政犯、法定犯，只有先违反了前置性的劳动法律，才有可能成立本罪。

本罪在客观方面有三种具体表现形式:

(1)雇用童工从事“超强度体力劳动”,是指使童工从事国家禁止的《体力劳动强度分级》国家标准中第四级体力劳动强度的作业。

(2)雇用童工从事“高空、井下作业”,是指使童工从事国家禁止的《高处作业分级》国家标准中第二级以上的高处作业和矿山井下作业。

(3)雇用童工“在爆炸性、易燃性、放射性、毒害性等危险环境下”从事劳动,具体指使童工在具有爆炸性能、能够引起爆炸的各种用于爆破、杀伤的物质的环境下从事劳动;指使童工在具有各种极易引起燃烧的化学物品、液剂的环境下从事劳动;指使童工在具有含有放射性能的化学元素或者其他物质的环境下从事劳动,该物质对人体或牲畜能够造成严重损害;指使童工在具有含有能致人死亡的毒性的有机物或者无机物的环境下从事劳动。

行为人只要具有雇用童工从事上述三种形式的危重劳动中的一种即符合本罪的客观要件。按照法律规定,雇用童工从事危重劳动的行为,必须达到情节严重的程度才能构成犯罪。“情节严重”,一般是指雇用多名童工或多次非法雇用童工抑或长时间非法雇用童工从事法律禁止的危重劳动;还包括因从事法律禁止的危重劳动造成严重后果,影响未满16周岁未成年人的身心健康和正常发育等。

(三)建筑施工企业及负责人、项目经理等管理人员都有可能构成本罪

本罪的犯罪主体既可以是单位,也可以是自然人。按照法律规定,单位犯该罪,只追究“直接责任人员”(含直接负责的主管人员和其他直接责任人员)的刑事责任。所以,建筑施工企业及负责人、管理人员都有可能构成本罪,建筑施工企业应对此予以重视。

【罪与非罪】

建筑施工企业应搞清非法雇用童工与合法招用童工的界限。法律禁止使用童工,但是法律允许文艺、体育单位经未成年人的父母或其他监护人的同意招用不满16周岁的专业文艺工作者、运动员,并保障其身心健康和接受义务教育的权利。

情节是否严重应该是区分本罪与一般违反劳动管理法规行为的界限。

【追诉标准】

根据《刑法》第244条的规定,违反劳动管理法规,雇用未满16周岁的未成年

人从事国家规定的第四级体力劳动强度的劳动，或者从事高空、井下劳动，或者在爆炸性、易燃性、放射性、毒害性等危险环境下从事劳动，涉嫌下列情形之一的，应予立案追诉：(1)造成未满16周岁的未成年人伤亡或者对其身体健康造成严重危害的；(2)雇用未满16周岁的未成年人3人以上的；(3)以强迫、欺骗等手段雇用未满16周岁的未成年人从事危重劳动的；(4)其他情节严重的情形。

三、实务操作

【对建筑施工企业的建议】

1. 建筑施工企业应当加强对雇佣人员的年龄审核，仔细核对雇佣人员的身份证等证件，登记在册，要求各分包单位在人员变动后主动上报。建立奖惩机制，对于非法雇用童工的分包单位给予处罚；若涉及犯罪，则移送公安机关处理。

2. 建筑施工企业要加强普法宣传。将雇用童工从事危重劳动罪的犯罪形态及法律后果进行普及，可聘用律师作为法律顾问或安排法务部人员，对相关负责人进行法治教育。

【对项目经理的建议】

1. 项目经理应加强自身劳动法、刑法等方面法律知识的学习，了解法规对非法用工的相关规定。

2. 项目经理除了自己不雇用童工，还要监督具体施工的人员不得雇用童工从事高危作业。

第二十节　挪用特定款物罪

一、案例解析

【基本案情】

被告人盛某某在担任××农场场长期间，××农场获得四个财政扶贫项目。财政扶贫资金来源包括中央财政安排的资金和地方配套资金。地方政府应按不低于中央财政安排资金额度30%的比例落实配套资金。地方配套资金包括财政和部门的配套资金。黑龙江省农垦总局根据农业部办公厅《关于下达2010年直属垦区财政扶贫项目计划的通知》，将××农场生猪养殖基地项目列入《2010年黑龙江省垦区财政扶贫资金项目计划》之中，财政资金投入人民币170万元，农场配套资金人民币280万元；黑龙江省农垦总局根据农业部国家发展和改革委员会《关于下达2010年边境贫困农场财政预算内以工代赈项目计划的通知》，将××农场中低产田改造项目列入《2010年黑龙江省垦区农场财政预算内以工代赈项目计划》之中，财政资金投入人民币130万元，农场配套资金人民币110万元；黑龙江省农垦总局根据农业部办公厅《关于下达2011年直属垦区财政扶贫项目计划的通知》，将××农场中低产田改造项目、人畜饮水工程项目列入《2011年黑龙江省垦区财政扶贫资金项目计划》之中，财政资金各投入人民币140万元，农场配套资金分别为人民币130万元、150万元。在四个项目中，场长盛某某决定并安排财务人员编造虚假财务资料，指使项目实施单位黑龙江××农垦××建筑水利工程有限公司签订虚假合同不实际施工，工程款拨付该公司后转回农场，共套取国家专项扶贫资金人民币580万元，套取农场配套资金人民币527.6万元，合计人民币1107.6万元，并将该款用于农场经营周转、偿还未回收的欠款等与扶贫项目无关的事项。另查明，截至2012年6月30日，××农场企业账户中尚存剩余资金人民币7,522,300元。

【争议焦点】

被告人盛某某是否成立挪用特定款物罪。

【各方观点】

公诉机关认为：被告人盛某某符合挪用扶贫特定款物构成要件，其行为触犯了《刑法》第273条，犯罪事实清楚，证据确实、充分，应当以挪用特定款物罪追究其刑事责任。

辩护人认为：起诉书指控盛某某构成挪用特定款物罪事实不清、证据不足。本案中挪用出来的只是财政资金，不是特定款物；财政扶贫资金与特定款物适用的行政法规不同，挪用的处罚后果也不同；盛某某没有挪用该款；挪用特定款物罪要求情节严重，致使国家和人民群众利益遭到重大损害才能构成犯罪，而本案中不存在此种情况。

【法院判决】

法院认定，被告人盛某某犯挪用特定款物罪，判处有期徒刑8个月。

理由是，挪用特定款物罪客观方面表现为擅自将专用款物挪作他用，公诉机关指控被告人盛某某将国家扶贫项目资金套出后用于农场经营周转、偿还未回收的欠款等与扶贫项目无关的事项，盛某某予以否认。截至盛某某离任××农场场长时，该企业账户中尚有剩余资金人民币7,522,300元。公诉机关向法庭出示相关证据予以证实，盛某某将挪用的国家扶贫资金人民币580万元及农场配套资金527.6万元，合计人民币1107.6万元，分别转入××农场企业账户内、其下级单位第一至第六管理区账户内、其他应付款个人往来明细账户内，并将该款用于农场经营周转、第一至第六管理区支出小城镇奖励款、工资款等款项。挪用特定款物罪的客观构成要件要求挪用特定款物的行为情节严重且致使国家和人民群众利益遭受重大损害。公诉机关向法庭出示相关证据证明，襄河农场2010年、2011年申请的四个扶贫项目资金均为国家扶贫资金，盛某某挪用人民币580万元，没有按照国家要求进行扶贫项目建设，国家扶贫资金没有专款专用，贫困地区生产、生活条件未得到改善，致使国家和人民群众利益遭受重大损害。故盛某某安排农场财务人员套取国家专项扶贫资金人民币580万元，构成挪用特定款物罪。

【案例点评】

救灾扶贫周转又称为救灾基金，是指救灾款有偿使用回收本金及其增值部分的资金和其他渠道的社会资金，由各级民政部门掌握并周转使用。在非灾年，救灾扶贫基金常被用来当作一般的生产资金周转，鉴于救灾资金是基于国家拨给的救灾款实行有偿使用而来的，或者以救灾为各项吸引筹集社会资金而成的，可以视为一种常备的救灾基金；其作为救灾特款，专款专用，不得挪用。如果挪用救灾扶贫基金构成犯罪，可以挪用特定款物罪论处。本案中，被告人盛某某将挪用的国家扶贫资金人民币580万元及农场配套资金527.6万元，合计人民币1107.6万元，分别转入××农场企业账户内、其下级单位第一至第六管理区账户内、其他应付款个人往来明细账户内，并将该款用于农场经营周转、第一至第六管理区支出小城镇奖励款、工资款等款项，符合挪用特定款物罪的犯罪构成，法院的判决是正确的。

二、罪名解读

【罪名解析】

> 《刑法》第 273 条 【挪用特定款物罪】挪用用于救灾、抢险、防汛、优抚、扶贫、移民、救济款物,情节严重,致使国家和人民群众利益遭受重大损害的,对直接责任人员,处三年以下有期徒刑或者拘役;情节特别严重的,处三年以上七年以下有期徒刑。

挪用特定款物罪,是指挪用用于救灾、抢险、防汛、优抚、扶贫、移民、救济款物,情节严重,致使国家和人民群众利益遭受重大损害的行为。挪用特定款物罪侵害的法益是国家关于特定款物专门使用的财经管理制度。我国在政府财政支出中特别设立了民政事业费一项,包括救灾、抢险、防汛、优抚、扶贫、移民、救济款物,以便帮助人民群众战胜自然灾害,解决生活中的具体困难。对于上述特定款物决不允许任意挪用,必须做到专款专物专门使用。因此,在理解挪用特定款物罪时需要注意以下几个方面:

(一)在建筑施工领域应当如何理解“挪用”

挪用特定款物罪的客观方面表现为挪用用于救灾、抢险、防汛、优抚、扶贫、移民、救济款物,情节严重,致使国家和人民群众利益遭受重大损害的行为。

“挪用”,是指不经合法批准,擅自将自己经手、管理的救灾、抢险、防汛、优抚、扶贫、移民、救济款物调拨、使用到其他方面,如用于修建办公场所、投资经济项目等,前述案例即为挪用扶贫特定款物。《刑法》虽然没有规定本罪必须利用职务上的便利,但是没有主管、经营、经手特定款物的人难以实施挪用行为,本罪具有渎职性质。另外,本罪中的“挪用”,是指挪作公用事项,不包括挪归个人使用。根据《刑法》第 384 条第 2 款的规定,挪用用于救灾、抢险、防汛,优抚、扶贫、移民、救济款物归个人使用的,从重处罚。因此,当挪用特定款物的主体为国家工作人员时,如国有建筑企业中的国家工作人员挪用特定款物,要根据其挪用的用途加以判断:如果是挪用归个人使用,则以挪用公款罪定罪处罚;如果是挪作公用,则以挪用特定款物定罪处罚。此外，根据全国人民代表大会常务委员会《关于〈中华人民共和国刑法〉第九十三条第二款的解释》的规定，村民委员会等村基层组织人员协助人民政府从事救灾、抢险、防汛、优抚、移民、救济款物的管理工作时，属于国家工作人员。因此，村民委员会等村基层组织人员协助人民政府从救灾、防汛、优抚、移民、救济款物的管理和发放工作时，如果将特定款物挪作个人使用，则以挪用公款罪定罪处罚；如果是挪作公用，则以挪用特定款物罪定罪处罚。

挪用特定款物罪客观方面的前提条件是，未经合法批准，擅自动用特定款物或者改变其用途。我们国家对上述特定款物规定了专款专物专用制度，禁止挪作他用。但是，需要注意的是，有关的法律法规也并未完全排除改变特定款物用途的可能性，只是规定了严格的限制条件和批准程序。按照法律法规的规定批准的，可以在一定范围内改变其用途。如《救灾捐赠管理办法》第 27 条规定："对灾区不适用的境内救灾捐赠物资，经捐赠人书面同意，报县级以上地方人民政府民政部门批准后可以变卖……变卖救灾捐赠物资应当由县级以上地方人民政府民政部门统一组织实施，一般应当采取公开拍卖方式。变卖救灾捐赠物资所得款必须作为救灾捐赠款管理、使用，不得挪作他用。"

建筑施工领域相关行为人挪用上述特定款物，必须达到情节严重，致使国家和人民群众利益遭受重大损害的程度，才能构成挪用特定款物罪。

（二）在建筑施工领域应当如何理解"款物"

挪用特定款物罪侵犯的客体是国家对特定款物的管理制度。在建筑施工领域中，挪用特定款物罪的犯罪对象必须是救灾、抢险、防汛、优抚、扶贫、移民、救济款物。根据 2003 年 1 月 30 日起施行的最高人民检察院《关于挪用失业保险基金和下岗职工基本生活保障资金的行为适用法律问题的批复》，"挪用失业保险基金和下岗职工基本生活保障资金属于挪用救济款物。挪用失业保险基金和下岗职工基本生活保障资金，情节严重，致使国家和人民群众利益遭受重大损害的，对直接责任人员，应当依照刑法第二百七十三条的规定，以挪用特定款物罪追究刑事责任；国家工作人员利用职务上的便利，挪用失业保险基金和下岗职工基本生活保障资金归个人使用，构成犯罪的，应当依照刑法第三百八十四条的规定，以挪用公款罪追究刑事责任"。根据 2003 年 5 月 15 日起施行的最高人民法院、最高人民检察院

《关于办理妨害预防、控制突发传染病疫情等灾害的刑事案件具体应用法律若干问题的解释》的规定，挪用用于预防、控制突发传染病疫情等灾害的款物，构成犯罪的，对直接责任人员，以挪用特定款物罪定罪处罚。

(三)在建筑施工领域应当如何理解“特殊主体”

挪用特定款物罪的主体为特殊主体，即支配和管理救灾、抢险、防汛、优抚、扶贫、移民、救济款物的主管人员，如国有建筑企业中的项目经理、审计人员、发放人员以及有关领导人员；行为人既可以是国家工作人员，也可以是非国家工作人员。

(四)挪用特定款物罪的主观方面

挪用特定款物罪的主观方面由故意构成，即明知是救灾、抢险、防汛、优抚、扶贫、移民、救济款物而挪作他用。

【罪与非罪】

正确认定本罪的罪与非罪的界限，需要注意以下两个方面：一是犯罪对象必须是救灾、抢险、防汛、优抚、扶贫、移民、救济款物，如果挪用的对象不属于上述7类特定款物，则不构成本罪；二是必须“情节严重”和“致使国家和人民群众利益遭受重大损害”两个要件同时具备，缺一不可。

【此罪与彼罪】

挪用特定款物罪与挪用资金罪的界限。挪用资金罪，是指公司、企业或者其他单位的工作人员，利用职务上的便利，挪用本单位资金归个人使用或者借贷给他人，数额较大、超过3个月未还的，或者虽未超过3个月，但数额较大、进行营利活动的，或者进行非法活动的行为。

本罪与挪用资金罪的区别主要表现为：(1)犯罪主体不同。本罪的主体是支配和管理救灾、抢险、防汛、优抚、扶贫、移民、救济款物的主管人员；挪用资金罪的主体是公司、企业或者其他单位的工作人员，不包括国家工作人员。(2)犯罪目的不同。本罪的犯罪目的是将救灾、抢险、防汛、优抚、扶贫、移民、救济款物挪作其他公用事项；挪用资金的犯罪目的是将本单位资金挪归个人使用或借贷给他人。(3)客观方面不同。本罪客观方面表现为挪用用于救灾、抢险、防汛、优抚、扶贫、移民、救济款物，情节严重，致使国家和人民群众利益遭受重大损害的行为；挪用资金罪客观方面表现为利用职务上的便利，挪用本单位资金归个人使用或者借贷给他人，数额较大、超过3个月未还的，或者虽未超过3个月，但数额较大、进行营利活动的，或者进行非法活动的行为。(4)犯罪对象不同。本罪的犯罪对象只能是救灾、抢险、防汛、优抚、扶贫、移民、救济款物；挪用资金罪的对象是公司、企业或者其他单位的资金。(5)犯罪客体不同。本罪侵犯的客体是国家对特定款物专款专用的财经管理制度；挪用资金罪侵犯的客体是公司、企业或者其他单位资金的使用权。

【追诉标准】

此前根据最高人民检察院、公安部《关于公安机关管辖的刑事案件立案追诉标准的规定(二)》(已失效)的规定，挪用用于救灾、抢险、防汛、优抚、扶贫、移民、救济款物，涉嫌下列情形之一的，应予立案追诉：(1)挪用特定款物数额在5000元以上的；(2)造成国家和人民群众直接经济损失数额在5万元以上的；(3)虽未达到上述数额标准但多次挪用特定款物的，或者造成人民群众的生产、生活严重困难的；(4)严重损害国家声誉，或者造成恶劣社会影响的；(5)其他致使国家和人民群众利益遭受重大损害的情形。但2022年此规定修订时，本条内容被删除。

【量刑范围】

1. 挪用特定款物情节严重，致使国家和人民群众利益遭受重大损害的，对直接责任人员处3年以下有期徒刑或者拘役；

2. 挪用特定款物情节特别严重，致使国家和人民群众利益遭受重大损害的，对直接责任人员处3年以上7年以下有期徒刑。

三、实务操作

【对施工企业的建议】

1. 建筑施工企业相关款物均须通过本公司指定账户或途径进出。对于相关款物的发放，一定要减少中间流动环节并使掌管支付流程的最大限度简化，减少权力寻租、恶意侵占挪用资金和物品的潜在风险。

2. 建筑施工企业应当将工程材料的款项和设备租赁的款项由公司直接支付给材料商租赁商，并将财务管理的管控前置到设备采购的审核环节中。单位审核过程中，应尽量避免建筑施工企业主管人员与建设单位的直接接触。

3. 建筑施工企业应引入执行监事制度。目前，大多数建筑施工企业因缺乏监事制度，导致项目部、分公司为主管人员“一言堂”，容易滋生腐败，而且项目部脱离建筑施工企业监督管理，对往来资金和物品等未尽管理职责等。为弥补公司治理框架上存在的结构性缺陷，需采取以下措施加以完善：(1)通过建筑施工企业直接向施工现场派驻专人负责监督管理，预防主管人员的不当行为或者违法行为，保护建筑施工企业的合法权利，对施工过程进行监管；(2)弥补建筑施工企业内部治理的结构缺陷，起到内部监理职责，改变现在建筑行业违法转包、分包，挂靠较多，施工过程监管不力的现状，通过优化建设工程项目的内部管理，规避刑事风险，推动整个建筑行业的规范化发展。

【对项目经理的建议】

1. 项目经理应当严格管理特定款物，专款专物专用，杜绝将特定款物挪作公用和私用。

2. 项目经理应对施工人员、经手、经办人员加强管理，避免监督不力造成特定款物被挪作其他公用。

第二十一节　妨害公务罪

一、案例解析

【基本案情】

2012 年 8 月，姜某甲在未经审批取得建房许可的情况下，在浙江省衢州市龙游县东华街道小高山村 59 号违法建房，龙游县规划局于同年 8 月 25 日向姜某甲送达《责令停止违法行为通知书》《责令立即(限期)改正违法行为通知书》，姜某甲置之不理，仍继续建造房屋。龙游县规划局报龙游县人民政府批准决定采取对东华街道小高山村姜某甲户违法建设进行强制拆除的措施。同年 11 月 14 日下午 3 时许，龙游县规划局组织监察大队执法人员、村镇建设管理所工作人员，在依法告知后，对姜某甲的违法建筑进行强制拆除。姜某甲闻讯后赶至现场，对正在执行职务的工作人员进行恐吓、威胁，试图阻止执法人员拆除违法建筑未果后，爬至房顶向执法人员扔瓦片、砖块，并击中执法人员吴某乙头部，致其受伤倒地。经鉴定，被害人吴某乙左侧颞骨凹陷性粉碎性骨折,硬膜外血肿,伤情达到轻伤程度。姜某甲于2012年11月14日被传唤归案。

附带民事诉讼原告人吴某乙受伤后住院治疗58日,为治疗共花费医疗费人民币98,233.45元。经司法鉴定,吴某乙的伤势已构成九级伤残,伤后休养期限为180日,护理期限为90日,营养期限为90日。吴某乙的合理损失有:医药费98,233.45元、住院伙食补助费58天×30元/日=1740元、护理费90天×50元/日=4500元、营养费90天×30元/日=2700元、伤残补助金34,550元×20年×20%=138,200元、交通费1000元、住宿费15,048元、伤残鉴定费2460元,合计263,881.45元。

【争议焦点】

姜某甲是否构成妨害公务罪;姜某甲是否应承担对执法人员吴某乙的赔偿责任。

【各方观点】

公诉机关认为:被告人姜某甲以暴力、威胁方法阻碍国家机关工作人员依法执行职务,致一人轻伤,其行为已构成妨害公务罪;同时认定其归案后如实供述自己的罪行。

姜某甲认为:龙游县规划局案发当日强行拆除其建筑物系非法行政行为,其不构成妨害公务罪;吴某乙属工伤,依法享受公费医疗待遇,不应由其承担赔偿责任。

姜某甲的辩护人认为:龙游县规划局不具有强拆行政执法权,其行为严重违反法律程序,姜某甲不构成妨害公务罪;因龙游县规划局的强拆行为不属于依法执行公务,且吴某乙为行政机关工作人员,故吴某受伤不应由姜某甲承担赔偿责任。

【法院判决】

法院认定,被告人姜某甲构成妨害公务罪,判处有期徒刑1年零6个月。

被告人姜某甲赔偿附带民事诉讼原告人吴某甲医药费、住院伙食补助费、护理费、营养费、伤残补助金、交通费、伤残鉴定费等经济损失,共计人民币263,881.45元,限本判决生效后1个月内履行完毕。

理由是,被告人姜某甲以暴力、威胁方法阻碍国家机关工作人员依法执行职务,致一人轻伤,其行为已构成妨害公务罪。第一,根据《城乡规划法》第64条、第68条之规定,未取得建设规划许可证或者未按照建设规划许可证的规定进行建设的，由县级以上地方人民政府城乡规划主管部门责令停止建设；城乡规划主管部门作出责令停止建设或者限期拆除的决定后，当事人不停止建设或者逾期不拆除的，建设工程所在地县级以上人民政府可以责成有关部门采取查封施工现场、强制拆除等措施。本案中，龙游县规划局于2012年8月25日向姜某甲下达了《责令停止违法行为通知书》《责令立即（限期）改正违法行为通知书》，在姜某甲仍继续违法建设的情况下，龙游县规划局依法向龙游县人民政府予以书面请示，龙游县人民政府作出书面批复，责成龙游县规划局对姜某甲户违法建筑予以强制拆除。龙游县人民政府及规划局的上述行为符合上述法律规定。故龙游县规划局相关工作人员案发当日对姜某甲违建房屋实施强制拆除属依法履行职务。第二，吴某乙因姜某甲的犯罪行为造成人身伤害并遭受经济损失，姜某甲应承担的民事赔偿责任并不因吴某乙是否能享受工伤待遇而免除，况且吴某乙现亦未通过其他法律途径获得赔偿，其有权提起附带民事诉讼并获得赔偿。

【案例点评】

中华人民共和国成立后特别是改革开放以来，我国城乡规划建设取得了举世瞩目的辉煌成就。与此同时，未取得规划许可或者未按照规划许可进行的违法建设也愈演愈烈，成为阻碍城市健康有序发展的顽疾，屡禁不止。违法建设侵害了大多数群众的合法权益和公共利益，严重威胁公共安全和人民群众生命财产安全，严重破坏了城乡规划和法治尊严，损害了政府公信力。2016年2月，中共中央、国务院印发了《关于进一步加强城市规划建设管理工作的若干意见》，提出要“研究推动城乡规划法与刑法衔接，严厉惩处规划建设管理违法行为，强化法律责任追究，提高违法违规成本”，为进一步适用刑事法律预防和打击城乡规划领域犯罪提出了新要求、指明了新方向。具体到本案，姜某甲在收到《责令停止违法行为通知书》《责令立即（限期）改正违法行为通知书》后，仍然置之不理，继续违章建造行为。相关部门依法依规对其建造物进行拆除，其实施了阻碍行为，对正在执行职务的工作人员进行恐吓、威胁，试图阻止执法人员拆除违法建筑未果后，爬至房顶向执法人员扔瓦片、砖块，并击中执法人员吴某乙头部，致其受伤倒地。经鉴定，被害人吴某乙左侧颞骨凹陷性粉碎性骨折，硬膜外血肿，伤情达到轻伤程度，其行为构成妨害公务罪。

二、罪名解读

【罪名解析】

《刑法》第 277 条 【妨害公务罪】以暴力、威胁方法阻碍国家机关工作人员依法执行职务的，处三年以下有期徒刑、拘役、管制或者罚金。

以暴力、威胁方法阻碍全国人民代表大会和地方各级人民代表大会代表依法执行代表职务的，依照前款的规定处罚。

在自然灾害和突发事件中，以暴力、威胁方法阻碍红十字会工作人员依法履行职责的，依照第一款的规定处罚。

故意阻碍国家安全机关、公安机关依法执行国家安全工作任务，未使用暴力、威胁方法，造成严重后果的，依照第一款的规定处罚。

暴力袭击正在依法执行职务的人民警察的，处三年以下有期徒刑、拘役或者管制；使用枪支、管制刀具，或者以驾驶机动车撞击等手段，严重危及其人身安全的，处三年以上七年以下有期徒刑。

妨害公务罪是指以暴力、威胁的方法，阻碍国家机关工作人员依法执行职务的行为。《刑法修正案(十一)》采取“轻其所轻、重其所重”的做法，对于暴力袭警情况下，“使用枪支、管制刀具，或者以驾驶机动车撞击等手段，严重危及其人身安全的”，将法定刑升格至 3 年以上 7 年以下有期徒刑，以作为对人民警察执法活动的特殊保护。在理解妨害公务罪时需要注意以下几个方面：

(一)如何理解妨害公务罪的“犯罪主体”

妨害公务罪的犯罪主体是一般主体，即必须为已满 16 周岁，具有刑事责任能力的自然人。建筑施工领域中较为典型的有劳动者、承包人、项目经理等。国家机关工作人员也可以成为本罪主体，但是，建筑施工企业不能成为本罪的犯罪主体，因为没有规定单位也可以成立本罪。司法实践中，对一些建筑施工企业为了本单位的利益，组织劳动者等以暴力、威胁方法妨害国家机关工作人员依法执行公务的情况，应对建筑施工企业直接负责的主管人员和其他直接责任人员以妨害公务罪论处。

（二）如何理解妨害公务罪的“故意”

妨害公务罪的主观方面表现为故意，即建筑施工企业中的行为人明知国家机关工作人员、人大代表、红十字会工作人员正在依法执行职务，而故意以暴力、威胁方法予以阻碍；或明知国家安全机关、公安机关依法执行国家安全工作任务而故意阻碍。关于建筑施工企业行为人认识错误的问题，实践中常出现以下情况：（1）建筑施工企业行为人对侵害对象特定身份的认识错误。行为人对正在依法执行职务、履行职责的国家机关工作人员、各级人大代表、红十字会工作人员的身份发生了错误认识，因而实施了妨害公务的行为。这种认识错误属于行为人对事实的认识错误，由于行为人缺乏对其侵害对象特定身份的明知，不具有主观上的故意，因而不构成妨害公务罪。（2）建筑施工企业行为人对公务人员执行公务合法性的认识错误。行为人将公务人员依法执行的公务理解为违法的活动，进而实施了旨在制止非法活动的妨害公务行为。这种认识错误也属于行为人对事实的认识错误，应认定行为人主观上没有犯罪故意，不构成妨害公务罪。当然，在判断行为人认识错误的时候，采取的是一般人的立场，不是从行为人的立场来考虑的，否则，任何行为人都会辩解说自己发生认识上的错误，以此来逃脱罪责。

（三）如何理解妨害公务罪的公务行为的范围

妨害公务罪侵犯的客体是国家机关、人民代表大会、国家安全机关、公安机关及红十字会的正常公务活动。所谓“正常公务活动”，是指国家机关、人民代表大会、国家安全机关、公安机关及红十字会依照法定权限、法定程序履行职责的行为。实务中，我们最为熟悉的是妨害警察执行公务，通过分析此类案件，可总结出其有下列特点：一是侵害对象以警察为主；二是暴力程度较轻，且危害后果较小；三是共同犯罪较多，且常常伴随其他犯罪；四是执法行为存在瑕疵，往往成为妨害公务罪发生的诱因或者犯罪嫌疑人辩解的理由；五是主观恶性不大，多为临时起意犯罪，累犯少；六是司法实践中存在刑罚轻缓化的特点。根据刑法的谦抑性原则，对于妨害公务罪应当限缩，不应扩张化，因此，很有必要对公务行为做一个范围上的界定。笔者认为，成立妨害公务罪应以职务行为的合法性为前提。职务行为的合法要件包括四个方面:主体适格、权限正当、内容合法、程序合法。如果公务行为本身不正当、不合法,也就不存在妨害公务罪成立的余地了。

(四)如何理解妨害公务罪的“以暴力、威胁方法阻碍”

妨害公务罪在客观方面表现为:以暴力、威胁方法阻碍国家工作人员依法执行公务;或者以暴力、威胁方法阻碍全国人民代表大会和地方各级人民代表大会代表依法执行职务;或者在自然灾害和突发事件中以暴力、威胁方法阻碍红十字会工作人员依法履行职责;或者故意阻碍国家安全机关、公安机关依法执行国家安全任务,虽未使用暴力、威胁方法,但造成严重后果的行为。

1. 妨害公务罪的危害行为必须发生在国家机关工作人员、人大代表、红十字会工作人员以及国家安全机关与公安机关工作人员依法执行职务期间。依法执行职务的期间不仅包括已经开始执行职务的具体行动过程,而且包括将要开始执行职务的准备过程,以及与执行职务密切联系的待命状态。在建筑施工领域中较为常见的危害行为有组织劳动者对依法执行职务的工作人员进行殴打、砸东西、集体阻挠等。阻碍红十字会工作人员依法履行职责的行为,还必须发生在自然灾害或突发事件中。在事前或者事后阻碍上述人员的行为,由于不影响相关人员依法履行其职责,不构成本罪。

2. 妨害公务罪的危害行为针对的必须是国家机关工作人员、人大代表红十字会工作人员以及国家安全机关与公安机关工作人员“依法”执行职务或履行职责的行为。如果上述人员的行为属于滥用职权的行为,建筑施工企业行为人有权阻止这种行为;不能将阻止的行为视为犯罪。在判断职务行为是否合法时,我国刑法学界一般持“实质加形式说”,即认为职务行为合法指该行为不仅内容上合法,而且形式上合法;不仅实体上合法,而且程序上合法。此外,关于由谁如何判断职务行为是否合法,学界一般持“客观说”,即主张由法院通过对法律进行解释并作出客观判断。

3. 妨害公务罪要求建筑施工企业行为人用“暴力、威胁”方法妨害国家机关工作人员、各级人大代表和红十字会工作人员依法执行职务或履行职责。所谓暴力,是指对上述人员实施殴打;威胁,是指行为人以杀害、伤害、毁坏财产、破坏名誉等方式对上述人员进行精神强制,迫使其放弃或者不正确履行职务或职责。建筑施工企业行为人采用的暴力方法以造成被害人轻伤为上限，如果故意造成被害人重伤或死亡，则属于妨害公务罪与故意伤害罪、故意杀人罪的想象竞合犯，应以故意伤害罪或故意杀人罪论处。

4.《刑法》第277条第4款虽不要求建筑施工企业行为人采用暴力、威胁的方法，但以"造成严重后果"为必备要件。"造成严重后果"，一般是指故意阻碍国家安全机关、公安机关依法执行国家安全任务的行为致使国家安全遭受严重损害，或者造成严重的不良影响等。

【罪与非罪】

首先，构成妨害公务罪要求行为人的主观方面出于故意，并且要求妨害行为针对的是依法执行公务行为。如果行为人出于维护社会公平、正义的目的对公务人员没有法律依据、不符合法定程序或根本不是执行公务的行为实施了妨害，即使使用了过激方法或造成了一定严重后果，也不能对行为人以妨害公务罪论处。

其次，应注意行为人妨害公务的行为是否确实达到了构成妨害公务罪的程度。根据《刑法》第13条但书的规定，"情节显著轻微危害不大的，不认为是犯罪"，在实践中，如果行为人虽然实施了妨害公务的行为，但只是因为一时冲动对执行公务人员的依法执行公务行为予以顶撞、谩骂或者拉扯，并未以暴力或威胁方法予以阻碍，也未造成任何严重后果，则不应对行为人按犯罪处理，可按一般违法行为给予行政处罚。

【此罪与彼罪】

笔者将分析妨害公务罪与侮辱罪的界限。侮辱罪，是指行为人以暴力或其他方法公然破坏他人名誉、贬低他人人格，情节严重的行为。妨害公务罪与侮辱罪的犯罪主体都是一般主体，即都是年满16周岁且具备刑事责任能力的自然人，主观方面也都由故意构成，两罪的主要区别在于：(1)两罪的主观方面不尽相同。虽然妨害公务罪与侮辱罪的主观方面都由故意构成，但构成侮辱罪要求行为人主观上具有破坏他人名誉、贬低他人人格的目的；妨害公务罪则对行为人的主观目的不做要求。(2)两罪侵犯的客体不同。侮辱罪侵犯的客体是公民个人的名誉权和人格权；妨害公务罪侵犯的客体则是国家机关、人民代表大会、国家安全机关、公安机关及红十字会的正常公务活动。(3)两罪的客观方面表现不尽相同。侮辱罪的客观方面表现为以暴力或其他方法公然破坏他人名誉、贬低他人人格，情节严重的行为；妨害公务罪的客观方面则表现为以暴力或者威胁的方法阻碍国家机关工作人员、人大代表、红十字会工作人员依法执行职务或者履行职责的行为，或者故意阻碍国家安全机关、公安机关依法执行国家安全工作任务、造成严重后果的行为。侮辱罪要求在客观方面必须达到情节严重的程度，而妨害公务罪并没有情节上的要求，对于行为人使用暴力、威胁方法故意阻碍国家安全机关、公安机关依法执行国家安全工作任务的情形，要求必须造成严重后果才能构成犯罪。

【追诉标准】

1. 暴力袭击正在依法执行职务的人民警察的，处 3 年以下有期徒刑、拘役或者管制；

2. 使用枪支、管制刀具，或者以驾驶机动车撞击等手段，严重危及其人身安全的，处 3 年以上 7 年以下有期徒刑。〔1〕

三、实务操作

【对施工企业的建议】

1. 建筑企业应当增强法律意识，加深对妨害公务罪的认识。在追求经济利益不断增长的同时，部分建筑施工从业人员对法律认识浅薄，不断触碰法律边界，甚至挑战法律底线，使妨害公务犯罪频发，只有通过提高从业人员对于法律、法规的认识，才能让其意识到犯罪后果的严重性。

2. 建筑施工企业应当加大妨害公务犯罪行为的打击力度。目前建筑行业整体不景气，存在部分建筑施工从业人员特别是非法挂靠者采用违法手段妨害公务的情况。为了维护建筑市场的正常秩序，保护自身的合法权益，建筑施工企业应当积极配合公务行为。

---

〔1〕《刑法修正案(十一)》对人民警察执法活动的特殊保护限定了条件。一是要求须为具体危险犯，要求相关犯罪行为达到“严重危及其人身安全的”的程度；二是除了列举情形之外的“暴力袭警行为”，其刑罚设置已经与普通妨害公务罪的主刑设置相同，再无从重处罚的空间。这种区别对待，事实上也考虑到一般公务活动中涉事双方在实力上的差异。从现实角度来看，对于一般出于恐慌等而徒手抗拒的行为，一律从重也有违刑法谦抑性原则。

【对项目经理的建议】

1. 项目经理应当自觉遵守法律，了解妨害公务的危害后果，积极配合公职人员的执法行为。

2. 项目经理应当监督管理好施工人员，加强对施工人员的法律、法规知识的培训。

3. 项目经理应当为了施工企业的利益考虑，一旦发现有妨害公务的行为，一定要配合司法机关的调查，提供相关的证据。

第二十二节 伪造、变造、买卖国家机关公文、证件、印章罪

一、案例解析

【基本案情】

2010年8月至2011年1月，李某多次通过张贴小广告招揽生意，将客户信息交由上家制得假证后贩卖给他人，共伪造、买卖国家机关证件7本。具体分述如下：(1)2010年8月的一天，被告人李某采用上述方法，通过上家伪造姓名分别为张某科、林某勇，发证机关均为绍兴县人事局的专业技术资格证书共2本。后被告人李某在绍兴市区城南大桥上，以人民币200元的价格将上述假证贩卖给章某。(2)2010年12月的一天，被告人李某采用上述方法，通过上家伪造姓名分别为王某明、胡某刚、舒某忠，发证机关均为绍兴县人事局的专业技术资格证书3本。后被告人李某分别在绍兴市区城南大道东方红大药店附近和府山桥附近，以人民币300元的价格将上述假证贩卖给欧某。(3)2011年1月的一天，被告人李某采用上述方法，通过上家伪造姓名为鲁某康，发证机关为浙江省建设厅的建筑施工企业项目负责人安全生产考核合格证书1本；姓名为桂某明，发证机关为浙江省建设厅的建筑施工企业专职安全生产管理人员安全生产考核合格证书1本。后被告人李某在浙江中成建工集团有限公司邵某的办公室内，以人民币200元的价格将上述假证贩卖给邵某。2011年5月12日，被告人李某被依法传唤到绍兴市公安局越城区分局北海派出所。

【争议焦点】

李某是否构成伪造、变造、买卖国家机关公文、证件、印章罪。

【各方观点】

公诉机关认为:被告人李某的行为已构成伪造、买卖国家机关证件罪。

辩护人认为:被告人李某没有实施伪造国家机关证件的行为,其行为只构成买卖国家机关证件罪;被告人李某系初犯,能自愿认罪并积极退赃,主观恶性较小,没有给国家财产造成损失,请求对其从轻处罚。

【法院判决】

法院认定,李某构成伪造、买卖国家机关证件罪,判处有期徒刑1年零4个月。

理由是,李某为牟取非法利益,伪造、买卖国家机关证件,其行为已构成伪造、买卖国家机关证件罪。李某通过向上家提供制作假证的照片等信息资料,委托上家制作假证以销售牟利,其行为构成伪造国家机关证件犯罪的共犯。由于李某能自愿认罪,交代态度较好并已退清赃款,法院对其酌情从轻处罚。

【案例点评】

近年来,一些不法之徒为牟取暴利铤而走险,大肆伪造各类证件,形形色色"代办证件"的广告信息四处散播,与一些别有用心者"一拍即合"。更有甚者,个别人竟然将罪恶之手伸向了国家机关公文、证件、印章,伪造、变造、买卖国家机关公文、证件、印章,侵犯了国家机关的信誉及正常的管理活动,妨害社会管理秩序。本案被告人李某不仅实施了伪造国家机关证件的行为,还实施了贩卖国家机关证件的行为,根据《刑法》对选择罪名的规定,本案只定一个罪名即伪造、买卖国家机关证件罪。

二、罪名解读

【罪名解析】

《刑法》第280条第1款 【伪造、变造、买卖国家机关公文、证件、印章罪】伪造、变造、买卖……国家机关的公文、证件、印章的,处三年以下有期徒刑、拘役、管制或者剥夺政治权利,并处罚金;情节严重的,处三年以上十年以下有期徒刑,并处罚金。

伪造、变造、买卖国家机关公文、证件、印章罪，是指伪造、变造、买卖国家机关公文、证件、印章的行为，本罪侵害的法益是国家机关公文、证件、印章的公共信用。国家机关制作的公文、使用的印章和证件是其在一定领域、一定方面实行管理活动的重要凭证和手段。任何伪造、变造、买卖国家机关的公文、证件、印章的行为，都会影响国家正常的管理活动，破坏社会管理秩序。因此，理解本罪需要从以下几个方面着手：

（一）如何理解本罪的“国家机关公文、证件、印章”

伪造、变造、买卖国家机关公文、证件、印章罪的对象必须是国家机关的公文、证件、印章。国家机关包括立法机关、行政机关和司法机关，以及中国共产党的各级机关和中国人民政治协商会议的各级机关。公文，是指以国家机关的名义制作的处理公务的文书，就是公文书。证件，是指有权制作的国家机关颁发的用来证实身份、权利义务关系或者其他事项的凭证。印章，是指用来证明国家机关名称的印章与国家机关用来表示某种特殊用途的专用章。

（二）如何理解本罪“伪造、变造、买卖”

伪造、变造、买卖国家机关公文、证件、印章罪的客观方面表现为行为人伪造、变造、买卖国家机关公文、证件、印章的行为。实施了上述行为之一的就构成本罪；同时实施上述伪造、变造、买卖行为的，只认定一罪，不数罪并罚。在建筑施工领域中，较为常见的有，项目经理、承包人、专业的技术人员由于缺乏相应资质，而实施伪造、变造、买卖国家机关公文、证件、印章的行为。这里的“伪造”，是指无制作权人冒用国家机关名义，非法制作国家机关公文、证件、印章的行为。这里的“变造”，是指采用涂改、剪贴、重印、重刻等方法，对真实的国家机关公文、证件、印章进行改制，变更其原有真实内容的行为。这里的“买卖”，是指非法购买或者销售国家机关公文、证件、印章的行为。

（三）公务、证件的复印件是否属于公文、证件

行为人将公文的复印件进行篡改后，再进行复印的行为，是否属于本罪的伪造、变造公文？刑法理论界对此有两种对立的看法：肯定说认为，复印件在内容、字

迹、形状等方面都是原本的再现,强有力地证明了原本的客观性与真实性,所以伪造公文、证件的复印件的行为,也是属于伪造公文、证件;否定说认为,公文、证件只限于原本,而不包括复印件。笔者认为,肯定说更为可取,理由是:第一,伪造公文、证件时,不可能伪造原本,只能是伪造应当由国家机关制作的公文、证件;第二,复印件具有证明力,以复印件的形式伪造、变造公文、证件的行为,侵害了公文、证件的公共信用。[1]

【罪与非罪】

首先,构成伪造、变造、买卖国家机关公文、证件、印章罪要求行为人所伪造、变造、买卖的对象必须是“国家机关”的公文、证件、印章,行为人伪造、变造、买卖公司、企事业单位、人民团体的公文、证件、印章的行为不构成本罪,行为人伪造、变造、买卖公民个人的私人文件、证件、印章的行为也不构成本罪。

其次,构成伪造、变造、买卖国家机关公文、证件、印章罪要求行为人的伪造、变造、买卖行为指向的国家机关必须真实存在,如果行为人伪造、变造、买卖公文、证件、印章行为指向的国家机关并没有真实存在,只是行为人虚构的、不存在的,则行为人的行为不能构成伪造、变造、买卖国家机关公文、证件、印章罪,可按其他犯罪定罪处罚。

最后,在司法实践中,对买卖尚未加盖发证机关的行政印章或者通行专用章印鉴的空白《边境管理区通行证》的行为,不宜以买卖国家机关证件罪追究刑事责任。国家机关工作人员实施上述行为,构成犯罪的,可以按滥用职权等相关犯罪依法追究刑事责任。

【此罪与彼罪】

笔者将分析伪造、变造、买卖国家机关公文、证件、印章罪与伪造公司、企业、事业单位、人民团体印章罪的界限。伪造公司、企业、事业单位、人民团体印章罪,是指伪造公司、企业、事业单位、人民团体印章的行为。伪造、变造、买卖国家机关公文、证件、印章罪与伪造公司、企业、事业单位、人民团体印章罪的犯罪主体都是一般主体,即都是年满16周岁且具有刑事责任能力的自然人,主观方面也都由故意构成,两罪的主要区别在于:(1)两罪侵犯的客体不同。伪造公司、企业、事业单位、

---

〔1〕 参见张明楷:《刑法学》(第5版),法律出版社2016年版,第1039页。

人民团体印章罪侵犯的客体是公司、企业、事业单位、人民团体的正常活动，犯罪对象是公司、企业、事业单位、人民团体的印章；伪造、变造、买卖国家机关公文、证件、印章罪侵犯的客体则是国家机关公文、证件、印章的公共信用，犯罪对象不仅包括国家机关的印章，还包括国家机关的公文和证件。(2)两罪的客观方面表现不同。伪造公司、企业、事业单位、人民团体印章罪的客观方面表现为伪造公司、企业、事业单位、人民团体印章的行为，仅包括伪造行为；伪造、变造、买卖国家机关公文、证件、印章罪的客观方面则表现为行为人伪造、变造、买卖国家机关公文、证件、印章的行为，既包括伪造行为，也包括变造和买卖行为。

【追诉标准】

1. 伪造、变造、买卖国家机关的公文、证件、印章的，处 3 年以下有期徒刑、拘役、管制或者剥夺政治权利，并处罚金。

2. 伪造、变造、买卖国家机关的公文、证件、印章情节严重的，处 3 年以上 10 年以下有期徒刑，并处罚金。

2007 年 5 月 9 日，最高人民法院、最高人民检察院发布《关于办理与盗窃、抢劫、诈骗、抢夺机动车相关刑事案件具体应用法律若干问题的解释》，其第 2 条规定，“伪造、变造、买卖机动车行驶证、登记证书，累计三本以上的，依照刑法第二百八十条第一款的规定，以伪造、变造、买卖国家机关证件罪定罪，处三年以下有期徒刑、拘役、管制或者剥夺政治权利。伪造、变造、买卖机动车行驶证、登记证书，累计达到第一款规定数量标准五倍以上的，属于刑法第二百八十条第一款规定中的‘情节严重’，处三年以上十年以下有期徒刑”。通过上述司法解释相应条款可知，伪造、变造、买卖机动车行驶证、登记证书，累计 3 本以上的，方可达到入罪标准。合计伪造、变造、买卖机动车行驶证、登记证书，累计达到 15 本以上的，属于“情节严重”，应该在 3 年以上 10 年以下的有期徒刑区间内量刑。

三、实务操作

【对施工企业的建议】

1. 施工企业应该在公司内部规范管理中，尽量限制对公文、证件、印章的接触人员范围，并有针对性地完善相关管理制度，从源头减少对国家机关公文、证件、印章的需求。

2. 施工企业应该明确国家机关公文、证件、印章的适用范围和效力。对于可能加重建筑施工企业负担的文书，应一律通过公司内部的正式评审流程，如加盖公司公章或合同专用章等。

3. 施工企业应该加强国家机关公文、证件、印章审批监督管理。发现有伪造、变造、买卖的情形，应立即向公安机关报案，同时对关联方书面发函告知，以防止国家机关公文、证件、印章对外使用构成表见代理，进而由建筑施工企业承担莫须有的法律责任。

【对项目经理的建议】

1. 项目经理应当自觉遵守国家关于公文、证件、印章的使用规则，不违规伪造、变造和买卖公文、证件、印章。

2. 项目经理应当加强对施工过程中使用的国家机关公文、证件、印章的辨识能力，必要时可向相关国家机关求证真伪，避免因为他人有伪造、变造公文、证件、印章的行为导致订立合同时发生纠纷，造成不必要的损失。

第二十三节　聚众扰乱社会秩序罪

一、案例解析

【基本案情】

2017 年 11 月 24 日，浙江省绍兴市新昌县诚茂丽都房地产开发有限公司（以下简称诚茂公司）通过浙江省国有建设用地使用权网上交易系统以 10,516 万元加 10 万元的价格拍卖获得新昌县新镜公路东南侧葫芦岙 2017 - 2 号地块，后依法获得建设用地规划许可证、建设工程施工许可证等。2018 年 4 月，新昌县七星街道葫芦岙村村民李某林、陈某均、王某刚、石某军得知诚茂公司在上述葫芦岙 2017 - 2 地块动工，煽动多名村民到工地静坐阻挠施工，并为静坐村民搭建雨棚，提供椅子，王某刚准备茶水并登记静坐村民，允诺支付每人每天 100 元报酬，直至 10 月 12 日。经评估，诚茂公司损失金额为 100.991398 万元。11 月 7 日，新昌县盛昌工程渣土运输有限公司到葫芦岙 2017 - 2 号地块施工，被静坐在工地上的葫芦岙村民阻挠。经评估，新昌县盛昌工程渣土运输有限公司损失金额为 9220 元。11 月 5 日至9日，李某林、陈某均、王某刚、石某军为给政府施压，煽动村民至新昌县人民政府门口静坐。案发后，公安机关从王某刚住处搜查到登记名册，并予以扣押。2018年11月14日，李某林、陈某均、王某刚、石某军被公安机关抓获归案。

【争议焦点】

李某林、陈某均等人上述煽动村民的阻挠行为是否构成聚众扰乱社会秩序罪。

【各方观点】

公诉机关认为：被告人李某林、陈某均、王某刚、石某军聚众扰乱社会秩序，均系积极参加者，情节严重，致使工作、生产等无法进行，造成严重损失，其行为均已分别构成聚众扰乱社会秩序罪。

李某林等四名被告人对本案的事实和罪名没有意见，但陈某均的辩护人认为：本案起因系葫芦岙村土地拍卖价款不公，相关部门答应的补偿没有及时到位，迟至11月才发放，村民不懂法而采取静坐等不合适行为来维护权益，案发背景复杂。根据陈某均当庭供述，其没有煽动村民到工地静坐，也没有煽动村民到县政府静坐，证人证言也未证实陈某均具体叫哪几个人去静坐。陈某均只是向有关部门信访反映问题，没有实施聚众扰乱社会秩序行为，不构成犯罪。

【法院判决】

法院判决：被告人李某林犯聚众扰乱社会秩序罪，判处有期徒刑1年；被告人陈某均犯聚众扰乱社会秩序罪，判处有期徒刑1年；被告人王某刚犯聚众扰乱社会秩序罪，判处有期徒刑1年，缓刑2年；被告人石某军犯聚众扰乱社会秩序罪，判处有期徒刑1年，缓刑2年。

理由是，李某林、陈某均、王某刚、石某军聚众扰乱社会秩序，系积极参加者，情节严重，致使工作、生产等无法进行，造成严重损失，其行为均已构成聚众扰乱社会秩序罪。李某林、王某刚、石某军归案后能如实供述自己的罪行，是坦白，均可从轻处罚。王某刚、石某军认罪态度较好，确有悔罪表现，没有再犯罪的危险，宣告缓刑对所居住社区没有重大不良影响，可适用缓刑。

【案例点评】

聚众扰乱社会秩序罪是1979年《刑法》（已被修改）第159条规定的罪名，该法条规定的聚众扰乱社会秩序罪既包括了聚众扰乱社会秩序的行为，也包含了聚众冲击国家机关的行为。1979年《刑法》（已被修改）中的聚众扰乱社会秩序罪，一般被认为是指扰乱党政机关、企事业单位、人民团体的正常工作秩序。聚众冲击国家机关罪是1997年《刑法》新设立的罪名;《刑法》第290条将聚众扰乱社会秩序罪与聚众冲击国家机关罪分款设立,并对两罪设定了不同的法律后果,对聚众冲击国家机关行为的处罚明显重于对聚众扰乱社会秩序的行为的处罚。可以看出,立法者的意图是要重点保护国家机关,保护国家机关的力度要大于保护企事业单位与人民团体。当然,这是国家机关的重要作用所决定的。在司法实践中,由于司法人员对立法精神的理解的差异,对法条规定的犯罪构成要件的认识的不同,有可能产生不尽一致的观点。对同一犯罪行为是适用聚众扰乱社会秩序定罪还是适用聚众冲击国家机关定罪就有可能会产生不同的结果。具体到本案来说,李某林、王某刚、石某军的供述与证人施某1、陈某等人的证言及手机视频录像和监控视频等证据能相互印证,证实诚茂公司拍得2017－2号地块后,以李某林、陈某均、王某刚、石某军为首的积极参加者,组织老年人到工地阻挠施工,在街道及相关部门作出相关答复后,仍继续煽动村民至工地静坐,并煽动村民到县政府门口静坐,阻挠诚茂公司施工和正常运营,造成了严重的经济损失和恶劣的社会影响,属情节严重,其行为符合聚众扰乱社会秩序罪的构成要件。

二、罪名解读

【罪名解析】

《刑法》第290条第1款　【聚众扰乱社会秩序罪】聚众扰乱社会秩序,情节严重,致使工作、生产、营业和教学、科研、医疗无法进行,造成严重损失的,对首要分子,处三年以上七年以下有期徒刑;对其他积极参加的,处三年以下有期徒刑、拘役、管制或者剥夺政治权利。

聚众扰乱社会秩序罪,是指聚众扰乱社会秩序,情节严重,致使工作、生产、营业和教学、科研、医疗无法进行,造成严重损失的行为。聚众扰乱社会秩序罪是我国社会中常见的聚众犯罪,扰乱行为不仅会使相关单位的正常活动无法进行,还可能造成财产损失和人员伤亡,导致社会秩序混乱。此外,聚众扰乱社会秩序罪牵涉众多人员,并且有随时变动的可能,极易诱发群众的跟风、盲从、凑热闹心理。会有

人借此机会宣泄心中的抱怨、不满情绪，同时这也成为社会上一些懒散人员消遣的渠道。随着参与人员的增多，还可能引发妨害公务、故意伤害等其他类型的犯罪，影响范围不断扩大，从小规模的上访、表达诉求转化为大规模的暴乱、骚乱。要理解聚众扰乱社会秩序罪需要注意以下几个方面：

（一）如何理解本罪的“首要分子和积极参加者”

聚众扰乱社会秩序罪的主体为一般主体，凡年满16周岁且具备刑事责任能力的自然人均可构成本罪。但应当注意的是，只有聚众扰乱社会秩序的首要分子和积极参加者才可以成为本罪的犯罪主体，对一般参加者不作为犯罪处理。在建筑施工领域较为常见的主体既可以是聚众扰乱利益相对方的项目经理、承包人或劳动者等，也可以是聚众扰乱施工现场的其他相关人员。聚众扰乱社会秩序罪的“首要分子”，是指在聚众扰乱社会秩序过程中起组织、策划、指挥等主要作用的行为人；“积极参加者”，是指在聚众扰乱社会秩序过程中表现积极、起骨干带头作用，对聚众扰乱社会秩序所造成的严重损失负主要责任的行为人。聚众扰乱社会秩序罪要求纠集多人实施扰乱社会秩序的行为，一般应当纠集3人以上，扰乱企事业单位、社会团体的工作、生产、营业和教学、科研秩序。

（二）如何理解本罪的“故意”

聚众扰乱社会秩序罪的主观方面由故意构成，即行为人明知自己聚众扰乱社会秩序的行为会导致企事业单位（包括建筑施工企业）、人民团体正常的工作、生产、营业和教学、科研、医疗秩序遭受破坏而无法正常进行的结果，但仍然希望或放任危害结果发生的主观心理态度。行为人往往企图通过这种扰乱活动，制造事端，给机关、单位和团体施加压力，以实现自己的某种无理要求或者借机发泄不满情绪。另外，本罪属于聚众性犯罪，所以进行扰乱活动必须基于众多行为人的共同故意。

（三）如何理解“聚众扰乱社会秩序情节严重，造成严重损失”

聚众扰乱社会秩序罪的客观方面表现为聚众扰乱社会秩序，情节严重，致使工作、生产、营业和教学、科研、医疗无法进行，造成严重损失的行为。所谓“聚众扰乱社会秩序”，是指在行为人的煽动、策划或积极鼓动下，纠集多人（3 人以上）共同破坏、干扰企事业单位（包括建筑施工企业）和人民团体的工作、生产、营业和教学、科研、医疗秩序的行为，如聚众侵入、占领建筑施工企业、事业单位或人民团体的工作场所，封闭出入通道，进行无理纠缠、哄闹、辱骂等。所谓“情节严重”，是指纠集的人数多、扰乱的时间长或者扰乱行为造成恶劣影响等情形。所谓“造成严重损失”，是指行为人聚众实施的扰乱行为导致公私财产或者工作、生产、营业和教学、科研、医疗秩序遭受严重损失或严重破坏的情形。并且，情节严重和造成严重损失的条件是需要同时具备的，缺一不可。

【罪与非罪】

《刑法》规定只有聚众扰乱社会秩序情节严重并造成严重损失的首要分子和积极参加者才能构成聚众扰乱社会秩序罪。在实践中，应注意以下两个问题：（1）应注意聚众扰乱社会秩序的首要分子和积极参加者是否存在“情节显著轻微危害不大”的情形。根据《刑法》第 13 条但书的规定，“情节显著轻微危害不大的，不认为是犯罪”，在实践中，如果行为人虽然实施了聚众扰乱社会秩序的行为，但并未达到情节严重的程度，也未造成任何严重损失的，则不应对扰乱社会秩序的首要分子和积极参加者按犯罪处理。（2）应注意区分扰乱社会秩序人员中的首要分子、积极参加者和一般参加者。对于扰乱社会秩序人员中的一般参加者，因其并未在聚众扰乱社会秩序过程中起煽动、组织、指挥作用，同时也并不属于积极参加者，对因扰乱社会秩序所造成的严重损失也不承担主要责任，所以一般参加者的行为仅属于一般违法行为，不应以犯罪论处。

【此罪与彼罪】

笔者将分析聚众扰乱社会秩序罪与妨害公务罪的界限。妨害公务罪，是指以暴力、威胁的方法，阻碍国家机关工作人员、人大代表、红十字会工作人员依法执行职务、履行职责的行为，或者故意阻碍国家安全机关、公安机关依法执行国家安全工作任务、造成严重后果的行为。聚众扰乱社会秩序罪与妨害公务罪的主观方面都由故意构成，两罪的主要区别在于：（1）两罪的主体不尽相同。虽然妨害公务罪与聚众扰乱社会秩序罪的主体都是一般主体，即年满 16 周岁且具备刑事责任能力的自然人，但聚众扰乱社会秩序罪要求必须是聚众进行，即主体人数为 3 人以上，并且聚众扰乱社会秩序罪仅处罚首要分子和积极参加者。（2）两罪侵犯的客体不同。妨害公务罪侵犯的客体是国家机关、人民代表大会、国家安全机关、公安机关及红十字会的正常公务活动；聚众扰乱社会秩序罪侵犯的客体则是企事业单位、人民团体正常的工作、生产、营业和教学、科研、医疗秩序。(3)两罪的客观方面表现不同。妨害公务罪的客观方面表现为以暴力或者威胁的方法阻碍国家机关工作人员、人大代表、红十字会工作人员依法执行职务或者履行职责的行为，或者故意阻碍国家安全机关、公安机关依法执行国家安全工作任务、造成严重后果的行为；聚众扰乱社会秩序罪的客观方面则表现为聚众扰乱社会秩序，情节严重，致使企事业单位、人民团体正常的工作、生产、营业和教学、科研、医疗无法进行，造成严重损失的行为。

【追诉标准】

1. 聚众扰乱社会秩序，情节严重，致使工作、生产、营业和教学、科研、医疗无法进行，造成严重损失的，对首要分子处 3 年以上 7 年以下有期徒刑。

2. 聚众扰乱社会秩序，情节严重，致使工作、生产、营业和教学、科研、医疗无法进行，造成严重损失的，对其他积极参加者处 3 年以下有期徒刑、拘役、管制或者剥夺政治权利。

3. 多次组织、资助他人非法聚集，扰乱社会秩序，情节严重的，处 3 年以下有期徒刑、拘役或者管制。

三、实务操作

【对施工企业的建议】

1. 建筑施工企业应自行制定、完善内部治安保卫制度，落实治安防范措施，制订企业内部治安突发事件处置预案。如果发现有人以聚众的方式扰乱公司正常的生产经营活动，建筑施工企业要善于运用法律武器维护自身合法权益。同时，企业制定的内部治安保卫制度不得与法律、法规、规章的规定相抵触。

2. 建筑施工企业应当加强对员工的管理，不违法召集施工人员实施聚众扰乱社会秩序的行为。

3. 建筑施工企业如果发现企业人员存在聚集扰乱施工现场秩序的行为，应当向公安机关报案，提供相关的线索、证据，配合公安机关的调查。

【对项目经理的建议】

1. 项目经理应当自觉学习法律知识，要通过正当渠道维权，不可聚集人员扰乱施工企业的生产、经营秩序。

2. 项目经理应当管理、监督好施工人员，不参加聚集扰乱社会秩序的活动，避免因为触犯法律给施工企业带来不必要的损失。

第二十四节　聚众冲击国家机关罪

一、案例解析

【基本案情】

被告人潘某明等人为阻止中铁二十三局在阳朔县兴坪镇角田村后山“宕仔湾”（地名）进行的必要性的贵广高铁排水隧道施工，从 2014 年 6 月起，多次组织村民开会，并起草一份阻止施工的“村规民约”。潘某明对“村规民约”提出指导意见，带头在“村规民约”上签名，并保管由村民签名后的“村规民约”。2014 年 9 月 5 日 11 时 30 分左右，潘某明得知中铁二十三局施工，打电话通知村上的多人到“宕仔湾”进行阻工，并指使被告人潘某癸电话通知其他村民到施工现场阻工。随后，被告人潘某明、潘某乙、潘某己、潘某庚、潘某辛、潘某壬、潘某癸、潘某子及潘某丑、潘某寅、潘某酉等人陆续来到大源隧道泄水洞的施工现场，将停放在施工现场的机械设备砸坏，造成施工单位无法进行施工，严重阻碍了贵广铁路建设，造成了极其恶劣的影响，并造成了严重经济损失。经鉴定，造成的财物损失共计人民币 24,775 元，造成施工方员工工资、机械设备运输及停滞等方面的损失共计人民币 14,127 元。

2014 年 9 月 19 日，公安机关对参与上述聚众扰乱社会秩序的被告人潘某辛、潘某壬以及潘某丑、潘某寅、潘某酉等人依法进行拘传。当日下午，被告人潘某甲在得知其丈夫潘某丑等人被公安机关抓获之后，遂回到角田村通知其他村民，被告人潘某明在得知此事后，遂又按照村规民约的规定召集村民，要求村民到阳朔县兴坪镇人民政府聚集，逼迫政府放人。当日 16 时 30 分许，被告人潘某明、潘某甲、潘某丙、潘某丁、潘某戊等几十名村民陆续来到兴坪镇政府大院内进行聚集闹事，逼迫政府放人。在此过程中,被告人潘某甲、潘某丙、潘某丁、潘某戊等人用言语威胁、推搡、殴打兴坪镇人民政府和兴坪派出所的部分工作人员,发现有相关的工作人员在用摄影机、手机拍照录像后,上述人员遂踢、砸兴坪镇人民政府部分办公室及兴坪镇派出所的门、窗,潘某甲持铁垃圾斗追打工作人员并与潘某丙将用于录像的兴坪镇政府的一部松下摄像机以及政府工作人员覃某的一部三星手机、龙某一部索尼手机抢走砸坏,致使兴坪镇人民政府的正常工作无法进行,造成了恶劣的影响及严重经济损失。至当日17时30分许,在兴坪镇镇长同意与村民们一起到阳朔县人民政府协商相关事宜后,上述村民方离开兴坪镇人民政府。经鉴定,涉案的松下摄像机价值人民币4950元、涉案三星手机价值人民币2640元、涉案索尼手机价值人民币1410元、被损坏门窗的损失共计人民币2160元。

潘某甲、潘某丙、潘某丁、潘某戊、潘某乙、潘某己、潘某庚、潘某辛、潘某壬、潘某癸、潘某子均系被公安机关直接抓捕归案;被告人潘某明系因公安机关民警通知其到公安机关为其妻子办理取保候审手续过程中,被公安机关抓获。在案件审理过程中,本案被告人家属主动代被告人赔偿了被害人的全部经济损失共计人民币50,062元。

【争议焦点】

被告人潘某明等人的行为是否属于冲击政府行为;是构成聚众冲击国家机关罪还是构成聚众扰乱社会秩序罪。

【各方观点】

公诉机关认为:被告人潘某明、潘某甲、潘某丙、潘某丁、潘某戊聚众冲击国家机关,致使国家机关工作无法进行,其行为已触犯《刑法》第290条第2款之规定,构成聚众冲击国家机关罪。被告人潘某明、潘某乙、潘某己、潘某庚、潘某辛、潘某壬、潘某癸、潘某子聚众扰乱社会秩序,情节严重,致使贵广铁路建设无法进行,造成严重损失,其行为已触犯《刑法》第290条第1款之规定,构成聚众扰乱社会秩序罪。

被告人潘某明及其辩护人对公诉机关指控的事实和罪名没有异议,辩称,被告人潘某明在接到公安机关民警的电话后,主动到公安机关投案,并如实交代了全部案件事实,是自首;其主动赔偿了被害人的全部损失,且自愿认罪,应从轻处罚。被告人潘某甲及其辩护人邓某烈,被告人潘某丙、潘某丁、潘某戊、潘某乙、潘某己、潘某庚、潘某辛、潘某壬、潘某癸、潘某子对公诉机关指控的事实和罪名没有异议,辩称,被告人均主动赔偿了被害人的全部损失,且自愿认罪,应从轻处罚。

【法院判决】

法院认定,被告人潘某明、潘某甲、潘某丙、潘某丁、潘某戊聚众冲击国家机关,损毁公私财物,致使国家机关工作无法进行,严重损害国家机关权威,其行为均已触犯《刑法》第 290 条第 2 款之规定,构成聚众冲击国家机关罪,应当判处 5 年以下有期徒刑、拘役、管制或者剥夺政治权利;被告人潘某明、潘某乙、潘某己、潘某庚、潘某辛、潘某壬、潘某癸、潘某子聚众扰乱社会秩序,情节严重,致使生产、工作无法进行,造成严重经济损失,其行为均已触犯《刑法》第 290 条第 1 款之规定,构成聚众扰乱社会秩序罪。判决如下:被告人潘某明犯聚众扰乱社会秩序罪,判处有期徒刑 3 年零 6 个月;犯聚众冲击国家机关罪,判处有期徒刑 2 年。数罪并罚,决定执行有期徒刑 5 年。被告人潘某甲犯聚众冲击国家机关罪,判处有期徒刑 2 年。被告人潘某乙犯聚众扰乱社会秩序罪,判处有期徒刑 1 年零 10 个月。被告人潘某丙犯聚众冲击国家机关罪,判处有期徒刑 1 年零 8 个月,缓刑 2 年。被告人潘某丁犯聚众冲击国家机关罪,判处有期徒刑 1 年零 8 个月,缓刑 2 年。被告人潘某戊犯聚众冲击国家机关罪,判处有期徒刑 1 年零 8 个月,缓刑 2 年。被告人潘某己犯聚众扰乱社会秩序罪,判处有期徒刑 1 年零 6 个月,缓刑 2 年。被告人潘某庚犯聚众扰乱社会秩序罪,判处有期徒刑 1 年零 6 个月,缓刑 2 年。被告人潘某辛犯聚众扰乱社会秩序罪,判处有期徒刑 1 年零 6 个月,缓刑 2 年。被告人潘某壬犯聚众扰乱社会秩序罪,判处有期徒刑 1 年零 6 个月,缓刑 2 年。被告人潘某癸犯聚众扰乱社会秩序罪,判处有期徒刑 1 年零 6 个月,缓刑 2 年。被告人潘某子犯聚众扰乱社会秩序罪,判处有期徒刑 1 年零 6 个月,缓刑 2 年。

理由是,被告人潘某明在聚众扰乱社会秩序中起组织、策划、指挥作用,系首要分子,应当判处 3 年以上 7 年以下有期徒刑;被告人潘某乙、潘某己、潘某庚、潘某辛、潘某壬、潘某癸、潘某子为聚众扰乱社会秩序的积极参加者,应当判处 3 年以下有期徒刑、拘役、管制或者剥夺政治权利。被告人潘某明、潘某甲、潘某丙、潘某丁、潘某戊、潘某乙、潘某己、潘某庚、潘某辛、潘某壬、潘某癸、潘某子归案后,能如实供述全部犯罪事实,并当庭自愿认罪,可从轻处罚;被告人潘某明、潘某甲、潘某丙、潘某丁、潘某戊、潘某乙、潘某己、潘某庚、潘某辛、潘某壬、潘某癸、潘某子主动赔偿了被害人的经济损失，可酌情从轻处罚。关于被告人潘某明系自首的辩解意见，经查，被告人潘某明系公安机关以为其妻子办理取保候审手续为由而通知其到案，遂对其采取了抓捕措施，没有证据证实其为本案的犯罪事实而主动投案，故对该辩解意见不予支持。综合各被告人的犯罪事实、情节、作用大小及悔罪表现，应当分别定罪量刑。被告人潘某明犯数罪，根据《刑法》第69条之规定，应当数罪并罚。被告人潘某丙、潘某丁、潘某戊、潘某己、潘某庚、潘某辛、潘某壬、潘某癸、潘某子罪责相对较轻，并当庭自愿认罪，主动赔偿被害人的损失，确有悔罪表现，可对其适用缓刑。

【案例点评】

本案各被告人对犯罪事实和罪名均无异议，笔者认为，法官在审理该案时，重点在关注首要分子和自首两个问题。

关于首要分子，被告人潘某明在聚众扰乱社会秩序犯罪中起组织、指挥作用，有其本人供述阻工前多次组织村民开会，制定村规民约，制作通信录并保管，得知施工单位在大源隧道施工后，即拿出通信录电话通知村民阻工等，还有多名同案人的供述印证，足以认定被告人潘某明是聚众冲击国家机关的首要分子。

关于自首，刑法上的自首，要求自动投案和如实供述，显然，本案被告人潘某明并非自动投案。本案发生后，潘某明并未主动到公安机关投案，而是公安机关以为其妻子办理取保候审手续为由将潘某明诱至办案单位，从而将其抓获归案，故潘某明的到案不符合自首的构成要件。

二、罪名解读

【罪名解析】

《刑法》第290条第2款　【聚众冲击国家机关罪】聚众冲击国家机关，致使国家机关工作无法进行，造成严重损失的，对首要分子，处五年以上十年以下有期徒刑；对其他积极参加的，处五年以下有期徒刑、拘役、管制或者剥夺政治权利。

聚众冲击国家机关罪，是指聚众冲击国家机关，致使国家机关工作无法进行，造成严重损失的行为。

随着社会的发展，人们的价值观念变得更具多元性，一些人对快速变化的社会生活无所适从，存在抱怨、不满心理，一旦受到教唆和挑拨，就可能实施违法犯罪行为，而聚众犯罪很容易成为他们发泄情绪、表达不合理要求的渠道。在理解聚众冲击国家机关罪时需要关注以下几个问题：

（一）如何理解“国家机关”

聚众冲击国家机关罪侵犯的直接客体是国家机关正常工作秩序。国家机关正常的工作秩序，是指国家机关依法开展各项工作所需要的良好的外部环境和条件。

本罪的犯罪对象是各级各类国家工作机关。国家机关，是指依法设立的、具有特定国家管理职能、负责管理国家和社会公共事务的组织，包括：全国人大及其常务委员会、县级以上人大及其常务委员会、乡人民代表大会主席团；国务院及其各部门委员会、办事机构、直属机构，县以上人民政府及其工作部门、乡人民政府、有些地方由省级或县级人民政府派出的工作机构；各级人民法院与检察院；各级军事管理机关（但聚众冲击军事禁区、军事管理部门的行为不构成本罪，构成犯罪的，以其他犯罪论处）。特别应当注意的是，这里的“国家机关”仅指中华人民共和国的国家机关，外国驻我国的使领馆、国际组织设立在我国的机构均不属于本罪侵犯的对象。

（二）如何理解“聚众”和“严重损失”

聚众冲击国家机关罪的客观方面表现为聚众冲击国家机关，致使国家机关无法工作，造成严重损失的行为。

“聚众”，是指由首要分子故意发动、纠集特定或不特定的多数人，在一定时间聚集于同一地点。如果只有意思上的联络，客观上尚未聚集在一起，不能说是“聚众”。“聚众”一般应当是3人以上，其中，有起组织、策划、指挥作用的首要分子，有积极参与、情节比较严重的积极参加者，有时还会有受蒙蔽、被威胁参加的一般违法者、围观者、起哄者等。在建筑施工领域“聚众”的方式可以是言语煽动劳动者、挑拨劳动者、收买劳动者、胁迫劳动者等。

在司法实践中，聚众冲击国家机关罪的行为方式主要包括：在作为首要分子的项目经理、承包人等不同人员纠集下，多人强行冲闯国家机关门禁；包围国家机关驻地；用石块、杂物投掷、袭击；切断电源、水源、电话线等；堵塞通道，阻止国家机关工作人员出入；强占办公室、会议室，辱骂、追打工作人员；毁损公共财物、毁弃文件、材料；强行侵入、占据办公场所而拒不退出等。

本罪是结果犯，必须造成了“严重损失”才构成犯罪。这里的“严重损失”，主要是指严重影响工作秩序的；妨害国家机关重要公务活动的；致使国家机关无法行使管理权的；给国家、集体和个人造成严重损失的；政治影响恶劣的；等等。实践中还应注意时间、条件的特殊性也会影响行为性质的严重程度。例如，在国家面临自然灾害、严重疫情等时间段和条件下聚众冲击国家机关所造成的损失显然比平时要严重得多。

（三）如何理解“首要分子、其他积极参与者”

聚众冲击国家机关罪的主体指聚众冲击国家机关的首要分子和其他积极参与者。刑法中的首要分子，是指在犯罪集团或者聚众犯罪中起组织、策划、指挥作用的犯罪分子。在我国《刑法》中，首要分子分两种：第一种是集团犯罪中的首要分子。这是指在犯罪集团中起组织、策划作用的犯罪分子。这类犯罪分子的犯罪活动通常在犯罪集团中表现为组建犯罪集团、制订犯罪集团的犯罪计划、指挥犯罪集团成员犯罪，这类首要分子，也是共同犯罪中主犯的一种。第二种是聚众犯罪中的首要分子。聚众犯罪，是指三人以上参加的犯罪活动；它不像犯罪集团有较严密的组织，但其中也有组织、策划、指挥者，对整个犯罪过程的整体性、一致性起协调作用。其他积极参与者则是指除首要分子以外的在犯罪活动中起主要作用的犯罪分子。

【罪与非罪】

只有首要分子、积极参加人员才能构成本罪；未实施组织、领导、指挥行为的人员和非积极参加者不构成犯罪，但应根据《治安管理处罚法》对其给予相应治安行政处罚。

在实践中，还应注意区分群众集体信访中的过激行为与本罪的区别。在个别群体性信访事件中，时常出现一些过激言论，甚至会出现强行冲闯、堵塞通道、静坐示威等极端情况。这类事件往往情况比较复杂，事出有因，与本罪的行为性质是有根本区别的，即使在一定程度上影响了国家机关的正常工作，造成了一定的损失，也不应以犯罪论处。但是，对于那些利用群众向国家机关施加压力，企图达到个人目的，甚至煽动、挑拨人民群众，激化政府与民众之间的矛盾的不法分子，只要符合本罪的构成要件，就应以本罪论处。

【此罪与彼罪】

聚众冲击国家机关罪与聚众扰乱社会秩序罪规定在《刑法》同一个法条之中，但是，两者的区别主要有三点：(1)犯罪客体不同。前者侵犯的客体是国家机关的正常工作秩序；后者侵犯的客体是社会秩序。(2)犯罪对象不同。前者侵犯的对象是国家机关；后者侵犯的对象是国家机关以外的其他事业单位、社会团体。(3)犯罪客观方面不同。前者在客观方面表现为聚众冲击国家机关，致使国家机关工作无法进行，造成严重损失的行为；后者在客观方面则表现为聚众扰乱社会秩序，情节严重，致使工作、生产、营业、教学、科研无法进行，造成严重损失的行为。

【追诉标准】

1. 聚众冲击国家机关，致使国家机关工作无法进行，造成严重损失的，对首要分子处5年以上10年以下有期徒刑。

2. 聚众冲击国家机关，致使国家机关工作无法进行，造成严重损失的，对其他积极参加的，处5年以下有期徒刑、拘役、管制或者剥夺政治权利。

3. 多次扰乱国家机关工作秩序，经行政处罚后仍不改正，造成严重后果的，处3年以下有期徒刑、拘役或者管制。

三、实务操作

【对施工企业的建议】

1. 建筑施工企业要提高项目经理、承包人的准入门槛，重视培养具有法律意识的项目经理、承包人，加强对项目经理、承包人的法律意识考核、监管。在招聘项目经理或选择承包人时，需要对项目经理、承包人的资质、过往业绩、社会信用等进行综合考察，对于不符合要求的项目经理、承包人不予聘用和选择。在选派时，根据不同类型、不同体量的项目，结合评估结果选派合适的项目经理或承包人。

2. 建筑施工企业应当完善企业制度。合法合规经营，自觉维护国家机关权威，不实施聚众冲击国家机关的违法行为。

【对项目经理的建议】

1. 项目经理应当认识到国家机关的权威性，在生产、经营活动中，积极配合国家机关的职务行为，不做对抗国家机关的违法犯罪行为。

2. 项目经理应当加强对企业员工的教育培训，尤其是在法律知识方面的培训，监督管理好员工的行为，避免因为一时糊涂，身陷牢狱之灾，给企业和自己造成不必要的损失。

第二十五节　聚众扰乱公共场所秩序、交通秩序罪

一、案例解析

【基本案情】

自2005年起，被告人徐某女以其丈夫董某发生交通事故死因不明等为由，多次到北京信访。2012年9月17日，徐某女签订息访承诺书并获得补偿款97万元，其承诺不再为董某的死因、工伤的认定、对法院判决不服和未执行款项等事项上访，同意息访。2013年4月起，徐某女因违章建造房屋被处置后，其又以董某交通事故死因不明、房屋被拆等为由，先后多次到北京信访。2018年10月，被告人徐某女在武义串联、煽动王某、李某、曹某、林某等人一起到北京信访。同年10月25日，在北京市旅馆内徐某女唆使王某、李某、曹某、林某到敏感地区进行非正常上访。次日，王某、曹某、林某因非正常上访，被当地公安机关予以训诫。2007年、2010年，徐某女因到敏感地区非正常上访，被公安机关行政拘留。2019年6月17日，武义县公安局民警将被告人徐某女传唤到案。

【争议焦点】

被告人徐某女是否构成聚众扰乱公共场所秩序、交通秩序罪。

【各方观点】

公诉机关认为：被告人徐某女纠集多人扰乱公共场所秩序，情节严重，其行为已触犯《刑法》第291条之规定，构成聚众扰乱公共场所秩序罪。

辩护人认为：被告人徐某女归案后如实供述，自愿认罪，系初犯，请求对其从轻

处罚，适用缓刑。

【法院判决】

法院认为，被告人徐某女犯聚众扰乱公共场所秩序罪，判处有期徒刑 1 年零 9 个月，缓刑 2 年零 6 个月。

理由是，被告人徐某女采用串联、煽动等手段纠集多人进行非正常上访，扰乱公共场所秩序，情节严重，其行为已构成聚众扰乱公共场所秩序罪。徐某女归案后如实供述，庭审中自愿认罪，予以从轻处罚，其辩护人提出的相关辩护意见成立，予以采纳。根据徐某女认罪认罚的悔罪表现，判处其缓刑应不致再危害社会，予以宣告缓刑。

【案例点评】

信访，是指公民、法人或者其他组织采用书信、电子邮件、传真、电话、走访等形式，向各级人民政府、县级以上人民政府工作部门反映情况，提出建议、意见或者投诉请求，依法由有关行政机关处理的活动。随着社会的发展，部分人滥用信访权利，出现了非正常上访的情形。信访并不被禁止，但需要理性信访，否则得不偿失，甚至会走上犯罪的道路。只有遵守法律法规，不损害国家、社会、集体的利益和其他公民的合法权利，自觉维护社会公共秩序和信访秩序，合理诉求才能够得到更好的实现。本案的审判告诫非正常上访行为人及欲非正常上访人员，以信访为名，为达到个人目的，不经正常渠道非正常上访、滋事扰秩，不仅不会使问题得到有效解决，而且自身可能会被依法严惩，甚至被追究刑事责任。

二、罪名解读

【罪名解析】

《刑法》第 291 条　【聚众扰乱公共场所秩序、交通秩序罪】聚众扰乱车站、码头、民用航空站、商场、公园、影剧院、展览会、运动场或者其他公共场所秩序，聚众堵塞交通或者破坏交通秩序，抗拒、阻碍国家治安管理工作人员依法执行职务，情节严重的，对首要分子，处五年以下有期徒刑、拘役或者管制。

聚众扰乱公共场所秩序、交通秩序罪，是指行为人聚众扰乱车站、码头、民用航空站、商场、公园、影剧院、展览会、运动场或者其他公共场所秩序，聚众堵塞交通或者破坏交通秩序，抗拒、阻碍国家治安管理工作人员依法执行职务，情节严重的行为。在理解聚众扰乱公共场所秩序、交通秩序罪时需要注意以下方面：

（一）如何理解本罪的“行为主体”

本罪的主体为一般主体，即年满16周岁且具备刑事责任能力的自然人。但是应当注意，并非所有参与聚众扰乱公共场所秩序、交通秩序的行为人都可成为本罪主体。在建筑施工领域较为常见构成本罪的犯罪主体的只能是在聚众扰乱公共场所秩序、交通秩序中起策划、组织、指挥、领导作用的首要分子，如项目经理、承包人等。

（二）如何理解本罪的“故意”

聚众扰乱公共场所秩序、交通秩序罪的主观方面是故意，即行为人明知自己聚众所实施的行为会扰乱公共场所秩序、堵塞交通、破坏交通秩序而希望或放任这种结果发生，或者在聚众扰乱公共场所秩序、堵塞交通、破坏交通秩序时明知对方是依法执行职务的国家治安管理工作人员而故意抗拒、阻碍其依法执行职务。主观上是过失的行为不构成本罪。

（三）如何理解“公共场所秩序、交通秩序”

聚众扰乱公共场所秩序、交通秩序罪侵犯的客体是公共场所秩序、交通秩序。所谓公共场所，是指具有公共性特点的、对外开放的，允许不特定的人自由进出、停留、使用的场所，如车站、码头、民用航空站、商场、公园、影剧院、展览会、运动场、博物馆、农村集市等。所谓公共场所秩序，是指保证公众安全、顺利出入、使用公共场所而规定的公共行为规则。所谓交通秩序，是指在交通线路上通行的车辆驾驶人、行人、乘车人以及与道路交通活动有关的单位和个人所应遵守的规则。

（四）如何理解“聚众扰乱、阻扰等严重情节”

聚众扰乱公共场所秩序、交通秩序罪在客观方面表现为聚众扰乱车站、码头、民用航空站、商场、公园、影剧院、展览会、运动场或者其他公共场所秩序，聚众堵塞交通或者破坏交通秩序，抗拒、阻碍国家治安管理工作人员依法执行职务，情节严重的行为。

所谓扰乱，是指造成公共场所秩序的混乱与公共场所中的人群心理的不安，具体表现为使公共场所秩序的有序性变为无序性，使公共场所秩序的稳定性变为动乱性，使公共场所秩序的连续性变为间断性。聚众扰乱，是指首要分子组织、策划、指挥，纠集特定或不特定的多数人在公共场所以各种方式造成公共场所秩序的混乱与公共场所中的人群心理的不安。对于扰乱的方式没有具体的限制，可以为暴力方式，如在车站、码头等公共场所哄闹、燃烧杂物、强占公共设施、围攻甚至殴打有关人员，冲击影剧院、展览会、运动场等；也可以为非暴力方式，如静坐示威、进行煽动性演讲等。

所谓聚众堵塞交通，是指在交通线路上聚集多人，使交通工具与行人无法通行的状态。所谓破坏交通秩序，是指行为人以聚众的方式破坏了建立在交通法律、法规上的正常交通秩序，使交通工具与行人无法安全、顺利通行的状态。无论是聚众堵塞交通，还是破坏交通秩序，都要求行为人以聚众的方式实施暴力或非暴力的堵塞、破坏行为。如果行为人不是以聚众方式实施，而是一人或特定的多人通过破坏交通设施、放火、爆炸等方式堵塞交通、破坏交通秩序，不构成本罪，应以其他危害公共安全犯罪定罪处罚。

抗拒、阻碍国家治安管理工作人员依法执行职务。这里的抗拒、阻碍国家治安管理工作人员依法执行职务，必须发生在聚众扰乱公共场所秩序或者聚众堵塞交通、破坏交通秩序之时，其行为地必须是聚众行为发生的公共场所、交通线路。所谓国家治安管理人员，是指负有维持公共场所秩序、交通秩序职责的国家机关工作人员，以及在聚众扰乱公共场所秩序或者聚众堵塞交通、破坏交通秩序的行为发生后，国家主管机关派出的维持、恢复正常的公共场所秩序、交通秩序的国家机关工作人员，如治安民警、交通民警等。

对于情节严重的认定，需要从纠集人员的多少、行为的动机、行为的方法、聚众行为持续时间的长短、行为发生的场所、行为发生的时间、行为造成的后果或影响等方面综合考察。

【罪与非罪】

聚众扰乱公共场所秩序、交通秩序罪的犯罪主体只包括实施扰乱公共场所秩序、交通秩序行为的首要分子,并且要求行为达到情节严重的程度。在实践中,对于本罪罪与非罪的划分,应注意以下两个问题:(1)应注意聚众扰乱公共场所秩序、交通秩序的首要分子是否存在“情节显著轻微危害不大”的情形。根据《刑法》第13条但书的规定,“情节显著轻微危害不大的,不认为是犯罪”。在实践中,如果行为人虽然实施了聚众扰乱公共场所秩序、交通秩序的行为,但并未达到情节严重的程度,则不应将聚众扰乱公共场所秩序、交通秩序的首要分子按犯罪处理。(2)应注意区分扰乱公共场所秩序、交通秩序人员中的首要分子和其他参加者。对于扰乱公共场所秩序、交通秩序人员中的其他参加者,因其并未在聚众扰乱公共场所秩序、交通秩序过程中起到策划、组织、指挥、领导的作用,对扰乱公共场所秩序、交通秩序造成的危害后果也不承担主要责任,所以对其他参加者不应按犯罪处理,仅按一般违法行为给予行政处罚即可。

【此罪与彼罪】

聚众扰乱公共场所秩序、交通秩序罪可以由抗拒、阻碍国家治安管理工作人员依法执行职务行为构成,因而容易与妨害公务罪相混淆。两者的区别主要表现在:(1)行为实施的时间、地点要求不同。本罪要求行为人抗拒、阻碍国家治安管理工作人员依法执行职务的行为必须发生在聚众扰乱公共场所秩序、交通秩序之时,且行为必须发生在公共场所、交通线路上;妨害公务罪要求发生在国家机关工作人员、人大代表或者红十字会工作人员正在执行职务或者履行职责时。(2)行为对象不同。本罪的行为对象是依法执行职务的国家治安管理工作人员,而且职务是与维持公共场所秩序、交通秩序有关;而妨害公务罪的行为对象是一般的国家机关工作人员,其范围明显更大。

实际上,抗拒、阻碍国家治安管理工作人员依法执行职务属于一种特殊的妨害公务行为,它与妨害公务罪之间存在法条竞合关系,本罪属于特殊罪名。因此,如果行为人聚众扰乱公共场所秩序、聚众堵塞交通或者破坏交通秩序情节严重,同时采用暴力、胁迫方法抗拒、阻碍国家治安管理工作人员依法执行职务,要以本罪论处。

【追诉标准】

聚众扰乱公共场所秩序、交通秩序,情节严重的,对首要分子处5年以下有期徒刑、拘役或者管制。

三、实务操作

【对施工企业的建议】

1. 对聚众扰乱事件，建筑施工企业应当提高警惕，做好准备，正确看待，慎重处置。面对违法建筑施工从业人员挑起的聚众扰乱行为，千万不要惊慌而要正确对待。要问清缘由、弄清是非，既不畏惧退缩、避而远之，也不随便动手、一味蛮干，而应晓之以理，动之以情，妥善处置。

2. 建筑施工企业应配合公检法机关部门的力量，积极干预和制止违法犯罪行为。如发现聚众扰乱事件，要及时向公检法有关部门报告。要注意团结和发动周围的人员，以对首要分子形成压力，迫使其终止违法犯罪行为。

3. 建筑施工企业应当注意策略，讲究效果，避免纠缠，防止事态扩大。在许多场合，聚众扰乱首要分子有时仅有挑逗性的言语和动作，企业很难获取有效证据。遇到这种情况，企业一定要冷静，注意讲究策略和方法，一方面及时报告并协助有关部门进行处理；另一方面采取正面对其劝告的方法，注意避免纠缠，以免事态扩大。

【对项目经理的建议】

1. 项目经理应当遵纪守法，通过正当途径维护自己的权益，不可通过聚众扰乱公共场所秩序、交通秩序的方式维权，否则就会维权不成，反遭受牢狱之灾。

2. 项目经理应当加强对企业员工的教育培训，尤其是在法律知识方面的培训，监督管理好员工的行为，避免因为一时糊涂，身陷牢狱之灾，给企业造成不必要的损失。

第二十六节　聚众斗殴罪

一、案例解析

【基本案情】

浙江省温州市永嘉县沙头镇罗川村和古二村因一块位于罗川村口不远的土地权属纠纷，已多次发生两村人员斗殴事件。因多次经政府部门调解均未成功，2008

年沙头镇政府通知两村“双方未达成协议之前，在纠纷地段二村暂停工程项目建设，以避免事态的再次扩大”。2014年3月2日上午，罗川村部分村民擅自雇请铲车、挖掘机到争议的地块施工，欲建造一个垃圾场归罗川村使用。沙头镇政府及派出所得知此情况后，为了防止罗川村和古二村再次发生斗殴事件，马上派员赶到现场，要求罗川村停止施工，但遭到在此指挥施工的被告人朱某1、朱某2等人拒绝。经大量政府工作人员反复劝说，下午2时许，罗川村村民才同意让铲车停止施工，但挖掘机仍继续施工。此时，古二村村民即被告人刘某1、刘某2等数十人不顾公安及镇政府工作人员的劝解，手持自来水管等工具从古二村赶至施工现场。被告人刘某1、刘某2、刘某3到场后便和被告人朱某1、朱某2等人发生械斗，继而包括被告人朱某1在内的罗川村部分村民同古二村村民互相投掷石子。此次械斗造成两村人员不同程度的受伤。罗川村村民退至罗川村内，几分钟后，罗川村部分村民头戴钢盔、手持钢管或斧头站在村口同古二村村民对峙，不顾政府人员劝解，互相用语言挑衅；直至下午5时许，大量武警、消防、特警人员来到现场，经政府人员再三做思想工作，两村人员才散去。

经法医学人体损伤程度鉴定，刘某1伤致右桡骨中段粉碎性骨折，其损伤程度评定为轻伤一级；朱某1伤致右髌骨骨折，左耳后软组织挫伤，朱某1伤致头部创口11.0厘米，其损伤程度均评定为轻伤二级；刘某2伤致头面部、颈部、左小腿多处软组织擦挫伤，朱某2伤致前额顶部皮裂伤3.9厘米，其损伤程度均评定为轻微伤。

【争议焦点】

被告人刘某1、刘某2、刘某3、朱某1、朱某2的行为是否构成聚众斗殴罪。

【各方观点】

公诉机关认为：被告人刘某1、刘某2、刘某3、朱某1、朱某2持械聚众斗殴，被告人朱某1积极参加斗殴，其行为均已构成聚众斗殴罪。

刘某1的辩护人认为：(1)本案刘某1的行为不符合聚众斗殴罪的主观构成要件。被告人刘某1及古二村村民主观上不具有聚众斗殴的故意，古二村村民到现场是为了制止罗川村村民施工，是正当的维权行为，刘某1到现场是怕刘某2一个人被打，并找政府领导讨说法，指认砸车的罗川村村民；且不具有聚众斗殴故意的意思联络。因此，本案无论古二村村民还是被告人刘某1，主观上均不具备聚众斗殴的故意。(2)被告人刘某1行为不符合聚众斗殴罪的客观要件。被告人刘某1

没有参与纠集，且没有主动殴打他人，不属于首要分子及积极参与者。(3)本案系基于两村之间的土地权属发生的纠纷，不应按聚众斗殴对待。(4)持械不能推定为具有斗殴的故意。被告人刘某1带伸缩棍的目的是出于防身，并未用于斗殴。

【法院判决】

法院认定，被告人刘某1、刘某2、刘某3、朱某1、朱某2构成聚众斗殴罪，依法判处：被告人刘某1犯聚众斗殴罪，判处有期徒刑3年零2个月。被告人刘某2犯聚众斗殴罪，判处有期徒刑3年，缓刑5年。被告人刘某3犯聚众斗殴罪，判处有期徒刑3年，缓刑5年。被告人朱某1犯聚众斗殴罪，判处有期徒刑3年，缓刑5年。被告人朱某2犯聚众斗殴罪，判处有期徒刑3年，缓刑5年。

理由是，被告人刘某1、刘某2、刘某3、朱某1、朱某2持械聚众斗殴，被告人刘某1积极参加斗殴，其行为均已构成聚众斗殴罪。公诉机关指控的罪名成立，予以支持。鉴于被告人刘某2、刘某3、朱某1、朱某2归案后如实供述罪行，均予以从轻处罚并适用缓刑。被告人刘某1的辩护人的辩护观点与事实不符，不予采纳，对被告人刘某1不适用缓刑。

【案例点评】

在本案斗殴发生前，沙头镇政府及派出所工作人员已经赶到现场做工作，防止事态蔓延，但本案被告人刘某1、刘某2、刘某3、朱某1、朱某2等人不顾工作人员劝阻，仍持械聚众斗殴，朱某1积极参加，且参与斗殴人数众多，规模大，造成多人受伤，社会影响恶劣，其性质已超出了两村之间因土地权属引发的纠纷，其行为符合聚众斗殴罪的构成要件。

二、罪名解读

【罪名解析】

《刑法》第292条 【聚众斗殴罪】聚众斗殴的，对首要分子和其他积极参加的，处三年以下有期徒刑、拘役或者管制；有下列情形之一的，对首要分子和其他积极参加的，处三年以上十年以下有期徒刑：

（一）多次聚众斗殴的；

（二）聚众斗殴人数多，规模大，社会影响恶劣的；

（三）在公共场所或者交通要道聚众斗殴，造成社会秩序严重混乱的；

（四）持械聚众斗殴的。

聚众斗殴，致人重伤、死亡的，依照本法第二百三十四条、第二百三十二条的规定定罪处罚。

聚众斗殴罪，是指出于私仇、争霸一方或者其他非法目的，具有与另一方互殴的故意而纠集多人，拉帮结伙与对方殴斗的行为。聚众斗殴不仅要有聚众的行为，而且要有斗殴的行为。斗殴是指行为人主观上有与另一方互殴的故意，客观上实施了殴斗的行为。互殴的故意可以双方同时具备，也可以一方单独具备。殴斗行为可以双方均实施，也可以一方实施，另一方未实施。只有同时具备聚众斗殴故意（互殴故意）和殴斗行为主客观条件的才构成聚众斗殴罪。因此，理解聚众斗殴罪需要注意以下几个方面：

（一）如何理解本罪的“首要分子、积极参与者”

聚众斗殴罪的主体为一般主体，凡年满16周岁且具备刑事责任能力的自然人均可构成本罪。但应当注意的是，只有聚众斗殴的首要分子和积极参加者才可以成为本罪的犯罪主体，对于一般参加者不作为犯罪处理。在建筑施工领域的“首要分子”，是指在聚众斗殴过程中起组织、策划、指挥、领导作用的行为人，如项目经理、承包人等；“积极参加者”，是指在聚众斗殴过程中表现积极、起骨干带头作用的行为人等。

（二）如何理解本罪的“故意”

聚众斗殴罪的主观方面由故意构成，即行为人明知自己聚众斗殴的行为会对社会公共管理秩序造成危害，但仍然希望或放任危害结果发生的主观心理态度。过失不构成本罪，行为人的主观目的和犯罪动机如何并不影响本罪的成立。“本罪虽然源于1979年刑法第一百六十条的流氓罪，但在现行刑法中，成立本罪不要求行为人具有所谓流氓动机。”[1]

---

[1] 张明楷：《刑法学》（第5版），法律出版社2016年版，第1061页。

(三)如何理解本罪的“公共秩序”

聚众斗殴罪的客体是社会公共秩序。所谓公共秩序,是指社会公共生活安定与宁静的状态。它一方面由人们代代相传的风俗习惯和伦理道德所维持,另一方面由社会中的法律、法规以及其他各种规范所保护。例如,在建筑施工现场进行聚众斗殴的双方劳动者常常成帮结伙打群架,而且参与斗殴的双方劳动者都可能使用刀、枪、棍、棒等凶器,这不仅容易引起参与斗殴的一方或双方的人身伤亡,而且也可能殃及施工现场的无辜群众,从而引起社会公共秩序的极大混乱。因此,国家以《刑法》对此类行为予以严格禁止,是非常必要的。

(四)如何理解“聚众斗殴、持械行为”

聚众斗殴罪的客观方面表现为行为人聚集众人进行斗殴的行为。在建筑施工领域,所谓“聚众”,是指于同一时间同一地点聚集多名劳动者的情形,但是,不要求斗殴的各方都要达到 3 人以上。例如,一方 1 人或 2 人,另一方 3 人以上进行斗殴的,也成立本罪。所谓“斗殴”,是指双方劳动者或多方通过拳脚、器械等武力方式相互争斗,相互殴击,以给对方造成身体伤害的行为。聚众斗殴既可以表现为持械斗殴,也可以表现为徒手斗殴。这里的“持械”,是指劳动者持有、携带并使用匕首、刮刀等治安管制刀具或枪支、棍棒等足以致人伤亡的器械。聚众斗殴的原因多种多样,既可能是出于施工现场利益争夺,也可能是出于劳动者之间的口舌纠纷,还可能是出于劳动者之间争强斗狠的单纯原因等,但原因究竟为何并不影响本罪的成立。

【罪与非罪】

《刑法》规定,只有聚众斗殴的首要分子和积极参加者才能构成聚众斗殴罪。在实践中,应注意以下两个问题:(1)应注意聚众斗殴的首要分子和积极参加者是否存在“情节显著轻微危害不大”的情形。根据《刑法》第 13 条但书的规定,“情节显著轻微危害不大的,不认为是犯罪”。在实践中,如果行为人虽然实施了聚集多人、故意互相斗殴的行为,但并未造成任何严重后果,符合情节显著轻微的情形,则此种聚众斗殴的首要分子和积极参加者不应按犯罪处理。(2)应注意区分聚众斗殴人员中的首要分子、积极参加者和一般参加者。对于斗殴人员中的一般参加者,因其并未在聚众斗殴过程中起策划、组织、指挥和领导作用，同时也并不属于积极参加者，对因聚众斗殴所造成的社会管理秩序的破坏也不承担主要责任，其行为仅属于一般违法行为，不应以犯罪论处。另外，邻里之间因日常矛盾发生的轻微打斗及村寨之间因耕地、水源、山林等原因发生的打斗也不宜按照聚众斗殴罪来处理。

【此罪与彼罪】

在司法实践中，聚众斗殴也通常会造成他人轻伤、重伤甚至死亡的结果，而故意伤害罪、故意杀人罪也可能纠集多人实施。聚众斗殴罪、故意伤害罪、故意杀人罪三罪之间的主要区别在于：(1)犯罪主体不尽相同。虽然三罪的犯罪主体都是一般主体，但聚众斗殴罪的主体为年满 16 周岁且具备刑事责任能力的自然人，且只有首要分子和积极参加者才能构成本罪；故意伤害致人重伤或死亡、故意杀人罪的主体则是年满 14 周岁且具备刑事责任能力的自然人，且各共同犯罪人均应对危害后果承担刑事责任。(2)犯罪行为侵犯的客体不同。聚众斗殴罪侵犯的客体是社会公共管理秩序；故意伤害罪、故意杀人罪侵犯的客体则是他人的健康权和生命权。(3)犯罪客观方面表现不同。聚众斗殴罪的客观方面表现为聚集众人进行斗殴的行为；故意伤害罪、故意杀人罪的客观方面则表现为故意非法损害他人身体健康或故意非法剥夺他人生命的行为。如果行为人在聚众斗殴过程中导致他人重伤或死亡，对行为人应按故意伤害罪或故意杀人罪定罪处罚，但承担此刑事责任的行为人仅限于聚众斗殴的首要分子和实际加害人。

【追诉标准】

1. 聚众斗殴的，对首要分子和其他积极参加的，处 3 年以下有期徒刑、拘役或者管制。

2. 聚众斗殴的，有下列情形的，对首要分子和其他积极参加的，处 3 年以上 10 年以下有期徒刑：(1)多次聚众斗殴；(2)聚众斗殴人数多，规模大，社会影响恶劣的；(3)在公共场所或者交通要道聚众斗殴，造成社会秩序严重混乱的；(4)持械聚众斗殴的。

3. 聚众斗殴，致人重伤、死亡的，依照《刑法》第 234 条、第 232 条的规定定罪处罚。

三、实务操作

【对建筑施工企业的建议】

1. 建筑施工企业在发现聚众斗殴事件时,应立即向公安机关报案,协助警察控制并封锁现场,疏散人群,对有对立情绪的劳动者要进行规劝,要求立即停止违法违纪行为,对参与闹事的首要分子采取强制措施,进行制服与隔离。

2. 建筑施工企业应当加强建筑施工人员法律知识学习,做到懂法、知法、守法。

【对项目经理的建议】

1. 项目经理自身应做到遵纪守法,不做违法犯罪行为,尤其是不能教唆施工企业员工聚众斗殴。

2. 项目经理应当监督管理好施工企业员工,禁止在施工现场发生聚众斗殴事件,避免给企业带来严重的损失。

3. 项目经理应当及时制止发生在施工企业内部员工之间的聚众斗殴行为,对带头闹事者及时劝阻,控制其激动情绪,进行心理疏导。

第二十七节　帮助毁灭、伪造证据罪

一、案件解读

【基本案情】

2010 年 11 月,A 公司将中标承建的“阳嘉龙工程”以内部承包经营的形式发包给朱某。后被告人朱某与被告人王某约定,由被告人王某经营的 B 公司为该工程提供钢材。B 公司遂向该工程提供钢材并开具了受票单位为 A 公司的相应钢材增值税专用发票。被告人朱某通过施某的账户向被告人王某支付了相应钢材货款,尚欠 B 公司部分货款。工程竣工后,被告人朱某和 A 公司因工程款支付问题产生纠纷。被告人朱某遂与被告人王某商议,利用 B 公司系“阳嘉龙工程”钢材供货商的身份,通过伪造借据等方式虚构被告人王某向施某借款,隐瞒 B 公司已由被告人王某收取该工程大部分钢材货款的事实,又通过伪造债权转让协议的方式虚构B公司将债权转让给C公司的事实,以C公司的名义提起民事诉讼。后被告人朱某制作了货款明细账、债权转让协议书,指使被告人王某在上述材料上加盖B公司公章,另制作了6张借据,指使被告人王某在借据上签字。2015年6月4日,C公司以上述材料为依据向法院提起民事诉讼,要求A公司支付钢材货款6,167,641.55元,违约金5,764,771.32元,合计11,932,412.87元。法院立案受理后进行了开庭审理。2015年11月3日,A公司以被告人朱某串通B公司和C公司对其进行诈骗为由向公安机关报案,本案案发。2015年11月27日,法院裁定准许C公司撤回对A公司的民事起诉。

【争议焦点】

被告人王某为追讨合法债权虚构证据是否构成犯罪;被告人王某是否成立帮助毁灭、伪造证据罪。

【各方观点】

公诉机关认为,被告人王某帮助朱某伪造证据,以C公司名义向法院提起民事诉讼,情节严重,符合帮助伪造证据罪的构成要件。

辩护人认为,被告人王某犯罪动机正当,其具有正当债权,其转让债权并让第三方起诉A公司亦合法正当。同时,被告人王某的涉案行为没有达到情节严重的程度,其行为没有产生明显的危害后果,没有影响司法的公正性,没有误导法院作出错误判决。因此,被告人王某的行为不构成犯罪。

【法院判决】

被告人王某犯帮助伪造证据罪,判处拘役6个月。

理由是,经查,首先,被告人朱某、王某的供述,施某的证言以及《协议书》证实,被告人朱某通过施某的账户支付给被告人王某的B公司900余万元货款,后被告人朱某、王某共谋将其中375万元伪造成被告人王某与施某之间的借款,又以伪造债权转让协议的方式将虚构的B公司1193万余元债权转让给C公司,并以C公司的名义起诉A公司。因此,B公司享有60万元债权的事实不影响被告人王某帮助被告人朱某伪造375万元债权以及虚构转让1193余万元债权行为的认定。其次,被告人朱某利用被告人王某帮助伪造的证据材料向法院提起民事诉讼,扰乱了法院正常的诉讼活动,因而达到了情节严重的程度。综上所述,被告人王某的行为符合帮助伪造证据罪的法定犯罪构成。

【案例点评】

本案的案情看似十分的复杂,其实本质是以提起虚假诉讼的形式来追讨自身的合理债权。本案中,朱某为合法债权的债权人,王某为虚假证据和文件的提供者,A公司为本案的受害人,而其余的B公司和C公司只是被告人朱某和王某为追讨债权操纵的公司。

涉案工程项目由A公司施工总承包,由朱某实际施工,在施工过程中因需要采购钢材,朱某便联系到了王某。该工程由于工程款未结清等问题,实际施工人朱某因未能拿到自己的工程款,此时就联合王某伪造和虚构各种文件和证据,并以此提起民事诉讼。本案中,朱某对A公司享有合法债权,如果提起正常的民事诉讼,法院是存在支持朱某的诉讼请求的可能性的。但是朱某却联合王某虚构各类文件,提起民事诉讼,虽然该民事诉讼最终以撤诉告终,仍旧产生了恶劣影响。这里所指的恶劣影响主要是法院司法资源的浪费,在基层法院每天有数以百计的案件需要审理,法官需要分出一部分的精力来处理虚假案件,造成了司法资源的浪费。而且行为人伪造证据的行为使多家企业被牵扯进诉讼。企业一旦被牵扯进诉讼,企业自身的商誉和社会地位都会受到一定影响,这种负面影响带来的损失是无法用金钱衡量的。

王某只是伪造文件为什么会被追究刑事责任?王某在本案中只是实行了伪造证据的行为,最终将A公司告上法庭的是朱某操纵的C公司。综观全案,王某的作用只是伪造了虚假的文件,其实本身伪造虚假的债权债务关系在刑法的层面是不会受到惩罚的。因为伪造的虚假文件只在合同双方当事人之间生效,影响的也仅仅只是双方当事人。但是,一旦虚假的证据流入了司法程序,法院有可能因为这些虚假的证据错判而导致一个无辜的人承担了不应承担的责任或者启动、中止和终结某些正在进行的司法程序。这一错误引导的行为,不仅损害了当事人的利益,还严重破坏了法院审判的公平、公正。本案王某伪造的证据已经进入公共领域,损害了公共利益,这类行为是可以被追究法律责任的。

二、罪名解读

【罪名解析】

> 《刑法》第 307 条第 2 款、第 3 款　【帮助毁灭、伪造证据罪】帮助当事人毁灭、伪造证据，情节严重的，处三年以下有期徒刑或者拘役。
>
> 司法工作人员犯前两款罪的，从重处罚。

帮助毁灭、伪造证据罪，是指在诉讼活动中，唆使、协助当事人隐匿、毁灭、伪造证据，情节严重的行为。

（一）本罪的犯罪主体

本罪的犯罪主体为一般主体，但并不是任何达到刑事责任年龄、具有刑事责任能力的自然人都构成本罪。具有下述情形的人不能作为本罪的主体：第一，当事人本人毁灭、伪造有关自己案件证据的，因为缺乏期待可能性而被除外。第二，刑事诉讼中的辩护人、诉讼代理人帮助当事人毁灭、伪造证据的，应构成辩护人、诉讼代理人毁灭、伪造证据罪而非本罪。但非刑事诉讼中的辩护人、诉讼代理人帮助当事人毁灭、伪造证据的行为，可以构成本罪。

（二）本罪的客观方面

帮助毁灭、伪造证据罪主要有三个客观要件需要明确：

1. “帮助”的含义及表现形式

根据《现代汉语词典》的释义，“帮助”，是指替人出力、出主意或给以物质上、精神上的支援。因此，“帮助”不仅限于具体实施了帮助的行为，也包括精神上的唆使、鼓励等行为。从本质上看，帮助毁灭、伪造证据罪中的“帮助”应指当事人以外的其他人实施的一切为当事人毁灭、伪造证据的行为。从不同的角度，我们可以对“帮助”的表现形式作不同的分类。

首先，从行为人“帮助”的程度看，它可以分为三种表现形式：一是行为人唆使、指使当事人毁灭、伪造证据的或者为当事人出谋划策的；二是行为人伙同当事人共同实施了毁灭证据的实行行为，即行为人与当事人共同、直接地实施毁灭证据的实行行为，二者都是毁灭证据的“实行犯”；三是行为人单独为当事人实施了毁灭、伪造证据的实行行为。即使在当事人完全不知情的情况下，行为人的行为也构成本罪。

其次，从行为人实施“帮助”行为的主观态度来看，它又可以分为积极的“帮助”和消极的“帮助”两种。积极的“帮助”，包括行为人积极主动地教唆、指使当事人实施毁灭、伪造证据的行为，或者积极为当事人毁灭、伪造证据提供各种便利条件，或积极为当事人实施毁灭、伪造证据的行为。消极的“帮助”，是指行为人受当事人的教唆、指使、引诱或者恳求而为当事人毁灭证据提供便利条件或帮助当事人实施毁灭、伪造证据的行为。可以看出，实施积极的“帮助”行为的行为人与实施消极的“帮助”行为的行为人相比，前者的主观恶性相对而言较大，妨害诉讼程序的后果也较为严重；主观恶性在量刑时通常会作为酌定量刑情节予以考虑。当然，积极的“帮助”行为与消极的“帮助”行为只是相对而言的，无论哪种态度下实施的“帮助”毁灭、伪造证据行为，都构成本罪。

2.“当事人”的含义

本罪的“当事人”应不限于刑事诉讼中的当事人，还包括民事诉讼、行政诉讼中的当事人。因为法条对“当事人”一词并未进行特别的限制，故应理解为一切诉讼活动中的当事人。同时，不能将本罪的行为限定在诉讼过程中。在进入诉讼程序之前帮助相关人员毁灭、伪造证据的，同样会妨害司法程序的正常进行，妨害诉讼程序的公正。而且，在司法实践中，很多案件的行为人往往都是在犯罪人实施完犯罪行为而尚未进入诉讼程序时帮助犯罪人实施毁灭、伪造证据的行为的，这时实施犯罪行为的人显然还不能称为严格意义上的“当事人”，但其可能成为诉讼程序中的“当事人”。因此，对于“当事人”的理解也不应仅限于诉讼过程中的狭义的“当事人”，还应包括诉讼程序之前可能成为诉讼过程中“当事人”的主体，帮助这些主体毁灭、伪造证据的，同样符合帮助毁灭、伪造证据罪的构成要件。

3. 隐匿、变造证据是否属于毁灭、伪造证据

司法实践中，帮助当事人隐匿、变造证据的行为时有发生，但本罪对此却未做明文规定。那么，是否可以将隐匿、变造证据的行为解释成毁灭、伪造证据呢？关于这一问题，目前理论界存在争议。笔者认为，应肯定帮助毁灭、伪造证据罪包含

隐匿、变造证据的行为。理由如下：首先，毁灭证据，是指妨害证据显现或者使证据效力减少或丧失的行为。在物理上消灭证据的形体固然属于毁灭证据，但将证据的形体隐藏起来同样妨害了证据显现或者使证据效力减少或丧失，也应视为毁灭证据。基于同样的道理，伪造证据应理解为制作并不真实的证据的行为，它包括了变造证据，即对既存的证据进行篡改加工，从而变更其证据效力。其次，实践中要完全区分毁灭、伪造证据与隐匿、变造证据有时并非易事。例如，行为人将某一具有证据价值的书信埋于潮湿的地下，既可谓隐匿证据的行为，也可谓毁灭证据的行为，将该行为认定为毁灭证据，并无任何不当，也能为社会一般人所接受。又如，行为人对某账簿中的重要栏目进行涂改，究竟是变造证据还是伪造证据，其实是不容易判别的。最后，虽然有关法条及司法解释并列规定了毁灭、隐匿证据，其中的毁灭的确不包括隐匿，但解释者不能拘泥于这种表面的并列关系，进而推而广之，对本罪中的毁灭也作相同的理解，而应立足于本罪的规范目的，认识到毁灭与隐匿两个概念间实质上的包容关系。就“伪造”一词而言，虽然《刑法》分则规定了一系列“变造型”犯罪，如变造货币罪、变造金融票据罪等，在这种情况下，伪造不包含变造。但当《刑法》就同一对象仅规定了伪造行为时，伪造则通常包含了变造。例如，《刑法》第227条第1款只规定了伪造有价票证行为，但司法实践中许多变造有价票证的行为也严重侵害了有价票证的公共信用，值得科处刑罚。所以，最高人民法院《关于对变造、倒卖变造邮票行为如何适用法律问题的解释》指出，对变造或者倒卖变造的邮票数额较大的，应当依照《刑法》第227条第1款的规定定罪处罚。这就明确肯定了伪造概念的相对性。既然如此，就有理由将变造证据的行为解释为伪造证据。

（三）当事人教唆他人帮助自己毁灭、伪造证据的定性问题

当事人自己毁灭、伪造有关自己案件的证据，由于属于其前行为的自然延伸，并缺乏期待可能性，属于事后不可罚行为，因而对其毁灭、伪造证据的行为，不另作犯罪处理，这在中外刑法学界都无争议。但是，对于当事人教唆他人帮助自己毁灭、伪造证据，是否构成帮助毁灭、伪造证据罪的教唆犯，刑法学界则存在共犯成立说和共犯不成立说两种对立的观点。共犯成立说认为，依共犯从属性理论，既然被教唆者可以构成被教唆之罪，教唆者理应成立该罪的教唆犯。因而，当事人教唆他

人帮助自己毁灭、伪造证据的行为,构成帮助毁灭、伪造证据罪的教唆犯。共犯不成立说认为,从共犯独立性的立场出发,既然当事人自己毁灭、伪造证据的行为不构成犯罪,那么,当事人教唆他人帮助自己毁灭、伪造证据的行为也不构成犯罪。因为这种行为只不过是当事人利用他人为自己的案件毁灭、伪造证据而已,这就相当于当事人自己间接地实施毁灭、伪造证据,因而不具有可罚性。笔者认为,判断这种行为是否具有可罚性,应该以是否具有期待适法行为之可能性为准。既然当事人自己实施的毁灭、伪造证据行为缺乏期待可能性而不可罚,那么,当事人利用他人为自己毁灭、伪造证据的行为,与前者相比,只是手段有所不同,实质上并无区别,因而同样缺乏期待可能性而属于事后不可罚行为。当然,在这种情况下,被教唆者却不缺乏期待可能性,因而被教唆者的行为仍可构成帮助毁灭、伪造证据罪。

【此罪与彼罪】

帮助毁灭、伪造证据罪与辩护人、诉讼代理人毁灭证据、伪造证据罪有以下区别:(1)主体不同。前者的主体为一般主体,即年满16周岁具有刑事责任能力的自然人均可构成本罪;后者为特殊主体,只有刑事诉讼中的辩护人、诉讼代理人才能构成其罪。(2)帮助的对象不同。前者帮助的当事人,既包括刑事诉讼中的当事人,也包括民事、行政诉讼中的当事人;后者的当事人,则仅限于刑事诉讼中的当事人。(3)毁灭、伪造的证据范围不同。前者证据既可以是刑事诉讼证据,也可以是民事、行政诉讼证据;后者则仅限于刑事诉讼包括附带民事诉讼的证据。(4)对情节的要求不同。前者必须以情节严重为构成要件;后者则无这一要求。(5)发生的时间不同。前者既可以发生在刑事诉讼中,也可以发生在民事诉讼、行政诉讼中,还可以发生在上述诉讼前;后者则仅只能发生在刑事诉讼中。在刑事诉讼前,帮助当事人毁灭、伪造证据,构成犯罪的,仍要以本罪治罪科刑,而不是构成后罪。(6)所侵犯的客体不尽相同。前者侵害的客体既包括司法机关正常的刑事诉讼活动,也包括司法机关正常的民事、行政诉讼活动;后者所侵害的仅是司法机关正常的刑事诉讼活动。

【追诉标准】

1. 帮助当事人毁灭、伪造证据,情节严重的,处3年以下有期徒刑或者拘役。

2. 司法工作人员犯本罪的,从重处罚。

三、实务操作

【对建筑施工企业的建议】

1. 建筑施工企业负责人在思想上,应当充分认识到帮助毁灭、伪造证据行为的危害。

2. 建筑施工企业在行为上,应当诚信诉讼、慎用起诉权,不能将诉讼作为谋取不当利益的工具,更不能为他人的利益,帮助毁灭、伪造证据,从而妨害司法秩序。

3. 建筑施工企业应当加强自身诚实信用体系建设,提高本单位人员的诚信意识,营造良好的企业诚信氛围。

【对项目经理的建议】

1. 项目经理应当积极加强对下属员工的法治教育,宣传帮助毁灭、伪造证据的法律后果,提高自身及下属防范妨害司法秩序的法律意识。

2. 项目经理应当通过正当途径,采取合法方式结算工程价款,不能为了多获得价款,而让他人虚构各种交易文件,进而踩踏帮助毁灭、伪造证据罪的红线。

第二十八节 拒不执行判决、裁定罪

一、案例解读

【基本案情】

2012 年至 2014 年,被告人洪某为 A 公司、B 公司、C 公司及邱某、裘某向银行贷款提供保证,其与来某、唐某之间存在借款纠纷。2015 年至 2017 年,经法院判决、裁定确认,被告人洪某需执行金额共计 4.4 亿余元。

被告人洪某所经营工程项目的发包方 D 公司、E 公司同意被告人洪某为“随园”住宅小区、“同方”时代广场寻找购房者,并以购房款抵付工程款,被告人洪某欲将应收工程款用于抵付来某、甘某赌债 4100 余万元。其中,来某以马某名义购房 21 套,已支付购房款 15,057,243 元。被告人洪某收到来某 15,057,243 元后,将该款转还给来某。后上述购房合同因客观原因被解除。被告人洪某以工资、费用支出等名义,通过沈某 2 等人银行账户向其女儿洪某 6 转账共计 120 余万元,未向人民法院报备。

【争议焦点】

被告人洪某是否成立拒不执行判决、裁定罪。

【各方观点】

公诉机关认为,被告人洪某有能力执行而拒不执行法院判决,构成拒不执行判决、裁定罪。

被告人洪某对自己属于拒不执行判决、裁定的行为无异议。

【法院判决】

被告人洪某犯拒不执行判决、裁定罪,判处有期徒刑3年,缓刑5年,并处罚金人民币10万元。

理由是,洪某借用他人名义进行购房、向亲人转账来转移财产,逃避执行法院判决,属于有能力执行而拒不执行,构成拒不执行判决、裁定罪。

【案例点评】

目前,经济生活中欠债不还的现象也不少见,有些债务人有能力还债而赖账不还,甚至经过人民法院的判决和裁定,仍采取转移财产等方式拒不履行判决和裁定中确定的义务,造成对司法秩序、司法权威的损害,也损害了债权人的合法债权。《刑法》第313条规定了拒不执行判决、裁定罪,对于生效判决、裁定的及时有效履行提供了国家强制力保障。当然,判决、裁定的执行虽然不能过多地依赖刑法保障,但在当前大力推进执行难基本解决的司法宣示背景下,经由《刑法》引导和威慑,督促被执行人自动履行义务,则是题中之义。在立法历程上,1979年《刑法》(已被修改)将拒不执行判决、裁定罪与妨害公务罪一并规定在同一条文中,1997年《刑法》(已被修改)将其作为单独罪名独立设置条文。在此之后,2002年全国人民代表大会常务委员会出台了关于《刑法》第313条的立法解释,对于"有能力执行而拒不执行,情节严重"的情形做了解释;《刑法修正案(九)》也对本罪做了重大修改,增加了"情节特别严重"的法定刑升格的处罚情形和单位作为本罪犯罪主体的情形。最高人民法院先后于1998年、2007年、2015年和2018年分别出台相关司法解释,对拒不执行判决、裁定罪的犯罪主体、客观方面(包括有能力执行、拒不执行、情节严重等)以及公诉转自诉程序等司法适用问题做了比较明确的规定。由此可以看出,拒不执行判决、裁定罪已经基本形成了一个立体化、有层次性的立法体系,这对于当前切实解决“执行难”问题无疑具有重要的推进和保障价值。

实践中,有的被执行人为逃避履行生效判决确定的义务,千方百计地转移、隐匿财产。本案中,被执行人洪某不仅将房屋购买款用于支付赌债,而且还转移资产,致使法院生效判决无法执行,不仅侵害了申请执行人的合法权益,而且在一定程度上破坏了人民法院正常的执行秩序,情节严重,必须依法追究相应的刑事责任。

二、罪名解读

【罪名解析】

《刑法》第 313 条 【拒不执行判决、裁定罪】对人民法院的判决、裁定有能力执行而拒不执行,情节严重的,处三年以下有期徒刑、拘役或者罚金;情节特别严重的,处三年以上七年以下有期徒刑,并处罚金。 单位犯前款罪的,对单位判处罚金,并对其直接负责的主管人员和其他直接责任人员,依照前款的规定处罚。

拒不执行判决、裁定罪,是指对人民法院的判决、裁定有能力执行而拒不执行,情节严重的行为。建筑施工企业对于工程款、工人工资等可能有能力给付而不给付,容易触犯本罪。在理解本罪时需要注意以下方面:

(一)本罪的犯罪主体

《刑法》第 313 条对本罪的罪状描述为“对人民法院的判决、裁定有能力执行而拒不执行”,对于本罪的犯罪主体并未明确规定。全国人民代表大会常务委员会《关于〈中华人民共和国刑法〉第三百一十三条的解释》规定了“有能力执行而拒不执行,情节严重”的几种情形:(1)被执行人隐藏、转移、故意毁损财产或者无偿转让财产、以明显不合理的低价转让财产,致使判决、裁定无法执行的;(2)担保人或者被执行人隐藏、转移、故意毁损或者转让已向人民法院提供担保的财产,致使判决、裁定无法执行的;(3)协助执行义务人接到人民法院协助执行通知书后,拒不协助执行,致使判决、裁定无法执行的;(4)被执行人、担保人、协助执行义务人与国家机关工作人员通谋，利用国家机关工作人员的职权妨害执行，致使判决、裁定无法执行的；(5)其他。此立法解释虽然也没有明确规定本罪犯罪主体的种类和类型，但是以列举的方式间接承认了被执行人、担保人、协助执行义务人可以成为本罪的犯罪主体。《刑法修正案(九)》将本罪的犯罪主体从自然人扩大到自然人和单位，本罪的犯罪主体范围逐渐明确。在此基础上，2015 年最高人民法院《关于审理拒不执行判决、裁定刑事案件适用法律若干问题的解释》对本罪犯罪主体的问题做了比较明确和统一的规定，即被执行人、协助执行义务人、担保人等负有执行义务的人。

(二)有能力执行而拒不执行，情节严重的认定

根据最高人民法院《关于审理拒不执行判决、裁定刑事案件适用法律若干问题的解释》的规定，负有执行义务的人有能力执行而实施下列行为之一的，应当认定为全国人民代表大会常务委员会《关于〈中华人民共和国刑法〉第三百一十三条的解释》规定的“其他有能力执行而拒不执行，情节严重的情形”：(1)具有拒绝报告或者虚假报告财产情况、违反人民法院限制高消费及有关消费令等拒不执行行为，经采取罚款或者拘留等强制措施后仍拒不执行的；(2)伪造、毁灭有关被执行人履行能力的重要证据，以暴力、威胁、贿买方法阻止他人作证或者指使、贿买、胁迫他人作伪证，妨碍人民法院查明被执行人财产情况，致使判决、裁定无法执行的；(3)拒不交付法律文书指定交付的财物、票证或者拒不迁出房屋、退出土地，致使判决、裁定无法执行的；(4)与他人串通，通过虚假诉讼、虚假仲裁、虚假和解等方式妨害执行，致使判决、裁定无法执行的；(5)以暴力、威胁方法阻碍执行人员进入执行现场或者聚众哄闹、冲击执行现场，致使执行工作无法进行的；(6)对执行人员进行侮辱、围攻、扣押、殴打，致使执行工作无法进行的；(7)毁损、抢夺执行案件材料、执行公务车辆和其他执行器械、执行人员服装以及执行公务证件，致使执行工作无法进行的；(8)拒不执行法院判决、裁定，致使债权人遭受重大损失的。

(三)本罪的程序问题

最高人民法院《关于审理拒不执行判决、裁定刑事案件适用法律若干问题的解释》将拒执罪的追诉由以往的单一公诉模式改为公诉、自诉并行模式。最高人民法

院、最高人民检察院《关于民事执行活动法律监督若干问题的规定》进一步强化了对拒执罪的侦查监督。2018 年 5 月，最高人民法院又发布了《关于拒不执行判决、裁定罪自诉案件受理工作有关问题的通知》，明确规定，在两种情形下，法院可将之作为自诉案件立案审理：一是公安机关不接受申请执行人的控告材料或在接受控告材料后 60 日内不予书面答复的；二是法院向公安机关移送拒执罪线索，公安机关决定不予立案或在接受案件线索后 60 日内不予书面答复，以及人民检察院决定不起诉的。也就是说，可以通过两条路径追究拒不履行法院判决、裁定的被执行人的刑事责任：第一条路径是公诉程序，第二种路径是自诉程序。拒不执行判决、裁定罪自诉程序目的在于弥补单一的公诉方式在实践中存在的救济不足，并且与《刑事诉讼法》规定的公诉转自诉方式做了有机衔接。自诉程序具有维护司法权威、保障申请执行人的合法权益、节约司法资源、提高诉讼效率等优势。

【此罪与彼罪】

笔者将分析拒不执行判决、裁定罪与妨害公务罪的界限。妨害公务罪，是指以暴力、威胁的方法阻碍国家工作人员依法执行职务的行为。这与拒不执行判决、裁定罪存在共通性，如两者都存在妨害国家机关正常行使职权，且都是故意犯罪。但两罪在本质上，却是截然不同的。一是两者侵害的犯罪客体不同。妨害公务罪侵害的是司法机关之外的其他国家机关工作人员依法执行职务犯罪的正常活动，而拒不执行判决、裁定罪侵害的是人民法院的正常活动。二是两者在客观方面的表现不同。妨害公务罪必须是以暴力或威胁方法构成的，并且侵害的对象必须是执行职务的国家工作人员；而拒不执行判决、裁定罪不要求使用暴力和威胁的方法，司法实践中非暴力、非威胁的“软抗拒”也构成此罪。三是两者犯罪主体不同。妨害公务罪的犯罪主体是一般主体，达到刑事责任年龄、具有刑事责任能力的人都能构成此罪；而拒不执行判决、裁定罪的主体是特殊主体，即负有执行人民法院生效判决、裁定的义务人，包括自然人和单位。当然，拒不执行判决、裁定罪与妨害公务罪也存在法条竞合的问题。即在犯罪的客观表现方面，如果行为人以暴力、威胁方法阻碍审判人员依法执行判决、裁定，从法理来说，既构成拒不执行判决、裁定罪，也构成妨害公务罪，这种情况应按照特别法优于一般法的法条竞合处理原则，以拒不执行判决、裁定罪定罪量刑。

【追诉标准】

1. 对人民法院的判决、裁定有能力执行而拒不执行，情节严重的，处 3 年以下有期徒刑、拘役或者罚金。

2. 对人民法院的判决、裁定有能力执行而拒不执行，情节特别严重的，处 3 年以上 7 年以下有期徒刑，并处罚金。

3. 单位犯拒不执行判决、裁定罪的，对单位判处罚金，并对其直接负责的主管人员和其他直接责任人员，依照《刑法》第 313 条第 1 款的规定处罚。

三、实务操作

【对建筑施工企业的建议】

1. 建筑施工企业对于借贷交易等行为应当保存好证据，若对方侵犯自身合法权益，可依法向对方追偿。

2. 建筑施工企业在必要时可向法院申请诉前或诉讼保全，防止对方财产转移，降低自身损失风险。

【对项目经理的建议】

1. 项目经理如果成为被执行人应及时履行生效判决、裁定，做好如实申报财产等义务工作，切勿存有侥幸心理规避执行、抗拒执行。

2. 若公安机关或人民检察院对负有执行义务的人不追究刑事责任，项目经理作为申请执行人可依法向人民法院提起自诉维权。

第二十九节　污染环境罪

一、案例解读

【基本案情】

2017 年 1 月，被告人李某打算承揽 A 公司三亚人工岛南护岸钢圆筒工程重防腐蚀涂层施工项目。2017 年 1 月 18 日，李某以挂靠 B 公司的形式，以该公司名义向 A 公司承包了三亚人工岛南护岸钢圆筒工程重防腐蚀涂层施工项目。因李某带领其施工队在海南国投裕廊洋浦港口有限公司港口码头施工过程中，产生大量废弃的油漆桶、油漆渣、沾染油漆涂料的黄色胶带等废物，为清理上述废物，被告人李某擅自雇请被告人陈某、光某两名无危险废物经营许可资质的车主，让陈某和光某安排车辆将上述废物转运到有垃圾堆放的地方倾倒。接到该运输业务后，为赚取运费，被告人陈某擅自安排司机东某，光某擅自安排司机董某、安某将上述废物运走倾倒。被告人东某驾驶车辆擅自将上述废物倾倒在××区附近两处低洼地内；被告人董某、安某驾驶车辆擅自将上述废物倾倒在洋浦污水处理厂后面海边空地处。经鉴别，被倾倒的废油漆渣属于HW12类危险废物，废油漆桶属于HW49类危险废物，废漆渣及废油漆桶混合之物质亦属于危险废物。2017年3月至5月，被告人在上述地点共倾倒危险废物83.96吨，其中C公司在处置上述危险废物时从高田村附近清运走废油漆桶32.45吨、从洋浦污水处理厂后面海边空地处清运走废油漆桶23.88吨，另外还共清运走沾染油漆的黄色胶带13.12吨、废油漆渣及混合物14.51吨。

【争议焦点】

被告人李某雇用相关人员倾倒垃圾是否构成污染环境罪。

【各方观点】

公诉机关认为，被告人李某违反国家规定，非法倾倒危险废物，严重污染环境，其行为已触犯《刑法》第338条之规定。

被告人李某当庭对公诉机关指控的犯罪事实全部认可，自愿接受处罚。

【法院判决】

被告人李某犯污染环境罪，判处有期徒刑2年，并处罚金人民币2万元。

【案例点评】

随着民众环保意识的不断增强，社会对污染环境行为的容忍度愈加降低。在此背景下，《刑法修正案（八）》出台。《刑法修正案（八）》中的一个重要亮点就是对《刑法》第338条进行了重大修改，将“重大环境污染事故罪”调整为“污染环境罪”，通过罪名的名称变化就可看出立法者运用刑事手段保护环境的决心，其具体条文被调整为：“违反国家规定，排放、倾倒或者处置有放射性的废物、含传染病病原体的废物、有毒物质或者其他有害物质，严重污染环境的，处三年以下有期徒刑或者拘役，并处或者单处罚金；后果特别严重的，处三年以上七年以下有期徒刑，并处罚金。”从污染环境罪的文字表述可以清晰地看到，污染环境行为不再被视为“事故”,而是被认为是一种故意行为造成的结果。这就显著降低了《刑法》规制严重污染环境行为的门槛。也就是说,只要行为人违反国家规定,排放、倾倒或者处置有放射性的废物、含传染病病原体的废物、有毒物质或者其他有害物质,严重污染环境的,就构成污染环境罪。具体到本案中,李某在三亚人工岛南护岸钢圆筒工程重防腐蚀涂层施工项目中产生了相关的建造废料,擅自雇请被告人陈某、光某两名无危险废物经营许可资质的车主,让陈某和光某安排车辆将上述废物转运到有垃圾堆放的地方倾倒。经鉴定,被倾倒的建造垃圾均为有毒有害物质,严重污染了环境。因此,法院的判决是正确的,有力惩罚了污染环境的行为。

二、罪名解读

【罪名解析】

《刑法》第338条第1款 【污染环境罪】违反国家规定,排放、倾倒或者处置有放射性的废物、含传染病病原体的废物、有毒物质或者其他有害物质,严重污染环境的,处三年以下有期徒刑或者拘役,并处或者单处罚金;情节严重的,处三年以上七年以下有期徒刑,并处罚金;有下列情形之一的,处七年以上有期徒刑,并处罚金:

(一)在饮用水水源保护区、自然保护地核心保护区等依法确定的重点保护区域排放、倾倒、处置有放射性的废物、含传染病病原体的废物、有毒物质,情节特别严重的;

(二)向国家确定的重要江河、湖泊水域排放、倾倒、处置有放射性的废物、含传染病病原体的废物、有毒物质,情节特别严重的;

(三)致使大量永久基本农田基本功能丧失或者遭受永久性破坏的;

(四)致使多人重伤、严重疾病,或者致人严重残疾、死亡的。

污染环境罪,是指违反国家规定,排放、倾倒或者处置有放射性的废物、含传染病病原体的废物、有毒物质或者其他有害物质,严重污染环境的行为。

随着我国基础设施建设大力发展,全国各地重大工程建设项目纷纷上马,建筑行业得到了迅猛发展,但随之也给周边生态环境造成了严重的污染。有关资料显示，建筑工程施工已成了城市主要污染源之一。而环境问题是现今社会关注度和敏感度最高的问题之一。在公民环保意识日益增强，国家对环境违法行为的打击力度日益加大的情况下，"污染环境罪"作为破坏环境资源保护中重要的一项罪名，逐步展现出其应有的威力，越来越多的单位及个人因为污染环境而受到法律制裁。而在工程项目建设过程中，相关主体对环境刑事法律风险应当加以防范。因此，在理解污染环境罪时，需要从以下几个方面着手：

（一）实施本罪的行为人必须违反国家规定

本罪中的违反国家规定，是指违反有关环境保护方面的法律，以及相关行政法规、行政措施、发布的决定或命令。这些法律、法规主要包括《环境保护法》《大气污染防治法》《水污染防治法》《海洋环境保护法》《固体废物污染环境防治法》等法律，以及《工业"三废"排放试行标准》等一系列专门法律法规。只要是违反上述文件中关于污染环境的行为，都属于本罪规定的"违反国家规定"的行为。

（二）行为人必须实施了排放、倾倒和处置危险废物的行为

排放危险废物，是指把各种危险废物排入土地、水体、大气的行为。倾倒危险废物，是指通过船舶、航空器、平台或者其他载运工具，向土地、水体、大气倾卸危险废物的行为，一切将废弃物排放的行为都构成倾倒危险废物。处置危险废物，是指以焚烧、填埋或其他改变危险废物属性的方式处理危险废物或者将其放于特定场所或者设施并不再取回的行为，焚烧也属于处置，因为废弃物难以处理，不像处理一般垃圾可以靠焚烧进行解决，多种化合物质无法焚烧，焚烧后容易产生有毒有害物质或者焚烧后更加难以处理。

最高人民法院、最高人民检察院、公安部、司法部、生态环境部《关于办理环境污染刑事案件有关问题座谈会纪要》针对如何准确认定环境污染犯罪中非法排放、倾倒、处置行为进行了讨论。根据该纪要，司法实践中认定非法排放、倾倒、处置行为时，应当根据《固体废物污染环境防治法》等有关规定精神，从其行为方式是否违反国家规定或者行业操作规范、污染物是否与外环境接触、是否造成环境污染的危险或者危害等方面进行综合分析判断。对名为运输、贮存、利用，实为排放、倾倒、处置的行为应当认定为非法排放、倾倒、处置行为，可以依法追究刑事责任，如未采

取相应防范措施将没有利用价值的危险废物长期贮存、搁置,放任危险废物或者其有毒有害成分大量扬散、流失、泄漏、挥发,污染环境的。

（三）严重污染环境的认定

本罪是结果犯,只有“严重污染环境的”,才可能构成犯罪。“严重污染环境”既包括发生了造成财产损失或者人身伤亡的环境事故,也包括虽然还未造成环境污染事故,但是已使环境受到严重污染或者破坏的情形。为进一步明确和统一法律适用标准,最高人民法院和最高人民检察院联合颁布了相应的司法解释予以界定,具体包括:(1)在饮用水水源一级保护区、自然保护区核心区排放、倾倒、处置有放射性的废物、含传染病病原体的废物、有毒物质的;(2)非法排放、倾倒、处置危险废物3吨以上的;(3)非法排放含重金属、持久性有机污染物等严重危害环境、损害人体健康的污染物超过国家污染物排放标准或者省、自治区、直辖市人民政府根据法律授权制定的污染物排放标准3倍以上的;(4)私设暗管或者利用渗井、渗坑、裂隙、溶洞等排放、倾倒、处置有放射性的废物、含传染病病原体的废物、有毒物质的;(5)2年内曾因违反国家规定,排放、倾倒、处置有放射性的废物、含传染病病原体的废物、有毒物质受过2次以上行政处罚,又实施前列行为的;(6)致使乡镇以上集中式饮用水水源取水中断12小时以上的;(7)致使基本农田、防护林地、特种用途林地5亩以上,其他农用地10亩以上,其他土地20亩以上基本功能丧失或者遭受永久性破坏的;(8)致使森林或者其他林木死亡50立方米以上,或者幼树死亡2500株以上的;(9)致使公私财产损失30万元以上的;(10)致使疏散、转移群众5000人以上的;(11)致使30人以上中毒的;(12)致使3人以上轻伤、轻度残疾或者器官组织损伤导致一般功能障碍的;(13)致使1人以上重伤、中度残疾或者器官组织损伤导致严重功能障碍的;(14)其他严重污染环境的情形。

（四）关于污染环境犯罪管辖的问题

实践中,一些环境污染犯罪案件属于典型的跨区域刑事案件,容易存在管辖不明或者有争议的情况,各级人民法院、人民检察院、公安机关要加强沟通协调,共同研究解决。跨区域环境污染犯罪案件由犯罪地的公安机关管辖。如果由犯罪嫌疑人居住地的公安机关管辖更为适宜,可以由犯罪嫌疑人居住地的公安机关管辖。

犯罪地包括环境污染行为发生地和结果发生地。环境污染行为发生地包括环境污染行为的实施地以及预备地、开始地、途经地、结束地以及排放、倾倒污染物的车船停靠地、始发地、途经地、到达地等地点；环境污染行为有连续、持续或者继续状态的，相关地方都属于环境污染行为发生地。环境污染结果发生地包括污染物排放地、倾倒地、堆放地、污染发生地等。

多个公安机关都有权立案侦查的，由最初受理的或者主要犯罪地的公安机关立案侦查；管辖有争议的，按照有利于查清犯罪事实、有利于诉讼的原则，由共同的上级公安机关协调确定的公安机关立案侦查；需要提请批准逮捕、移送审查起诉、提起公诉的，由该公安机关所在地的人民检察院、人民法院受理。

【追诉标准】

1. 违反国家规定，排放、倾倒或者处置有放射性的废物、含传染病病原体的废物、有毒物质或者其他有害物质，严重污染环境的，处3年以下有期徒刑或者拘役，并处或者单处罚金。

2. 违反国家规定，排放、倾倒或者处置有放射性的废物、含传染病病原体的废物、有毒物质或者其他有害物质，严重污染环境，后果特别严重的，处3年以上7年以下有期徒刑，并处罚金。

根据最高人民检察院、公安部《关于公安机关管辖的刑事案件立案追诉标准的规定(一)》第60条第1款的规定，违反国家规定，向土地、水体、大气排放、倾倒或者处置有放射性的废物、含传染病病原体的废物、有毒物质或者其他危险废物，造成重大环境污染事故，涉嫌下列情形之一，应予立案追诉：(1)致使公私财产损失[1] 30万元以上的；(2)致使基本农田、防护林地、特种用途林地5亩以上，其他农用地10亩以上，其他土地20亩以上基本功能丧失或者遭受永久性破坏的；(3)致使森林或者其他林木死亡50立方米以上，或者幼树死亡2500株以上的；(4)致使1人以上死亡、3人以上重伤、10人以上轻伤，或者1人以上重伤并且5人以上轻伤的；(5)致使传染病发生、流行或者人员中毒达到《国家突发公共卫生事件应急预案》中突发公共卫生事件分级Ⅲ级以上情形，严重危害人体健康的；(6)其他致使

[1] "公私财产损失"，包括污染环境直接造成的财产损毁、减少的实际价值，也包括为防止污染扩散以及消除污染而采取的必要的、合理的措施而发生的费用。

公私财产遭受重大损失或者人身伤亡的严重后果的情形。

三、实务操作

【对施工企业的建议】

1. 建筑施工企业应当严格遵守国家各项环境保护制度。违反国家规定是构成污染环境罪的前提条件,在项目建设和生产经营中,排放或者处置部分有害有毒物质有时是无法避免的,但应当严格遵守国家有关规定,依法履行审批程序,严格按照国家制定的有关标准进行排放或处置,尽量减少对环境的污染和破坏。

2. 建筑施工企业在项目建设中严格遵守“三同时”规定。为加强对建设项目环境保护的监管,《环境保护法》和《建设项目环境保护管理条例》都规定了“三同时”制度,要求建设项目需要配套建设的环境保护设施,必须与主体工程同时设计、同时施工、同时投产使用。

3. 建筑施工企业应当高度重视对项目建设中的废弃物的处理。大型项目建设往往会涉及废弃物的处理问题,包括废土弃运、污水排放、建筑垃圾处置以及其他有毒有害废弃物的处置等。负有处理建筑废弃物责任的单位,应当按照国家有关环境保护的规定进行处理,不得随意进行丢弃、填埋或焚烧,不得破坏和污染环境,否则,将可能承担刑事法律责任。

4. 建筑施工企业应当高度重视对项目建设中噪声的控制。在建筑施工过程中,噪声是主要的污染,必须控制噪声对周围居民的影响。

【对项目经理的建议】

1. 项目经理应当改良生产工艺,少排废物。提高产品质量,生产使用寿命长的产品,使物品不致很快变成废物。采用精料,减少生产过程中的废物排放量。

2. 项目经理应当发展物质循环利用工艺。改革传统工艺,发展物质循环利用工艺,使生产第一种产品的废物成为第二种产品的原料,使生产第二种产品的废物又成为生产第三种产品的原料等,最后只剩下少量废物排入环境,这样能取得经济的、环境的和社会的多方面的效益。

第三十节　非法占用农用地罪

一、案例解读

【基本案情】

2005年，为平整土地并增加集体收入，时任诸暨市枫桥镇阳春村党支部书记兼阳春村经济合作社社长的被告人黄某及时任阳春村村民委员会主任兼阳春村经济合作社副社长的被告人郭某甲经商量后，决定将枫桥镇阳春村土名为"新埂外""下沙滩"两处共计107.11亩土地以土地平整的名义对外发包，让承包人将挖沙产生的部分利润作为承包款上缴阳春村经济合作社，作为村集体收入。2005年7月至9月，阳春村先后多次对土地平整项目的相关事宜进行讨论，并最终决定开展该土地平整项目。2005年9月，阳春村经济合作社在土地平整项目尚未经立项审批的情况下，委托枫桥镇人民政府招投标中心对该项目公开招投标，后由安华镇矿亭村村民何某中标，何某与阳春村经济合作社签订了土地平整工程承包合同，合同约定承包方按要求平整后，多余部分沙石归承包方，作为土地平整费用和承包款。后何某直接将工程无偿转包给被告人金某施工。

被告人金某明知"新埂外""下沙滩"土地系农业用地，亦明知该土地平整工程的目的是提高土地的利用率和产出率、建设现代化园区，在未取得合法立项审批手续的情况下，未按照合同要求进行施工，对"下沙滩""新埂外"两地块进行取土挖沙，且只对"新埂外""下沙滩"的部分区域进行平整，对"下沙滩"部分区域未按合同要求进行平整，导致土地大面积损毁，种植条件被破坏，复耕非常困难。

经绍兴市耕地质量鉴定小组鉴定，枫桥镇阳春村"新埂外""下沙滩"两地块涉及挖沙的基本农田面积25.65亩，均属于种植条件重度损毁；其中被告人金某未规范平整区域面积为11.44亩。

另查明，被告人郭某甲2002年开始任阳春村村民委员会主任，2006年9月并村后卸任，2008年3月选举后又任并村后的阳春村村民委员会主任；被告人黄某自2002年开始任阳春村党支部书记，2006年9月至案发均任并村后的阳春村党支部书记。法院审理期间，被告人金某按原承包合同对"新埂外""下沙滩"两处地块进行了平整，并就后续问题与阳春村经济合作社签订了协议，协议约定："由金某一次性补偿阳春村经济合作社抛荒引起的损失和土地复垦工程后续所需等费用计人民币54万元，由阳春村经济合作社完成土地复垦的后续工作；本协议签订后，阳春村经济合作社与何某2005年签订的土地平整工程合同自行终止。"

【争议焦点】

被告人黄某、郭某甲、金某是否成立非法占有农用地罪。

【各方观点】

公诉机关认为，诸暨市枫桥镇阳春村经济合作社及被告人金某违反土地管理法规，非法占用耕地，改变被占用土地用途，数量较大，造成耕地大量毁坏，被告人黄某系直接负责的主管人员，被告人郭某甲系其他直接责任人员，均应当以非法占用农用地罪追究刑事责任。

被告人黄某、郭某甲、金某对公诉机关指控的犯罪事实及罪名均未提出异议。

【法院判决】

法院判决，被告人黄某犯非法占用农用地罪，判处有期徒刑1年零6个月，缓刑2年，并处罚金人民币1万元；被告人郭某甲犯非法占用农用地罪，判处有期徒刑1年，缓刑1年零6个月，并处罚金人民币1万元；被告人金某犯非法占用农用地罪，判处有期徒刑1年，缓刑1年零6个月，并处罚金人民币1万元。

理由是，诸暨市枫桥镇阳春村经济合作社及被告人金某违反土地管理法规，非法占用耕地，改变被占用耕地用途，数量较大，造成耕地大量毁坏，被告人黄某系阳春村经济合作社直接负责的主管人员，被告人郭某甲系其他直接责任人员，其行为均已构成非法占用农用地罪，依法应分别追究被告人黄某、郭某甲、金某的刑事责任。公诉机关指控罪名成立，法院予以支持。被告人金某对被破坏耕地进行了平整，且就后续问题与阳春村经济合作社达成协议，予以从轻处罚。根据各被告人的犯罪事实、情节及社会危害性，均依法适用缓刑。

【案例点评】

严加保护农用地至关重要，也是每个公民的重要职责。我国《宪法》第10条规定："城市的土地属于国家所有。农村和城市郊区的土地，除由法律规定属于国家所有的以外，属于集体所有；宅基地和自留地、自留山，也属于集体所有。国家为了公共利益的需要，可以依照法律规定对土地实行征收或者征用，并给予补偿。任何组织或者个人不得侵占、买卖或者以其他形式非法转让土地。土地的使用权可以依照法律的规定转让。一切使用土地的组织和个人必须合理地利用土地。”我国《土地管理法》第3条规定:“十分珍惜、合理利用土地和切实保护耕地是我国的基本国策。各级人民政府应当采取措施,全面规划,严格管理,保护、开发土地资源,制止非法占用土地的行为。”由于《宪法》和《土地管理法》明确规定了土地(含农用地在内)的所有权属于国家或集体,禁止任何单位或个人非法占用农用地。但是,任何单位或个人可在不违反有关农用地保护管理制度和通过正常的审批程序的前提下,依法占有农用地,享受对农用地的使用权,并接受国家的统一管理和监督。所谓农用地的保护制度,则是指我国《宪法》、《土地管理法》及其实施条例等一系列有关农用地的行政性管理法规的总称。

具体到本案,阳春村经济合作社违反相关行政法规,未经立项审批而与何某订立土地平整合同,并在合同中明确约定承包方按要求平整后,多余部分沙石归承包方,实际上是未经国家行政机关批准,以土地平整的名义违法取土挖沙,以合法形式掩盖非法目的,违反了国家关于土地强制性规定,且在被告人金某未按合同约定进行土地平整时未予制止,最终造成基本农田的大面积毁损的后果,其行为符合非法占用农用地罪的构成要件,构成非法占用农用地罪。被告人黄某是阳春村经济合作社直接负责的主管人员,被告人郭某甲是其他直接责任人员,均应当以非法占用农用地罪定罪处罚。被告人金某明知“下沙滩”“新埂外”两地块部分系农用地,也明知平整的目的,却未按照合同要求进行平整,导致大量农用地毁坏的结果,其行为符合非法占用农用地罪的构成要件。根据相关规定,在未追究单位犯罪的情况下,可以追究直接负责的主管人员和其他直接责任人员的刑事责任。

二、罪名解读

【罪名解析】

《刑法》第342条 【非法占用农用地罪】违反土地管理法规,非法占用耕地、林地等农用地,改变被占用土地用途,数量较大,造成耕地、林地等农用地大量毁坏的,处五年以下有期徒刑或者拘役,并处或者单处罚金。

非法占有农用地罪，是指违反土地管理法规，非法占用耕地、林地等农用地，改变被占用土地用途，数量较大，造成耕地、林地等农用地大量毁坏的行为。

随着2012年党的十八大将生态文明建设纳入“五位一体”总体规划以来，司法机关明显加大了对生态环境违法犯罪的打击力度，非法占用农用地罪作为此类刑事犯罪中的典型罪名，近几年得到广泛适用。在理解非法占有农用地罪时，需要重点把握以下几个方面：

（一）土地管理法规的范围

由于本罪要求违反土地管理法规，因此，首先要明确一点，在我国有哪些属于土地管理法规。笔者认为，下列法规属于土地管理法规，《土地管理法》《土地管理法实施条例》《矿产资源法》《矿产资源法实施细则》《测绘法》《测绘成果管理条例》《基本农田保护条例》《建设项目用地预审管理办法》《建设用地审查报批管理办法》《确定土地所有权和使用权的若干规定》《土地登记规则》《土地权属争议调查处理办法》《闲置土地处置办法》等。

（二）何为非法占用耕地、林地等农用地，改变被占用土地用途，数量较大，造成耕地、林地等农用地大量毁坏

非法占用农用地罪客观表现为违反土地管理法规，非法占用耕地、林地等农用地，改变被占用土地用途，数量较大，造成耕地、林地等农用地大量毁坏的行为。“非法占用耕地、林地等农用地”，是指违反土地利用总体规划，未经批准擅自占用耕地、林地等农用地，或者采取欺骗手段骗取审批手续等行为；“改变被占用土地用途”，是指改变土地利用总体规划规定的农用地的原用途，如占用耕地建设度假村，开垦林地、草地种植庄稼，占用林地挖掘鱼塘养鱼、养虾等；“造成耕地、林地等农用地大量毁坏”，是指非法占用农用地后非法改变农用地用途，致使耕地、林地等农用地原有的农用条件遭到严重破坏，原有的农用地效用功能丧失，无法或者短期内难以恢复原有功能等情形。

非法占用农用地的行为，必须达到“数量较大”才构成犯罪。根据最高人民检察院、公安部《关于公安机关管辖的刑事案件立案追诉标准的规定（一）》第67条，违反土地管理法规，非法占用耕地、林地等农用地，改变被占用土地用途，造成耕

地、林地等农用地大量毁坏，涉嫌下列情形之一的，应予立案追诉：(1)非法占用基本农田5亩以上或者基本农田以外的耕地10亩以上的；(2)非法占用防护林地或者特种用途林地数量单种或者合计5亩以上的；(3)非法占用其他林地10亩以上的；(4)非法占用本款第(1)项、第(3)项规定的林地，其中一项数量达到相应规定的数量标准的50%以上，且两项数量合计达到该项规定的数量标准的；(5)非法占用其他农用地数量较大的情形。违反土地管理法规，非法占用耕地建窑、建坟、建房、挖沙、采石、采矿、取土、堆放固体废弃物或者进行其他非农业建设，造成耕地种植条件严重毁坏或者严重污染，被毁坏耕地数量达到以上规定的，属于该条规定的“造成耕地大量毁坏”。违反土地管理法规，非法占用林地，改变被占用林地用途，在非法占用的林地上实施建窑、建坟、建房、挖沙、采石、采矿、取土、种植农作物、堆放或者排泄废弃物等行为或者进行其他非林业生产、建设，造成林地的原有植被或者林业种植条件严重毁坏或者严重污染，被毁坏林地数量达到以上规定的，属于该条规定的“造成林地大量毁坏”。

【此罪与彼罪】

笔者将分析非法占用农用地罪与非法转让、倒卖土地使用权罪的界限。非法占用农用地罪与非法转让、倒卖土地使用权罪都是与土地管理有关的犯罪。二者的不同在于：第一，犯罪客体不同。本罪侵害的是国家对土地特别是耕地进行保护的管理制度；而非法转让、倒卖土地使用权罪侵害的则是国家对土地使用权合法转让的管理制度。第二，犯罪客观方面不同。非法占用农用地罪是结果犯，表现为违反土地管理法规，非法占用耕地、林地等农用地，改变被占用土地用途，数量较大，造成耕地、林地等农用地大量毁坏。非法转让、倒卖土地使用权罪则是情节犯，表现为违反土地管理法规，实施了非法转让、倒卖土地使用权，情节严重的行为。

【追诉标准】

1. 违反土地管理法规，非法占用耕地、林地等农用地，改变被占用土地用途，数量较大，造成耕地、林地等农用地大量毁坏的，处5年以下有期徒刑或者拘役，并处或者单处罚金。

2. 单位犯本罪的，处罚的对象是直接责任人员。

三、实务操作

【对建筑施工企业的建议】

1. 建筑施工企业应当认真落实土地的审批环节，对于即将施工的土地，进行调查评估确定其土地性质，并认真查看相关文件是否落实。

2. 建筑施工企业应当在施工前对土地的性质必须有精确的把握，定期勘察所用土地是否被违规改变用途。

【对项目经理的建议】

1. 项目经理应当遵守施工企业对于企业土地的用途加以使用，不得擅自更改土地用途。

2. 项目经理要查验所用土地是否合规合法，及时纠正不正当土地使用情况，避免因为不规范操作而有刑事犯罪风险。

第三十一节　介绍贿赂罪

一、案例解读

【基本案情】

2015 年年初，韩某某负责组织施工的普通安置区建筑工程，因使用的钢筋化验不合格被青州市质监站责令停工，并被要求拆解其中一根水泥柱子重新化验。为了减少损失和尽快复工，韩某某通过被告人荆某某引荐、撮合向时任青州市建设工程质量安全监督站一科科长刘某某（另案处理）行贿 4 万元现金。被告人荆某某收受了韩某某四条“利群”香烟。后在刘某某的帮助下，韩某某施工项目未经整改、未受到相应处罚便恢复施工。

【争议焦点】

被告人荆某某是否成立介绍贿赂罪。

【各方观点】

公诉机关认为，被告人荆某某向国家工作人员介绍贿赂，情节严重，构成介绍贿赂罪。

被告人荆某某对自己介绍贿赂的事实与罪名无异议。

【法院判决】

法院判决，被告人荆某某犯介绍贿赂罪，判处拘役6个月，缓刑6个月。没收被告人荆某某非法所得2000元。

【案例点评】

介绍贿赂罪的表现是为双方牵线搭桥，自己只是处于中间位置。介绍贿赂人为行贿、受贿双方的中介，通常会想方设法创造条件让双方认识、联系，或者代为传递信息或转递财物，帮助双方完成行贿、受贿行为。如果贿赂双方自己就已经商谈好贿赂钱物，而行为人只是代为传递钱财或物品，或是代为传达双方的意图，则可认定行为人的作用是撮合。如果贿赂双方原本并不认识，通过行为人的怂恿或帮助而完成贿赂行为，则可认定行为人构成贿赂犯的帮助犯或教唆犯。具体到本案，行贿人是韩某某，受贿人是刘某某，是韩某某为了谋取不正当利益而向国家工作人员刘某某行贿，被告人荆某某只是引荐、撮合，不成立行贿罪或受贿罪的共犯，而将其行为独立评价为介绍贿赂罪。

二、罪名解读

【罪名解析】

《刑法》第392条第1款　【介绍贿赂罪】向国家工作人员介绍贿赂，情节严重的，处三年以下有期徒刑或者拘役，并处罚金。

介绍贿赂罪，是指向国家工作人员介绍贿赂，情节严重的行为。介绍贿赂是在行贿人与受贿人之间沟通关系，使贿赂行为得以实现的行为。介绍贿赂罪是贪污贿赂罪在刑法理论和司法实务中争议最大的罪名。介绍贿赂罪的实行行为既包括行贿罪或者受贿罪的帮助行为，也包括部分独立的介绍贿赂行为。介绍贿赂罪的上游犯罪包括行贿罪、对有影响力的人行贿罪、单位行贿罪、受贿罪、利用影响力受贿罪。介绍贿赂行为的社会危害性具有一定的独立性，行为人介绍贿赂的次数即人数、获取不正当利益的数额、介绍贿赂的内容等情节完全可以彰显介绍贿赂行为的社会危害性。因此，我们不能否认介绍贿赂罪有其独特的立法价值。此外，对于

介绍贿赂罪配置较低的法定刑，也符合严而不厉刑事政策的旨趣，既严密了刑事法网，又彰显刑罚的宽缓性。在理解介绍贿赂罪时需要注意以下几个方面：

（一）介绍贿赂罪的客观行为表现

本罪在客观方面表现为行为人在行贿人和受贿人之间实施沟通、撮合，促使行贿与受贿得以实现的行为，即为行贿受贿双方“穿针引线”，促使双方相识相通，代为联络，甚至传递贿赂物品，帮助双方完成行贿、受贿的行为。介绍贿赂行为，只有情节严重的才构成犯罪。如果只是口头表明引见，并没有具体实施撮合行为，或者已经使行贿、受贿双方见面，由于某种原因，贿赂行为未进行的，均不能构成介绍贿赂罪。

（二）介绍贿赂罪的主观方面

本罪在主观方面表现为直接故意，即行为人明知自己撮合的是行贿、受贿行为而有意为之。一般情况下，行为人都具有从中牟取私利的目的。对于出自亲友关系，或者其他非物质利益的考虑，自愿介绍贿赂的，一般不影响本罪的成立。其中情节较轻、危害后果不严重的，也可以不按犯罪论处。

（三）介绍人“截留行贿款”行为的性质

首先，介绍人以非法占有目的骗取行贿人财物的，构成诈骗罪。

其次，实践中也存在介绍人只转交给受贿人一部分行贿款，将其他剩余行贿款截留、私吞的现象。在行贿人谋取的利益系不正当利益的情况下，截贿款项属于介绍人的非法所得，应当由国家进行收缴；如果行贿人谋取的利益系正当利益，截贿款项属于行贿人的合法财产，介绍人拒不返还截贿款的行为构成侵占罪。

另外，实践中存在行贿人一次性给予介绍人财物，由介绍人自由处理分配该款项，只要行贿人达到目的即可。此时，行贿人将触犯法律的风险转嫁给介绍人，如果介绍贿赂人给予了国家工作人员财物，在其谋取的系不正当利益时，介绍人构成行贿罪；在其谋取的系正当利益时，介绍人不构成犯罪。

【此罪与彼罪】

笔者将分析本罪与行贿罪、受贿罪共犯的区别。从客观方面看，介绍贿赂人必须与行贿、受贿双方都有联系，从中沟通撮合，如果行为人只与其中一方有联系，为一方出谋划策，则构成一方的共犯。从主观方面看，如果行贿、受贿方本就有贿赂意图，行为人只是为行贿、受贿双方进行沟通联系或代为传递钱物，应认定行为人构成介绍贿赂罪。如果他人本无行贿或受贿的意思，只是在行为人的怂恿、劝说、诱导等之下才产生行贿、受贿意图，那么行为人便不是介绍贿赂，而是行贿、受贿的教唆犯。

【追诉标准】

向国家工作人员介绍贿赂，情节严重的，处3年以下有期徒刑或者拘役。

根据最高人民检察院《关于人民检察院直接受理立案侦查案件立案标准的规定（试行）》的规定，涉嫌下列情形之一的，应予立案：（1）介绍个人向国家工作人员行贿，数额在2万元以上的；介绍单位向国家工作人员行贿，数额在20万元以上的。（2）介绍贿赂数额不满上述标准，但具有下列情形之一的：①为使行贿人获取非法利益而介绍贿赂的；②3次以上或者为3人以上介绍贿赂的；③向党政领导、司法工作人员、行政执法人员介绍贿赂的；④致使国家或者社会利益遭受重大损失的。

三、实务操作

【对建筑施工企业的建议】

1. 建筑施工企业一定要完善建筑企业管理制度，防范法律风险。

2. 建筑施工企业应加强管理，健全机制，逐步减少和严控“一脚踢”挂靠性质的经营方式，与公司项目负责人签订规范的内部承包责任合同，并切实履行对项目经理的监管职责。

3. 建筑施工企业应健全财务管理制度，做到账目齐全、清楚、客观、真实，加强印章管理，明确公章、项目部章、技术专用章的使用范围和效力，做好企业公章、财务专用章的备案工作等。

【对项目经理的建议】

1. 项目经理应洁身自好，不要为他人的行贿与受贿充当中间人，以免触碰刑法红线，被以介绍贿赂罪追究刑事责任。

2. 项目经理应自觉遵守施工企业关于廉政方面的制度，同时要对下属施工人员加强法律、法规知识的培训。

附录一 浙江省高级人民法院、浙江省人民检察院、浙江省公安厅《关于办理建筑施工企业从业人员犯罪案件若干法律适用问题的会议纪要》

浙高法〔2017〕228号

本省各级人民法院、人民检察院、公安局：

为进一步统一法律适用尺度，防止执法偏差，省高级人民法院、省人民检察院和省公安厅就办理建筑施工企业项目经理等从业人员犯罪案件中出现的新情况新问题，于近期进行了研讨并达成共识，现纪要如下：

一、关于建筑施工企业从业人员犯罪案件的管辖问题

实践中，由于建筑施工企业分支机构数量众多、分布分散，建筑施工企业的注册地、施工项目所在地、被告人户籍所在地、犯罪行为发生地和犯罪结果地往往不在同一地区，导致建筑领域以项目经理或承包人为主体的犯罪案件容易产生管辖方面的争议。对建筑领域项目经理、承包人职务侵占、挪用资金等职务犯罪和伪造印章、虚假诉讼、合同诈骗等其他犯罪案件的侦查、起诉和审判管辖问题，可以由犯罪行为发生地司法机关管辖，也可以由上述案件犯罪结果地即建筑企业所在地司法机关管辖。

二、关于建筑领域职务犯罪的主体认定问题

对于项目经理、承包人与建筑施工企业签订劳动合同或内部承包合同，并负责管理工程项目或分公司的，相关成员可以成为职务侵占、挪用资金等职务类犯罪的主体。

对于项目经理、承包人与建筑施工企业既不存在劳动关系，又无内部承包合同、任命书等文件足以证明其已获建筑施工企业明确授权，擅自以建筑施工企业的名义从事活动的，相关成员不宜成为针对该企业的职务侵占、挪用资金等职务类犯罪的主体。构成其他犯罪的，应依法追究刑事责任。

三、关于施工项目资金所有权归属及相关行为的定性问题

依法准确认定施工项目资金等财物所有权归属，是审查认定职务犯罪和经济犯罪的前提和基础。在项目经理内部承包责任制下、对施工项目资金所有权的归属，可根据在案的事实证据情况按下列原则处理：

(1)建筑施工企业与项目经理、承包人对资金归属和使用等问题有明确约定的，从约定。

(2)对于项目经理、承包人垫付范围内的施工项目资金，垫付并不改变其财产所有权的归属，即应确定施工项目资金的所有权仍归属于项目经理、承包人。但在认定项目经理、承包人垫付工程款时，应当由项目经理、承包人提供明确规范的资金往来财务凭证，并向建筑企业与项目经理、承包人核实确认。在此情形下，项目经理、承包人“侵占”“挪用”施工项目资金未超出其垫付数额的，一般不宜以职务侵占、挪用资金等犯罪定罪处罚。

(3)对于项目经理、承包人垫付范围外的施工项目资金，工程没有完工的，应当以工程结算节点为界。结算以前或者无法进行结算的，施工项目资金的所有权归属于建筑施工企业，结算以后施工项目资金的所有权归属于项目经理、承包人。

四、关于建筑领域伪造印章犯罪的定性处罚问题

伪造印章犯罪是建筑领域较为常见的犯罪，通常不单独出现，而是作为伪造证据、虚假诉讼等行为的一种手段。根据刑法第二百八十条规定，伪造公司、企业、事业单位、人民团体印章罪的印章，不仅包括公司公章，还包括公司项目部章、合同专用章、技术专用章、财务专用章等印章。

项目经理、承包人伪造一枚上述有关印章且直接获利 6 万元以上或造成 30 万元以上经济损失的，或伪造三枚以上印章的，可以伪造公司印章罪追究刑事责任对项目经理、承包人实施违规利用(伪造、偷盖、修改粘贴方式)建筑施工企业印章、虚假诉讼以及损害建筑施工企业利益的其他行为，构成其他犯罪的，宜根据从一重罪处断等原则依法处理。

五、关于建筑领域项目经理、承包人拒不支付劳动报酬行为的定性问题

《刑法修正案(八)》增设了拒不支付劳动报酬罪,对于项目经理、承包人拒不支付劳动报酬案件,在主体身份的确定、入罪标准等方面可按以下几个原则加以把握:

(1)根据《最高人民法院关于审理拒不支付劳动报酬刑事案件适用法律若干问题的解释》第二条、第七条的规定,拒不支付劳动报酬罪的犯罪主体为一般主体,既包括用工单位,也包括用工个人。在劳动人员由项目经理、承包人雇佣的情况下,项目经理、承包人可以成为该罪的犯罪主体。

(2)当建筑施工企业为用工主体时、应由建筑施工企业对外承担支付劳动报酬的法律责任,项目经理、承包人以逃匿、去向不明等方式转移资产拒不支付劳动报酬的行为,可按职务侵占等犯罪处理,一般不宜以拒不支付劳动报酬罪定性处罚。

(3)当项目经理、承包人作为用工主体时,其以逃避支付劳动者的劳动报酬为目的转移财产、逃匿的,或在经有关部门与施工企业催告后仍拒不支付劳动报酬的,宜以拒不支付劳动报酬罪追究刑事责任。

六、关于建筑领域项目经理、承包人虚假诉讼行为的定性处罚问题

《刑法修正案(九)》实施后,对于项目经理、承包人虚假诉讼行为,可按以下原则加以把握:

(1)对于项目经理、承包人与他人恶意串通进行虚假诉讼的行为一般以虚假诉讼罪定罪处罚。

(2)项目经理、承包人实施虚假诉讼,非法占有他人财产或者逃避合法债务,同时构成诈骗罪、职务侵占罪等其他犯罪的,依照处罚较重的规定定罪处罚。

七、关于建筑领域刑民交叉案件的处置问题

人民法院在民事诉讼中发现有虚假诉讼犯罪嫌疑的、将有关犯罪线索、证据材料一并移送公安机关,公安机关应予受案审查,并将立案或不予立案情况函告人民法院。公安机关发现立案侦查的涉嫌虚假诉讼案件已经在人民法院审理的,应将立案情况函告人民法院,人民法院经审查认为属于同一法律事实的,应当依法中止审理,并函告公安机关、检察机关应当强化建筑领域犯罪案件的执法监督,切实维护司法公正。

对于项目经理、承包人以垫付工程款名义对外借款的,在民事诉讼中应加强对借款资金交付、去向等影响借款是否真实发生的证据审查。在查办建筑领域刑事案件过程中，应当更加注重协调刑民交叉案件相关事实的认定，相关民事判决最终认定建筑企业承担民事责任，项目经理、承包人涉嫌构成挪用、职务侵占等犯罪行为的，应依法追究刑事责任。

八、关于项目经理、承包人个人行贿和单位行贿的认定问题

项目经理、承包人为承揽业务，未经建筑施工企业负责人或集体研究决定，个人实施行贿、串通投标等犯罪行为，违法所得亦归个人所有，一般不宜认定为单位犯罪。

九、本纪要下发后，各级人民法院、人民检察院、公安机关要认真贯彻执行，如上级有新的规定，按照新的规定执行。

浙江省高级人民法院　浙江省人民检察院　浙江省公安厅

2017 年 12 月 25 日

附录二　参考的司法解释

1. 最高人民法院《关于适用〈中华人民共和国刑事诉讼法〉的解释》(2020 年 12 月 7 日由最高人民法院审判委员会第 1820 次会议通过,自 2021 年 3 月 1 日起施行,法释〔2021〕1 号)

2. 最高人民法院、最高人民检察院《关于办理贪污贿赂刑事案件适用法律若干问题的解释》(2016 年 3 月 28 日由最高人民法院审判委员会第 1680 次会议、2016 年 3 月 25 日由最高人民检察院第十二届检察委员会第 50 次会议通过,自 2016 年 4 月 18 日起施行,法释〔2016〕9 号)

3. 最高人民法院、最高人民检察院《关于办理虚假诉讼刑事案件适用法律若干问题的解释》(2018 年 1 月 25 日由最高人民法院审判委员会第 1732 次会议、2018 年 6 月 13 日由最高人民检察院第十三届检察委员会第二次会议通过,自 2018 年 10 月 1 日起施行,法释〔2018〕17 号)

4. 最高人民法院、最高人民检察院《关于办理伪造、贩卖伪造的高等院校学历、学位证明刑事案件如何适用法律问题的解释》(2001 年 6 月 21 日由最高人民法院审判委员会第 1181 次会议、2001 年 7 月 2 日由最高人民检察院第九届检察委员会第 91 次会议通过,自 2001 年 7 月 5 日起施行,法释〔2001〕22 号)

5. 最高人民法院《关于审理拒不支付劳动报酬刑事案件适用法律若干问题的解释》(2013 年 1 月 14 日由最高人民法院审判委员会第 1567 次会议通过,自 2013 年 1 月 23 日起施行,法释〔2013〕3 号)

6. 最高人民法院、最高人民检察院《关于办理行贿刑事案件具体应用法律若干问题的解释》(2012 年 5 月 14 日由最高人民法院审判委员会第 1547 次会议、2012 年 8 月 21 日由最高人民检察院第十一届检察委员会第 77 次会议通过,自 2013 年 1 月 1 日起施行,法释〔2012〕22 号)

7. 最高人民检察院《关于人民检察院直接受理立案侦查案件立案标准的规定（试行）》（1999 年 8 月 6 日由最高人民检察院第九届检察委员会第四十一次会议通过，自 1999 年 9 月 16 日起施行，高检发释字〔1999〕2 号）

8. 最高人民法院《关于审理非法集资刑事案件具体应用法律若干问题的解释》（2010 年 11 月 22 日由最高人民法院审判委员会第 1502 次会议通过，根据 2021 年 12 月 30 日最高人民法院审判委员会第 1860 次会议通过的《最高人民法院关于修改〈最高人民法院关于审理非法集资刑事案件具体应用法律若干问题的解释〉的决定》修正，该修正自 2022 年 3 月 1 日起施行，法释〔2022〕5 号）

9. 最高人民法院、最高人民检察院、公安部《关于办理非法集资刑事案件适用法律若干问题的意见》（2014 年 3 月 25 日发布，公通字〔2014〕16 号）

10. 最高人民检察院、公安部《关于公安机关管辖的刑事案件立案追诉标准的规定（一）》（2008 年 6 月 25 日发布，公通字〔2008〕36 号）

11. 最高人民检察院、公安部《关于公安机关管辖的刑事案件立案追诉标准的规定（二）》（2010 年 5 月 7 日发布，公通字〔2010〕23 号，已于 2022 年 4 月 6 日被修订，该修订自 2022 年 5 月 15 日起施行）

12. 最高人民法院、最高人民检察院《关于办理诈骗刑事案件具体应用法律问题的解释》（2011 年 2 月 21 日由最高人民法院审判委员会第 1512 次会议、2010 年 11 月 24 日由最高人民检察院第十一届检察委员会第 49 次会议通过，自 2011 年 4 月 8 日起施行，法释〔2011〕7 号）

13. 最高人民法院《关于进一步加强危害生产安全刑事案件审判工作的意见》（2011 年 12 月 30 日发布 法发〔2011〕20 号）

14. 最高人民法院、最高人民检察院《关于办理危害生产安全刑事案件适用法律若干问题的解释》（2015 年 11 月 9 日最高人民法院审判委员会第 1665 次会议、2015 年 12 月 9 日最高人民检察院第十二届检察委员会第 44 次会议通过，法释〔2015〕22 号）

15. 最高人民法院、最高人民检察院《关于办理职务犯罪案件认定自首、立功等量刑情节若干问题的意见》（2009 年 3 月 12 日发布，法发〔2009〕13 号）

16. 最高人民法院《关于审理骗取出口退税刑事案件具体应用法律若干问题的解释》（2002 年 9 月 9 日最高人民法院审判委员会第 1241 次会议通过，法释〔2002〕30 号）